超知ライブラリー
043

2012年と光の12日間のオリジナルソース

アカシャ光の叡智

ゲリー・ボーネル
よしもとばなな［序文］
坂本貢一［訳］

徳間書店

〝光の十二日間〟のあと、七年をかけて、
母なる地球は、彼女自身の中からあらゆる罪、
あらゆる過《あやま》ちを一掃《いっそう》する。

〝光の十二日間〟は、
アカシャで二〇一一の数字となって示されている。

〝光の十二日間〟を通じて魂の目的に忠実でありつづけた者たちは、
もはや死を知らなくなる。

〝光の十二日間〟の間に、人間意識は、やがて訪れる驚くべき時代の、
言うなれば予告映像を見る機会を与えられる。
その期間中は、個人が巡らすあらゆる思考が、
即座に完全なものになる。
君らの言葉で言うなら、即座に現実化することになる。

〝光の十二日間〟の直前、地球に住むあらゆる人たちの暗黒面として、
反キリスト的人物が現れる！

〝光の十二日間〟の前には、ある病気が世界中で発生する！

そのあと、すべての人間が互いに愛し合って生きる場所で
暮らすようになる。そこは、〝キリスト領域〟のような場所。
そのときから、すべてがまた新しくスタートする！

装丁　櫻井　浩（⑥Design）

ゲリーくん

よしもとばなな

もう、私の序文に飽きた人たちもいるだろうから、この本に関してのことだけを短く、そして心をこめて書こう。

この小説を読むとき、少年ゲリーの記憶の綿密さ、発言の高度さに動揺しないでいられるのは、文章があまりにもうまいからだ。こういうことを書こうとすると、たいていの人がどうしても大人が子供の頃を思い出す書き方で書いてしまう。また感情を動かされたできごとを他の人にうまく伝えることができず、冷静さを欠き、勢いだけが空回りしてしまうものだ。しかし一度もそういった違和感を持たず、私たちはすんなりと少年ゲリーの年齢とその年齢ならではの体験に溶け込んでいける。

著者は一人称の形式を使っているが、常に大人の目線を持ちながらも、実際に少年ゲリーの目を通して人生を生きなおしているのである。

半分は彼の使命のため、そして半分は彼のすばらしいそして恵まれなかった子供時代のために。

彼が義父と戦うあまりにもリアルな場面を読んで、人と戦うことの激しい高揚感、そしてそれ以上の空しさ悲しさを感じないでいられる人がいるだろうか。痛むのは肉体ではない、心なのだ。彼はそのことを露骨には書いていないが、痛み続ける心が最後まで読者の胸をうちつづける。


私は英語がほとんどできないので、あるときゲリーの運転する車のとなりに乗って、「あのレストランはよかったよ、いる人たちもきれいでさ」とすごく下手に言ってしまったら、「いる人々がきれいかどうかは、関係ない！」とかなり激しい反応が返ってきて驚いたことがある。そのあと私の真の意図を説明したら、一瞬にして彼は理解し、またおだやかになった。

それから、ゲリーは空港に行く私たちを送るために、夜明け前にホテルまで来てくれたことがある。まだ真っ暗な道を運転しながら、彼はとてもごきげんで、優しかった。コーヒーを飲みながら来たんだよ、と重くて分厚いマグカップを運転席の脇に置いて、ふつうの親戚のお兄さんみたいだった。朝五時に来てくれるなんて、というこちらの恐縮した気持ちと関係なく、彼は生まれなおした子供みたいにきらきらしていた。

それから、断食についてみんなでおしゃべりしていたら、

「食べないかわりに、ず〜っとセックスすればいいのさ」と言って、奥様に「ゲリー！」と怒られていた。

それから、iPhone のアプリケーションで遊んでいたら、「今、すごくいいアダルトソフトを思いつい

た！」と言ったあと、ゲリーは真っ赤になった。日本の友達たちはみんな「うわ〜、どんなこと考えたのかわかる気がする！」と彼をからかった。彼は赤くなったまま、恥ずかしそうに笑っていた。

そして私が「いいなあ、男の子に生まれたかったなあ」と言ったら、ゲリーは「いや、男の子に生まれるのは大変なことだった、ずっとそのことに振り回されて、最近やっと楽になってきた」と少し悲しそうに言った。

そんなゲリーは指導者としての彼ではなく、この中に出てくる少年ゲリーそのままで、私はこの本を読んで、もう一回彼と知り合いなおした。そのことによって、これらのなんていうことのない幸せな思い出はいっそう深く優しい思い出になった。


少年時代は二度と戻ってこないが、記憶の中で永遠になる。

それをこんなにうまく書いた文学はなかなかないのではないだろうか。

しかしそれだけではない、一巻目でも書いたが、この自伝小説を、もし、なにも疑問を持たずにほんとうにオープンな心で読むことができたら、その人は一度で覚醒する。この本は、そういうふうに秘密の書き方で書いてある。私にはわかる。あなたにもそれが訪れることを願ってやまない。

前作『新次元の叡智』の主な内容

フロリダで両親と姉、弟の一家五人で暮らすゲリーは、多感で少し腕白ではあるけれど、ごく普通の子どもだった。しかし、ゲリーの家族は大きな問題を抱えていた。それは、母の再婚相手である継父が、無類の酒好きで、生活費を酒代に使ってしまう上、酔うと家族に暴力をふるうことだった。家族はそんな彼の暴力に怯《おび》え、経済的にも苦しい生活を強《し》いられていた。子どもたちは、精一杯の抵抗と侮蔑《ぶべつ》の思いをこめて、継父を陰で「ビュイック・ドライバー」（彼の愛車ビュイックを運転する人）と呼んでいる。継父を親として認めたくなかったのだ。

そんな生活の中、多感で空想好きのゲリーは、いつも空を飛ぶことを夢見ていた。なぜなら、空を飛ぶことで、継父の様子を監視することができ、継父から姉や弟を逃がしたり、隠したり、守ることができると思っていたからだ。そしてとうとう、継父から暴力をふるわれた直後に、〝光体〟が肉体を離れる体外離脱という形で、空を飛ぶ夢を果たす。以来、ゲリーは自分に起きたことに戸惑いを覚えながらも、空飛ぶ冒険を楽しむようになっていく。

それからしばらくしたある日、ゲリーと遊んでいた弟のグレッグが交通事故で瀕死《ひんし》の重傷を負ってしまう。グレッグは自宅から遠く離れた病院へ搬送され、ゲリーも姉のキャロルも面会を許されなかった。意識不明の弟を心配し、事故に責任を感じるゲリーは、様子を確かめるために母には内緒で、体外離脱をして、たびたびグレッグの入院している病院を訪れるようになる。そこでゲリーは、異次元の〝光存在〟であるイーライと出会う。イーライはグレッグの命を救うためのヒーリングを行う一方で、ゲリーに「新次元の叡智」と呼ぶべき、宇宙の真理を伝授しはじめる。

ゲリーは、イーライとともに時空間を超える旅をし、記録の殿堂である「アカシャ」へもたびたび訪れ、アカシャの番人であり、〝守護創造主〟でもあるマイク－アイ－エル－アーとの対面も果たす。このイーライとの冒険の日々は、ゲリーを大きく成長させ、「内なる神」へのアプローチ、宇宙意識の目覚めへと導いていく。しかし、それはまた同時に、現実社会の中で幼い子どもとしての生活に、葛藤《かっとう》を生むものでもあった……。

校正　麦秋アートセンター
編集協力　小林久美子
ＤＴＰ　キャップス

第1章

〈アカシャ：記録の殿堂〉に
行く前に伝えたい
すごく大切なこと！

善悪の固定観念が魂の成長をはばんでいる

「なんだ、ここにいたのか！」グレッグの病室の中にポンと現れてきて、イーライは言った。「待ち合わせ場所を忘れたのかい？」

喜びのエネルギーが、僕のつま先から頭へと一気に上昇した。

「やあ、イーライ」僕は言った。「〝アカシャ〟に行く前に、グレッグの様子を見たかったんだ。あと二、三日で退院できるかもしれないって、ママから聞いたものだから」

僕の心には、幸せと悲しみの波が交互に押し寄せてきていた。

「今日はなんか、ちょっとおかしいんだよね、僕」

「どんなふうに、おかしいのかな？　変なのかい？　それとも面白いのかい？」病室が愉快《ゆかい》なフィーリングで満たされる。

彼のジョークで、僕の悲しみは一気に消え去った。

「本物の名前を取り戻すのはまだ無理だって、ママに言われたんだ。担任の先生が力になってくれそうだったんだけど、そんなことをしたら、ビュイック・ドライバー、カンカンに怒って、何をしでかすかわからないって言うんだよね。僕らの全員が、ものすごく困ったことになるって。だから僕、ウェインライト先生に、名前のことはもういいからって言うしかないんだ」ため息が独《ひと》りでに僕の口から出ていった。

「ママ、ビュイック・ドライバーに殴《なぐ》られそうになると」僕はつづけた。「〝殴りたいんなら殴りなさいよ。さあ、殴ってよ〟みたいなことをいつも言ってたんだけど、ほんとはすごく怖《こわ》がってたんだよね。がんばって勇敢《ゆうかん》にというか、むりやり強そうに振《ふ》る舞《ま》ってただけなんだ。つまり、ママも僕みたいに、ビュイック・ドライバーを怖がってたんだってことが、初めてわかったわけ」

イーライが僕に光を送ってきていた。僕はその色をよく見ようとして視覚を調整した。明るいピンク色だった。僕はつづけた。

「今日、話していてわかったんだけど、ママ、たぶん彼とは別れないと思う。ビュイック・ドライバーの意地悪なところとか、暴力的なところを、ママきっと、思ったように生きられないことの言い訳として利用してるんだよね。ようするにママは、自分の人生の責任を、自分で負おうとしないで、彼に負わせようとしてるんだと思う」

少し考え込んでから僕は付け足した。

「僕の家族の大人たちにとっては、自分以外の誰かを責めることが、すごく重要なことみたい」

「興味深い仮説だね、空飛ぶ友よ」僕に微笑《ほほえ》みかけながらイーライが言う。「どうやってこの認識にいたったのかな?」

そう言うと彼は、僕が浮かんでいた場所にすーっと移動してきた。彼が身に着けていた衣類は、前にアカシャで見たような、どちらかといえば女性もののドレスだった。

「いつもの〝声〟が助けてくれたんだ」僕は答えた。「最初はどういう意味か、よくわからなかったんだけど、今晩、〝光体〟の中に入ったとたんに、すっと理解できたんだ」考えを整理したくて、僕は話すのをやめた。

「これに関する詳しい話、〝再臨《さいりん》〟までには聞きたいものだね」イーライが言ってきた。僕は最初、彼が言ったことの意味がわからなかった。

「なーんだ、再臨って、イエス・キリストの再臨のことね。いくらなんでも、そんなに遅くはならないよ」僕は笑った。彼も笑った。「これでも僕、けっこう考えるの速いんだから」

「まさしく。よくわかっているとも！」

「さっき僕、ママはビュイック・ドライバーと別れないって言ったけど。そう思ったのには、こんな理由もあるんだ。彼女、光と闇のアイディアにしがみついてるんだよね。自分は光で、それを証明するためには、闇がなくてはならないわけ。ママにはビュイック・ドライバーが必要なんだと思う。それによって、つまり、始末《しまつ》に負えない男といっしょに暮らすことによって、自分がどんなにいい人間であるかを証明できると思ってるんだ、きっと。でも僕は、彼といっしょにそんなに長くは暮らさない」

少し考えてから、僕はつづけた。

「意地悪な人間のそばにいなくたって、自分がいい人間であることを証明することは、できるはずだから」

「**すべての道が〝完全性〟に通じているのだよ**」僕をじっと見てイーライが言う。「母親の選択を裁こうとしている自分の気持ちを、よく吟味《ぎんみ》してみるといいかもしれないね」

「それ、僕なりにやってみたんだ」僕は言った。「それで今、ちょっと混乱してるんだよね。僕の一部は、ビュイック・ドライバーと別れないママに腹を立てていて、別の一部は、自分がいい気分になるために彼を必要としてるなんて、ママ、バカげてる、って思ってるんだ」

「これに関して、〝声〟はどんなことを言ってきたんだい？」

「環境はあなたを創《つく》らない。それはあなたの内側を見せてくれるだけ」〝声〟の音色を思い出して、僕は思わず微笑んだ。

「まさしく」イーライの着衣《ちゃくい》が、僕と初めて会ったときのそれに変わりはじめた。「素晴らしい導きの言葉だね。ただ、ほとんどの人間はまだ、この知恵の言葉を聞いても、よく理解できないだろうね」

「どうして？」

「心が、いくつもの古い習慣に支配されているからだよ。平均的な心は、〝真実〟に焦点を当てていないんだね。もしも心の焦点を〝真実〟に当てているなら、人間はあらゆる瞬間において、〝完全性〟に向かうには何が必要であるかを知りながら、行動することになるはずなのだよ。人間意識は、今のレベルでは、ときおり〝真実〟に気づくことがあっても、それに基づいて行動することより、それ自身の正しさを証明することに、満足を感じる傾向にある」イーライの頭から明るいブルーの光が吹き出てきた。

彼がつづける。

「善悪の固定観念に関する話は、覚えているかい？」

「まさしく、覚えているとも」イーライの声色《こわいろ》をまねて僕は言った。

「ますます私に似《に》てきたね。君の才能には脱帽だよ」

大きな微笑みを浮かべて彼はつづけた。

「ほとんどの人間は、本当にほしいものを手に入れようとするよりも、正しくありたいと考える傾向に

ある。そうやって、人間社会が作り上げてきた善悪の固定観念に縛《しば》られつづけているんだね。それではいつになっても、〝人間は環境の産物である〟という誤った考え方から抜け出せない。この善悪の固定観念を放棄《ほうき》したときから、人間は〝完全性〟への道をひた走ることになる。そしてそのときから、環境は、自己実現に向けた道の両側に広がる景色にすぎないものとなる。君にとって、善悪の固定観念を捨て去ることは、自分に見ることのできる最高の、果てしなく素晴らしい景色の中に、足を踏み入れることなのだよ」

「自分が善悪の固定観念に縛られてるかどうかは、どうやったらわかるの?」

「自分が手に入れようとしているものが、ほしがっているものと違うとき、君はその状態にある」部屋の壁が、床が、天井が、そしてイーライと僕までが、〝アーーー〟という低い振動音を発しはじめる。

彼はつづけた。

「人間は、自分がほしがっているものと、手に入れようとしているものが同じであるとき、明らかに真の目的に向かってまっすぐに進んでいる。そしてそのとき、人間は〝今〟を生きられることに感謝している。この感謝が、人生という旅の中心的な体験であるとき、人間は持続的に神の恵みを得ている状態にあると言われているんだね。これが、〝肉体と心と霊の統合〟すなわち〝覚醒《かくせい》〟への入口なのだよ。言い換えるなら、〝今〟を生きられることに感謝していないとき、人間は〝環境の産物〟になってしまっている、ということ。ところで、エゴとイドとリビドーに関する話は覚えているかい?」

エゴとイドとリビドー――人間の中の暗黒面を知る

「もちろん！　リビドーは潜在意識の中に住んでいる。エゴは顕在《けんざい》意識の中に住んでいて、支配者になりたがっている。イドは、すべてを今すぐにほしがっている。彼らがどのように機能するのかを知らなかったら、僕は彼らに圧倒されてしまって、彼らの言うがままに行動してしまうことになる。たとえその行動が、僕がしたくないことであっても。そしてそのとき、彼らは僕の暗黒面になっている……それから……えー……」僕は記憶の糸をたどった。

「あっ、そうだ。エゴは物事を証明したがってるんだ。リビドーは、物事を発生させたがっている。イドは物事を楽しみたがっている。それで僕は、彼ら全員に目を光らせていなくてはならない。なぜなら、僕は神の〝観察者〟つまり〝証人〟だから。エゴとイドとリビドー、そして僕が、同じ場所に集《つど》ったとき、僕らは神を知ることになる。そのときから僕は、何かを必死に追い求めたりしなくてもいいようになる。目を光らせる必要もなくなる。それが僕にとっては覚醒するということで、僕は以後の人生を、光の中で過ごすことになる」

イーライの内側から愛がほとばしり出ているのを僕は感じていた。曾祖母《そうそぼ》の羽毛ベッドに潜《もぐ》り込み、深い安全と暖かさを感じたときのような気分だった。

「私の話したことが、君の心の中でしっかりと居場所を見つけているようだね」柔らかい声でイーライは言った。「それと、君は心の中にあるものを描写《びょうしゃ》する、素晴らしい能力を持っているね。本来であれば、かなり退屈《たいくつ》なテーマなんだけど、君が話すと、とても面白《おもしろ》く聞こえるよ」二人の間の空間を静けさが埋《うず》めた。

額《ひたい》を手でさすりながら、イーライが話を再開する。

「君はこれまで、自分の暗黒面を、内側の深いところに閉じこめておこうとしてきた。それは悪者であるために、表現されてはならない、と教えられてきたためにね。しかし、すべての道が同じ場所に通じているのだよ。このことをしっかりと理解したときから、君は裁くことをしなくなる。善か悪か、優《すぐ》れているか劣っているか、という概念《がいねん》を放棄することになる。そのときから君は、自分自身を〝統合〟へと導くために必要なことを常に行えるようになる。ほかの人たちが彼ら自身の道を自由にたどることを、許せるようにもなる」

「ママが彼と別れないのはバカげてるって思うのを、だから僕はやめなくてはならないわけね？」

「その通り！　いや、やめなくては〝ならない〟というよりは、彼女が彼女自身の道を歩いていくのを責めないことを、君が選択するかどうか、という問題だね、これは」

「僕のママ、自分の暗黒面を哀《あわ》れんでるよね？」

「そのようだね」

「彼女、ビュイック・ドライバーといっしょにいるとき、内側に押し込めてきた自分の暗黒面を見てるんじゃない？　彼のこと、たぶん、かわいそうだって思ってるんだ」

「素晴らしい観察だね。どうやってそう思うようになったんだい？」

「前に病室で、ママと心が混ざり合っちゃったこと、あったじゃない？　あのとき僕、彼女のママとパパがお互いにどんなふうに接し合ってたのかを、絵で見ることができたんだ。それで彼女、自分の人生にひどく戸惑《とまど》ってた。覚えてる？」

「まさしく覚えているとも、ヤング・マスター」

「ママ、両親が離婚したあと、お父さんの名前を口にすることさえ許されなかったんだ。ママのお父さん、ビュイック・ドライバーと、すごくよく似てたんだよね。いつも酔っぱらってて、しょっちゅう嘘《うそ》をついてた。それから、おばあちゃんとママも、お互いにすごくよく似たところがあるんだよね」話しながら僕は、自分がまた大きくなったように感じていた。「僕って、ほんとのパパと、よく似てるのかな？」

「そのことについては、アカシャの〝記録〟を見ればわかると思うよ。どうやら君は、いろんな資質が世代から世代へと引き継がれていくことも、理解しはじめているようだね」

　突然、僕の頭にその日の遠足の絵が飛び込んできた。

「あっ、そうだ。今日ね、遠足でモルモン牧場に行ったんだけど、また〝声〟が聞こえてきたんだ。友だちのビリーが足を怪我《けが》しちゃったときにね。それで僕、彼のその足を治すことができたんだ」

「君の光体の中を興奮が駆《か》け巡《めぐ》っているよ。すごいね」僕の体をじっと見ながらイーライが近寄ってくる。「ずいぶん、いろんなことがあったみたいだね。ほかには、どんなことがあったんだい？」

「うん、とにかく、いろんなことが起こったんだ。あっ、そうだ。前みたいに、あなたが今日ずっと僕といっしょにいたってイメージしながら、起こったことを全部思い出してみようか？」

「ああ、そうしてくれると助かるよ」そう言うとイーライは、自分の光を青から緑へと変化させ、僕がその日に体験したことを〝見る〟準備を整えた。

朝目覚めたときから、夜ベッドに入って眠りはじめるときまでの、その日に僕が体験したことのすべてが、フィーリングを伴《ともな》った映像として僕らの前の空間内を駆け抜けはじめた。僕の胸は、まるで内側と外側が反対になったかのようだった。彼がすべてを見終えたとき、コオロギの合唱と屋外の様々な香りが僕らの周囲を取り巻いていた。

「どうやら君は、二元性を存分に楽しんでいるようだね、わが友よ」イーライが意味ありげに言う。

「もしも君が、もう少し年上だったとしたら、キューピッドの矢でハートを射抜かれていたかもしれないね」〔訳注＝キューピッド＝ギリシャ神話に出てくる愛の神〕

「どういうこと？」

「担任の先生に対する君の気持ちには、かなり深いものがある。君らの年齢がもっと近かったならば、恋として告白されたかもしれないほどにね」イーライの顔に、僕がそれまでで見たいちばん大きなスマイルが浮かんだ。

「でまかせ、言わないでよ！　そんなこと僕……」怒りが僕の内側で爆発した。

「落ち着きなさい。落ち着くのだ、友よ」彼は僕をなだめた。

彼の手が僕の肩に伸びてくる。

「恋心《こいごころ》を抱くことは、いかなる問題も引き寄せない」彼はつづけた。「問題が発生するのは、エゴが〝完全性〟を感じたくて、それ自身が魅《み》せられたものを自分のものにしようとしたときだけ。君は、担任の先生がジョーダン氏のことを好きだと思っていると感じた。先生は、自分よりもジョーダン氏のことを好いている。そう感じた。そして、君が体験したそのフィーリングは、君のハートが、気まぐれなキューピッドの矢の一つに、ほとんど射抜かれていたことを、強く示唆《しさ》するものだと思うよ」

「そんなこと言われたって、よくわからないよ僕には、イーライ」僕は口を尖《とが》らせ、自分の光体から怒りを振り払った。「うわっ。僕、こんなに怒ってたんだ」僕の周囲は赤だらけだった。オレンジ色も混じっていた。

「なかなかの眺《なが》めだね」イーライはそう言うなり、僕の怒りから出た光を寄せ集めて小さなボールを作った。つづいて彼が、それを手に持ってフーッと息を吹きかけると、それはもうどこにもなかった。

「え？　何、それ！　どうやったらそうできるの？」

「そのうち教えてあげるよ」イーライは淡々《たんたん》とつづけた。「先生を自分のものにしたいという欲望の虚しさを感じていたとき、君は、エゴの深い苦悩を体験していた。そのとき、君の肉体はどんなふうになっていたのかな？」

「おなかがキューッと縮《ちぢ》まった感じになってた。それから汗をかいてた。そのとき僕、腹を立ててた。ウェインライト先生と、彼女を見ているジョーダンさんに、腹を立ててた」

孤独が僕の内側で渦《うず》を巻いていた。

「それから、すごく寂《さび》しかった。僕はこれから、永遠に一人ぼっちなんだ、みたいに感じてた。僕を愛してくれる人は永遠に現れない、みたいな……それでね、イーライ、正直に言うけど、そのとき僕、あの二人を傷つけたいとまで考えてたと思う。それも、ちょっとじゃなく、ものすごく」僕の光体が震えはじめ、どす黒いオレンジ色の光を放出した。「うわっ！」

「まさしく、そのようだね」とっさに天井まで上昇し、イーライが言う。「〝声〟が聞こえてきてからは、ずいぶん気分が変わったようだったけど、それには気づいていたかい？」

「うん、気づいてた。そのとき僕、自分は一人じゃない、これからもずーっと一人じゃないって、そんなふうに感じてた」

「欲望は、肉体と心と霊が分離している人間の中にのみ存在する。それ以外はありえない。エゴは、それ自身が完全ではないことを知っていて、その状態を改善すべく、あらゆる手段を用いて外側をコントロールしようとする。エゴは、自身を救済するためには、内側に目を向けなくてはならない、ということを認識していない。実際には、自身が体験している孤独感が内側からやってきているということを、薄々とは感じているんだけどね。それ自身の惨状《さんじょう》を見つめたくないのだよ。虚しさは内側からやってくる。そしてそれは、内側に目を向けられ、肉体と心と霊の統合がなされて初めて、完全に癒《いや》される」

「エゴは、どうしてそうしようとしないの？」

「前にも言ったけど、エゴは覇権《はけん》者になりたがっている。そのために、問題の解決策を探すのは自分でなくてはならない、と思っている。ほかの存在たちとためらいなく協力し合うことは、エゴの主義に反するわけだよ。ただし、自身の優位性が明らかだと感じられるときは、もちろんそうじゃない。たとえば、心のほかの側面たちであるリビドーとイドとの共同作業の中では、自身の優位をしっかりと感じているわけだ」

肉体と心と霊が統合された存在――〝統合存在〟の様々なレベルを見る！

ここでイーライは、僕にそばに来るよう手招きした。

「エゴにとって」彼がつづける。「肉体と心と霊の統合は、自身の存続を脅《おびや》かすものなのだよ。というのも、エゴは、肉体と潜在意識と霊を、自分とは別個の存在として見ていて、それらに対して自身が優位に立てないことを知っているから。覇権の共有というアイディアは、エゴにとってはとうてい受け入れがたいことだしね」

「そういえば、ビリーの足がよくなったとき、僕もう腹を立ててなかった。怒りをまったく感じないでジョーダンさんと話すことができたんだ」

「そのヒーリングをしているとき、どんな絵が浮かんでいたのかな？」

「まずグレッグの〝キリスト体〟が見えて、それから、あなたも出てきた。ヒーリングが終わったときには、マイク－アイ－エル－アーとあなたが、すぐ近くに立っているみたいに感じてた」

「それらの絵は〝統合〟のシンボルなのだよ。エゴは、優位に立つ必要性を抱えているために、その種のシンボルのあるところには存在できないんだ。そのときに君が、それらの〝統合存在〟を思い描《えが》くことができなかったとしたら、たぶんそのヒーリングはうまくいかなかっただろうね。癒された状態とは、完全な状態、すなわち統合の状態。一方、病気は分離の状態」

「ということは、〝声〟がまたヒーリングをするようにって言ってきたときには、あなたのことを考えればいいわけ?」

「〝統合〟を象徴する存在であれば、誰でもかまわない。イエスは、民衆のニーズを満たすために弟子たちを送り出したとき、彼らに、それを〝彼〟の名のもとに行うよう言い渡した。彼の名前は、言うまでもなく〝統合〟のシンボルだった。あらゆる真の教師またはヒーラーたちが、己《おのれ》を捨てて偉大な理解と真の自由への道を開くに至った先人たちの存在を感じることを通じて、〝統合〟のパワーを用いる術《すべ》を学んできたのだよ。イエス自身も、説教のあとや癒しを行ったあとで、集まった人たちの前で〝私自身は取るに足らないものである〟と説明した」

「なるほどね」そう言うなり僕はニヤッと笑い、空中から黄色の光のボールを取り出した。そして「ほらっ!」というかけ声とともに、それをイーライ目がけて投げつけた。

「もう休み時間になったのかい?」そう言った瞬間、彼はもう見えなくなっていた。

「うわっ、こんなのフェアじゃない!」僕は急いであたりを見回し、彼の〝痕跡《こんせき》〟を探した。何もない! フィーリングのかけらさえ残っていなかった。

僕の周囲の空間を低い振動音が満たしはじめた。

「ここだよ」が部屋にこだました。

「どこ?……」何も動かなかった。「あなたがまるで、あらゆるところにいるみたいに聞こえたんだけど……あなたが、あらゆるものの中にいる、みたいな!」

「自分で言うのもなんだが、〝統合〟の素晴らしいデモンストレーションだね」彼がまた言ってきた。

その声は、僕の内側から出ているようにさえ感じられた。

「これって、モーゼが神に名前を訊《き》いたときに、神が言った言葉でしょ？　そんなこと、僕、言えないよ」

「私は、私であるもの」

「なんて言えって？」

「私は、私であるもの、と言いなさい」

「参《まい》ったよ、イーライ。あなたの勝ち」

「言うんだ……僕は、僕であるもの……さあ、そう言って私と結びつくんだ」

「今あなた、どこにいるの？」僕は黙って周囲を見回し、彼の居場所の〝サイン〟を探そうとした。何もない。光の小さな波紋さえなかった。

「わかった。言うよ。僕は、僕であるもの」僕の光が揺らめきはじめた。

「もっと情熱を込めて。ジョーダン氏に嫉妬《しっと》したときと同じくらいの情熱を込めてごらん」

僕の頭の中にウェインライト先生とジョーダン氏の顔が飛び込んできた。胸と下半身に緊張が満ちてくる。

「僕は、僕であるもの！」その声が、僕の光体をあらゆる方向に押し出した。僕が目を向けたあらゆる場所に僕がいて、僕に目を向けていた。自分がどこにいて、どこにいないのかが、僕にはまったくわからなかった。

「ねえ！」

僕のその声は、あらゆる場所にあった。僕は、言葉を話している口であり、それを聞いている耳だった。

「ねえ、イーライってば！」

「やあ、愛《いと》しき友よ」答えたのは僕だった。僕は混乱していた。僕はイーライなのだろうか？　それとも僕なのだろうか？　誰が考えていて、誰が話していて、誰が聞いているのだろう？「ねえ、イーライ、これ、いったいどうなってるの？　僕、あなたを見たいんだけど。なんか、自分であって、あなたでもあるみたいで、頭がこんがらがってしまいそう」

「君は今、エゴとして語っている。恐れている。君は今、君の小さな〝私であるもの〟に波長を合わせていて、それ、つまり君のエゴが、いつも感じているように感じている」

イーライが突然、僕の目の前に現れた。いや、彼は僕の後ろにもいた。と同時に、僕が彼を取り巻いてもいた。そのとき僕は、彼の真《ま》ん前にも、両脇《わき》にも、上下にも、そして後ろにも、同時に存在していて、彼を一度に、あらゆる角度から見ることができていた！

「君がたぶん、統合した心と霊の様々なレベルを体験したがっていると思ったものだからね。同じことをいつか、君が本物の肉体の中にいるときにもやってみたら、それもまた面白いだろうね」

「僕があなたを見つけられないでいたときにも、あなたはずっとここにいたわけ？」

「まさしく、そうなのだよ。なかなかの隠れ場所だろ？」

「はっ、はっ、ほんとにね！」僕の笑い声が、少し前のイーライの声と同じように部屋中にこだました。

「でも、あなたはここにずっといたのに、どうして僕には見えなかったの？」

「これは焦点の問題。君は人間として、自分が見たいと思うものにだけ焦点を当てるよう訓練されてきた。君は、特定の形態のみを探すよう訓練されているのだよ。そのタイプの視覚の中では、垂直方向の線と水平方向の線が重要な役割を演じている。君は今の状態においては、君を特定する垂直の要素も水平の要素も持っていない。つまり、君は今、いかなる形態も持っていない」

イーライの全存在が動くのを僕は見ていた。

「僕がこれまでにやったことの中で、いちばんすごいことなんじゃないかな、これって」

「自分がどこにいるのかも、どこにいないのかもわからないことって、どんな感じだった？　あまり気分のいいことじゃなかったようだね」

「うん。こうやってあなたを見られるようになって、ホッとしてる」イーライをあらゆる方向から見ていることに、僕は疲れてきていた。めまいさえ感じていた。「でも僕、そろそろいつもの自分に戻りたいんだけど」

「そうかい。さてと、君を君に戻すためのおまじないの言葉、どこに置いたっけかな？」

「ねえ、イーライ、それ、あまり面白くないんだけど」

「さっきの〝僕は〟をくり返してごらん。ただし今回は、〝僕であるもの〟の代わりに君の名前を言うんだ」

「僕はゲリー！」

イーライがスーッと萎《しぼ》みはじめる。次の瞬間、僕はもはや、あらゆる場所にはいなくなっていて、彼のすぐ前に立っていた。彼は新鮮で新しく見えた。まるで初めて会ったかのようだった。でも僕は、彼のあらゆる部分を知っていると感じていた。あらゆる角度から彼を見ていたときのフィーリングが、なおも僕の内側を動いていた。

「今起こったこと、僕、ていうか僕ら、どうやってやったの?」新鮮な興奮を感じながら僕は訊《たず》ねた。

「僕一人でも、ああしたいと思ったら、いつでもできるわけ?」

「いや、君一人では、まだ難しいと思うよ。少なくとも、〝制限のない意識〟に関する理解を、もっと深めるまではね」

「今それができたのは、どうしてなの?」

「君が一日の出来事を思い出していたときに、私が君の意識にちょっと細工をしたからだよ。その細工は、君が〝私は〟という発言を、〝統合存在〟として行えるようにするためのものだった。つまり、私のある種のおまじないが、君を一時的に〝統合〟の状態に引き入れたのだよ。**〝私は、私であるもの〟という言葉は、〝完全性〟すなわち〝統合状態〟の、言わば代弁者でね。これには、あらゆる制限を取り払うパワーがある。だから、たとえ統合の状態には至っていなくても、これを口にすることは、君にとって素晴らしく有益なことだと思うよ」**

「もし僕が、これを本物の体の中にいるときに言ったとしたら、どうなるの?」

「明確な目的を持って、感謝の気持ちを込めて語られたならば、〝私は〟という発言は、どのようなものでも、大きなパワーを発揮する。**〝私は〟という発言は、実質的には〝聖霊〟が語る言葉なのだよ。言い換えるなら、〝私は〟と宣言したとき、君は〝聖霊〟を呼び出すことになる。一方、〝あなたは〟と糾弾《きゅうだん》したときには、エゴ、つまり限られた自己を呼び出すことになるんだね」**

「エゴって、そんなに悪いものなの?」

「**エゴは、怒りっぽい子どものようなものなのだよ。**その怒りに満ちた行動パターンを、親が放置したとしたら、子どもは社会内でうまく機能できなくなってしまう。エゴは、怒りっぽい子どものように、周囲をコントロールしたがっている。というのも、それは、ほしいものを外側から手に入れるしかないと考えているから。さらにそれは、怒りっぽい子どものように、周囲の世界を信頼していない。自分の差し迫ったニーズ、願望を、周囲はわかってくれていないと考えている。そして、信頼が存在しない場所では、コントロールが何よりも重要になる。コントロールというものは、人間がほしいものを手に入れるための、有効な方法の一つなんだね。エゴ自体は、決して悪いものではない。それは単純に、特定の結果を得ることを確実にしようとして、コントロールしたがっているだけなのだよ。

〝統合存在〟の中では、エゴが〝無限の意識〟に身を任《まか》せているために、あらゆる願望が、その存在の内側から満たされている」

「親にもエゴはあるよね？」

「ほとんどの親は、自分の子どもをコントロールしようとしている。というのも、子どもを信頼していないから。ほとんどの親は、子どもが自分では正しい選択を行えないと思っているんだね。〝自然〟な社会においては、子どもたちが生存するために知る必要のあることのほとんどが、彼らが五歳になるころまでには教えられている。でも君らの世界は、基本的に〝不自然〟な社会でね、その中には、ルール解説者たちが創造《そうぞう》し、支配者たちが布告《ふこく》した、実に多くの〝人工的〟なルールが存在しているのだよ。そして、それらはそもそも、すべてが家族内で親たちとともにスタートして、社会の中に広がったんだね。それ以外はありえない」

「僕んちなんか、もうルールだらけ。たぶん世界中のルールが全部あるんじゃないかな」僕はうんざりした気分になってきた。「こんなことより、〝私は〟っていう宣言のこと、もっと聞かせてくれない？」

「先に進む前に、エゴについてもうちょっとだけ聞いてくれるかい？」そう言うとイーライは、僕に光のボールを手渡してきた。それは最初、かなり熱かったが、僕が自分の手を柔らかくすると、まったく熱くなくなった。

〝私は、私であるもの〟と宣言することの意味！

イーライはつづけた。

「君たちは、自己をコントロールするよう、とても早いころに教えられる。コントロールすることは成功することであり、コントロールを怠《おこた》ることは失敗することである、というようにね。コントロールは、エゴの機能なのだよ。しかし、エゴがなければ混沌《こんとん》がはびこることになって、いろんなことが整理できなくなってしまう。エゴに関する問題は、その存在にあるのではない。問題は、エゴがそれ自身を上座《かみざ》に置こうとしてきたことにあるんだ」

「わかったよ、イーライ。大切なことは〝一つ〟になることなんだよね。でもさっき、自分があなたになってしまったように感じたとき、僕、怖かった」

「さっきの〝私であるもの〟体験は、一つには、エゴが何を体験しているのかを君にはっきりと教えるためのものだったのだよ。どんなものでも、それについて知らないかぎり、変えることは不可能なことだからね。でも今や、君はエゴが何を体験しているかを知っているために、それに新しい義務、新しい責任を与えられる」

「どういうこと？」

「君は自分のエゴに、自分をしつける仕事を与えられる。君の行動パターンを監視《かんし》し、必要に応じて、そのパターンを修正するよう、君に忠告する仕事をね」

「行動パターンを変えるのって、すごく難しいことだよね。こんなこと、もう二度としないって思っても、次の日に気がついたら、同じことをしっかりしてたってこと、しょっちゅうあるんだ、僕」

「二心《ふたごころ》をなくすこと。これに尽《つ》きるだろうね。君がほしがるものと、君が手に入れようとするものがまったく同じものだったとしたら、できないことは何もなくなると思うよ。そうなるまでは、人生は苦闘の連続かもしれないね。思考とフィーリングの間のギャップは、欲望という虚しさを創造し、そのとき君は、それを外側から満たそうとする。外側に目を向けることには、分離を助長する働きしかない。自分が何をほしがっているのかを、よく知ることだね。もし君が〝統合〟をほしがっていて、それを求めたとしたら、それは必ず君のものになる。イエスが言っているよね？〝求めよ。さらば与えられん〟と」

「あの〝私は、私であるもの〟っていう宣言だけど、あれって、エゴが完全になることのできる場所なわけ？」

「素晴らしい質問だね！」イーライの光体が壁際《ぎわ》まで広がった。**「あの宣言は、人間意識のあらゆる側**

面が結びつくことのできる場所なのだよ。体のすべて、心のすべて、そして〝観察者〟すなわち霊のすべてがね。〝私は、私であるもの〟と宣言することは、言うなれば、聖なる結婚――結びつき――を果たすことなのだよ。このことについてイエスが語ったことを紹介したいんだけど、いいかな？」

「なんでそんなこと訊くわけ？　イエスの話を聞くの、僕が大好きだってこと、よく知ってるじゃない」

「何かを話すときに、そうする許可を聞き手に求めることは、常に大切なこと。君もきっと、人々に教えるようになったら、この意味がよくわかるようになると思うよ」

そう言うとイーライは目を閉じ、奇妙な音色の言葉を発しはじめた。と同時に、彼の体が変化しはじめる。顔が少し長くなり、やや若返ったように見えてきた。髪も長くなり、顎《あご》には髭《ひげ》が現れた。変わらなかったのは目と声のみだった。あっ、イエスだ！　とっさに僕はそう思った。

「こうやって姿を変えることで、これから君に与える情報とつながりやすくなるのだよ」イーライは言った。「さて、それではははじめるとしよう。あるときイエスは、弟子たちに向かい、こう語った……」

甘い香りが部屋に満ちていた。バラの香りだった。青色と金色の光が空間を満たし、その中を何本ものピンク色の光線が貫いていた。

「心を穏やかにしなさい。あなたがたは、神を信じています。私を信じてもいます。私の〝父〟の家には、住むためのいくつもの場所があります。もしもそうでなかったなら、私はそうは言いませんでした。私は行って、あなたがたのための場所を準備します。そして、私が行って、あなたがたのための場所を準備するということは、私がまた戻ってきて、あなたがたを私のもとに迎《むか》え入れるということにほかなりません。そのようにして、私がいる場所に、あなたがたもいられるようになるのです。そしてあなたがたは、私が行く場所を知っています。そこへの道も知っています。

主よ――トマスが言った――あなたがどこに行くのかを、私たちは知りません。ですから、そこへの道も、私たちには知りようがありません。

トマスよ――イエスは答えた――あなたがたは、もしも私を知っていると言うならば、その道も知っていてしかるべきです。〝私であるもの〟こそがその道であるからです。私はあなたがたに〝私は、私であるもの〟だと言いました。〝私であるもの〟を通じてでなければ、誰も〝母〟と〝父〟のもとには行けないのです。〝私であるもの〟は、〝母〟と〝父〟と一つであり、〝母〟と〝父〟は私の中にいると いうことを、あなたがたは信じていないのですか？　私があなたがたに話しているとき、それを行っているのは私ではなく、私の中に住んでいる〝私であるもの〟なのです。次に言うことを信じなさい。〝私であるもの〟は、〝母〟と〝父〟と一つであり、〝母〟と〝父〟は私の内側に、彼らの声を持っているのです」

最初のキリストはマリア、すなわち女性だった！

イーライの体がゆっくりと元に戻りはじめた。部屋の香りが淡《あわ》くなる。僕らの周囲の空間を、何とも表現しがたい素晴らしいフィーリングが漂っていた。

質問したいことが山ほどあったが、僕の心は、それをまったく整理できないでいた。

「そんなに急に姿を変えて、だいじょうぶなの？　具合悪くなったりしないの？」

「すべての瞬間の中に死があり、誕生があり、〝統合〟がある。言い換えるなら、私は今、極めて快調だということ」

「どうしてイエスの姿になったの？」

「彼が語った言葉を紹介するには、それがいちばんだと思ったものだからね。イエスは、〝私は、私であるもの〟ということを自覚していた存在の代表選手なのだよ。彼は、自分の本質は〝キリスト意識〟であるということを、よく知っていた」

「なるほどね」僕の頭の中を無数の質問が飛び交っていた。「僕らの牧師さんは、こんなこと言ってるんだけど。イエスはたった一人の神の息子で、もし僕らが天国に行きたかったら、そのことを信じなくてはならないって」

大きなため息が部屋を満たした。

「ああ、そのことは私も知っている」もう一度ため息をついてイーライが言う。「イエスは、地球上でキリスト意識をほぼ完璧に表現して生きた、最初の男性だったのだよ。彼は、人間として最高の意識レベルに到達していた、たった一人の〝男性〟だった。その意味でなら、神のたった一人の〝息子〟という呼び名は、あながち誤りではないかもしれないね。それで実は、彼の母親のマリアも、キリスト意識を同じように表現して生きていた人間でね。彼女の場合は、その意識レベルに到達していた、たったひとりの〝女性〟だった。ということは、キリスト意識をほぼ完璧に表現して生きた最初の人間はマリアで、イエスは二番目だということになる。そもそも、もしも彼女がそうでなかったならば、イエスを身ごもることはできなかった」

「でも、キリストって呼ばれてるのはイエスだけだよね？　どうしてなのかな？」

「君たちの世界が男性優位の世界でありつづけてきたからだよ。キリスト意識への道を準備していた存在たちは、女性キリストは民衆に受け入れられないことを、よく知っていた。彼らは、表現されたキリスト意識が強い抵抗に遭《あ》うであろうことと、男たちの心をそれに対して開く唯一の方法は、男性キリストを愛の究極の表現として定着させることだということを知っていた。もしもキリストが女性として登場したならば、男性優位の社会秩序が崩壊《ほうかい》の危機に瀕《ひん》し、社会は大混乱に陥《おちい》っていただろうね。もしもキリストが女性として現れていたとしたら、男たちはその受け入れを完全に拒絶《きょぜつ》していたに違いない。しかし、キリストが男性として現れたことで、キリスト意識のアイディアは多少なりとも受け入れられ、人々の心の中にとどまりつづけてきた。とまあ、こういうことなのだよ」

「マリアもキリストだったってこと、いつかは誰もが知るようになるのかな？」

「もっとも妥当《だとう》な方法で、もっとも妥当な時期にね」

「イエスは、どうして殺されなくてはならなかったわけ？」

「どのような戦場においても、もっとも勇気のいる、もっとも愛に満ちた行為は、自分の命を差し出して、他人の命を守ろうとすることなのだよ。〝マスター〟は十字架に掛けられたとき、彼を死に追いやった者たちを許していた。そしてそれが、彼の死を〝犠牲〟として人々の心に定着させた。犠牲という概念は、エゴ——男性意識——がとても理解しやすいアイディアなんだね」

「イエスは結局、自分の命を差し出して、ほかの人たちの命を守ったわけ？　たとえば、どうやって？」

「まず第一に、もしもイエスが、自分はユダヤの王だと主張していたとしたら、それだけで多くの命が失われることになっただろうね。それから、もしも彼が、ゲツセマネの庭園でローマ兵たちに連行されることを拒《こば》んでいたとしたら、そこでも多くの命を奪うことになる戦いが、くり広げられたに違いない。イエスは、エゴの誘惑に屈しなかったのだよ。そして、それとは正反対のことを行った。〝完全性〟の象徴として〝統合意識〟を表現した。〝キリスト意識〟は〝統合意識〟であり、戦いを幻想として見ている。何かと戦うことは、その何かに現実性を与えること。イエスが、裁判の中で彼自身をまったく弁護しなかったことは、知っているよね？」

「うん。なんとなくだけど」僕は言った。「あっ、そうだ。前に確か、僕らはみんな、本質は〝キリスト存在〟なんだって言ったよね？　それで僕、僕らがここにどのようにしてやってきたのかは、ホロフォタルで見て、だいたいわかったんだけど、キリスト存在ってものがどういうものなのかが、もう一つよくわからないんだよね」

「**人間の男も女も、それぞれがみな、そもそもはキリスト存在で、つづいて人間になったのだよ。キリスト意識は、人間意識の起源であり、いわば故郷《ふるさと》なんだね。**たとえ話をしてみようか？　君がどこか別の国に行ったとしよう。するとそこで、君はどこから来たのかと訊ねられる。そして君は、アメリカ、あるいはもっと具体的にカリフォルニアと答えることになる」

「僕は今、フロリダに住んでるんだけど」

「生まれたのは、カリフォルニアだよね？」

「あっ、そうか」

「つづけるよ。それで、もしも君がしばらくの間、その国にいつづけることになったとしたら、しだいに君は、故郷の習慣や伝統を、その国のそれらに溶け込ませることになる。そしてさらに、その国に関する理解を徹底して深めたいと考えたときには、故郷の文化に関する知識を脇に押しやる必要が生じるかもしれない。これこそがまさに、いつしか地球を故郷だと呼ぶようになっていたキリスト存在たちに、起こったことなのだよ。彼らは、自分たちの起源に関する記憶を脇に押しやってきた。物質世界における生命表現を充分に体験したかったためにね」

「ねえ、イーライ。僕、故郷に帰りたい」言葉が内側の深いところから飛び出てきた。しばらく道に迷っていたが、ようやく故郷に帰れる。僕はそのとき、そんな気分に浸《ひた》っていた。

「君の故郷への旅は、すでにはじまっている。あとは途中の景色を楽しむだけでいいのだよ」僕を慰《なぐさ》めるような口調でイーライは言った。彼が両腕を伸ばしてきて、僕を抱きしめる。大きな喜びが僕のすべてを満たした。忘れていた様々な音と色、そして香りが押し寄せてくる。自分が誰であるかを覚えている、というフィーリングが僕を包み込んだ。

突然、遠い過去の記憶が蘇《よみがえ》ってきた。様々な町と人々のビジョンが、われ先にと僕の注意を引きはじめる。いつになっても終わりそうにない、鮮烈かつ壮大な映像だった。

「僕、思い出しはじめてる」

「まさしく、そのようだね」

「もし僕が故郷に戻ったとしたら、そのことをどうやったら知れるの?」

「そのとき君は、肉体の次元を上昇させている。自分の肉体を、それの起源の形態、つまり光に戻している」

「あっ、そうか」イエスが昇天したときの様子を思い出し、僕はとても穏やかな気分になる。「イエスは、ああやって僕らに、故郷への道を示してくれたんだね。彼とマリアは、ああやって手本を示すことで、僕らのために地図を描いてくれたみたいなものなんだ」

「アーーウーーハーー」という音が僕の頭から飛び出ていき、部屋にこだました。イエスが生きていた時代の光景が、僕の心を満たしていた。

「イエスが生きてたころ、僕も生きてたんだ。そうじゃない?」

「まさしく。彼と同じ時代を、君は生きていた」

「そのころ、僕、誰だったんだろう? ホロフォタルで見ることできる?」

「いずれはね」そう言うとイーライはグレッグのベッドに向かった。「その時代への旅を体験するのは、今の人生をもっと理解してからのほうが、君にとってはいいと思う。どんなものにも妥当な順序がある」

「キリスト存在に戻ることって、どういうことなのか、僕、すごく知りたい。僕、もう一度星になりたい。あの〝時間のはじまり〟の中で見たような星に……。本当の故郷のこと、全部思い出したい。イエスとマリアのようになりたい。故郷に戻りたい!」すべてが輝き、満たされていた。すべてが自由だった。

「君はいずれ、自分が求めるものを、すべて手に入れるだろう」イーライは言った。「ただし、君にはまだ、その前にやるべきことがある。君はまず、〝上昇〟のために必要な波動レベルに到達しなくてはならない。そしてそうなるためには、千人分の勇気と思いやりを持って生きなくてはならない。君は素晴らしいスタートを切っている。ただし、故郷への安全な帰還を確かなものとするためには、やるべきことがまだまだ残っているのだよ」

誰もがみなキリスト意識《スウィート・ホーム》への帰還を目指している！

突然、激しい恐怖が僕に押し寄せてきた。まるで地球が巨大な雲に覆《おお》われようとしているかのようだった。部屋全体がどんどん暗くなってくる。僕は光を呼び戻そうとしたが、無駄《むだ》だった。いつしか部屋は、イーライともども闇に包まれ、まったく見えなくなっていた。

暗闇の中に、山奥の渓谷《けいこく》を歩いている僕の姿が浮かび上がった。上に向かう小道を、僕はおそるおそる歩いていた。ゴツゴツした岩壁の割れ目から、水がしたたり落ちている。風の音が、あらゆる方向から聞こえてきていた。でも渓谷内の空気は、まったく動いていない。

やがて、前方の岩の上にある三冊の本が見えてくる。僕はそこに近づき、手を伸ばしてそれらの本を持ち上げようとした。とても重かった。そこで僕は、そのうちの一冊を手に取り、表紙の文字を読もうとして顔に近づける。するとそれは消えてしまった。次の本も、そのまた次の本も、同じようにして表紙を見ようとすると、やはり消えてしまう。

とそのとき、背後から何人もの人たちが叫んでいる声が聞こえてきて、僕は振り返る。誰もいない。人影《ひとかげ》一つ見えない。僕は体を渓谷の壁に押し当てた。僕の顔が恐怖で歪《ゆが》む。

「勇気、勇気を持たなくちゃ」僕は言った。「思いやり。勇気と思いやり。優しくなる。みんなと友だちになる。勇気は僕の光。僕の友だち」

「どうやら君は、大切なメッセージを受け取ったようだね」イーライが僕の夢を終わらせた。

「怖かった。僕、独りぼっちだった。何人もの人たちがいたんだけど、僕には彼らが見えなかった。僕に見えたのは、ゴツゴツした岩だけ。それから三冊の本。僕の本」

「暗闇とゴツゴツした岩は、君が行っている〝裁き〟を象徴している。見るものすべてを裁いているとき、ほかの人たちを見ることは、ものすごく難しい作業なんだね。君らの時間で三十年後に、君は本を書きはじめる。そのあとも何冊かの本を書くことになるが、それらの作品を世に出したとき、君は裁きから解《と》き放たれることになる」

「故郷に独りで戻るなんて、寂しすぎるよ、イーライ」

「君が次元上昇に関する物語を語るようになると、それを真実だと感じる人たちが現れ、君の故郷への旅に加わってくることになる。ただし、君の使命は人類に奉仕することであって、人類のリーダーになることじゃない。このことを忘れないことだね。故郷への旅の途中で、もし君が人々をリードしようとしたならば、暗闇と孤独がすぐに舞い戻ってくることになる」

「わかった。でも三十年なんて、長すぎるよ」その長さを思ってうんざりしながら、僕は言った。「次のクリスマスだって待ちきれないのに」すでに暗闇は部屋から去っていた。

「その物語、いったい僕、どうやって語るの？　あっ、本を書くわけね？　でも僕、本を書くなんてこと、できそうにないんだけど、イーライ。いったいどうやったら書けるようになるの？」

「心配することなど、まったくない」イーライが笑みを浮かべる。「事実、その物語はもう、姿を現しはじめているのだよ。日記をつけつづけること。分別を保つこと。そして、自分を今よりも高めるよう努《つと》めつづけること。そうしていれば、物語は自然にその姿を現してくる。言葉に関しても心配はいらない。難しい言葉は必要ない。子どもが知っている言葉だけでも、本はいくらでも書くことができるはずだからね」

「ありがとう。いっしょに故郷に向かう人たちが現れるってことを知っただけで、あまり寂しくなくなってきた。でも、そこって遠いのかな？」

「距離的には、決して遠くない。頭からハートまでの旅でしかないからね」イーライは笑った。「ある者たちにとって、その旅は瞬《まばた》きする間もなく終わってしまうだろう。一方、ほかのある者たちにとっては、何光年も離れた、不安と裁きの広大な海に感じられるかもしれない」

「僕、ちゃんと理解してるかどうか、自信がないんだけど」

「頭――エゴ――は、〝あなたは〟と糾弾し、未来と過去に振り回され、不安と裁きに終始する。ハートは、〝私は〟と宣言し、永遠の〝今〟の中で未来を目指す。ハートはキリスト意識への入口。故郷に戻ることは、再びキリストになること」

「わかった！」

「そうかい！」

「物語をいつ語りはじめたらいいかは、どうやったらわかるの？」

「君はそれを自然に知ることになる。君が故郷への旅を〝意識的〟にスタートさせたときが、そのときなのだよ」

「そうなんだ」

僕らはグレッグのベッドの上方に浮かんでいた。僕は疲れを覚え、そろそろ自分の部屋に戻ろうかと考えはじめた。と突然、先ほどのとは違う遠い過去の記憶が蘇ってきそうになる。しかしそれは、なぜか僕に届く寸前に後戻りしてしまった。落胆のフィーリングが僕を包み、家に戻りたいという思いを一気に消し去った。

「ねえイーライ、僕ら確か、光の十二日間について、もっと話すことにしてたよね？」

「ああ、そうだったね、ヤング・マスター。アカシャに場所を移そうか？」

「うん。競争しよう！」

「私はもう、そこにいるけどね」

そう言うなり、イーライはパッと姿を消してしまった。

第2章

押し寄せる光の波——

アカシャにおいて〝光の十二日間〟

すなわち〝天地創造の瞬間〟を

目撃する！

今ここにいる目的――〝光の十二日間〟について知る！

階段のいちばん上に立つと、〝記録の殿堂〟すなわち〝アカシャ〟の扉が静かに開いた。

僕は〝大広間〟に足を踏み入れた。すべてがいつもと同じだった。知恵の影像群。絵や織物の数々。無数の光点が煌《きら》めく、床の巨大な地図。でもなぜか、僕の目には、いつ訪れてもすべてが新鮮だった。

奥に向かって歩を進めながら、僕はマイク－アイ－エル－アーを感じ、ゾクゾクする。彼はいなかったが、彼のエネルギーが充満していて、それが僕に挨拶《あいさつ》しているかのようだった。彼がそんなに広大な場所を必要としている理由が、僕にはよくわかっていた。それは、彼がものすごく大きいから。ただし、体が大きいというのではない。もちろん体も大きいのだが、それ以上に、彼が発散する圧倒的な存在感。それがとにかく、とてつもなく大きかった。

〝大広間〟を進みながら、僕はふと考える。僕の本当の故郷、永遠の家も、ここみたいなのだろうか？つづいて僕は、イーライが語った〝帰郷〟の話を思い出し、少し不安を覚える。暗い渓谷の中を独りで歩いている自分の絵が、心になだれ込んできた。僕は自分に言い聞かせた。たとえ独りで歩くしかなくても、僕は必ず故郷に戻る。

影像群のあたりから〝オーーーーム〟という音が聞こえてきていた。ほかの部屋へとつづく通路が見えてきた。イーライはすでにホロフォタルの部屋にいて、僕の到着を待っている。僕にはそれがわかっていた。その部屋を初めて訪れたときのことが昨日のことのように思い出される。ここに来るようになってから、本当にいろんなことを学んできた……。

僕がその部屋に入ると、イーライは大きく腕を広げて立っていた。

「わが住処《すみか》にようこそ」お辞儀《じぎ》をしながら彼が言う。「君をここに迎え入れることほどに幸せなことは、そうあるものではない」

それがジョークでないことは、よくわかった。彼は本当に幸せそうだった。

「ねえ、イーライ」少し戸惑《とまど》いながら僕は言った。「僕ら、ついさっきまで、いっしょに病院にいたでしょ？　なのに、どうしてそんなふうに挨拶するの？　まるで一週間も会ってなかったみたいじゃない」

「時間というものは幻想なのだよ。君にとってだがね。私にとってはそうじゃない」彼はニコニコしていた。「私は、君と会うたびに、いつもまったく同じように感じている。君といつ、どこで、どのようにして会おうとも、大きな喜びを感じるのだよ」

「ここに来させてもらって、あなたと友だちでいられて、僕もすごくうれしい。すごく感謝してるし」

感情エネルギーの大波が押し寄せてきて、僕の心をボンヤリとさせる。僕は急いでそれを振り払った。

「さっき、〝私はもう、そこにいる〟って言ったけど、あれ、どういうことなの？」

「いかなる存在も、自身がすでにいる場所にしか、行くことができないのだよ。光体の中にいるとき、君は君の思考に乗って旅をする。君の思考が行く場所に、君は行く。それ以外はありえない」そう言うと彼は、僕が立っている場所に近寄ってきた。

「一度君が、時間と空間内の特定のポイントを思い描く、つまり、そこを訪れたならば、それはそのときから、君の内側で生きはじめることになる。よって、君が行く場所はすでに君の内側にあり、君はそこにいる」ひと呼吸おいて彼はつづけた。「いかなる存在も、自身が前もっていない場所にはいることができないと言われている。もし君が、特定の時空内にいる自分を発見したとしたら、君はそこに、それ以前にもいたことがある、ということにほかならないのだよ」

「これって、僕が今すぐ理解しなくてもいいことの一つだと思うんだけど。どうなの？」

「君はすでに、このことを知っている。さもなければ、今ここにはいないはずだからね」

「へー、そうなんだ」

天地創造の〝はじまり〟を見る！

「さて」僕の両肩に手を乗せてイーライが言う。「今ここにいる目的に取りかかるとしようか。〝光の十二日間〟だったね」

僕をホロフォタルに導きながら、イーライはつづけた。

「もう君は、あらゆる物質が光を発している、ということは理解しているよね？」

「うん」

「それから、あらゆるものが光でできている、ということもね」

「うん」

「君らの聖書には、こんなことが書かれている。〝はじめに、神は天と地を創造した。地は形がなく、虚《むな》しく、闇が淵《ふち》のおもてにあった。そして神の霊が水のおもての上を漂っていた。つづいて神は、光あれと言った。すると光があった。そして神は光を見て満足し、光を闇から分離した。神は光を昼と呼び、闇を夜と呼んだ〟とね」イーライは明るいブルーで輝いていた。

「さあ、ここに来るんだ。ここに立ってごらん」琥珀《こはく》色をした床の上の小さな光を指さし、彼は言った。

「これから君は、とても重要なものを目撃することになる」

「ティブ－オン－エルを見たときとは、なんか雰囲気《ふんいき》が違うみたい」僕は言った。「それに、どうして僕、この右のホロフォタルの前にいるわけ？　〝光の十二日間〟は未来の出来事でしょ？」

「未来には、間もなく行く。その前にまず、遠い過去の瞬間を訪れることが重要なのだよ。ただし、君の個人的な過去ではない。**我々が今訪れようとしているのは、いわゆる天地創造の瞬間**」

「〝光の十二日間〟を理解するには、まず〝はじまり〟を見る必要があるってこと？」

「まさしく」そう言うとイーライは、僕の背後に回り込んだ。彼の体が、ものすごく歳《とし》をとった老人の姿に変わりはじめる。

それを見て僕は言った。

「あなたの体、本当によく形が変わるね。まるで、しょっちゅうハロウィーンをやってるみたい」

「君たちのハロウィーンは、注意深く見てきたよ。子どもたちがお互いを怖がらせながら、走り回る。できれば食べないほうがいいもの、つまり甘すぎるお菓子をせしめるためにね」

新しいフィーリングが部屋を満たした。

「何、これ、イーライ。なんか胡椒《こしょう》みたいな臭いがするんだけど」

「いや、申し訳ない。犯人は私だ。思わず苛立《いらだ》ちのフィーリングを放出してしまってね。君らのハロウィーンの習慣は、私の内側にある遠い過去の記憶を刺激するのだよ」

「どういうこと？」

「私はかつて、人間として生きていたときに、魔女だとされて捕らえられたことがあってね。その生涯のエネルギーを、まだ清算しきっていないのだよ。だからハロウィーンと聞くだけで、当時のことを思い出してしまうんだ」

「そうなの。大変だったんだね。それで彼ら、あなたに何をしたの？　鞭《むち》で打つとか、何かしたわけ？」

「彼らは私を執拗《しつよう》に追いかけ回した。それで私は、転んで片方の足を怪我《けが》してしまった。すると彼らは、私の元気なほうの足に攻撃を加えて、私を立てなくした。そのあと私は、町の広場に運ばれて、そこで火あぶりにされたのだよ」

「何よ、それ！　ひどすぎるよ！」激しい嫌悪感《けんおかん》が体を貫き、僕はブルブルと震えだした。いつの間にか胡椒のフィーリングは消え去っていた。

「落ち着いて。ジッとしているんだ」両手を僕の肩に乗せて彼は言った。「これから、私の光体の本質が君の光体の中を貫いていく。このハート・チャクラから入ってね」彼の片方の手が回り込んできて、僕の胸に当てられる。「これによって、君の意識体の境界が大きく広がることになる。君が神の世界の栄光を始まりから目撃するには、私とこうやって一つになる必要があるのだよ」

僕らの周囲の空気が熱くなりはじめた。イーライがつづける。

「君らの世代が体験するであろう様々な出来事に関する、多くの情報がもたらされてきた。多くの預言者たちが、未来の様々な出来事を目撃し、それを語ってきた。なかでも『ヨハネの黙示録』が、もっとも正確な情報を伝えている。ヨハネが用いた数多くのシンボルに関しては、実に多くの解釈が試みられてきた。そしておそらく、それに関する議論は最後の瞬間まで、いやそれ以降までもつづくことになるだろう」

イーライが背後から、光を僕の胸の中へと流し込みはじめた。鋭いフィーリングが僕の光体に充満してくる。

「君は今、私が保持している知識で満たされようとしている。これから目撃することを無理に理解しようとはしないこと。大事なことは、理解することではなく、体験すること。いいね」

生命エネルギーの強い流れが、僕を通過して、僕らの前のスクリーンへと移動していく。

「これから私は、私自身を君に向けてどんどん放出していく。それにつれて、君が認識できる映像がスクリーン上に次々と現れてくる。**君が知るべき重要なことは、神はアルファでありオメガである、つまり、はじまりであり終わりである、ということ。それから、神と呼ばれる創造原理は、光であり闇であるとともに、それらの観察者なのだということ**」

ホロフォタルが突然、活気づいた。その中心には小さな黒点があった。それはとても小さくて、とても重そうで、そこにまるで永遠に留まっているかのようだった。

ピカッ！　光が炸裂《さくれつ》し、僕らを通過して部屋に充満した。理解の深いフィーリングが、僕という存在のすべてを満たす。つづいて深い喜び。ほんの少し前までは小さな黒点でしかなかったものから、今や〝オーーーム〟という音がやってきていた。まるで僕らの目の前を列車が通過しているかのような、そんな聞こえ方だった。

つづいて静寂《せいじゃく》が訪れる。風がまったくないときの草むらのような静けさだった。と突然、雲の渦がいくつも現れた。どれもが同じ方向に回転していて、明るさはまちまちだが、同じ色をしていた。つづいてその渦たちが、青から赤、紫、そして緑へと色を変えていく。すべてが僕らの目の前で発生していた。

「**アルファとオメガ。あの瞬間にすべてが創られた**」畏敬《いけい》の念を込めてイーライが言う。「加えられるべきものは何もなかった。すべての時間と空間、そしてその中にあるあらゆるものが、神が神自身を認識した瞬間に創造された。天空、土台が固定された」

僕の内側の〝小さな子ども〟が、一瞬、スクリーンから溢《あふ》れ出てくる情報に抵抗を示した。つまり、映像に含まれている意味を〝頭〟で理解しようとする、無理な努力を行おうとした。でも僕は、心を開いて光に身を任せる必要性を、深いところで知っていた。

すぐに僕は雑念を振り払い、光が僕になるのを許した。次の瞬間、僕は不思議な感覚を覚えていた。体を何回も回転させたあとで目が回っているときのような、そんな感覚だった。すべてが動いていた。

「**すべてが同時に存在するんだ**」僕は言った。「これって、僕の説明能力をはるかに超えてる。これが神の衝動《しょうどう》、存在する衝動なわけね。こんな……**多次元的波動**って言うの、これ……こんなものを説明することなんて、僕にはとてもできない。誰にとっても、たぶん、とんでもなく難しいことだよね、これって」

「まさしく」イーライが答えた。

「アルファは闇なんだ」僕は言った。「そして僕らは、意識的観察者——証人——として、創造原理——神——から放たれて、そうやって存在している状態がオメガ、つまり光なんだ」僕の心は時間と空間のイメージとともに疾走《しっそう》していた。神の映像がスクリーン上を駆け巡っていた。

イーライがホロフォタルを通じて言ってきた。

「このように知られている」

「これが意識的生命の起源だったんだね」そう言いながら僕は、過去と未来のあらゆる瞬間を、自分は完璧に知っている、と感じていた。

「さて、ここに来た目的を果たそうじゃないか、わが驚くべき友よ」僕の背後から歩み出てイーライは言った。「君が今日撃したことは、〃光の十二日間〃に関する情報を理解する上で欠かせないものなのだよ。もうすぐ、君が今体験している〃意識の無限性〃は減退《げんたい》し、君は再びもとの君に戻ることになる。ただし、君が獲得した知識はなくならない。すぐには思い出せないことも、いくつかはあると思うけど、それらも、君の〃前意識〃の中に、君がそこに意識的にアクセスできるようになるまで、しっかりと留まりつづけることになる」

ホロフォタルが静かになる。と同時に、僕はいつもの自分に戻っていた。笑いたい気持ちと泣きたい気持ちが一度にやってきて、頭が変になりそうだった。

「うわーっ！　僕さっき、いろんなこと言ったけど、ほんとにわかって言ってたのかな。まるで、一度にあらゆることを見たり、聞いたり、感じたりできたみたいな、そんな感じなんだけど。グレッグの病室で体験したみたいに、自分があらゆる場所にいるようにも感じてた。あっ、そうか。僕らがああしたのは、このためでもあったんだ」

「一歩、一歩。一線、一線。教訓の上に教訓。すべてが結びついている。ところで、ホロフォタルの中心から次々に出てきた光の波を、君はどのように体験したのかな？」イーライが訊ねてきた。

「〝理解の波〟かな」じっくりと思い出しながら僕は言った。「あの波を浴びるたびに、どんなものも様子が変わってたよね」

「素晴らしい！」僕とホロフォタルの間に立って、イーライがうれしそうに言った。

彼の生命エネルギーが、先ほどの光と同じように、次々に波となって周囲に広がりはじめた。最初の波が僕にぶつかる。とたんに僕は、自分が前よりも賢くなったように感じた。

しかしそれは長続きしなかった。僕の賢さは、すぐに元に戻ってしまったように感じられた。つづいて二つ目の波が僕にぶつかってきて、またしても僕を賢くした。

「理解って、こんなふうにもたらされるわけ？　波みたいにして？　ということは、僕らって、賢くなったり愚かになったりをくり返してるわけ？」

「どうやら、光の効果がまだ完全にはなくなっていないようだね」イーライが近寄ってくる。「いくつかの光の波が、ほかの波よりも強力だった、つまり明るかったことには、気づいていたかい？」

「え？　うん。小石を池に投げ込んだときみたいだった。波の輪が次々にできて、あらゆる方向に広がっていくような……。最初に出ていく波が、いちばん大きいんだよね」

「いい〝たとえ〟だね。それで、もし君が、最初に小石を落としたのとまったく同じ場所に別の小石を落としたとしたら、そのときには新しい波の輪が次々とまた池の中を広がっていくことになる。同じようにして、**神、光、あるいはなんと呼ぼうと、その〝源〟は、光の波を次々と放射しつづけているんだ。そしてそれらの波を、人間の歴史家たちは〝啓蒙の時代〟として記録してきた。このアカシャにおいては〝高確率の波〟として記録されているがね。これまでに人類が作り上げたすべての文明が、この光の波の影響を受けて姿を現し、消えていった**」

「なるほどね」

「**そして今、もっとも強力な波の一つが、地球に押し寄せてきつつある。この光の波は、人間意識に莫《ばく》大《だい》な影響を及ぼすだろう。**この波がやってくることは、イエスによって明言されていた。彼は、新しい〝契約〟について語った。それは、人類の心を無知の横暴から解放する契約だった。この新しい理解の波は、ノアの箱船伝説の中で語られているような洪水としてではなく、キリスト意識の火に乗ってやってくる。そう預言されている。そのときには、預言通りに、空全体が神の栄光で光り輝くことになる。ただしこれは、一部の人たちが怖《おそ》れているような、あらゆる生命の死を意味するものではない。これは逆に、あらゆる生命に〝生命〟をもたらすものなのだよ。束縛からの解放。肉体と心と霊の統合。それを果たしたとき、人間は神の栄光を糧《かて》にして生きるようになり、ライオンはもはや子羊をあさろうとしなくなる」

「うわー、ワクワクしてくるよ、僕」

「ところで、この光の領域と君らの世界との間の、いちばんの違いは何だと思う？」

「違うところがたくさんありすぎて、すぐには答えられないよ」そう言って僕は、彼が聞きたがっている答えを大急ぎで探そうとした。

「今の光体験の効果が薄れはじめているようだね。君はまたしても〝正しい〟答えで私を喜ばせようとしている」

恥ずかしさのフィーリングが僕のおなかの中で爆発した。

「ごめんなさい。そういうつもりじゃ……あーあ、また体が萎《しぼ》んじゃった」

「気にすることはない、愛しい友よ。私の質問への答えは、私の話のポイントがより明確になるという意味においてだけ重要なのだよ。それ以外の価値はほとんどない」

「それで、あなたが求めてた答えは何なの？」

「この次元には、影がない」部屋中を見回すようにと身振りで促しながら、イーライは言った。「なぜならば、ここにある物体は、その低密度ゆえに、光が通り抜けてしまうから。

君らの世界では、光は二通りの現れ方をしている。まず一つは、ギュッとまとまって物質を創り上げている。そしてもう一つは、ゆるやかにまとまって君らが太陽光と呼んでいるものを創り上げている」

イーライが一瞬考え込む。「後者のカテゴリーには、人工的に創られたあらゆる形の光も含まれて当然だろうね」

「今話してることって、〝光の十二日間〟とどう関係してるわけ？」

「もうすぐわかるよ。だいじょうぶ。脇道にそれているわけじゃないから」大きな笑みを浮かべてイーライはつづけた。「この領域に存在するものは、光の強度が増大したとしても、ほとんど変化することがない。なぜならば、この領域の〝物質〟を創りあげているのは思考だから。一方、**君らの世界は〝神の言葉〟によって創られていて、そのいわば音波として表現された光は、振動数がずっと低いのだよ。そのために、君らの世界では、光の強度が増大すると、物質は再編成を強《し》いられることになってしまう。**そうなると君らの世界は大混乱に陥ることになるだろう」

　僕はよくわからなくて、イライラしてきた。

「忍耐《にんたい》、そして信頼」イーライの胸から、緑の鮮やかな光を伴った喜びのフィーリングが押し出されてきて、僕のイライラを一気に蹴散《けち》らした。

　彼はつづけた。

「意識は、それ自身のより拡大したバージョンへと、常に進化している。そして君は、ほかの多くの人たちと同じように、すでに意識的進化の次の段階に歩を進めている。思考エネルギーで創られたこの光の領域を体験することができるのも、そのため。もしも物質世界が再編成を強いられたとしたら、その時点で次の段階にまだ進んでいない意識たちは、ひどく戸惑うことになってしまう。そして結局、〝統合〟ではなく〝分離〟を、また別の場所で体験しなくてはならなくなるだろう。〝完全性〟を目指す、新しいドラマが必要になるということ」

「最後の一言、なんかすごく怖く聞こえるんだけど」

「意識と物質のあらゆる側面が、やがてやってくる次の波——新しい〝啓蒙の時代〟——の大きな影響を受けることになる。より素晴らしい冒険に歩を進めたいと願う人たちは、彼ら自身の選択によって、瞬く間に、そうするだろう。一方、ほかの人たちは、それまでの世界をもう一度たっぷりと体験する機

会を与えられることになる。光とともに移動することを選択する人たちは、光と調和しているために、そうすることになる。一方、魂の目的に忠実でない人たちは、彼ら自身の裁きに苦しむことになる。物質の領域では、光が明るくなればなるほど、影は暗くなる。しかしいつしか、光が物質内に充満しうるほどに明るくなったなら、そのときから影はもはや存在しなくなる」

「〝二元性〟の時代から〝統合〟の時代に移動するわけね」

「素晴らしい理解だね、預言者よ。どうやら我々は、これからスクリーン上に現れるものが君にとって重要な意味を持つことになるポイントに、到達しているようだ。先に進む準備はできているかな？」

「うん！　なんか僕、興奮してきた。ねえ、イーライ、どうしてかはわからないんだけど、これからどんなものを見ることになるのか、僕もう、わかってるような気がするんだ。えーと、たとえば……」

「それが当たっているかどうかは、見てのお楽しみ、ということにしたほうがいいんじゃないかな。あまり先入観は持たないほうがいい」

「うん、わかった。僕はもう準備ができてるよ。いつでもどうぞ」

〝光の十二日間〟の直前に湧き上がる十四万四千の存在たちの祈り！

イーライがまたしても僕の背後に回り込み、両手を頭上にかざした。ホロフォタルがポンと活気づく。すべてがボンヤリしていた。前と同じように、見えるのは光のみだった。つづいて映像が現れた。地球、雲、水、大地……街並み、道路、人々……そしてやがて、キッチンカウンターの前に立っている一人の女性が、スクリーンに大写しになる。テレビのコマーシャルに出てくる女性たちと、顔つきはとてもよく似ていた。

ところが、そのほかのものは、どれもがすごく奇妙だった。まず、その女性の髪型と服装。悪くはないが、見たことのないものだった。シンクも、水道の蛇口《じゃぐち》も、調理用コンロも、僕らの家にあるものとは見た目がまったく違っていた。

それから冷蔵庫。これはものすごく背が高くて、扉の外側に棚がついていた。その棚は左右に分かれていて、片方には〝氷〟、もう片方には〝水〟という文字が記されていた。

壁に掛かった時計には、時間を示す二本の針の代わりに、「Tuesday, May 24, 8 : 25 : 34」という文字と数字が並び、いちばん右側の数字は、「35―36―37―」とめまぐるしく変化していた。

とにかく、見るものすべてが奇妙だった。その女性が丸い容器の中に〝ニンジン〟を入れると、横の蛇口から〝オレンジ・ジュース〟が出てきた。つづいて彼女は、そのジュースにプラスチックの缶の中に入っていた粉のようなものを入れてかき混ぜるなり、それをゆっくりと飲みはじめた。いや、〝嚙み〟はじめた。

「この人、誰なの？　イーライ」

答えはなかった。映像がつづく。

女性が何かを取りに冷蔵庫に向かう。とそのとき、ピンク色のまばゆい光がキッチン・カウンターの上に現れた。彼女はそれに気づかない。でもとても幸せそうだった。体の周囲の青い光から、とても賢い人であることも感じ取れた。冷蔵庫の中から出ている光は、僕が馴染《なじ》んでいた白ではなく、ピンクがかった鮮やかに輝く赤だった。

そして今や、部屋全体が光で輝きはじめていた。ある音がキッチンを満たす。と突然、女性が部屋を見回し、起こっていることに気がつく。彼女の手の中にあったものが床に落ちる。それはプラスチックの小さな箱で、僕の家の冷蔵庫に入っているどんなものとも似ていなかった。

女性が両手を顔に当て、笑いはじめた。と同時に泣きはじめた。彼女の目が、冷蔵庫脇の壁に掛かっていた星のシンボルに向けられる。リンダーマン家の寝室の壁にあったのと同じ星だった。

つづいて、彼女の子どもたちと夫の映像がスクリーンを横切った。さらには、彼女の両親も。それから友人たちも。僕らは、彼女が巡らすあらゆる思いを〝見て〟いた。部屋の中の光がますます明るくなってくる。あらゆるものが、まるで燃えているかのようだった。

女性が教会の歌――祈りの歌――を歌いはじめる。彼女の口から出る音のすべてを、僕らは〝見る〟ことも、〝かぐ〟こともできた。それらの音は、様々な色と形、そして香りを持っていた。

今や女性は、自身の言葉が目の前で形になるのを見ることができていた。彼女が言葉にするあらゆる思いが、彼女の目の前に現れる。喜び。スクリーンを満たす完璧な喜び。彼女の顔の上でも無数の光が踊り、揺らめいていた。

彼女は歌いつづける。ますます多くの色が彼女の周囲に溢れ、ますます多くの形と香りがそれに加わる。

間もなく女性は、自身の言葉とフィーリングを、子どもたち、そして夫に向けて送り出しはじめた。

様々な色の光がキッチンから出ていく。と同時に、同じような光がキッチンの中に入り込んできた。というのも、彼女の夫と子どもたちも、彼女に向かって彼ら自身の歌を送っていたから。家族全員が明らかに、以前からこの時の訪れを待ちつづけてきていた。そしてそれぞれが、自分のやるべきことを前々から練習していた。僕にはそんなふうに感じられた。

突然、女性の映像が小さくなる。僕らは彼女を、家のずっと上空から眺めていた。彼女から出ていくいく筋《すじ》もの光が、子どもたち、ほかの家族、そして友人たちへと伸びていた。それはまるで、前にホロフォタルで見た〝光の蜘蛛《くも》の巣〟のようだった。あのときイーライは、僕らが最初、どのようにして地球に来たのかを、鮮やかな映像で見せてくれた。

地球が徐々に小さくなっていく。ありとあらゆる色の光でライトアップされた地球を見ていると、本当に胸がワクワクした。地球から遠ざかれば遠ざかるほど、世界中の人々が互いに光を送り合っている様子が、よりよく見て取れた。まるですべての人間が、それまでやっていたことを中断し、手をつなぎ合っているかのようだった。

つづいてその映像が薄れ、何も見えなくなった。そしてホロフォタル上に、新しい星が浮かび上がってくる。今や地球があった場所に、新しい星が出現していた。

「君が今見たものについて、ちょっと説明させてくれるかい？」イーライの声はとても穏やかだった。

「多くの存在たち、正確には十四万四千の存在たちだが、それらの存在たちの努力のおかげで、これまでこの宇宙内で一度も観察されたことのないスケールの、大イベントが起こることになるのだよ。このイベントは十二日間にわたってつづくことになる。この十二日間の直前に、十四万四千の存在たちが祈

りを開始する。あの女性が口にしたような祈りをね。それは言わば、〝神の光の訪れを宣言する祈り〟でね。その詠唱《えいしょう》の波動が、物質の世界に、〝暗闇〟すなわち〝内なる虚空〟を放棄するよう、それ自身を浄化するよう、あらゆる裁きをやめるよう、呼びかけることになる」

彼はつづけた。

「新しい世界秩序が、このようにしてはじまる。地球の奥底から、叫び声が聞こえてくるだろう。そして、〝見よ。私は報《むく》いを携《たずさ》えてすぐに来る。それはすべての人間に、働きに応じて与えられるだろう。私はアルファでありオメガである。はじまりであり終わりである。最初であり最後である。これですべてが終わる〟という預言が成就《じょうじゅ》する。

人間意識のエゴは、〝私であるもの〟の光の訪れに、充分に生きなかった人間が死に直面したときと同じように反応する。つまり、苦悶《くもん》の反応を示すことになる。優劣の概念を放棄していない者たちにとって、この期間は地獄のように感じられるだろう。というのも、彼らが巡らす、あらゆる破壊的思考が、即座《そくざ》に現実化することになるから。まるで宇宙の万物、すなわち、彼らがコントロールしようとしてきたあらゆるものが、彼らにいっせいに敵意を見せてきたかのように感じられるだろう。

柔和な者たち、すなわち裁きを放棄した者たちもまた、自分たちのあらゆる思考が現実化するのを見るだろう。彼らは〝新しいエルサレム〟を相続することになる。新しい地球をね。彼らには、永遠から永遠へとつづく命が与えられるだろう。裁きの古いシステムの中に留まりつづける者たちには、誕生と死――二元性――のもう一つの時代が与えられるだろう。それは、宇宙時間の一日後、君らの時間で言うと千年後に訪れる」

「彼女のキッチンの中にあったもの、みんな光ってたね。何もかもが！　それから惑星全体が燃えるように光り出して……空も、水も、地面も、雲も。それから、いろんな色が混ざり合って、新しい色がどんどんでき上がって……」突然、僕の内側に虚しさのフィーリングが湧《わ》き上がる。「それでもまだ、闇はあったよね。光の後ろに」

「まさしく、そうだったね、愛しき友よ」イーライのささやくような声を除けば、部屋はシーンと静まりかえっていた。

彼はつづけた。

「〝光の十二日間〟のあと、七年をかけて、母なる地球は、彼女自身の中からあらゆる罪、あらゆる過《あやま》ちを一掃《いっそう》することになる。その七年間は、〝十二日間〟の前、あるいはその最中に〝正気への呼びかけ〟を聞かなかった者たちにとっては、訪れた変化に自身を同調させるための期間となるだろう。そして、もしも彼らが、新しい光の波によってもたらされる次の秩序の中に、歩を進めないことを選ばざるをえないとしたら、そのときには別の道が彼らを待っている。肉体を持たずに惑星に留まり、後の特定の時代に生まれ変わってくる、という道がね。

〝十二日間〟を通じて魂の目的に忠実でありつづけた者たちは、もはや死を知らなくなる。

〝母〟への慈《いつく》しみと〝父〟への愛を通じて、彼らは〝完全性〟に到達することになる。預言にあるように、〝歓喜〟すなわち〝十二日間〟のあとに訪れる千年間、正確にはそれに七年間を加えた期間だが、それは〝平和の時代〟になるだろう。これが、モーゼが心に描いていた〝約束の地〟なのだよ。神の国、天国、〝母〟と〝父〟の意図が〝娘〟と〝息子〟に引き継がれた場所、としても知られているがね。

〝平和の時代〟の次に訪れるのが、〝歓喜〟すなわち〝光〟に同調しなかった者たちのための〝完成の時代〟。この〝完成の時代〟は、およそ三千年つづいたあとで、肉体と結びついた人間意識の終わりを目撃することになるだろう。それまでにはあらゆる意識が〝上昇〟を果たしていて、そのとき人間意識は、次の大いなる冒険へと旅立つことになっている」

「何て言ったらいいか、言葉が出ないよ、イーライ」僕の内側では、興奮で燃えている部分と麻痺《まひ》している部分が同居していて、そのどこかで質問が生まれた。「〝光の十二日間〟と〝キリストの再臨〟は同じものなの？」

「イエスは、足早に近づいてきている〝キリストの光の時代〟の先触れだったのだよ。だから、この〝十二日間〟を〝キリストの再臨〟として体験する人たちは、少なくないだろうね。多くの人たちが、マスター・イエスの顔を思い出して、この出来事を彼と結びつけるだろう。ただし現実には、イエスは〝上昇〟を果たして以来、〝母〟であるこの惑星に留まり、〝聞く耳〟と〝見る目〟を持つあらゆる人たちのためのガイドとして、活動をつづけてきた。イエスは、ここにいつも存在してきたし、時間の概念が終わるときまで、ここにいつづけるのだよ」

「ということは、僕らって〝上昇〟したあとも、ここに留まって好きな人たちといっしょにいられるってこと？」

「まさしく」イーライは言った。「善悪の固定観念を手放し、すべての存在を通じて表現されている〝真実〟に〝聞く耳〟を傾けるようになったときから、〝上昇〟のプロセスはスタートする。そのとき、肉体を創り上げている原子の一つ一つが、これまでとは逆の回転をしはじめ、その肉体はやがて、それ自身の元の状態、つまり〝光〟へと引き上げられることになる。こんなにも単純なことなのだよ」

ホロフォタルの部屋が、この上なく快適なフィーリングで満たされる。

「〝光の十二日間〟の間に、人間意識は、やがて訪れる驚くべき時代の、言うなれば予告映像を見る機会を与えられるんだね。その期間中は、個人が巡らすあらゆる思考が、即座に完全なものになる。君らの言葉で言うなら、即座に現実化することになる。君がもし、自分を含めたあらゆる人間が光から創られているということを知ったとしたら、そのときから、もはや戦う相手は存在しなくなる。自分が誰であるかを〝知っている〟状態の中で、〝究極の降伏〟すなわち〝上昇〟は発生するのだよ」

「怖くなってしまったとしたら、どうなるの？　あらゆるものが光を発しはじめたときに、僕の知ってる人たちがどんな行動に出るか、ちょっと心配なんだけど」

「〝歓喜〟の最中には、大きな混乱が起こるだろうね。肉体的生命、あるいは物質的快適さのために戦っている者たちは、自分たちが〝真実〟を知らない意識であることを、明らかにしつづけるだろう。彼らは苦闘し、与えたと同じだけの痛手を引き寄せつづける。力とコントロールの前には、力とコントロールが立ちはだかってくる。自分が出したものが、すぐに自分のところに戻ってくるのだよ。その期間中は、同じような考えの人たちといっしょにいるようにしたほうが、いいだろうね。それがとても重要なことだと思うよ。親身な支え合いがあれば、周囲からの悪影響は最小限に抑えられるはずだからね」

「何もわかってない人たちしか周《まわ》りにいなかったときには、どうすればいいの？」

「そのときには、人々から遠ざかることだろうね。一人で自然の中に行くといいかもしれないな」

「一人じゃ僕、何もできないよ。食べることも、自分の面倒《めんどう》をみることも」

「まず第一に、そのころの君は、地球的に言えば、かなりの歳《とし》になっている。すでに自分の面倒の見方を、充分に学んでいると思うよ」

「あっ、そうか」

「第二に、そのころの君は、あらゆる思考が現実化するということに、しっかりと気づいているはずだ。そんな君が生活の心配をすることなど、まずありえないと思うがね」イーライの口からため息が漏《も》れた。「愛しき教師よ、そのころの君の関心は、おそらく、ほかの人たちの理解を支援することに、集中して向けられていると思うよ」

「グレッグと姉さん、こんなこと信じるかな？　信じなかったとしたら、どうすればいいんだろう？　そのときには、あの二人を残して、一人で自然の中に行かなくちゃならないわけ？」

「いいかい、マスター。君は、それが起こるはるか前の時点で、巣立《すだ》っているんだ」僕の目をじっと見ながらイーライはつづけた。「もしかして君は今、〝十二日間〟の訪れを怖がっているのかい？」

「うん」僕の答えは速かった。「それまでの間にやるべきことを、やることができなかったら、どうなるのかな？　それから、このことを信じる人がほかに一人もいなかったら、一人で僕、どうしたらいいわけ？」

「第一に、君は、この種の奉仕の中に自分を配置している、たった一人の人間などでは、決してない。君のような人間は、ほかにもたくさんいる。彼らは君を支えてくれることもあれば、君に支えられることもあるだろう。君は言わば〝上昇支援チーム〟の一員にすぎないのだよ。第二に、〝十二日間〟までの間に、君はまだまだ多くのことを学ぶことになる。第三に、君はすでに失敗しないことを選択している」イーライの顔に大きな笑みが浮かぶ。「私は、君と君が選んだ道を、心から信頼しているよ」

「ときどき僕ね、自分がこんなことを知ってるってことに、すごく腹が立つんだ。こんなことを知っていながら、子供でいなくちゃいけないなんて、大変すぎるよ。十代になっても、たぶん大人になっても、同じように感じると思う。飛んでることを覚えてるたった一人の子どもでいることに、どんないいことがあるんだろう、なんて考えることもあるし」

怒りが僕の内側を駆け巡っていた。まるで自分が爆発してしまいそうだった！　僕はつづけた。

「僕らがどうやってここに来たのかとか、僕らのすべてがどうしてキリスト存在なのかってこととか、ここで教えてくれたよね。それから光の使い方も。僕は今、〝声〟を聞きながらヒーリングも行える。でもこれまでのところ、僕がこういうことについて話すことができるのは、担任の先生と、ジョーダンさんと、あなただけなんだ！　ママなんか、僕の頭の中の様子を、医者に診《み》てもらおうとしてるくらいなんだから。ときどき僕、ものすごく腹が立って、何かを叩《たた》きたくなるんだ」

僕は大きく息を吸い込んだ。そして一瞬、イーライは僕をどうしようもない奴《やつ》だと思っているに違いないと考えた。でもなぜか、それでもかまわない気がしていた。

「でもそこで、僕は考えるんだ。もしも何かを叩いたりしたら、ビュイック・ドライバーと同じになっちゃう。彼みたいにして生きるくらいだったら、死んだほうがましだってね」

「その通り！」

「何よ、それ！　そんなにあっさりと言わないでよ！　ときどき僕、あなたにも腹が立つんだ。僕が理解できない言葉を使って、どんどん先に行っちゃったりするようなときだけど、そんなとき僕、疲れちゃうんだよね」

「もう、すんだかな?」

「……たぶんね」

そう答えて僕は両手を伸ばし、自分から出ていた赤とオレンジの光をかき集めた。つづいてそれを圧縮し、エネルギーのボールにして、イーライが前にやったようにフッと息を吹きかけて吹き飛ばそうとした。でも何も起こらない。もう一度息を吹きかけてみたが、やはりだめだった。

「手を貸そうか?」

「うん、お願い。まとめるところまでは、うまくいったんだけど。吹き飛ばすところ、もう一度見せてくれる?」

「フーッ」イーライが息を吹きかけると、光のボールはもうどこにもなかった。

「ありがとう」

「どういたしまして」

穏やかさの快適なフィーリングが僕を包んだ。飛びはじめて以来感じつづけてきたプレッシャーが、すべて消え去ってしまったかのようだった。すべてが変わっていた。

記録《アカシャ》の殿堂の守護者イーライとマイク－アイ－エル－アー

僕は頭《こうべ》を垂《た》れ、起こっていることを理解しようとした。グレッグの病室に持っていった質問リストの絵が、目の前を通過する。僕がそれまでに発した質問のすべてに、イーライは答えてくれていた。彼は一度として嘘をついたことがない。何かを知るには若すぎるなどと言ったことも、一度もない。僕が失敗をしでかしたときでも、決してからかわない。僕の話を、たとえどんなにくだらないものでも、いつも真剣に聞いてくれていた。

僕の心に喜びが満ちてきた。僕は目を閉じ、自分のあらゆるフィーリングを感じようとした。僕は彼を心から愛していた。彼が僕を心から愛していることも、よくわかった。

「ねえ、イーライ。僕はどうして、これまでに学んだようなことを知る必要があるの?」

「真実を聞けるようになるために。そして、それを聞くことを通じて、いくつもの生涯にわたって発言権を与えてきた誤解を、一掃するために。君はもう、充分に長い間、荒野をさまよってきた……」少し間をおいて、イーライは訊ねてきた。「君が今感じていることに、発言権を与えてみてはどうかな?」

「感じてるだけで充分、ていう気分」僕の頭の中は、〝歓喜〟と〝上昇〟に関する質問で溢れていた。

「さあ」

「あなたは、もう〝上昇〟してるの?」

「いや、まだしていない。新世紀に入って間もないころに、そうすることにはなっているがね」

「それって、光体から〝上昇〟するわけ？」

「いや、一九八〇年代の末、あるいは九〇年代の頭に、再び肉体を手にすることになっている」

「えっ、また人間になるわけ!?」

「まさしく。そうなのだよ、愛しき教師よ」

僕の心は騒いだ。あまりにも騒ぎすぎていて、何を訊ねたらいいかわからない。おびただしい数の思いが押し寄せてきていた。

そして突然、僕は理解した。

「僕、あなたの教師になるんだ。でしょ？　それで、あなたが自分が誰であるかを思い出すのを、手助けするんだ！」

「まさしく」イーライの顔が輝いた。「君と私は、君らの世界で友だちになる。君の友人たちが、私の生物学的な両親になる」

「大人になった僕が、子どものあなたと友だちになるわけ？」とっさに僕は、イーライが人間の子どもになったときの姿を思い描こうとした。しかしそれは無駄な努力だった。「あなたと僕、どうやって出会うの？」

「最初は、君がまず私の写真を見ることになる。君と私が友だちになるのは、私が八歳になったとき。君にいろんなことを思い出させてもらう前に、いくつかの〝やりかけの仕事〟を終わらせる必要があるものだからね」

「僕らが出会ったときと、いっしょじゃない。あのとき僕も八歳だった」

涙が僕の胸から顔へと移動した。

「あなたがこれまで、僕にいろんなことを教えてくれたのは、僕をいずれ、あなたの教師にするためだったの？」

「私はこれまで、いつだって君の友人であり、協力者だったのだよ。そしてそれは、これからもずっと変わらない」

「それなら、たぶん僕もわかってた。でも、あなたが人間になるのって、ちょっと心配だな、僕」

「何が心配なんだい？」

「もしかしたら両親が、ああしなさい、こうしなさいって、うるさく言ってくるかもしれないよ。それであなたが言う通りにしないと、ぶったりして。両親がいつも喧嘩《けんか》ばかりしてたら、どうする？　お金がなくて、あなたが大怪我をしても、病院に連れていけなかったりしたら、どうする？　治安の悪い場所に家があって、周りに悪ガキがいっぱいいたりしたら、どうする？　それから……」

僕の話を遮《さえぎ》ってイーライが言う。「故郷への帰り方を教えてくれる友だちが、完璧なタイミングで現れてくると思うけどね」

僕の目から一気に涙が溢れ出す。「僕、約束するよ、イーライ。あなたが望みうる最高の友だちになるって……」僕は言葉に詰《つ》まる。

イーライが近寄ってきて僕を抱きしめた。「君はすでに、最高の友だちだよ。我々は、お互いの友情を何度も何度も証明してきたんだ」

「どういうこと？」

「我々はお互いに、人生を何度となく捧げ合ってきたのだよ」

「この次、このことについてもっと訊いてもいい?」家に戻る時間が来たことを感じながら、僕は訊ねた。

「当たり前じゃないか。君のために何かができるとしたら、それは常に、私にとってこの上ない喜びなのだよ。よい旅を、わが友」

「ありがとう。それじゃね!」

第３章

上昇《アセンション》――キリスト意識のレベルから
マスター・イエスの声が
聞こえ始めるとき……

ヤング・マスター誕生への道のり

「ビュイック・ドライバーがママに言ってるのを聞いたんだけど、あんた、これからしばらくの間、土曜日のたんびに、あいつの仕事を手伝うんだって?」バス停のポールに寄りかかりながら、キャロルがからかってきた。

「うん」僕は力なく答えた。前の日の晩にイーライと過ごした時間が少し長すぎたせいか、僕の体は疲れ気味だった。「今度は電動工具、使わせてくれるんだって。前みたいに、使いっ走《ぱし》りだけじゃないんだ」

「それからママ、来週、あんたを医者につれてくって。あっ、その前にグレッグが帰ってくるんだった。あと三日で退院だって」

「ああ、わかってる」

「何よ、それ。あんたったら、いつだってそう。何もわかってないくせに、わかってるって言うのが、ほんとに得意なんだから!」

「グレッグのことは、僕もママから聞いたんだ。昨日、ビュイック・ドライバーの名前じゃなくて、ほんとの名前がほしいってママに言ったときにね」

「何、それ。どういうこと?」

「僕、ゲリー・ボーネルって呼ばれたいんだ。ゲリー・ゲンスナーって呼ばれるの嫌だから。もし僕がほんとの名前を取り戻せたら、姉さんだって、それからグレッグだって、同じようにできると思うよ」

「ボーネルは、あんただけの名前じゃないんだからね。私たちみんなの本当の名前なの！」キャロルはなぜか、ひどく腹を立てていた。「ママのでもあるし、グレッグのでも、私のでもあるのよ！」

「なんで怒ってるの？　僕は今、姉さんもほんとの名前を取り戻せるって、そう言ったはずだよ」

「あんたったら、いつもビュイック・ドライバーを怒らせることばっかりして」恥辱《ちじょく》の波が押し寄せてきた。

「別に僕、あいつを怒らせようとしてるわけじゃないんだけど」僕は異議を申し立てた。

「僕はただ、ほんとの名前を取り戻したいだけなんだ。それに、あいつがたとえ怒ったとしても、困るのは僕で、姉さんには関係ないことじゃない」

「あいつを怒らせるってことは、私たちのみんなが困ったことになるってことなの！」

「僕、あいつのこと、もう怖くないんだ。それから姉さん……」

「ママは怖がってるわ。私も怖い」彼女はまだ怒っていた。「あんたも怖がるべきよ。彼に刃向かって、私たちみんなをトラブルに巻き込んだりは、もうしないで！」

「そうだよね。姉さんとママにとっちゃ、怖いことかもしれないね」僕は静かに言った。

「それで僕、ママと約束したんだ。ほんとの名前を取り戻すの、もう少し待つって。ウェインライト先生が手伝ってくれそうだったんだけど、もういいから、って言うことになってるんだ。でもいつか、僕はほんとの名前を取り戻す。そのためなら、家を出なくちゃならなくなっても、仕方ないと思ってる」

そう言って僕は、ガソリンスタンドの前を通って交差点の大きな配水管へと通じている水路の中に、空き缶を蹴飛ばした。

「ママは、あいつと絶対に別れないと思う」僕はつづけた。「それで、あいつといっしょに暮らしてるかぎり、僕らはいつもビクビクしてなくちゃいけない。もし僕らが……」

「私たちがあいつから逃げられないのは、ママのせいなんかじゃないわ。あいつ、もしもママが言うとおりにしないんだったら、私たちをひどく傷つけてやるからなって言って、ママをいつも脅《おど》してるの」

涙が彼女の頬《ほほ》を伝い落ちる。僕はバス停のポールに近寄った。

「あいつから離れないかぎり、僕らは幸せになれない。あいつが、全部台無《だいな》しにしてしまうから。あいつ、自分で工具を壊《こわ》したときでさえ、それを必ずほかの誰かのせいにするんだ」深い静寂が、あたりを埋めた。

キャロルが、おもむろに言う。

「幸せになってはいけない人たちが、この世の中にはいるんだって。ママはそう言ってた」

「ママが幸せになりたくないんだったら、それは仕方ないけど」僕の声は、ずっと年上のそれだった。

「僕は、あいつに残りの人生を台無しになんか、絶対にさせない。僕は、いい人間、重要な人間になる。そしてお金を稼いで、ほかの子どもたちが持っているものを全部手に入れる。穴だらけのズボンを穿《は》かなくちゃならないなんて、僕はもう、うんざりだ。あいつ、僕らの靴を買うためのお金を、全部飲んじゃったこともあったよね。それで僕ら、学校に裸足《はだし》で行くしかなかった。お父さんが眠ってしまうまで、クロゼットの中に隠れてたり、家に近づかないようにしてる子どもが、ほかにいると思う？　いるわけないよね！」僕の声はどんどん大きくなりつつあった。

「こんな人生は嫌だって思うことに、僕、もう疲れちゃったよ。こんな暮らし、もう耐《た》えられない。しょっちゅう引っ越したりしないで、同じ地域の同じ家で、ずっと暮らしたい。ほかの子どもたちに好かれたい。僕は幸せになりたい。幸せになりたい！」いつしか僕は大声で叫んでいた。

バス停に向かって走ってきていた子どもたちが、途中で急停止する。キャロルは、まるで頭のおかしい人間でも見るかのような目つきで、僕を見ながら立っていた。〝飛行〟用のエネルギーが、僕の体の中を駆け巡っていた。体中が〝チリチリ〟していた。

「私はどうなのよ。あんたやグレッグや家の面倒をみるために、自分の時間を全部使うしかないのよ。あんたなんか、すぐに家を飛び出して、遊びほうけてるじゃない。その間、私はずっと家の中にいるしかないんだからね」

「自分の面倒は、自分でみられるよ、僕。それに姉さん、いつも友だちの家に行ってるじゃない」

「それは、家にいるのが耐えられないからよ。あんたが、しょっちゅうトラブルを引き起こすから。そしてそれが、喧嘩と叫び声をスタートさせるから。少しは行儀《ぎょうぎ》よくできないの？」

またしても恥辱の波が打ち寄せてきた。でも僕は、それを振り払った。

「行儀よくすることなんて、約束できない。興味のあることが、ありすぎるのさ、僕には。僕は冒険が好きなんだ。新しいものが、好きなの。ときどきトラブルに陥ったとしても、冒険は僕を幸せにするの。ときどき叱《しか》られたって、かまわない。幸せって、危険を冒す価値が充分にあるものだって、僕は思ってるから」

「私だって幸せにはなりたいわよ。でも、叫び声も怒鳴《どな》り声も、みんな私を悲しくさせるの」

「……ごめんね」僕はそう言い、手を差し出した。もちろん握手をするため。

「うん」キャロルは静かに答えた。

「僕ね、空飛ぶ体を使って、本当のパパに連絡しようと思うんだ」ごくっと息を呑《の》んでから僕はつづけた。「パパの助けが必要なんだっていう、短い手紙を書いて、持っていこうと思う。ママが何もしてくれそうにないから。ほんとの名前を取り戻すのはまだ早いってママから言われたときに、そうしようって決めたんだ」

「あんた、手紙を持ってけるわけ？」

「うん、たぶん。グレッグの病室に質問リストを持ってってたときみたいにね」

「あっ、そうか……でも……」キャロルの顔に戸惑いの色が浮かぶ。「彼がどこにいるのか、ママでさえ知らないのよ。どうやって探すわけ？」

「イーライが助けてくれると思う」

「あんた、本気みたいね」キャロルが声を殺して言う。「でも、パパがもし会いにきてくれたとしても、私たちのこと、もう好きじゃなかったりしたら、どうする？　それから……」

「僕らのパパは、ビュイック・ドライバーとは違うよ」僕はキャロルの話を遮った。

彼女の質問が、僕にめまいを覚えさせていた。ある新しいフィーリングが、僕を通り抜けていった。とっさに僕は考えた。確かに彼、僕らに何も送ってきたことがない。ママにも連絡一つよこしたことがない。突然、僕は怖くなった。

「彼、僕らのこと愛してるって、姉さん。僕らを助けたいって、きっと思うはずさ」

「彼のこと、いつ探しに行くわけ？」

「できるだけ早く」

「そう……」キャロルの目が遠くを見る。「私も手紙、書こうかな」

「二つ持ってくらいの力は、あると思うよ。ただし長いのはだめだよ。わかった？」

「わかった。でも約束して。私の手紙、読まないって」

「うん、約束する」

バス停に集まっていた子どもたちの全員が、僕らがなぜ怒鳴り合っていたのかと訊ねてきた。僕は彼らに、余計なお世話だと言ってやった。僕の体を駆け巡っていた興奮が、僕の声をものすごく大人びたものに変えていた。

バスはあっという間に学校に着いた。学校が終わるのは、それ以上にあっという間のような気がした。

僕は放課後、担任の先生に言った。

「あの、僕の名前のことですけど、もういいですから」

「どうして？　あなたにとって、すごく大切なことなんじゃなかったの？」

彼女の気遣《きづか》いが手に取るようにわかった。僕は教室の出入口近くの机に腰を掛けた。

「ウェインライト先生、秘密を守ってくれますよね」

彼女の体から出ていた光は、真ん中に濃いブルーを配した淡い緑色だった。彼女の手がテーブルの端に伸び、書類を整理する。

「私たち教師は、生徒たちにとって、とても重要な存在なの。私たちは、生徒たちが家庭外で接する、価値観や振る舞い方の最初の手本なの。もしあなたが、私に何かを秘密にしておいてほしいのなら、私はそうするつもりよ」ウェインライト先生の声には緊張が混じっていた。

「うちのママ、怖がってるんです。もしも先生が僕の名前を変えるのを手伝ってくれたとしたら、彼が僕らを傷つけるに違いないって」

「彼って、あなたのお父さんのこと？」

「はい、継父《ままちち》ですけど」僕は答えた。「ママ、僕らに約束させてるんです。ビュイック・ドライバーが僕らをどんなふうに扱ってるかってこと、ほかの人たちには話さないようにって」

「ビュイック・ドライバーって、あなたの義理のお父さんのこと？」彼女は訊いてきた。その顔には小さなスマイルが浮かんでいた。

「はい、そうです……」僕は少し待ったが、彼女は何も言ってこなかった。僕はつづけた。

「僕らがそう呼んでるのを知ってるのは、ほかには、おばあちゃんとパットおばさんだけです」

「あなたのお母さんの、お姉さん？」

「はい。セント・オーガスティンに住んでて、子どもが二人います。でも、おじさんは、ほとんど家にいないんです」〔訳注＝セント・オーガスティン＝フロリダ州北部の都市〕

「あら、そうなの」またしても小さなスマイルを浮かべて彼女は応《こた》えた。

「僕の継父、よく酒を飲んで、僕らをしょっちゅう殴るんです」

そう言って僕は床を見た。誰かが机の底にくっつけていったガムの塊《かたまり》が落下する。僕は手を伸ばしてそれをつまみ上げ、ウェインライト先生に向けて差し出した。

屑《くず》入れを僕のほうに差し出しながら彼女が言う。

「それって、どんなときに起こるの？」

「主に、金曜か土曜の夜です。彼、給料をもらうと、必ず友だち連中といっしょに酒場に行って飲むんです。それで、そこでもし誰かと喧嘩すると、そのあと家に戻ってきて、僕らをぶつんです。一度なんか、彼、酒場で誰かにナイフで切られたことがあって。病院に運ばれて、何針も縫《ぬ》ってきて。僕らがまだ、ひいおばあちゃんといっしょにパラトカに住んでたころのことだけど」〈訳注＝パラトカ＝フロリダ州北東部の都市〉。

「彼があなたたちを殴ってるとき、お母さんはいつもどうしてるの？」

「だいたい寝てます。それから、働いてるときもあります」

「あなたたちが泣いても、目を覚まさないの？」

「僕ら、泣くことを許されないんです。泣けばもっと殴られるから。それに僕、自分が痛がってることとか、つらいって感じてることとかを、彼に知られたくないし。一度だけ、痛いって叫んだことがあったんだけど、そのとき彼、すごく怯《おび》えたような目をして、僕をいっそうひどく殴ってきて。そのときは僕、泣いちゃった」

「彼に殴られたりしたとき、そのことをお母さんには話さないの？」

「前には話したこともあったんだけど」僕の目の隅で涙が形成されつつあった。「ママはただ、彼とは関わるなって言うだけなんです」

シャツの袖で涙を拭《ふ》き、僕はつづけた。

「それで僕、ビュイック・ドライバーに、いろんな仕返しをしてきたんです。ズボンのポケットから小銭を盗んだり、工具箱の中をグチャグチャにしたり。あるときなんか、彼のシャベルを隠しちゃったりして。それでママ、主に悪いのは僕のほうだって考えてるんじゃないかな。彼女、だいたいいつも、すごく疲れてて、僕が彼のことを話そうとすると、〝疲れすぎてて、あの男のやることなんか考えたくない〟なんて言ってくるんです」

「殴られることがわかっていて、どうして、ちょっかいを出したりするの？」

「ちょっかいを出すから殴られるんじゃないんです。はじめたのは僕じゃありません、ウェインライト先生。ほんとです。彼がはじめたんです」僕の胃は怒りで引きつっていた。

　僕はつづけた。

「彼がまず、僕と弟を殴りはじめたんです。もう、ずいぶん前のことです。最初のころは、怖くて何もできませんでした。でも今では、彼がベッドの上で眠ってるときでも、彼の小銭を盗むことができます。僕はもう怖くありません。でも姉さんは怖がってます。弟なんて、ビュイック・ドライバーの姿を見ると、すぐに隠れます」

「彼、お姉さんのことはぶたないの？　今あなた、あなたと弟のことしか言わなかったけど」

「最初のころは、姉さんのことも何度かぶったことがあります。でもなぜか、姉さんのことは怖がってるみたいなんです。たぶん、僕やグレッグを扱うように彼女を扱ったら、警察に通報されるんじゃないかって思ってるんじゃないかな」

「あなたは、どうして警察に行かないの？」

「一度、彼、僕とグレッグを警察に連れてったことがあるんです。僕らが彼のポケットナイフを盗んだって言い張って。それで保安官は、今度同じような話を聞いたときには、僕らを留置するぞって言ってきて。保安官とビュイック・ドライバー、ある種の友だちなんです」

「そうなの」彼女の声はとても静かだった。「彼、お母さんにも暴力を振るうの？」

「はい」僕の目に涙が戻ってきた。「しょっちゅう泣かせてます。いつも怒鳴り声を上げて、ボーイフレンドがいるんだろうって責め立てるんです。あるときなんか、僕にママをスパイするよう言ってきて。もちろん、断りましたけど。どんなにひどく叩かれても、彼のスパイになんか、僕はぜったいにならない」

僕は机から立ち上がった。ほとんど泣きそうだった。僕の胸はわなないていた。

「彼がやることの中で最悪なのは」僕はつづけた。「ママの胸をわしづかみにして、力いっぱい捻《ひね》って、そうやって家の中を引きずり回すこと……口の中に唾《つば》をいっぱいためて、その口を突き出して、ママにキスさせたりすることもあるんだ……」教室の中にいながら、僕は彼の臭《くさ》い息をほとんどかぐことができていた。

「それから彼、あるときなんか僕に、ビュイックの座席の下から女性もののパンティーとイヤリングを拾い上げるよう言ってきたりして。それで僕が座席の下を覗《のぞ》くと、ほかにも女性の持ち物がいろいろあって。何て呼んだらいいか、わからないものばっかりだったけど」

「こんなこと、どのくらい頻繁《ひんぱん》に起こってるの？」両手で顔をさすりながら、彼女は訊いてきた。

「どのことですか？　僕らを叩くこと？　それともほかのこと？」

「一つずついきましょ」ウェインライト先生はため息をついた。「とりあえず最初の問題に集中しましょう」

「それなら、ほとんど毎週末です。離れた場所での仕事のときには、戻ってこないことがあるから、そのときは例外ですけど」

「彼が戻ってこないことって、どのくらい頻繁にあるわけ？」

「めったにないです」

「それじゃ、あなたたち、しょっちゅう殴られてることになるわよね？」

「はい、そうです」

「こんなひどいこと、私、初めて聞いたわ。どうしたらいいのか、私には判断がつかない。ウィームズ校長に、お話ししたほうが……」

「秘密を守ってくれるって、さっき言いましたよね、先生。ママから、誰にも言うなってきつく言われてるんです。だから、お願いします。内緒《ないしょ》にしておいてください」

「そうだったわね。わかったわ……」彼女の両手は震えていた。「どうして私に話したの？」

「僕が今すぐほんとの名前を取り戻せない理由が、彼だからです。僕が名前を変えたがってることを知っただけで、彼きっと、みんなにひどいことをします」僕の喉《のど》の中で何かの塊が急成長していた。

「そのうち僕らを殺してやるって、彼、しょっちゅう言ってるんです。僕らをママから永遠に遠ざけてやるって言ってみたり。それで僕、万が一、彼がほんとにそんなことをしでかしたときのために、僕らの事情を、誰かほかの人に知っておいてもらうことって、大事なことかもしれないって考えたんです」

「何を言ったらいいのか、先生にはわからない。こんな話を聞くのって、本当につらい」ウェインライト先生の声は震えていた。「今私、あなたのお母さんにも、すごく腹を立ててるわ。自分と子どもをそんなふうに扱う男といっしょに暮らしたりしちゃ、いけないって私は思うの。もしも彼が、やるって脅してることを本当にやってしまったとしたら、どうなるわけ？　そんなの、おかしいわよ」

「私にどうしろって言うの？」窓際に向かって歩きはじめながら、彼女はつづけた。声がどんどん大きくなる。「この虐待《ぎゃくたい》をストップさせるために、何かができるかもしれないときに、あなたは私に、黙っていてくれって言う。大変なことが起こってしまったあとでしか、この話を警察に話せないなんて……こんなの、おかしい」彼女の内側を、怒りと悲しみが駆け巡っていた。

「すみません。先生を怒らせるつもりはなかったんですけど」

「あなたが前に言った、もう一人の先生。その人は、このことを知ってるわけ？」

「はい」

「彼は、あなたに、どうしなさいって言ってるの？」

「僕が自分で選択した道の妥当性を、彼は信じるって言ってます。それから、本当にひどい危害は、僕にもほかの家族にも加えられないとも言ってます。それと、ビュイック・ドライバーですけど、彼、僕らにほんとにひどいことをする前に、死ぬことになってるそうです」

「どうして死ぬわけ？」

「お酒を飲み過ぎるからです」

　彼女の両手が顔に伸び、涙をぬぐった。

「涙ってどこからやってくるんだろう、って考えたことあります？　ウェインライト先生」

「え？」僕のほうに向き直って彼女が訊ねる。「私が〝何〟を考えたことがあるかって？」

「涙ってどこからやってくるんだろう、ってこと」僕はそう言い、微笑んだ。自分がすごく年上になったように、そして賢くなったように感じられた。彼女が自分の机に向かって歩いていく。

「そのもう一人の先生のこと、あなた、本当に信頼してるみたいね」

「イーライが言うには、僕らの誰もが選択する自由を持っているらしいです。それで僕、自分の名前に関して、ある選択を行ったんです」

「どういうこと？」

「僕、もう一つの秘密を抱えてるんです。空を飛ぶことができるんです」

「〝何〟ができるって？」

「僕、光の体、つまり〝光体〟で飛ぶことができるんです」彼女の反応を観察しながら、僕はつづけた。

「ある晩、ビュイック・ドライバーに頭をひどく殴られたことがあって、その次の日から僕、飛べるようになったんです。イーライに会ったのも、そうやって飛んでるときでした」

「それって、体外離脱？」机の縁《へり》にゆっくりと腰を掛けながら、彼女は訊いてきた。

「はい。ある種のね。それで僕、その状態で〝アカシック・レコード〟がある場所に行けるんです。そこがイーライの住処で、彼とマイクーアイーエルーアーは、その〝記録の殿堂〟の守護者たちなんです」

「このことを知ってるのは？」

「まず僕の姉さん。それから弟。ただし彼は、しばらくは思い出しません。それからママ。彼女、僕が弟の病院にテレポートした質問のリストを見つけちゃって。それから、おばあちゃんも知ってます。ママから、そのリストのこととか僕の飛行のこととかを聞かされたものだから……あっ、そう、そう。ジョーダンさんも知ってます。それとウェインライト先生」

全員の名を出し終えて、僕はすごくスッキリしていた。

「これでたぶん、すべてです」

「ジョーダンさんが、どうして知ってらっしゃるわけ？　あなた、彼とはこの前、牧場で初めて会って、それっきりよね？」

「〝声〟に教わりながらビリーの足を治してたとき、ジョーダンさん、ジッと僕を見てたんです。それで彼、そのときに聖霊による癒しの〝サイン〟を見たって言ってました。それでそのあと、いろんな質問を僕にしてきて」

「あなたたち二人っきりで、納屋の隣で話し込んでいたときのことね？」

「はい、そうです」

「彼があなたとすぐにまた会いたいって言ったのは、だからだったのね？」彼女の頭が傾く。「ビリーの足を、あなたが治してた？　それって、どういうこと？」

「彼の足、ひどく傷ついてて、すごく悪い状態だったんです。でも、ときどき聞こえてくる〝声〟が僕に言ってきたんです。ビリーの足が事故の前はどのように見えていたかを、思い出すようにって」

「その〝声〟、よく聞こえてくるの？」

「いいえ、ときどきです」

「ジョーダンさん、事故の直後の、あなたが治す前のビリーの足、ちゃんと見たわけ？」

「はい、見ました」

「そう」彼女から出ていた光が明るい黄色に変化した。「彼……ジョーダンさんだけど……あなたがしたことを見て、驚いてた？」

「特にどうってことはなかったみたいです。ていうか、少なくとも彼、僕を止めようとはしませんでした」

「それで彼、あなたと具体的に、どんな話をしたいのかしらね？　何か言ってた？」

「彼、イーライが僕に教えてることの内容を聞きたいんです。ジョーダンさん、〝記録の殿堂〟のことも、イーライのことも知ってて。それから、ほかにもいろんなことを知ってるみたいなんだ」怒りと悲しみは、部屋の中からすっかり消え去っていた。

「僕も彼に、モルモン教のことについて質問しました。それで彼、僕にいつでもまた来ていいって言ってくれて。ただ、すぐには僕、行けないんです。しばらくの間、週末にビュイック・ドライバーの仕事を手伝わなくちゃいけないから」

「そうなの」

ウェインライト先生が近寄ってきて隣に座った。彼女の手が、僕のワークブックに伸びる。その手は震えていた。

彼女は僕の顔を見たくなさそうだった。でも見るしかなかった。

「これって、これまでに私がした、もっとも普通じゃない会話だわ」

「はい、わかります」

「あなたさっき、あなたの名前に関する選択をしたって言ったわよね？　どういうことなのか説明してくれない？」

「僕、ほんとの父親のところに短い手紙を届けて、僕らがいる場所を教えるつもりなんです。彼、きっと助けてくれます。このこと、今朝キャロルに話したんだけど、そしたら彼女、自分も手紙を書きたいって」

「本当のお父さんのところに、どうやってそれを届けるつもりなの？」

「僕さっき、弟の病院に質問のリストをテレポートしたって言いましたよね？」

「ええ、覚えてるわ」

「あれと同じことをするんです」僕は立ち上がり、説明を始めた。「本物の体から離れる直前に、質問を書いた紙をしっかりと握りしめて、胸にこうやって当てて、あとはそのまま飛んでいった。それだけです。いつもと同じようには飛べなかったけど、それでもかなりのスピードで行くことができました」

「そのリスト、どんなふうにして病室の中に入ったの？」

「わかりません」僕は戸惑った。「あのリスト、棚の上に置きにいったときには、僕の両手から勝手にスーッと滑り落ちるみたいな、そんな感じでした。それでそのリスト、棚の上に載《の》ったとき、水の上から見ているみたいな、そんな感じに見えてました。海岸で水の中にある貝殻を見ると、実際よりもキラキラしていて、大きく見えるじゃないですか。あれと同じような感じなんです」

「なるほどね」彼女の緊張を僕は敏感に感じていた。「それで、あなたのその計画、イーライはどう思ってるのかしらね？」

「彼は僕を助けてくれるはずです。僕にはそれがわかってます」僕は自信たっぷりに言った。

「イーライが信頼できる友だちだって、どうしてわかるわけ？」

「僕にいろんなことを教えてくれるからです。たとえば、どんな人間も同じくらいすばらしい存在なんだってこととか、僕らは、もしも学び、成長したいのなら、あらゆるものの中で善《よ》いものを探さなくてはならない、と同時に、闇の中に隠れている悪いものにも気づかなくてはならない、といったこととか……」

大きく息を吸い込んで僕はつづけた。

「それで彼、いつも僕に自信を持たせてくれるんです。僕をバカにしたり、からかうようなことはまったくしないし。彼にとって僕は重要じゃないんだ、なんて感じさせられたことは一度もありません」僕は考え込んだ。

「それから彼、いつだって僕に真実しか語りません」僕はまた話しはじめた。「それから、決して裁きません。彼、自分自身に忠実に生きている人たちのことが、大好きだって言ってます。でもきっと、そうしていない人たちのことも大好きなんだって、僕は感じてます。それから、あらゆる道が同じ場所につづいている。そんなことも言ってます。僕らは、お互いに助け合うために、そしてこの世界に奉仕するために生まれてきたんだって、そんなことも言ってます。それから、人類の持つ最大の問題は、善悪の固定観念、つまり〝正しくなくてはならない〟という思いに、しがみついてることだって言ってます。

時間のはじまりについてとか、何十年も先のこととかについても教えてくれました。彼が信頼できる友だちだってこと、僕にはよくわかるんです。彼、僕から何かを得ようなんて、まったく考えてなくて。僕を知りたがっている、そして僕が成長するのを見たがっている、それだけなんです」

僕の頭の中を閃光《せんこう》が貫いた。

「あっ、そうだ。こんなことも言ってます。あらゆるものが、単なる一つの思考、一つのフィーリング、一つの言葉なんだって。これを理解して生きられたなら、人生はすごく単純になるんだそうです。真実って単純なんだって、彼はよく言ってます」

「私、新しいアイディアに接するのは得意なんだけど、それを子どもの口から聞かせられると、ちょっと複雑」

「その気持ち、よくわかります。小さな子どもに自分よりも先に算数の難しい問題を解かれてしまったみたいな、そんな気持ちなんですよね」僕はまた机に腰を下ろした。

「だから僕、イーライが教えてくれたことを、大人になるまで他人には教えないことにしてるんです。マリア……イエスの母のマリアですけど……彼女もそうだったんですよね。彼女はイエスよりも前に、キリスト存在として生きていました。それで、いろんなことを知っていました。でも、それをもし彼女が話していたとしたら、男性意識に支配されている社会は、それを信じないばかりか、彼女にものすごく腹を立てていたはずです。だから彼女は、イエスを産んだんです。彼が語れば、キリストのメッセージに人々が耳を傾けるってことを知っていたから」

リーーーン！

「あれ、スクールバスのベルです、ウェインライト先生。僕、行かなくちゃ」

「そうね。明日もまたこうやって話せる？」

「はい、もちろん。じゃあ、また！」手を振りながら僕は言った。

「じゃあ、また！」彼女も手を振り、大声で言ってきた。

マスター・イエスと夢の中で現実に出会う

バスで帰宅する間中、ウェインライト先生と交わした会話のことを、僕はずっと考えていた。心がとても軽かった。まるで空飛ぶ体の中にいるときのような、そんな気分だった。継父の行状を家族以外の誰かに、あんなに詳しく話すなんて、思いもしないことだった。もしもそんなことをしたら、たぶん自分は赤ん坊みたいに泣きじゃくることになると思っていた。でも僕は泣かなかった。それどころか、すこぶる気分がよかった。本当に気分がよかった。

その晩、僕は夕食のあとですぐに部屋に行き、日記をつけ、宿題をした。そしてベッドに横になり、毛布の中に潜り込む。もちろん怖かったからではない。毛布の感触が心地《ここち》よかったから。

僕は目をつぶり、考えた。もうすぐ土曜日がやってくる。電動工具を手にするのが待ちきれない。土曜日の次は日曜日。牧師さんの話を聞くのは好きじゃない。でも日曜学校は大好き。イエスやローマ人たちに関するいろんなことを学ぶことができるから。イーライがイエスについて語るのを聞くのも大好きだ。そのとき彼の目はすごく明るいブルーになり、金色の光が額から出てきて、彼自身がイエスに見えてきさえする。

イーライとイエスのことを考えながら、僕は眠りに落ちた。

僕の枕が枯《か》れ草の塊になった。あまり心地よくなかったので、僕は頭を動かした。するとシーツがローブになった。枯れ草の上にある頭がくすぐったい。僕は頭をかきながら、起き上がる。暑い。空気の甘い香りがする。でも埃《ほこり》っぽい、乾燥した空気だ。

僕は突然、海沿いの小道を歩いていた。

「これって奇妙。山の斜面に緑が全然ない」歩きながら僕はつぶやいた。「どこを見ても岩だらけだ。道の両側にある岩は、きちんと並んでるけど」僕は推理した。「ほかの岩はたぶん、落下した状態のままなんだ」

小さめの岩は砂と同じような、言わばバックスキン色で、大きめの岩は紫がかった濃い茶色だった。あちらこちらで、枯れ草の小さな塊が山の斜面を下ってきたそよ風に飛ばされ、大きめの岩にぶつかっては体を休めている。

僕の大好きな音が聞こえてきてもいた。浜辺の音。僕の視線がゆっくりと左に移動し、浜辺に向けられる。ポツンと立つ一本の木の向こうで、打ち寄せる波がはじけている。水は明るい青緑色。波打ち際の泡が陽《ひ》の光を浴びて煌めいている。

沖に目をやると、帆を張った何艘《そう》もの漁船をカモメの群れが追いかけていた。漁船の上では男たちが、空のすぐ隣にあるかのように見える、やや濃い色をした水の中から、網を引き上げている。故郷にいるというフィーリングが僕の心を満たし、僕の目に涙が滲《にじ》んでくる。

風に乗って飛ぶ一羽の大きな鳥の注意深い動きが、僕の関心を右手にそびえる山々へと引き戻した。海、砂、そして起伏に満ちた丘陵《きゅうりょう》のすべてが、天に向かって突出《とっしゅつ》する紫色の峰々を仰《あお》ぎ見ているかのようだった。紺碧《こんぺき》の空を、ギザギザの稜線《りょうせん》をからかうかのように流れてゆく、白い雲の群れ。僕の故郷は、とても静かだった。

その小道は、石だらけの浜辺からほど近い小さな丘の上に建つ一軒の家へとつづいていた。一つの小さな扉、一つの窓、そして土の床からなる、石造りの粗末な家だった。水際まで延びる石壁の上には、いくつもの漁網が掛かり、浜に引き上げられた帆のない小舟の船尾には、軽やかなリズムを刻みながら、さざ波が打ち寄せている。すべてが、あるべき場所に、あるべき姿で存在していた。

僕の左腕は数個の巻物を抱えていた。そして右腕は、三本の長くて太い根菜で占領されていた。少し前方で、いくつかの小さなつむじ風が埃を舞い上げている。

「ようこそ、風の子どもたち」僕はそう言い、道の端からつづく石段へと歩を進めた。

「こんにちは」僕の家の中からの声だった。

見上げると、扉のすぐ内側に、白い着衣の上に青いローブをまとった一人の男が立っていた。その腰には紫色の布でできた単純なベルトが巻かれ、挨拶とともに前に伸ばされたと思《おぼ》しき両腕は、まだそのままだった。顔は陰に隠れていたが、僕には彼の優しさがよくわかった。僕はそれをハッキリと感じることができた。

「このような粗末なわが家に、ようこそ」彼の挨拶に僕は答えた。「幸運があなたをここに連れてきてくれたようです。そして幸運は、朝の獲物に加えて、この素晴らしい根菜も、私たちにもたらしてくれました。ざっと洗えば、すぐに食べられます。よかったら、いっしょにどうぞ」そう言って僕は不安定な石段のいちばん上に、注意深く足を運ぶ。

「こんなに強い日差しの中を歩いてこられて」僕はつづけた。「さぞ喉が渇《かわ》いておられることでしょう。窓のそばの棚の上に、汲《く》んできたばかりの新鮮な水の入った瓶《かめ》があります。どうぞ存分に喉を潤《うるお》してください」

　とそのとき、僕は足を滑らせ、どうにか体勢は立て直したものの、そのひょうしに抱えていた巻物を落としてしまった。きまり悪さのフィーリングが押し寄せてくる。僕はただひたすら、落としたものを拾い集めようとした。

「落ち着くのです」彼の声が慰めてくれた。**「私もときどき、足を滑らせてきました。あなたのその仕事は、そこに残しておきなさい」**僕の足もとに転がる巻物を指さしながら、彼は命じてきた。

「真実の光のみを集めることです。それならば、たとえあなたが躓《つまず》いたとしても落ちることがありません」影の中から足を踏み出しながら、彼は再び慰めてくれた。

　この声！　心臓が胸の中を疾走しはじめた。

「マスター！」僕は大声を上げた。「マスター！」

「またやってきました、愛しき者よ」彼はそう言い、かがみ込んでいた僕に手を差し伸べてきた。

　その両掌《てのひら》からは光が溢れ出ていた。光があらゆる場所にあった。僕の心を平和のフィーリングが満たす。僕は必死に体勢を整え、自分の教師を迎えようとした。しかしそうしようと努めれば努めるほど、体が言うことを聞かなくなる。僕は彼を見上げ、その顔を確かめようとした。が、だめだった。彼の頭からの光がまぶしすぎて、僕の目を役立たずにしていた。

僕は突然、逃げたくなった。どこかに隠れたかった。しかし、彼の両手が僕の指先に触れた瞬間、僕の怖れは、朝の霧が晴れるときのように、すっと消えてなくなった。

扉の前で震えながら立っている僕の顔を、彼の青い目が見つめていた。それは、見慣れた明るい赤毛の髪と、黒みを帯びた赤茶色の髭に縁取《ふちど》られた、細めの引き締《し》まった顔だった。その髪は僕のと同じくらいに長く、着ていたローブは、僕らが先祖代々身にまとってきていたものと同じタイプだった。彼の声は、水のようであり、鳥たちのようであり、風のようであり、木々のようであり、太陽のようでもあった。一度にこのすべてだった。

彼がまた話しはじめた。根菜が僕の手から滑り落ちる。

「あなたの感謝を神に捧げるのです。そうすれば神は、あなたが求める豊かさと食べ物を与えてくれます」

「はい、マスター」彼の声がまだ耳の中でこだましている中、僕は口を開いた。「なぜおいでになったのですか？　いったいどのような理由で、あなたは今日、私の前にお現れになったのですか？」

そう言って僕は両手を唇に当てた。するとそれは震えていた。僕は自分の着衣と皮膚の汚れを感じることができた。体の臭いをかぐこともできた。僕の喜びの涙は、頬に冷たかった。僕のマスター、僕の愛しい教師が戻ってきていた。

そして僕は恥じていた。あの庭から逃げたこと、彼を糾弾する者たちから逃げたことを恥じていた。

荒野のそんな場所に身を隠していることを恥じていた。その素晴らしい男――友人――教師――神の息子――を裏切ったことを恥じていた。

「私が来たのは、あなたの傷の痛みを和らげてきたこの場所から、あなたを引き上げるためです」彼の体から出ている光が、上質の亜麻布のように僕を包み込んでいた。**「時が来たのです」**

「私は死ぬのでしょうか？」

「この場所においては、そうだと言えます」深い静寂が訪れる。**「これらの壁を破壊するのです。代わりに聖霊が、あなたを保護してくれるでしょう」**

家が、僕の書いたものが、漁網が、すべて消え去った。残ったのは土地と海だけ。言葉が出なかった。彼の目はこの上なく澄んでいて、果てしなく優しく、僕がそれまでに見たもっとも鮮やかな青だった。どんな青空よりも鮮やかだった。僕は思わず跪《ひざまず》く。でも僕の目は彼から離れない。彼の視線が僕の体の上をゆっくりと移動する。僕は下を見た。すると僕は何も着ていなかった。とっさに体を隠そうとしたが、隠しようがなかった。

突然、彼の背後に男たちの一団が現れた。僕の小舟があったあたりに立っている。僕は立ち上がった。つい今しがた裸だった僕の体は、新しい衣服で覆われていた。僕は清潔さを感じていた。体が休まった感じもしていた。男たちの一団がゆっくりと移動してきて、僕の〝先生〟と僕を取り囲む。僕を見てみんながニヤニヤしている。僕は一瞬うろたえたが、すぐに奮《ふる》い立つ。

「彼に訊ねてみろ！」彼らは叫んだ。

「彼はやってきた。お前に答えを得させるために」彼らは合唱した。

何度訊ねたいと思ったことか。でも、訊ねる必要など僕にはない。僕はそう思っていた。「彼は私の心を知っている」僕は反論した。「彼は神の息子なのだから。だから訊ねる必要なんか、私にはない。彼はいつも、私が知りたいことを、訊ねられる前に答えてくれる」

「彼がお前の心を知ることができるのは、お前がお前の心を知っているときだけなのさ！」彼らはまた叫んだ。「さあ、彼に訊ねてみろ！」

僕は愛しい教師に目をやった。とても不安だった。もしも自分に、答えを聞く耳がなかったら、どうしよう。

僕は深く息を吸い込んだ。

「先生、私はどうして自分自身を見つけられないのでしょう？　自分の目的が、どうしてわからないのでしょう？」

「あなたの目的は、前にも話したとおり、神を創造することではなく、神を満足させること、神の観察者となることです。もしもそうでなかったならば、私はそのようには言いませんでした」イエスは優しく答えた。

僕の心に、過去三年の間に彼が語った言葉が次々と蘇ってきていた。

「はい。でも私は、あなたの教えから慰めを得たいと願いながら、そうできないでいるのです」僕の心が恥ずかしさでいっぱいになる。「私はあなたの言葉をすべて記憶しています。あなたの口調さえもです。先生、私はこの瞬間、この時間のために祈ってきました。私はどうしたらよいのでしょう？」

「魂には一つの目的しかありません。すべての瞬間において、すべてを新しくすること。これがその目的です。過去を手放しなさい。そして今、ここで、私と結びつくのです」イエスの目からの光が僕の目をくらませる。僕は何も見えなくなった。「私と同じように〝道を示す存在〟になることです。〝人の世界にはいるが、人の世界のものではない〟ことを自覚して生きることです」彼はつづけた。まるで僕に襲いかかってくるような声だった。「過去を手放し、今を生きるのです。あなたがどんなに努力しようとも、神を定義することはできません」

「はい」新しい明瞭《めいりょう》な理解とともに僕は答えた。「私は、過去を許されているのですね」僕は微笑んだ。

「許しという仕事を行うのは、内なる〝母〟と〝父〟、すなわち〝私であるもの〟です」イエスが僕に微笑みを返してきた。「私が一例として教えたあの祈りは、覚えていますか？」

彼の口調が、落ち着いた祈りのそれに変わった。

「私は〝私であるもの〟であり、〝母〟と〝父〟の原理です。聖なるもの、それは〝私であるもの〟という名前。私とともに天国は来ます。〝私であるもの〟が成就します。私は地上にいると同時に、あらゆる王国にいます」

愛しい教師の祈りに、僕も加わる。

「私は今、万物に命を捧げています。と同時に、私は、私に命を捧げている万物でもあります。私は今、あらゆる分離を手放しています。と同時に、私は、私を手放しているあらゆる分離でもあります。私は、私の人生の主たる観察者です。と同時に、私はあなたの観察者でもあります。私は永遠の現れの中の力であり、栄光です。永遠から永遠に、私は〝私であるもの〟です」

僕らが祈りを終えた瞬間、上の方で大きな炸裂《さくれつ》音が轟《とどろ》いた。イエスは再び僕の前に立っていた。ほかの人たちは彼の後ろにいた。

「私が今語ったことを常に記憶の中に留めておくことです。〝私であるもの〟こそが〝道〟であり〝真実〟であり〝光〟なのです」静かにお辞儀をしてイエスはつづけた。「〝私であるもの〟を通じてでないかぎり、〝神の国〟に入ることは誰にもできません。〝私であるもの〟は愛です。内側でその〝愛〟を見つけなさい。そのとき、あなたは故郷にいます」

「先生、私は……」イエスが突然、見えなくなった。目を後方の小高い丘に転じると、彼はその上にいた。男たちの一団が談笑をはじめる。

どうして彼、あんなところに？――僕は考えた――訊ねたいことがたくさんあるのに。どうして行ってしまったんだろう？

僕は彼を見つづけていた。気がつくと、僕の周りには群衆が押し寄せていた。つづいて雷鳴が轟き、僕は空を見上げる。しかし雲がない。それは雷ではなかった。彼に向かって走り寄っていく群衆の足音だった。土煙がもうもうと上がっていた。走りながら叫んでいる人たちもいれば、手を夢中になって振っている人たちもいる。

しかしなぜか、丘の上に立っているイエスを、彼らは見ていなかった。群衆はなぜか、彼を見ることができなかった。そして彼は姿を消した。群衆に飲み込まれ、踏みつけられてしまったかのように僕には思えた。

「やめろ！」そう叫んで僕はベッドから跳ね起きた。「やめろ！」もう一度そう叫んで、僕は自分の胸をわしづかみにした。

心臓のあたりがひどく痛かった。体全体が汗でぐっしょりと濡《ぬ》れていた。まるで高熱を出したときのようだった。僕は頭を振り、そこにまだ残っていた映像を振り払おうとした。僕の部屋は白く霞《かす》んでいた。すべてがボンヤリとしていた。

「どうしたの？　だいじょうぶ？」いつの間にか僕のベッドの縁に座っていた母が、訊ねてきた。

「夢を見てたみたい。最初はいい夢で、最後はひどく悪い夢」目をこすりながら僕は答えた。

「何よ、これ。ひどい汗じゃない。明かりをつけるわね」母が立ち上がろうとする。

「いいよ、ママ。だいじょうぶだから」

「いったい、どんな夢だったの？　またモンスターの夢？」僕の手を握りながら母は言った。

「イエスの夢だった」

「イエスの夢が、どうして悪夢だったりするわけ？　そんなバカなこと、あるわけないでしょ」彼女が信じていないことは明らかだった。

「群衆が彼を踏みつぶしちゃったんだ。彼らには、彼のことが見えてなかったんだと思う」僕は反論した。

「そう。変な夢ね」母の声は疲れていた。

「ベティー！」ビュイック・ドライバーが通路の向こう側から叫んできた。「ベティー！」

「お願いだから、そんな声、出さないでよ。九歳の子が悪い夢を見てたの。本当に、しょうがないんだから……」何かをブツブツと言う声を後ろにたなびかせながら、母は寝室へと戻っていった。

ベッドに戻った彼女にモグモグと何かを言っているビュイック・ドライバーの声が聞こえてきた。僕は少し待ってから、懐中電灯を取り出し、夢に関して覚えているかぎりのことを日記に書き込んだ。毛布を頭の上まで引き上げながら、僕は考えた。電池を新しくしなくちゃ。もうすぐ切れちゃいそう。

内なる教師《マスター・イエス》との切れない絆

僕は目を閉じ、夢のよかった部分だけをもう一度、思い出そうとした。彼の声、彼の髪の色、彼が身に着けていた衣服、それから……。

「え？」僕は瞬きをした。彼が微笑んでいる。

「イーライ？」

「ああ、まさしく。それ以外はありえない」

僕はあたりを見回した。馴染《なじ》みのある山々が目に飛び込んでくる。そして海。陽の光を受けてキラキラと輝いている。僕らは小川のそばに立っていた。太陽の位置と光の感じからして、まだ早朝のようだった。

「何、これ。さっきの夢の中で見た景色と、よく似てるんだけど」

「そのとおり。ただし我々は今、君らが〝現在〟と呼んでいる時間と空間の中にいる」

「ここ、どこなの？」

「ガリラヤの海（ガリラヤ湖）。パレスチナのね」

僕は目を下に転じた。僕は間違いなく、空飛ぶ体の中にいた。僕らは、小さな丘のそばの、地面からほんの少し離れた空間に浮かんでいた。小川は、小さな池からスタートして、その丘の周囲を巡り、海へと流れ込んでいた。

「ねえ、イーライ、今って夜のはずだよね？」

「君は今、地球の裏側にいるのだよ、わが友。ここはもう夜が明けているんだ」

「へー」まだ少し混乱を抱えたまま、僕は言った。

僕は丘に近づいていった。全体が四角い形をした石積みがある。ほとんどが崩《くず》れ落ちてはいたが、かつての石壁と思しきものが水辺まで延びてもいた。浜辺近くに一軒の新しい家があり、その屋根からは煙が立ち上っていた。一人の男が小舟から引き上げた網を手に、水の中を歩いていた。その網が水に触れるたびに彼は言葉を発していたが、何を言っているのかはわからなかった。

「ここでは、何もかもが前に進んでいないのだよ。彼らの暮らし方は、数千年前からほとんど変わっていない」イーライは僕といっしょに丘のすぐ上にいた。「浜辺に下りていってみようか」彼が浜辺を指さす。僕らは丘の斜面に沿って下っていった。

「さあ、このあたりを探検してみることにしよう。この小道に降りようか。意識を内側の中心に集めるんだ。気を楽にして」

「どうしてそんなこと言うわけ？　なんか変な感じ」浜辺近くの新しい家のほうに向かって進みながら、僕は訊ねた。答えはなかった。

男が石壁に漁網を掛けていた。僕らが歩いていた道は、砂が硬めであることと、貝殻の代わりに岩が転がっていることを除けば、ココア・ビーチの大きな砂丘の中にあるものと、とてもよく似ていた。

「振り向いてごらん」後ろから僕の肩に手をかけ、彼は言った。

僕はゆっくりと振り向いた。「え？　何、これ！」僕は突然、めまいを覚えた。目の前が真っ暗になりはじめる。

「気を楽にするんだ、ヤング・マスター。落ち着きなさい」

「僕の山と、僕の海。でも僕の家がなくなってる。家はどこに行ったの？」僕は急いで丘の上に移動した。そこにあったのは、少し前に眺めた石積みだった。

「これ、どうして崩れ落ちちゃったの？　あんなに頑丈《がんじょう》な家だったのに」

「君が夢で見たあの家は、もしも今まで残っていたとしたら、ほぼ二千歳にもなるのだよ。ここは、君が別のある生涯で子ども時代を過ごした場所。であるとともに、イエスが昇天したあとで、君が彼の言葉を書き認《したた》めた場所でもあるんだ」イーライは僕を注意深く見つめていた。

「ということは、あの夢は現実だったってこと？　でも、そんな昔に起こったことが、どうして現実でありうるわけ？」

「とりあえず今は、君のあの夢は前世の記憶だった、ということにしておこう」地面近くに移動しながら彼は言った。「君がマスター・イエスを師として生きた生涯。その生涯の記憶」

「僕、あの夢の中で彼が殺されるのを見たんだ、イーライ。多くの人たちに踏みつぶされて、彼、たぶん死んじゃったんだと思う」

「ああ、わかっている。内側の中心に意識を集めなさい」イーライは石積みの上に座っていた。「内側のエネルギーを高めるんだ。どんどん高めて」

僕の体の中心が振動を開始した。僕の色が、黄色から緑、つづいて濃いブルーへと変化する。

「夢を思い出すんだ」イーライは、またしても僕のコーチになっていた。

僕の頭の中のプレッシャーが、ものすごく強くなる。海と山々が消えはじめる。

「え？　まずいよ、これ。まずいって！」

次の瞬間、僕はイエスの顔を見ていた。彼は僕に話しかけていた。その声は風のように澄んでいて、僕はそれを体全体で聞くことができた。

「彼が見える！　彼だよ、イーライ！」僕は叫んだ。

「素晴らしいよ、マスター」

「彼、ここにいるの？」僕はほとんど泣きそうになる。でもなぜか、泣かなかった。代わりに笑いが僕に押し寄せてきた。「これって、もう一つの夢なの？」

「いや、現実だよ。君とその教師との結びつきの強さが、これを可能にしている。君が夢の中で見たイメージ、マスターが信者たちに踏みつぶされたという印象、それを消し去ることが大切なことなのだよ」

「なるほどね」僕は感慨深《かんがいぶか》げに言った。「調和平衡《へいこう》の問題。だよね？」

「ああ、その通り」イーライが僕に近寄ってくる。「彼の顔の特徴を、よく記憶するんだ。それを、目の前の空間でじっくりと見つめてごらん」

突然、イエスのイメージが消えてしまった。何も見えない。

「夢を思い出してごらん」イーライが言う。

僕の目の前を様々なイメージが通過した。最初に小道。つづいて家。つづいてその家の入口。「先生！」そう叫んで僕はその教師に手を差し伸べた。と同時に、イメージが消滅する。

つづいて彼の声が聞こえてきて、僕の心を慰めた。

「私が今語ったことを常に記憶の中に留めておくことです。〝私であるもの〟こそが〝道〟であり〝真実〟であり〝光〟なのです。〝私であるもの〟を通じてでないかぎり、〝父〟のところに行くことは誰にもできません。〝私であるもの〟は愛です。内側でその愛を見つけなさい。そのとき、あなたは故郷にいます」

「僕の頭の中から話しかけてくる声って、イエスだったの？」僕は驚いて訊ねた。

「イエスは君にとって、内なる教師の象徴なのだよ。君は彼をこよなく愛している。そしてそのために、内なる静かな声を彼の声と似たものに創り上げているんだね」

「でも、イエスも〝声〟も同じようなこと言ってるよ！」

「キリスト意識のレベルにおいては、たった一つの真実しかないからだよ。〝上昇〟したあらゆるマスターが、その真実を語っている」

「イエスのようなキリスト存在って、どれくらいいるの？」

「人間意識が住んでいる世界のそれぞれに、一体ずつ。具体的に言うと、三十三体」

「僕、地球で生きたすべての生涯について知りたいな」

「時が来れば、知ることができる、愛しき友よ。君にはまだ、手放さなくてはならないものがたくさんある」

「僕、ここにまた来ることができるかな？　夢の中で来たように」

「それは完全に君次第《しだい》だね」イーライが静かに答える。僕らは浜辺に建つ家の方向にゆっくりと移動していた。「意識的に時間と空間を貫いて移動できるようになるには、大変な努力がいる。様々な条件も整っていなくてはならないし」

「でも僕、今晩、ここに来ちゃったけど？」

「まさしく、そうだったね」頭をかきながらイーライは言った。「正直なところ、君がマスターといっしょにいるのを見つけて、私はとても驚いた。というよりもショックだったよ。なんせ、私が君の名前を呼んだら、次の瞬間、マスターが我々の前にいるんだからね」

「あなたも、僕のあの夢の中にいたわけ？」

「ああ。私が入っていったら、彼が入口のところで君に挨拶していたんだ」

「どうして僕には、あなたが見えなかったんだろう？」

「私は君の後ろにいたからね。でも保証する。たとえ私が、君の真ん前に現れたとしても、君にはマスターを見るための目しかなかったはずだよ」

「なるほどね」〝彼〟の目を見ていたときのフィーリングが、まだはっきりと残っていた。

「彼、ものすごくきれいだったよね、イーライ」

「彼がそれを聞いたら、喜ぶと思うよ」イーライから出ている光は青と金色だった。「私なら、この上なく魅力的だった、って言うけどね。さてと、〝記録の殿堂〟に場所を移そうか？」

「僕はすでに、そこにいるけど」
「まさしく、ヤング・マスター」

第4章

霊の領域に裁きは存在しない——
〝光の十二日間〟を前に
浮き上がる地球に住む
あらゆる人たちの暗黒面について

記録《アカシャ》の殿堂への出入自由の身になるためのレッスン

「僕に勝たせてくれたんだ。でしょ？　イーライ」

「競争をしていたなんて知らなかったよ。もっとも、たとえ知っていたとしても、君に勝ちを譲《ゆず》っただろうけどね」

「どうして、そんなことするわけ？」

「君の顔に浮かぶ勝利の喜びを見たいからだよ」小さな微笑みを浮かべ、イーライは言った。その声には悲しみのフィーリングが乗っていた。

「どうしたの？　イーライ。なんか悲しいことでもあったの？　僕の夢の中に入ったことで、気分でも悪くなったの？　さっきのイエスの夢だけど」

「その正反対だよ。あれは私にとってもワクワクする体験だった」イーライが僕の前で立ち止まる。

「実はね」彼はつづけた。「マイク－アイ－エル－アーといっしょに、ヘスペラスという銀河に行くことになったのだよ。ということは、つまり、君は今後、地球時間で約一年の間、私抜きで学びつづけなくてはならないということ」

そう言って彼は、僕をじっと見つめた。僕は何も言えなかった。彼がまた口を開く。

「その間、君はこの聖域を自由に使ってかまわない。もちろん〝大広間〟もね」

「僕、前から、なんとなくわかってたんだ」僕は落ち込んで言った。「あなたがなんで悲しいのか、僕、よくわかる。僕の成長を見られなくなるんだものね。それで僕ね、このこと、学校で今日、ウェインライト先生にビュイック・ドライバーの話をしてたときに、もうわかってたんだ。ジョーダンさんと話してたときにも、たぶん、わかってたと思う。あなたのことを誰かに話すたびに、僕らはもうすぐ会えなくなるんだって、なんとなく感じてたんだ」

イーライを包み込んでいた悲しみが、僕の光体を飲み込んだ。

「あなたがいない間、ここにあるもの全部使ってもいいって？」

「ああ、すでにここは、私の居場所であるのと同じくらい、君の居場所にもなっている」イーライの手が僕の手に伸びてきた。「困ったことが起きたら、アーｰイルｰヤーｰｰショーがいつでも導いてくれるよ。彼女は喜んでそうすると言ってくれている。それから、必要があれば、君に直接、いろんなことを教えようとまで言ってくれている」

「〝あなた〟の先生じゃない！」

「保証するよ。彼女は、この上なく優れた教師なんだ。イエスと変わらないくらいのね」

「イーライ、それって、僕にはできない……つまり、僕、えー……」

「君は、私と会ったショックを生き抜いて、素晴らしい成長を果たしてきた。私はそう信じている。そして我々は、とてもいい関係を築いてきた。君は間違いなく、彼女ともいい関係を築けるはずだ。それで、もしも彼女の指導を受けたなら、今の我々には考えられないほどの成長を果たすことになる。私はそう思うけどね」

「彼女が知ってることを、僕はどうやったら学べるわけ？　だって僕まだ、あなたの知ってることも、ほんの少ししか学んでないわけでしょ？」ホロフォタルの前の〝視聴スポット〟に移動して、僕はつづけた。「あなたに初めて会ったときみたいに振る舞ってしまったりしたら、どうすればいいの？　バカげたことを言ったり、したり、きっとしてしまうよ、僕」

「アーーイルーヤーーショーは素晴らしく理解のある教師なんだ」イーライの励ましがはじまった。「地球でいくつもの生涯を送ってきていて、人間というものの性質を知り尽くしてもいる。君がどんな振る舞いをしようと、それで彼女が不愉快になるようなことは、まずないと思うよ」

「僕はどうなの？　僕が学べないってことだって、考えられるでしょ？　そんなときには、どうしたらいいわけ？　学校で担任の先生が毎年かわったりすると、生徒たちは大変なんだから。わかるよね？　わかりやすく教えてくれる先生だったらいいけど、そうじゃない先生だっているわけだから。それに……」

「落ち着きなさい、わが素晴らしき友よ。何を学ぶときにも、大切なのは意欲なのだよ」

僕にすーっと近寄ってきて、彼はつづけた。「私が旅に出る前に、一人で何度かここに来て、慣れるようにするといい。それから、君とアーーイルーヤーーショーの出会いをセッティングしようと思っている。そのときには、約束はできないけど、できるだけ私も同席するようにするよ」

「ほんと？　それ、いい！　そうしてくれたら、彼女と仲良くなりやすいし、たとえ気を失ったとしても、何とかなりそうだし」僕はすごくホッとしていた。「僕が気を失った瞬間に、あなたはきっと抱きかかえてくれるだろうし、あなたと初めて会ったときにも同じようになったって、彼女に説明してもくれるだろうし」

一人でアカシャを訪れることとアーイルーヤーショーとの出会いに思いを馳《は》せているうちに、悲しさが興奮に置き換わった。イーライと毎晩会えなくなるのは、すごく寂しい。でも、ここに来れば、ここにあるものを自由に使うことができる。彼の先生に会うこともできる……。

「僕今、悲しさと同じくらい興奮を感じてるんだけど、いいのかな？」

「私も同じように感じている」

彼のその答えを聞くなり、悲しみの新しい波が押し寄せてきた。心がひどく重くなる。喪失感《そうしつ》。部屋の中の光が渦を巻きはじめた。

「ねえ、イーライ、僕のこと、ずっと見守っててね。そうするって約束してくれる？　僕がこの〝殿堂〟にいないときには、頭の中から聞こえてくる声の一つになってくれると、うれしいんだけど」

「愛しき友よ、友だち同士で約束は必要ない」イーライが諭《さと》すように言う。「君を見守ることは、すでに君と私の間で合意していること。私は、行うと合意したことを必ず行う。目覚めた心の中では、意図と結果は常に同じなのだよ。それと、君の内なる声だが、それは一つしかない。君がその声を、いくつかの異なった質を持つものとして体験していることはわかっている。でも保証する。君のハートの中には一つの声しかない。ほかのどんな声よりも、その一つの声の導きに従うことが、君にとって賢いこと」

パニックのフィーリングが僕の胸を締め付けた。何かを忘れている。何だろう？　あっ、そうだ。

「いなくなるまえに、僕のほんとの父親を見つけるの、手伝ってくれない？」

「君が何を必要としているかは、わかっている。関連した今日の出来事も承知している。しかし」イーライの顔に大きな微笑みが浮かぶ。「君の父親を見つけることも、名前を取り戻すことも、〝君〟の仕事なのだよ。そして、君の父親が君からの支援要請に応じるかどうかは、君の父親が決めること。それから、継父との壊れた関係に終止符を打つという問題への答えは、本当の父親との暮らしの中にではなく、〝君自身の内側〟に横たわっている。これらのことを、よく覚えておくんだ」

「僕、怖いんだ。彼のところに手紙を届けられないんじゃないかって思って。前に確か、僕がしたことって、ほんとはすごく難しいことなんだって言ったよね。グレッグの病室にリストを持ってったことだけど。僕今、今度はうまくできないんじゃないかって思って、すごく怖いんだ」

「あの芸当には、確かに驚かされたよ。何よりも、君があれをやってのけた方法の単純さに驚かされた。ほとんどの人間は、あんなこと考えることさえしないと思うよ。あのアイディアには、まさに脱帽だった。大いに喜ばされもしたがね」

「何かが内側で、今度はあのときほど簡単にはいかないって言ってるんだ。いろんなことを学びながら無邪気なままでいつづけることは、すごく難しいことだって、前に言ったよね」

「ああ。ただし君は、たとえ無邪気さを失ったとしても、それを知識で補える。どんな知識を身につけるかが問題ではあるがね。君が身につけるべき知識は、何と言っても真実に関する知識。そしてそれゆえに、君の心を柔軟に保ってくれる知識。これに尽きるだろうね。ほとんどの人間は、思春期を通過するころには、外側からの受け入れを願って他人を喜ばそうとする欲求によって、心に大きな制限を課《か》してしまう傾向にあるんだ。たとえ信仰の人生を選択したとしても、自分が属する宗派の教義を学ぶことによって、神というものに関する誤解を心にしっかりと植え付けてしまうことになる。それで悲しいことに、宗教的なエゴを取り除くには、多くの場合、いくつもの生涯が必要になるのだよ」

イーライの言葉には深い悲しみのフィーリングが伴っていた。

「僕も今、いろんなことを学んでるわけだけど、僕はどうなるの？」

「もっと正確に言うなら、**君は今、〝学ぶ〟というよりも、〝捨て去る〟過程にあるのだよ。新しい知識を〝獲得する〟というよりも、社会や宗教から与えられてきた知識を〝捨て去る〟過程にね**」

大きく息を吸ってイーライはつづけた。

「それで、これからもし君が、神秘学、たとえばアトランティスやレムリアの古文書が伝える知恵とか、エッセネ派や古代エジプトの秘密の教義とかを学んだとしても、それを、神との共同創造主であるふりをすることで、個人的なパワーを獲得しようとする意図で用いてしまったとしたら……」ここでイーライはひと呼吸、間をおいた。

「そうだね。こう言ったらいいかな。人々をコントロールしようとしている人間が内側で調和平衡を創造するのは、この上なく難しいことなのだよ」

「わかりません」

「**実際、宇宙に関する多くの秘密を知った結果、人々の心をコントロールしようとしなかった人間は、極めて稀《まれ》なんだね。**イエスが荒野で誘惑された話は、知ってるよね？　あの物語の本質は、これなのだよ。イエスは、人類の心と世界の国々を支配する力を与えようと言われ、それを拒絶したとき、ルシファーが地球にかけていた魔法を破ったんだ。彼は万物《ばんぶつ》に、神の意志に従うよう命ずることができた。なぜならば、彼は、神のハートからの純粋な〝経路〟であったから。彼は、神の意志の現れだったのだよ。

だから、彼が望んで体験しないかぎり、いかなる力も彼を圧倒することはできなかった」

「わかってる。僕、いっしょにいたから」

「まさしく君はいた、預言者よ」

「もし僕が宇宙のことを、ものすごくたくさん学んだとしたら、どうなるわけ？　僕も、いくつもの生涯を送るために何度も戻ってこなくてはならなくなるの？」

「君の意図が純粋に知識の拡大であるなら、問題は起きない。しかし、もし君が尊大さの中で道に迷ってしまったならば、つまり、知識をひけらかしたり、能力を示すことで、ほかの人たちをコントロールしようとしたとしたら、新たに学ぶ必要のあるカルマ的レッスンが発生することになる」

「そうなんだ」僕の耳の中で〝アーーー〟という音が聞こえていた。「ほとんどの人たちは、自分が理解できないものを見ると、怖がるよね。それで僕、すでにもう、周りの人たちには理解できないことを、いろいろできるじゃない？　それを見て、姉さん、明らかに怖がってる。ママだって怖がってる。もしかして僕、自分の特殊な能力を、ほかの人たちをひどく傷つけるために使ってしまったり、しちゃうのかな？」

「いや、そうはならないと思う。君がその能力を充分に発揮するために必要な知識は、君が自分をそうするに値する存在だと判断するまでは、君の知性によって知られることがないようになっているのでね」

「どうして、そうなってるの？」

「君が自分と他人を厳しく裁いたから。君は、地球上での初期の生涯の一つ——ティブ－オン－エルという名を得た生涯――の中で、〝声〟としての才能を発揮した。しかし後に、民衆の心を操ろうとしたアトートアーイタルと、自分を裏切った当時の母親を、心の中で厳しく裁き、そのあとで、その能力を封印した。それから、すぐあとの別の生涯では、自分の信念に背いた自分を、やはり厳しく裁いている。覚えているかい?」

「うん、よく覚えてる」

「才能が心の無意識の側面の中に埋もれてしまうのは、自分自身および他人に対する〝裁き〟を通じてなのだよ」

イーライはつづけた。

「キリスト意識にとって、地球体験はとても魅惑《みわく》的な旅でね。地球は、キリスト意識の影響を容易に受けるタイプのエネルギーで満ちているのだよ。君も知っているように、人間意識はキリスト意識を源にしている。そもそも、キリスト意識が物質世界の中で暮らしはじめるには、自身の光エネルギーのレベルを、太陽から放射されているエネルギーと調和できるレベルまで低下させなくてはならなかった。その言わば調整過程において、彼らは、自分たちの思考とフィーリングの即座の効果を、新しい故郷の様々な領域内で観察したんだね。そうやって、地球上の様々な場所で大きな影響を及ぼし、その小さな世界を支配している自然法則の数々を試しながら、肉体の五感を通じて、自分たちのその新しい世界を体験した。

ただし、人間の肉体は驚異的な創造物ではあるものの、極小のシステムで、キリスト意識の現実を歪めてしまうんだ。その主な理由は、感覚データを収集するために用いられるエネルギーが、感情的な性質を持っているから。このエネルギーは、感覚器官から送られてくるデータを個人攻撃的なものとして受け取る傾向にあってね。これが歪みを発生させるのだよ。だからイエスは、〝私はこの世界にはいるが、この世界のものではない〟と言った。

ようするに、キリスト意識を支配している法則群は、物質世界の中では、すべてが必ずしも望ましい結果を発生させるとはかぎらないんだね。そのために、地球を訪れたキリスト存在たちは、まず最初に、その領域の法則の数々に自分を順応させなくてはならなかった。そしていずれ、自分たちの目的を遂《と》げたあとで、それらの法則から離れて、光の領域に戻っていくことになっていた。その計画は、もちろん、今も変わってはいない。

そもそも、キリスト領域においては、誰もが同等の能力を持ち、〝真実〟を知り、それに基づいて〝意識的〟に活動しているのだよ。すべての存在が、外側の現れによってではなく、内側の美しさによって敬意を払われている。死もなければ空腹もなく、知覚の範囲は無限に広がっている。個々のどんな存在も、またグループも、偉大な達成の功績を主張したりは決してしない。いかなる競争も存在しない。優劣の概念もなく、もてあそぶ二元性もない。あるのは存在すること。そして限りのない表現。誰もが王または女王、大統領または統治者」

「同じようなこと、前にも聞いたことあったよね。でも、こういったこと、ここに来ると、どうして僕ら忘れちゃうのかな」

「キリスト意識が初めて地球にやってきた時代の記憶は、古代文明の伝説や神話を通じて、人間意識の中に保たれてきた。ギリシャやローマの神話は、自然現象を完璧にコントロールする驚くべき神々について語っているし、エジプトの言い伝えの中にも、人間の活動を支援した神々がたくさん出てくる。それらの物語は、君らの領域の法則群をキリスト意識が初めて探検したころのことに関する〝集合記憶〟なのだよ。ほかにも同じような物語はたくさんある。たぶん君は、物質世界の法則群を理解しようとする、キリスト存在たちによるこういった初期の試みの数々を、アー－イルー－ヤー－ショーといっしょに探検することになるんじゃないかな。

君の質問にもっと直接的に答えるなら、こういうこと。**人間が、自分が誰であるかを忘れているいちばんの原因は、〝裁き〟にある。裁きは、それがどんなものであっても、君らの意識内の障壁《しょうへき》として振る舞うようにできているのだよ。言い換えるなら、〝キリスト意識〟と〝人間意識〟とを隔《へだ》てる、ある種の隙間《すきま》としてね。この隙間が広がると、キリスト存在は、そこにパーソナリティー自己――生存するためのエゴ――を作り上げる。このパーソナリティーは、キリスト意識が無視されているときにだけ必要とされる**」

「え？　僕らは、どうやってパーソナリティーを手にするって？」

「裁きによって。**パーソナリティー自己は、まさに裁きによって作り出されるのだよ。**そして、新しい裁きがなされると、それがそのつど、たとえどんなに小さなものでも、この〝キリスト意識の代用品〟に、新しい皺《しわ》として刻まれることになる。パーソナリティー自己は、生存に必要な能力を機能させはじめる責任を負っている。この役割を持つために、パーソナリティーは、肉体を持ってこの領域内を探検したいと願っている存在にとっては、不可欠のものだと言えるだろうね。

しかしやがて、人間が物質の領域を充分に探検し、自分の様々な才能を取り戻すに充分なだけの距離

を旅したならば、そのときから人間は、もはや生存する必要性から解放され、パーソナリティー自己を放棄して、〃本物の自己〃すなわち、自身の起源である〃キリスト意識〃を表現しながら生きるようになる。言い換えるなら、そうやって、肉体と心、そして霊の統合がなされたときから、携えている才能の数々は再び、天才、並外れた能力、そして人々への絶え間のない奉仕などとして、表現されはじめることになる、ということ」

「すごい！」

無数の思考が頭の中を駆け巡りはじめる。僕は急いでそのうちの一つを捕まえた。

「僕、自分のパーソナリティー自己を失うことになるわけ？　僕ね、この歳の子どもにしては、いいパーソナリティーを持ってるって、みんなに言われてるんだけど」

「その点に関しては、私も同感だね」イーライは笑った。「君の〃生存する必要性〃は、君の〃生きる意志〃によって置き換えられることになる。そのときから、君の意志が、君の肉体を生かしつづけるのだよ。君のパーソナリティーだけど、それは君の真の性質に道を譲り、気高い人格の特徴が表に現れてくる」

自分が本当は誰かを忘れさせる〃裁き〃にストップをかける方法

「僕、いろんな過ちを犯してしまいそうで、不安なんだけど」

「まさしく」

「まさしく、何よ!」僕らの間の空間が突然、熱くなる。

「過ちを恐れれば、過ちは次々にやってくる」

「過ちを犯したら、自分のこと裁いてしまうんじゃない?」

「過ちは、守られなかった合意の結果なのだよ。自分自身にしっかりと気を配りつづけることだね。言い換えるなら、〝意識的〟でありつづけること。そうすれば、自分がやると合意したことを、合意したとおりに、常にやり遂げられるようになる。自分を裁くことに関しては、君はそうするだろう。というのも、それが、君のパーソナリティー自己が採用している生存テクニックの一部であるから。**君の未来が内側から保証されていること、そして、それは〝今〟の中にすでに存在している、ということを君が信じたとき、裁きはストップする**」

「僕は、どうしてここに来て、こんなことを学ぶことになったわけ」

「いくつもの生涯にわたる度重なる学習を通じて、君は、思いやりと知識の面でかなりの進歩を遂げてきた。もしもそうでなかったら、私に会うことはなかったし、この〝記録の殿堂〟を利用することも難しかっただろうね」

「それって、こういうことができない人たちよりも、僕のほうが優れてるってこと?」

「ほかの誰かよりも優れているという考えは、好ましくない。なぜならば、それは裁きだから。君には、裁きを行う義務はないのだよ。だから、その業務は、全体像を知っている者たちに任せておくようにすることだね。パズルの小さなピースしか知らない者たちが行うべきことではないのだよ」

「その全体像って、誰が知ってるわけ？」

「それは、愛しき友よ、私にも現時点ではわからない」イーライは微笑んだ。「ただ、質問してくれてありがとう。君はどうやら、私を教師として、またガイドとして、とても信頼してくれているようだね」

「どういたしまして。それから、もう一つ訊きたいことがあるんだ。これって、特に裁きについて教わったあとですると、ひどくバカな質問に聞こえるかもしれないんだけど……継父を変えるには、どうしたらいいのかな？　僕らにひどいことをするのを、彼にやめさせるには、どうしたらいいんだろう？」

「自分以外の人たちのパーソナリティーを変えることは、不可能なこと。彼らのパーソナリティーは、彼らが身につけた生存のための手段なのだよ。もし君が、彼らに変わるよう求めたとしたら、それは、彼らに死ねと言うようなものなんだね。少なくとも、これまでの生存のし方を変えなさいと言うのと同じこと。そしてそれは、彼らの心の中では、死ねと言われたのと同じこと。**そんなことをするよりも、問題の個人に対する自分の反応が、過去の未解決の問題の影響で重くなりすぎていないかどうかを確かめることのほうが、ずっといい結果につながると思うよ」**

「どうやったら、そうできるの？」

「内側に目を向けること。答えは常に内側にある」

「ビュイック・ドライバーとの問題、僕がスタートさせたわけじゃないんだよ。彼が最初に僕らをぶったんだ。ママやおばあちゃんは、僕らがもっといい子になれば、彼もよくなるってよく言うんだけど、それって僕、おかしいと思う。今日もウェインライト先生から、彼を怒らせることになるのがわかってるのに、どうして彼のポケットから小銭を盗むの、みたいなこと言われたんだけど。そもそも彼、自分のお金をかぞえたことがないんだ。だから、僕が盗んだこと、実際には知らないんだよね。でもとにかく、機嫌《きげん》が悪いと、でまかせに何か理由をつけて、僕を責めるんだ。それで、僕が何かをしたって彼が言うと、みんなが信じるわけ。それで僕……」

「どうして彼のズボンから小銭を盗むんだい？」

一瞬考えて僕は答えた。

「そうしたいから！」

「素晴らしい答えだね。偉大な真実が今、語られた。内側で動いているエネルギーの波、感じないかい？」

僕は内側に意識を向け、その波を感じようとした。小さな波が僕のおなかの中で動きはじめた。

「そうしたいから！」僕はまた叫んだ。波がぐんぐん大きくなってくる。

「イーライ、僕、笑い出しそう。笑い声が今、内側の深いところにあって、それが少しずつ上に昇ってきてるみたい」

「もう一度、叫んでごらん」

「そうしたいから！」僕の口から大きな笑い声が飛び出しはじめた。

え？　どうしたの？　これ——僕は慌てていた——笑いが止まらない。うわっ、おなかが痛い。もうだめ。このままだと倒れてしまいそう！

僕は急いでホロフォタルにしがみついた。

「はっ、はっ、はっ、はっ……」が部屋中に轟いていた。イーライも笑いに加わっていて、僕らの混ざり合った笑い声はまるで雷のようだった。

「もう限界！　この笑い、止めてよ、イーライ。お願い！」僕は懇願《こんがん》した。

「自分のパワーをそんなに簡単に放棄してしまって、いいのかい？」

イーライはそう言って僕をからかいながら、僕が腹を抱えてどうにか立っている場所に近づいてきた。

「何かを〝したい〟という単純な発言一つで、これほどのパワーが引き出せるのだよ」

「どうしてそうなるわけ？」

「それが、自分の本当の気持ち、つまり真実であるから。真実は心を解放し、自由にし、心のパワーを増幅する。ほとんどの人間は、いわゆる〝集合パーソナリティー〟の持つ特徴である、誰かを責めること、自分を守ろうとすること、言い訳をすることなどで、自分の個人的なパワーを無駄遣《むだづか》いしているんだね」話しながらイーライは僕の手を握っていた。僕の笑いはストップしていた。

「ほんとのことを言うって、やっぱり、大切なことなんだね。でも僕、しょっちゅう嘘をついてる。僕が嘘をついたり、作り話をしたりするのは、相手がほんとのことを聞きたくなさそうだって思ったときか、僕がありのままの自分でいたのでは、つまらないだろうって考えたときかな。僕が作り上げるのは、聞き手を笑わせるか、怖がらせる話なんだ。すると彼ら、僕にもっと話せって言ってきて、そうやって僕らは友だちになるわけ」

　悲しみが僕の胸に押し寄せてきた。

「でも彼ら、僕がほんとのことを言ってないってことがわかると、腹を立てて、二度と僕とは遊ばなくなるんだ」

「これは君の最大の短所にもなれば、最大の長所にもなるだろうね」イーライは微笑んだ。

「君は、自分のその誇張《こちょう》願望と何年もの間、戦うことになる。それがまさに、君の生存メカニズム、つまりパーソナリティーの一部であるためにね」

「これがあるために、僕は〝故郷〟に一生戻れなかったりして？」

「いや、そんなことない。ただし、しばらくの間、深い友情には恵まれないだろうね」

「親友はできないってこと？」

「最初は、君に楽しまされることを好む者たちだけが、君の友だちになる。しかしやがて、君が教えるようになると、真の友情で結びつく本物の友人たちが集まってくることになる。君が自分のハートを通じて、人々に偉大な真実をもたらすことの結果としてね」

「僕、ほんとは嘘なんかつきたくないんだ。でも、勝手に口から出てってしまうんだよね。ほんとのことを話してたかと思うと、次の瞬間には、もう嘘をついてる、みたいな感じで」

「嘘を言いはじめる直前には、どんなことを体験しているのかな？」

僕は少し黙って、嘘をついたときの記憶を呼び戻した。

「僕が嘘をつくときって、誰かが嘘を聞きたがってるときだと思う。そのとき彼ら、僕に嘘を言わせたがってる。そんな感じかな。あっ、そうだ。たとえばうちのママの場合、僕に〝今日僕、悪い子だったんだ〟って聞かせられるよりも、〝今日僕、いい子だったよ〟って聞かせられたい。たぶんそう考えてると思うんだ。うちのママ、いつも疲れてて、もしも僕を叱ることになったりしたら、もっと疲れてしまうことになるじゃない？　だから僕、悪い子だったときにも、いい子だったって、ママには言うようにしてるんだ。そうすればママ、休むことができるじゃない？　それから、いっしょに遊んでる子どもたちの場合は、作り話を聞くのが好きみたい。それで彼ら、僕のこと、最高の話し手だって思ってるみたい」

「嘘を言いはじめる直前、どんなことを感じているんだい？」イーライがまた訊ねてきた。

「今、言ったじゃない。僕が嘘をつくのは……」恥ずかしさが怒濤《どとう》のように押し寄せてきた。「僕が言ったこと、答えになってなかった……のかな？」

「どうやら君は、ほかの人たちを責めることによって、特定のフィーリングから逃れようとしているようだね」

「僕、何を感じてるんだろう？　内側で、何を……」僕は自問した。「うん、これだ！　そのとき僕、興奮を感じてる。みんなが耳を傾けてくることに、幸せを感じてる。それから、恐れも感じてる」

「素晴らしい！　君のその答えを、私の言葉で表現してみてもいいかな？」

「もちろん！」

「君は、作り話をしなければ、自分は無視される、独りぼっちになる、誰からも求められない、と感じている。君の人生内の貧しさと虐待の環境が、そうやって君の目を外側に向けさせてきた。君の夢物語は、それを聞く人たちを、君のところに引き寄せる。彼らは、君が自分の心の痛みから目をそらすことのできる瞬間を、君に提供してくれる。言い換えるなら、君の心の痛みは、君の夢物語を通じて解放されている。罰を受けたり、虐待されたとき、君は、様々な感情が自分を圧倒することを許さない。涙をもたらす肉体的反応を、閉じこめてしまう。そしてそれが、君の生命エネルギーの自然な流れを遮断してしまう。君の夢物語は、その流れを少しでも自然なものに戻すためのものだと、私は思うけどね」

「僕が作り話とか嘘を言ってるってことを、あなたに知られても、僕は全然平気なんだ。かえって気が楽になるくらい。でも、僕の嘘に気づいた人たちの気持ちを考えると、すごく悲しくなる。心が痛くなる。まるで自分が、彼らを裏切ってるみたいで」

「それは確かに、裏切りのようなものかもしれないね。信頼は神聖な感情だからね……」ひと呼吸おいてイーライはつづけた。「ただ、これを忘れないこと。嘘は、それを受け取る二つの耳を必要とする。現実よりも空想をほしがっている誰かのね」

「ありがとう、僕のことをわかってくれて。それから、僕がどんなに悪いかを言わないでくれて。いつか僕、嘘をつかなくてもいいようになる。僕にはそれが、わかってるんだ。それから、嘘って、どんなに小さなものでも、大きなものでも、おんなじなんだってことも、わかってる。嘘は嘘なんだよね」

「その通り。宇宙には黒と白しかないのだよ。宇宙は灰色だというアイディアは、まったくの幻想。真実は真実。それは純粋で単純。たとえば、特定の社会が、規則や法律を採用しているとしたら、それは、その社会の構成員たちが意欲的に嘘を聞こうとしていることの現れなんだね。過去の四大社会実験のリーダーたちは、真実に関する誤った理解を提供することで、大衆をコントロールした。その真実のまがい物は、指導者たちのあらゆる失敗の責任を、彼ら以外の何か、あるいは誰かに転嫁した。大衆がよそ見している限り、大衆の運命は指導者たちによってコントロールされることになる。ただし、忘れないことだね。指導者たちとは、彼らの導きを求めている人々の内側の状態が投影《とうえい》されたものにほかならないのだよ。教師たちにしても、同じこと」

「わかった。でもそれって、また起こるの？」

「すでに進行している」

「そうなんだ」

「次の課題に移る前に、前回のセッションから持ち越してきている質問があれば、言ってごらん」

「今日の話、けっこう重たいんだ、僕にとって」そう言ってから僕は、ホロフォタルをゆっくりと歩いて一周した。

〝光の十二日間〟の前に現れる反キリストのビジョン

ホロフォタルを一周したあと、〝大広間〟の方向に足を向け、僕は言った。

「ちょっとの間、ブラブラしたいんだけど。今聞いたことについて、じっくりと考えたいんだ。いいかな？」

「もちろん、いいとも。いっしょに行こうか？」

「うん……いや、待って。一人のほうがいいと思う。自分のいろんなフィーリングとだけ、いっしょにいることにする。僕これまで、彼らのこと無視してきたんだ。彼ら、傷ついてて、寂しくて、悲しくて。だから、少しの間、一人になりたいんだ」

「私も同じように感じたことが何度もあった。自分の内側で、ゆっくりとすることだね。君のいろんなフィーリングに、居場所を与えてあげるといい。彼らは君に、いくつもの素晴らしいことを教えてくれると思うよ」

「ありがとう」僕は静かにそう言い、イーライの聖域をあとにして〝大広間〟に向かった。

すべてが暗くて、寂しそうに見えた。まるで部屋全体が、僕と同じ気分に陥っているかのようだった。〝知恵の彫像〟群は、前に見たときよりもずっと大きく見えていた。壁に掛かった織物たちは、前よりもはるかに高いところに移動してしまったかのようだった。すべてが果てしなく悲しそうだった。

その部屋の中央部で、僕は足を止めた。いつもならば、天井のどこからともなくバラ色の光が降りてきている場所だった。しかし今や、その光がない。その形跡さえもなく、そのあたりの床は冷たかった。

目を上げて前方に目をやると、暗がりの中に巨大な扉が見えている。外に出てみようかな——僕は思った——うん、そうしよう。家にいて気分がさえないときには、そうするといつもスッキリする。もしかしたら、ほかの〝飛行者〟に会えるかもしれないし……。

悲しみが胸一杯に広がってきた。僕はいつの間にか、気を紛らわすものを探していた。やめろ！——僕は自分に言った——どうしてお前は今、ここにいるんだ？　自分のいろんなフィーリングといっしょにいたいからじゃないか。彼らに、お前に関することを、いろいろと教えてほしいんじゃなかったのか？　彼らは、お前が誰であるかを本当によく知っている者たちなんだ。彼らを外に連れ出すんだ。光の中へ。彼らを内側の深いところに隠しつづけることに、お前はもう疲れているはずだろ？

よし、わかった——僕は心を決めた——自分の内側に何があろうと、それにしっかりと目を向けなくては。自分自身に目を向けるんだ。自分のエネルギーを、感情を封じ込めるためにではなく、自分が送りたい人生を創造するために使いはじめなくては……。

扉が開いた瞬間、冷たい風が僕に向かって吹いてきた。階段のいちばん上の両側で扉を守っていた二頭のライオンは、いなくなっていた。僕は雄のライオンがいた台座に近寄り、そこに手を置いた。冷たい。まるで彼らが最初からいなかったかのようだ。

キャロルとグレッグの絵が頭に浮かんできた。もしも彼らが、本当の名前を取り戻したがっていなかったら、どうしよう？

僕はさらに考えた。もしも本当のパパが、僕に彼の名前を与えたがらなかったら、どうしよう？　イーライは、どうして僕を助けてくれないのだろう？　彼ならば、僕の本当の父親を簡単に探し出すことができるはずだ。それは〝僕〟が行うべきことで、彼が手助けすべきことではないと彼は言った。彼はどんなつもりで、あんなことを言ったのだろう？……。

僕は静かにしていたかった。しかし幾千もの恐れが僕の注意を引きたがっていた。僕の心は休みなく動きつづけていた。

「ねえ、内側の声、お願いだから、僕が頭を整理するの、手助けしてくれない？」僕は暗闇に向かってささやいた。「僕は、こんなに小さな……いや、違う。僕は地球で学んでいる〝光存在〟だった。そう、僕の正体は、〝光存在〟になりたがっている人間なんかじゃない。僕は、目覚めようとしている最高の〝光存在〟なんだ。僕の正体は、道に迷っている、ただの男の子なんかじゃない。故郷に戻る方法を思い出したがっている〝光存在〟なんだ！　僕は今、自分が貧乏だからというだけで、誰もが自分よりも優れているなんて感じることに、飽《あ》き飽きしている。僕は、神との約束を守りたい。自分がここに来た目的を果たしたい」

様々なフィーリングのうねりが、僕の胸を埋めた。

「何かと戦うことは、それに現実性を与えること。あなたは何かと戦っているとき、それを自分と同一視しています。そして自分と同一視するものを、あなたは出現させます。自分を小さいと感じたり、寂しいと感じたりすることを、怖れないことです。あなたの最大の強さは、あなたの最大の弱さの中から生まれてくるのですから」

僕は階段のいちばん上に立ち、前方の広大な空間に目をやった。遠くで星のように輝く美しい光が目に飛び込んできた。深い青紫色の地に金粉をまぶしたような色だった。それはものすごく遠くにあったが、僕にはその光がまるですぐ近くにあるかのように感じられた。

「あなたなの？　あなたが〝声〟なの？」

答えはなかった。

「あなただってこと、僕にはわかる。そうだってハッキリと感じる」

またしても答えはなかった。

「どうして答えないの？」

と突然、〝声〟の中心から出ていたその青紫色の光が、一つの光の輪を僕目がけて送ってきた。僕は顎を下げて胸を張り、目を閉じた。そうやって、その輪が携えてくるフィーリングの数々を待つことにした。

僕の光体が周囲の空間に吸い込まれそうな感覚がやってきた。周囲の空間全体が、まるで電気掃除機になったかのようだった。

プシュッ！　青紫色の光の輪が僕にぶち当たる。まるで一トンの煉瓦《れんが》がぶつかってきたかのようだった。僕は後ろに大きくよろめいた。僕が体勢を立て直す間もなく、見たことのない様々な場所の奇妙な絵が、僕の心の中に次々と浮かび上がってくる。

間もなく僕の心は、先端が尖り、白と金色に彩られた、ものすごく高い建物の群れで埋められた。どの建物も、植物があちらこちらからぶら下がっている。空にはいくつもの雲があり、平たくて丸い航空機の群れが出たり入ったりをくり返していた。

そして光体が二つ、どちらも贈り物とスマイルを携えて僕に近づいてきた。

「あなたへの贈り物です。どうぞ受け取ってください。よい旅をね！」

僕は手を伸ばし、それらの友人たちから銀のカップを二つ受け取った。女性の光体がくれたカップは鮮やかな緑色の液体で、男性の光体がくれたカップは、藤紫色の液体で満たされていた。

〝ありがとう〟のフィーリングが僕の胸から飛び出ていった。僕は二つの飲み物を一気に飲み干した。最初は緑の液体。つづいて藤紫の液体。訪問者たちは僕から空のカップを受け取るなり、僕を取り囲んでいた青紫色の光の中に姿を消した。

「あなたたちは僕の〝故郷〟の声で、今の飲み物は、〝僕〟からこの世界への贈り物」消えていく彼らに向かって、僕はささやいた。

遠くの空間に浮かぶ青紫色の星が、僕にウィンクをしてきた。僕はそれにウィンクを返し、〝殿堂〟

の中に向かった。扉はすでに開いていた。

歩きながら僕は考えた。さあ、イーライのところに戻って、ここで起こったことを報告しよう……いや、彼もすべてを見ていたに違いない。このことを誰かと分かち合うべきときは、今じゃない。いつの日にか、このことを語るべきときが、きっと訪れる……。

そして僕は〝大広間〟に足を踏み入れた。すると、すべてがまた輝いていた！　壁も、天井も、床も。あらゆる絵、あらゆる織物が、再び鮮やかな色彩を発していた。〝知恵の彫像〟群も完全に活気を取り戻していた。そして、ある新しいフィーリングが僕を包んでいた。〝知っている〟というフィーリングだった。

あれ？　祭壇の隣に下がっている大きなパネルが振動している。音は出ていない。それはまるで、震えることで僕の注意を引こうとしているかのようだった。いったい何事かと思い、僕はそのすぐ前で足を止めた。するとその上で様々な絵が動きはじめる。まるでホロフォタルを見ているようだった。

それは、地球上で未来に起こる様々な出来事の、動く映像だった。ものすごく速く進んで、あっという間に終わってしまったが、僕はその内容のすべてを理解していた。ここって、すごい場所だな、やっぱり。すべてが、すごく単純。そんなことを考えながら、僕はイーライの部屋に向かった。

「ねえ、イーライ、この前〝光の十二日間〟の映像の中で見た、光の後ろにあった闇のことだけど、あれについて僕、あなたに訊ねたいと思ってたんだけど」部屋の中に入るなり僕は言った。「僕、わかった気がするんだ」

「そうかい。君がどんなことを発見したのか、ぜひ聞かせてほしいね」

「あれは真実でないこと。すごく長い間、語られてきた嘘。地球に住むあらゆる人たちの暗黒面。集合的嘘。それから、人々に向かって、〝自分こそが、あなたがたの問題の答えなのだ〟あるいは、〝自分は、あなたがたがほしがってきたものの、すべてを与えることができる〟と語る、男の人が現れるみたい。彼が表舞台に姿を現すのは、〝十二日間〟の直前。人々は彼をキリストのような人だって考えるけど、実際には正反対。彼は、イエスが行ったのと同じようなことを行うことができる。そのために人々は、イエスを愛したように彼を愛すようになる……。

それから、〝十二日間〟の前には、ある病気が世界中で発生する。最初は少数の人たちがかかるだけだけど、それが世界中に広がって恐ろしい病気になってしまう。その病気のせいで、人々は抱き合ったり、互いに親しくつき合うことを恐れるようになる。それから大きな戦争が起こって、真実に従って生きる人たちは、嘘に従って生きる人たちが自分たちを殺すのを、許すことになる。全員ではないけど、多くの人たちがそうする。その犠牲は、集合的カルマの浄化に貢献しようとして、彼らが選択すること。そのあと、僕らはみんな、すべての人間が互いに愛し合って生きる場所で暮らすようになる。そこは、あなたが言った〝キリスト領域〟みたいな場所。そのときから、すべてがまた新しくスタートする」

「素晴らしい。驚くほどに素晴らしい！」

イーライから出ている光が、部屋中に満ちていた。僕の内側をムズムズさせる様々な音が、二人の間の空間を飛び跳ねていた。僕の悲しみは消え去っていた。

「私が発見したことと、つき合わせてみるかい？」

「僕、疲れちゃった。あなたが話してる間、少しゆっくりしててもいい？」

「わが輩《はい》にお任せを」そう言うとイーライは壁からベッドを引き出し、両手でそれを指し示した。

「え？　こんなものがあったなんて、知らなかったよ！」

「あらゆる家庭のくつろぎが、愛しきマスターよ、ここにはあるのだよ」

そのベッドには銀色の毛布が掛けられていて、枕は曾祖母の家の羽毛ベッドのように柔らかかった。

僕が勢いよく毛布の中に潜り込んでも、音はまったく発生しない。僕は快適さに酔いしれた。外の階段の上とマイクーアイーエルーアーの部屋での体験を振り返りながら、今の自分にとって、こうやって横になること以上に重要なことは何一つない、という気分に僕は浸っていた。

僕が充分にくつろぐのを待って、イーライは話しはじめた。

「君の観察結果は、私のそれとほとんどの点で一致している。反キリスト、すなわち、世界の苦痛を取り除くための素晴らしい方法を提供すると語る人物——は、一九九六年のどこかで、自身を〝アラブ共同体連合〟の指導者だと名乗り、表舞台に登場する。彼は一九六二年二月四日、あるとても裕福な家族の中に、エルサレムで誕生する。彼の両親は一九七四年三月十八日に、ユダヤ人とアラブ人たちの間で国家承認を求めて発生する戦いの中で殺されることになっている」

イーライがホロフォタルの前に移動する。僕は横になったまま片肘をついて半身になり、彼を目で追った。イーライが片手を胸に当てて軽く頭を下げるとともに、ホロフォタルが活気づく。

ダークブルーの光線が彼の額から出て、左側のスクリーンの中心をヒットする。映像がスタートした。僕はホロフォタルを横から見ていたが、僕の目に映っていたのは、前から見るのとまったく同じ映像だった！　つまり、僕はホロフォタルの真横から、その真ん前にいるイーライが見ているものと同じものを見ていたのだ。

「両親を失った彼の悲しみは、遺産の管理を任された親類縁者たちによって煽《あお》られることになる」スクリーンを見ながら彼はつづけた。「彼らは無意識のうちに、その子どもの莫大な可能性と能力を理解し、彼の運命をコントロールしようとする。彼は、いくつもの欺《あざむ》きの仮面をかぶるよう教えられるだろう。彼がそうするのは、生き残った数少ない親類縁者たちに認められたいから。彼らには、昔からの憎しみがある。その家族は、ユダヤ人と彼らを支持する西洋の同盟者たちに復讐をしたがっている。それら保護者たちは、費用を惜《お》しまず、その子どもに世界中で最高の教育を施《ほどこ》すだろう。そして彼は、やがて凡人とはかけ離れた存在となり、どこを訪れても大きな歓迎を受けるようになる」

霊の領域には、正しいか悪いかを決める裁きは存在しない！

僕はイーライが出してくれたベッドから起き上がった。彼の説明を聞いているうちに、体の中が熱くなり、居ても立ってもいられなくなったからだ。僕はスクリーンの隣に行き、説明の再開を待った。

「この子どもの才能には、あらゆる分野の学問が門戸《もんこ》を開くだろう。彼の学習意欲を超えた学問は一つとして存在しない。戦略と外交面でも、天賦《てんぶ》の才能に満ちあふれている。音楽およびその他の芸術表現の才能にも非凡なものを見せるだろう。彼が語れない言語は一つもない。あらゆる人々が彼に心を開き、率直《そっちょく》に話をする。彼の前では、あらゆるハートが安らぎ、あらゆる頭がくつろぐことになる」

「彼、すごくきれいだ」僕は言った。「彼の顔、見てよ、イーライ」

「これが反キリスト。偉大な裏切り者。正体を知られないために、神々しく輝かなくてはならない。彼はまさに完璧な人間として、人々の目に映るだろう」

ため息をついて、イーライはつづけた。

「民衆を奴隷化した、過去のあらゆる独裁者と同じように、この偽の神の化身《けしん》は、彼自身を、そして彼が受け取る遺産を、人々のために惜しみなく捧げるだろう。そして彼は、やがて自身の報酬を要求してくる。主要国の重要人物たちが彼を頼るようになったときが、そのときで、その報酬とは、一つの世界政府、一つの宗教、一つの貨幣、一つの言語、一人の指導者」

「その指導者って、彼?」

「まさしく」

「彼、なんでそんなことができるわけ?」

「まず第一に、彼は君らの惑星上でいくつもの生涯を送っていて、それらの生涯のほとんどを、ほぼ完璧に覚えているのだよ。彼は光の領域内で多くの教師たちから学んでいて、〝光の同胞団〟の新規構成員でもある。ということは、この領域に関する」イーライが僕らの周囲の空間を両腕で指し示す。「完璧な知識を持っているということ。彼は、誤解のいくつもの層を突き破って進化を遂げてきた。そして、自己実現の入口に背筋をまっすぐに伸ばして立っている。彼も、今の君と同じようにして指導を受けてきたのだよ」

「でも彼、まだ生まれてないじゃない」僕は異議を申し立てた。

「彼の地球上での前回の生涯は、キリスト意識を復活させるために捧げられた」

突然、彼の声がとても親しみ深いものであったことを、僕は思い出した。

「なんか彼、すごく身近に感じるんだけど。僕、前の生涯のどれかの中で、彼のこと知ってたのかな？」

「君は彼に仕えていたことがある。いわゆる暗黒時代においてね。彼は君の王で、君は彼の筆頭・軍事顧問《こもん》だった。周囲の国を侵略するための戦略を練ることが、君の務《つと》めだったのだよ」

恐れが僕を突き抜けた。僕は隠れたかった。もうそれ以上、聞きたくなかった。でもなぜか、イーライから目を離せない。

「僕、今回の生涯の中で、彼といっしょに終わらせなくてはならないこと、何かあるのかな？　つまり今回も、彼ともう一度、会わなくてはならないの？」

「いや、君はこの存在との間で合意したことを、すべてやり遂げている。君らを結びつけるカルマの糸は、存在していない。彼の王国は物質世界のものだが、君の行き着く先は、その世界を超えたものになるだろう」

イーライがホロフォタル内の光を変化させた。僕の前に別の世界の映像が現れる。

「彼は再びやってくる。今度の生涯で奴隷化する人々を解放して、自由にするためにね」

「あっ、彼が見える。あれだ」僕はスクリーンを指さした。「彼、あの人たちみんなを助けてるじゃない。洞穴《ほらあな》かどこかから助け出してる」

「あらゆる物事が同時に発生し、創造主と調和しているのだよ。調和平衡は常に存在している。裁くことが軽率な行為であることの理由が、ここにある」

「僕、大きくなったら世界中のいろんな国に行かなくてはならないって感じてるんだけど、どうしてなのかな？」

「いくつもの異なった文化に触れることが、この惑星上で送ったいくつもの生涯の記憶の復活を、強く後押《あとお》ししてくれるからだよ」

「僕も反キリストと同じように、あらゆる前世を思い出すことになるわけ？」

「興奮するかい？」

「ていうか、怖い気がする」

「どうして怖いんだい？」

「あなた、さっき言ったじゃない？　宇宙の秘密を知りながら、ほかの人たちをコントロールしようとしないことって、人間にとってすごく難しいことだって」背筋を走る寒気を感じながら、僕はつづけた。

「自分のあらゆる前世を思い出したら、人間って、ものすごくパワフルになるよね。まず第一に、死ぬことがもう怖くなくなるわけだから。それから、善悪の固定観念に縛られることもなくなるわけじゃない？　そしたら人間は、自分の創造的なエネルギーを、自分が知っていると思ってることを守る方法を見つけることなんかに使ったりしないで、使いたいと思うどんなことにも使うようになるって、そんなふうに僕、感じてるんだ」

「うまい表現だね」

「ありがとう」ニコッとして僕はつづけた。「善悪の固定観念に縛られることは、ほかの人たちを喜ばせることと深く関係してるよね？　自分を気分よくさせることとも関係してるけど。そうじゃない？」

「善悪の固定観念への執着、つまり正しくなくてはならないというアイディアは、内なる葛藤《かっとう》、すなわち自己矛盾《むじゅん》を引き起こす。善悪の固定観念を放棄することは、自己矛盾を放棄すること。自己矛盾が存在しなくなると、裁きが存在しなくなる。裁きが存在しなくなると、創造性が主導権を握り、才能が充分に表現されることになる。これ以外はありえない」

「反キリストは、ユダヤ人は悪いって考えるわけだから、裁きを行うことになるよね。それから、彼がもし、人々が幸せになるために必要なものをすべて持ってるって言ったとしたら、ほかの人たちは自分にとって何が最善なのかを知らない、そう言ってるのと同じことでしょ？　これだって裁きじゃないの？」

「反キリストのユダヤ人に対する主張は、自己矛盾を発生させない。彼にとって、自分の悲しみの責任は、すべてユダヤ人とその同盟者たちにある。この単純な事実が、彼の現実を治めているのだよ。彼らが自分の両親を殺すのを、彼は目撃した。彼は、彼らを裁いているわけではない。ユダヤ人たちは平和に反していて、普遍《ふへん》的な平和を築くことが自分の使命なのだということを、彼は何の疑いもなく信じている。ただし彼は、ユダヤ人はユダヤ人であるから悪いのだとは考えていない。彼が信じているのは、ユダヤの伝統こそが、この世界の諸悪の根源であるということ」

「そうなの？」

「いや、そんなことはありえない。キリスト教やイスラム教、あるいは多神教や無神論がそうでないのと同じこと」

「〝人々が抱えているあらゆる問題への答えを持っている〟って言うことは、どうなの？」

「彼は、自分自身を至高《しこう》の存在だと完璧に信じるようになるよう、育てられるのだよ。世界を混乱から導き出すことを含む、あらゆることを行うことのできる存在として、育てられる。そして成人した彼は、疑いも悩みも超越している。自意識も超越していて、目指すは自己実現のみ」

　少し考えてから僕はまた訊ねた。

「すべての前世を思い出したら、僕も疑いや恐れを超越した人間になるのかな？」

「まさしく、君はそうなる、愛しき友よ」

「そしたら僕も、あらゆる答えを持ってるって、みんなに言うことになるわけ？」

「君は貧しさと虐待の日々を通じて、人類に対する思いやりと共感の能力を発達させてきた。君はさらに、その能力を今後も持続的に発達させる。そしてそれが、君が答えの必要性の先を見ることを可能にする。そのとき答えは存在せず、存在するのは選択のみ。君の未来の人生は、〝人々が彼らの心を開き、意識的な選択を行えるようになるのを手助けすること〟に費やされるだろう」

「さっきホロフォタルに映ってた通りだとすると、あの反キリスト存在は、今度の次の生涯ではヒーローになるってことだよね？　彼、今度の生涯で多くの人たちを傷つけることになるのに、そのことで神の罰を受けたりはしないわけ？」

「まず第一に、神は誰のことも罰しない。霊の領域には、正しいか悪いかを決める裁きは存在しないのだよ。そのために、罰もなければ褒美《ほうび》もない。神による裁きという概念は、実際には、事実無根のものなんだね。そして第二に、反キリストは、内なる葛藤、すなわち自己矛盾を抱えない。だから、彼には

カルマは発生しない。なぜならば、やり残すことが何もないから。ただし、前の反キリストの場合はそうではない。彼の内側には、未解決の問題がたくさん残されている」

「それってヒトラーのことだよね。彼は死んだあと、すぐに戻ってくるの？」

「彼は霊の領域に、君らの時間で言うと三千六百年間、留まることになるだろう。そこで彼は、自身の行為が創造した人類に対する負債《ふさい》を、調和平衡の中に持ち込まなくてはならない。ただし、その負債は、天使たち、あるいは神による裁きの結果などではなく、彼自身が、自分の行動に関して自己矛盾を抱えているために、発生するもの」

「うん、よくわかる。これって、信念と意図の問題だよね」

「素晴らしい分析だね！」イーライはほとんど叫んでいた。

「自分をキリスト意識に近づけるには、僕、どうしたらいいのかな？」

「我々は今、まさにそのことに取り組もうとしているのだよ」イーライが部屋の中央に移動した。「まず最初に、事実関係を明確にしておこうか。人間は、自分が誰であるかは変えられない。人間は、誕生の瞬間から〝自分であるもの〟でありつづける。もしも内側で……」

「ちょっと待ってよ」僕は抗議した。僕の頭に混乱が群がってきた。「前にあなた、僕は変わるって言ったじゃない。飛びはじめて以来、僕は変わりつづけてきた、とも言ったよね。実際、あなたと会って以来、僕は自分が確実に変わりつづけてるって感じてる。なのに、僕は変われないって、どういうことなわけ？」

「君の基本的な性質は、君が自分のパーソナリティーを変化させることができたとしても、変わることがないのだよ。確かに君は、いくつもの迷信を捨て去りつつある。無用な知識を捨てて、新しい知識を次々と学びはじめている。これらの新しい知識は、君が物質世界の中で採用する姿勢に大きな影響を及ぼすだろう。しかしながら、これらの新しい知識と、君のどんな努力をもってしても、君の基本的な性質に影響が及ぶことは、ありえない。結局、君は〝君であるもの〟なのだよ」

「あなたたちなら、僕を変えられるんじゃないの？」イーライと〝大広間〟の方向を交互に指さして僕は言った。

「それは我々のパワーを超えている。君の変化は君がスタートさせなくてはならないのだよ」

「今、僕は変われないって言ったばかりじゃない！」僕の混乱が怒りに変わった。「何が何だかわからないよ、こんなんじゃ、イーライ」

「これは大きなパラドックスなのだよ、愛しい友よ。君は、自分が誰であるかの本質は変えられない。しかしながら、故郷に帰るためには、変わらなくてはならない」

イーライの体が、小さな光の集合体に変わり、つづいて部屋中を満たす大きな輝きになってから、またイーライに戻った。

突然僕は、自分が知っているあらゆる罵《ののし》りの言葉を叫びたくなった。まるで怒りのハリケーンが、僕の頭の中で荒れ狂っているかのようだった。僕はベッドの縁に腰を下ろした。こんなの耐えられない！

――頭の中で僕は叫んでいた――もうイライラする！

「君が選択したのと同じ道の上を歩いたことのある助言者として、できるだけのことはするつもりだよ」

「つまり、僕が〝故郷〟に帰るための唯一の方法は、あなたの話を聞くこと。そういうことなわけね？」僕の怒りがイーライ目がけて吹き出した。彼はニコッとして一歩脇に寄り、僕の怒りをやり過ごした。

「我々ガイドの役割は、君らが自分の源を見つけるのを手助けすることでね。君らの源になることではないのだよ。君のような旅人が、自己疑惑の霧の向こう側を見られるようになるよう、手助けすること。できることはそれだけなんだ。その霧の向こうから、君の正体は姿を現してくる……」少し間をおいて、彼はつづけた。「そしてこれには、荒野におけるいくつもの生涯が必要となることがある」

「もう僕、いくつもの生涯なんて送りたくない」

「君の差し迫った気持ちはわかっている。でも、もう少し我慢《がまん》して聞いてほしいんだ」

僕の沈黙が、それを承認した。

「人間の内側の状態は、人間関係、つまり家族、友人、恋人、妻、夫、子ども、そして教師たちとの関わりを通じて明らかになる。さらには鉱物や野菜、動物の世界を通じてもね。あっ、それからもちろん、目に見えない領域も同じように重要」大きな身振りをしながらイーライはつづけた。「もしも君が、五感が知覚するものとしか関わり合うことができなかったとしたら、物質的形態を持たない存在たちと交流できる無数の機会を逸《いっ》することになる」

「そんなことわかってるよ、イーライ」

「君がこれまでに知ってきた異次元が存在しなかったならば、宇宙はどんなふうになっていたか、想像できるかい？」

「そんなこと、想像できないよ。だって僕、いろんな次元があること、もう知っちゃったわけだし」答えながら僕は、怒りが離れつつあるのを感じていた。「ねえ、イーライ、これって、ひどくわかりにくいことじゃない？　混乱しちゃうよ、僕」

「混乱は、意識がとても活性化している状態。そこでは多くのことが起こりうるのだよ。冷静さを失わないこと。落ち着くこと。変化は、〝予期せぬこと〟の中で発生する」

「ねえ、イーライ。僕、こういったことを教えてくれる人間の教師には、しばらく出会うことがないんだよね。あなたはもうすぐ、マイク－アイ－エル－アーといっしょにいなくなってしまうわけだし。これから僕、少なくとも人間の教師に出会うまでは、いつもここに来て一人で学ばなくちゃならないわけ？」

イーライの光がすごく明るくなる。〝アーー〟という音が部屋を満たした。

「私はこれまで、人間は内なる自己――自分が誰であるか――を変える能力を持たない、と説明してきた。ただし、〝内側の景色〟をより速く知るために行えることはたくさんある。何千年も前から、この〝人間タマネギの皮むき〟を容易にするための様々なテクニックが教えられてきた。いずれ君は、それらのテクニックを入手できるだろう。と同時に、多くの素晴らしい友人たちの援助もね」イーライの体から、それまでのどのときよりも多くの光が溢れ出ていた。

「それで実は、パーソナリティーの変化を、君の世界の賢者たちが教えてきたテクニックよりも、ずっと速やかに可能にしてくれる方法があるのだよ」

「どんな方法？」

「人間は確かに、自分自身を変える能力は持っていない。しかし同時に、人間には自分自身を〝愛す〟能力がある。これが、人間を動物とは違う存在にしている。真の自己愛の状態の中では、変化は常に発生している。この愛すなわち、自己に対する果てしない思いやりこそが、真の錬金術なのだよ。自分を愛することは変化すること。古いものから離れて、新しいものの中に移動すること」

「わかってる」

「君がわかっていることは、わかっている」

「僕が自分を愛せるようなるまでには、長い時間がかかるのかな？」

「それは君次第」イーライが温かい笑みを浮かべる。「我々が話しているこの愛は、人間の自己実現への旅を加速するために必要な、失われてきた極意なのだよ」

「これも、わかってる」僕の怒り顔は〝ふくれっ面〟に道を譲っていた。

「もう一つの重要なアイディアがある」イーライの声が低くなる。「君も知っているように、物質世界に住む目覚めたキリスト存在たちは、彼ら自身と一致した思考やフィーリングのみを表現する。君が今行っている〝知識の放棄〟は、君に不調和のパターンをくり返させてきた古い概念の数々を、君から切り離す作業なのだよ。それによって、調和平衡の取れた意識――キリスト意識と調和した意識――の出現を許す新しいアイディアの数々が、君の中に容易に取り込まれるようになる」

僕は体の向きを変え、イーライを見つめた。僕のふくれっ面は、すでに消えていた。

「それから、意識内の変化、特に大きな変化は、まったく予期していない何かと出会ったときに発生することが多い。〝予期せぬこと〟は、以前には考えられなかった様々な変化や発展を可能にするんだね。

時のはじまり以来、人々は未知のものを追い求め、その過程で〝予期せぬこと〟に遭遇し、変化を促されてきた。そしてそれが、君らの世界の科学的進歩の原動力になってきた。多くの科学者たちが、〝予期せぬこと〟との遭遇がきっかけで神秘主義者になってもいる。彼らはまず、自分たちの仮説を証明しようとした。するとその過程で、宇宙の別の状況が明らかになった。事実、科学者のほうが、牧師よりも容易に、真の信仰を手に入れる傾向にある。というのも、〝予期せぬこと〟は宗教にとっては敵にも等しいもので、牧師は当然、それを受け入れたがらないから」

「その〝予期せぬこと〟の実例、何か挙《あ》げてくれません？」

「ご丁寧《ていねい》なお言葉、痛み入ります」イーライが深くお辞儀をする。「友だちから、聞いたことのない面白いジョークを聞かされたとき、君はどんな気分になる？」

「興奮する」

「私が話しているのは、その興奮のことなのだよ。ジョークとは、〝落ち〟すなわち〝予期せぬこと〟へとつづく物語。それを聞いたとき、人間は純粋な喜びを感じる」

「そうだね。でも僕ね、ときどき、途中まで聞いただけでどんな落ちなのかが、わかってしまうことがあるんだ」

「そんなときには、どんな反応を示すのかな？」

「たぶん笑わない。先にわかってしまっても、面白いことは面白いんだけど。でも笑わない」

「重要な秘密を一つ、教えようか」イーライは笑った。**「ポイントはジョークそのものではない。ジョークにおぼれる意欲、それに屈服すること、ここがポイント。〝落ち〟と君の笑いとの間には、言わば**

時間差があって、そこは〝今〟と呼ばれている。〝落ち〟を聞いてから笑い出すまでの間、君の内側には、ある特定のフィーリングが浮上している。それが〝今〟を生きているときの心の状態なのだよ。〝予期せぬこと〟を通じて、君は〝今〟に至る。笑い出す前のこのフィーリングこそが、求道者たちが悟《さと》りと呼んできた心の状態なんだね。悟っている人間とは、最高のジョークを聞いた直後と同じような心の状態で生きている人間のこと」

「わかったよ、イーライ。笑ってるときって、最高の気分だよね」

「君は笑っているとき、すでに〝今〟を通り過ぎている」イーライは説明した。「この次に誰かが、〝僕のジョーク、聞いてくれる?〟って言ってきたときには、〝落ち〟を聞いてから笑い出すまでの間に浮上してくるフィーリングに、注意を払ってみるといい。これが、〝予期せぬこと〟が引き起こす変化なのだよ。その意識状態の中では、あらゆる裁きが消え去っていて、そのとき君は無垢《むく》、すなわち無邪気さの状態にある。そしてもちろん、笑うことは素晴らしいことだ、愛しき友よ」

「うん、そうだよね」

「イエスは、〝予期せぬこと〟を用いて教えていた」

「え? どういうこと?」

「彼は人々に、〝予期せぬこと〟を行うよう促した。〝誰かに片方の頬を叩かれたら、その人にもう片方の頬を向けなさい〟とか、〝誰かに外套《がいとう》を盗まれたら、その人に上着を差し出しなさい〟といったようにね。彼が行った奇跡の数々もまた、当時の人々にとって、明らかに〝予期せぬこと〟だった。まあ、これは、現在の人々にとっても同じことだけどね」

「なるほどね。よくわかった。もしも悪い誰かがいたら、やっつけるのではなく、親切にしなさい、ってね」

「君の表現は実に味があるね」彼は近寄ってきて、僕の肩を叩いた。「君が前世で道を交えた人物の中に、同じように味のある表現を用いた、優しい教師がいる。アッシジの聖フランシス」

「もう一つの生涯ね」僕は突然、疲れを感じた。「彼、何て言ってるの？」

「彼は、二元性がもはや存在できない場所について語っている。〝今〟という場所についてね。こっちに来てごらん。見せてあげるよ」イーライは僕をホロフォタルに導いた。

スクリーンがポンと活気づく。中心部で渦を巻いていた光が消えるとともに、古めかしい部屋が姿を現した。その部屋の壁は、いくつもの大きな石でできていて、隙間には漆喰《しっくい》が塗られていた。天井を作り上げているのは、何本かの太い木の梁《はり》と、それと交差する何枚もの不揃《ふぞろ》いの板。同じような板が扉にも使われていて、扉の上部は丸くなっていた。一方の壁の比較的高い場所に、小さな窓が見えている。その部屋でたった一つの窓だった。

部屋の中央部に一人の男がいて、絨毯《じゅうたん》の上に跪いていた。その髪は長くてモジャモジャ。伸びた顎ひげは醜《みにく》かった。なぜ醜かったかというと、ひどくもつれた状態にあったから。彼はまた、フードのついた茶色のローブを身に着けていて、そのフードは背中に垂れていた。彼を見ていて僕は、〝部屋の中、そうとう寒そう〟と思った。その体が激しく震えていたからだ。

水の入った大きな鉢《はち》が、扉のある壁の隅に置かれた小さなテーブルの上に載っている。その向かい側の壁際には、折りたたまれた毛布がきちんと置かれていた。昇ったばかりの太陽が、その粗末な部屋に淡いオレンジ色の光を送り込んでいた。絨毯の色彩は、〝大広間〟の織物の一つを連想させるものだった。

低いうめき声のような音が、その部屋から聞こえてきた。

「彼、どうして毛布をかぶらないのかな？」

「彼が震えているのは、寒いからではない。あることを期待してなのだよ」

「彼、何を待ってるわけ？」

「待っているなどというものじゃない。彼はこの儀式を何年も前から毎日行いつづけてきていて、今やついに神の存在を感じている。彼は今、神が自分の祈りにもうすぐ応えてくれることを〝知って〟いるんだ。だから彼は震えているのだよ」

「神が話しかけてくることを知ってることって、絵全体の中から〝予期せぬこと〟の部分を取り除いてることにならない？　神が突然、ポンと目の前に現れてきたほうが、いいんじゃないの？　僕がグレッグを怖がらせるときみたいに。でも考えてみると、グレッグって、〝予期せぬこと〟をしょっちゅう体験してきたことになるよね」

そう言って僕はイーライに笑《え》みを投《とう》じた。彼も笑みを返してきた。

「知っていることと予期していることは、まったく違う。知っていることは多次元的。一方、予期していることは直線的」イーライの身振りは光付きだった。彼の体からまず、あらゆる方向に光が放射され、つづいてそれが、部屋を貫く一本のまっすぐな光に収束《しゅうそく》した。「彼はこの日が訪れることを、幼い子どものころから〝知って〟いてね。六歳のころから、すべての朝をこのようにしてはじめてきたんだ。いつも静かに〝知って〟いたのだよ」

「今、何歳なの?」

「二十二歳」

「どうして家具がないわけ?　彼が持ってるの、これだけなの?」

「部屋の中にあるものは全部、借り物。この個人は物質世界を放棄している。彼は物質に慰めを求めない。彼の心の内にあるものはただ一つ、神との一体化、すなわち源との統合」

「神よ、あなたの存在に触れることを心より待ち望んできました」スクリーン上の男が、部屋の中の暗がりに向かって小声で話しはじめた。朝の太陽が小さな窓から、より多くの光を部屋の中に送り込んでいた。

「私がどんなときにも、この旅の目的を果たすために必要なことを行えるよう、どうかお導きのほどを」彼の声が部屋にこだまする。「私を、あなたの平穏の道具にしてください」

次の瞬間、すべてが静かになる。光も、うめくような音も、すべてが穏やかになる。

そして、それはやってきた。男の震えが激しくなる。彼が立ち上がる。後ずさりする。冷たい木の扉に彼の背が貼り付いた。

いくつもの青い閃光が次々と部屋を貫き、朝の太陽が作っていた影を追い払う。そして、滑らかな低音の声が男の体の中心部から出て、部屋を満たした。彼の体のその場所からは、光が溢れ出てもいた。

「憎しみのある場所では愛を蒔きなさい。不正のある場所では許しを与えなさい。疑いのある場所では信頼を復興《ふっこう》させなさい。絶望のある場所では希望を告げなさい。闇のある場所では光あれと命じなさい。

苦しみのある場所では喜びを生み出しなさい」

男の体はエネルギーに満ちあふれ、燃え上がっているかのようだった。彼が部屋の中央に走る。その体は明るい紫色で輝いていた。彼の両腕は前方に伸ばされていて、まるで突然、目が見えなくなってしまったかのようだった。

彼が叫びはじめた。

「聖なる創造主よ、私の願いを叶えてください。私に、慰めを得ようとするよりも、慰めを与えようとさせてください。理解されようとするよりも、理解しようとさせてください。愛されようとするよりも、愛そうとさせてください」

男の顔を涙が止めどなく流れ落ちていた。彼の胸から溢れ出た光が部屋中に広がる。煌《きら》めく金色の星々を伴った、美しいピンク色だった。

彼が再び、前と同じ場所に跪く。その体はもう震えておらず、その頭ももはや垂れてはいない。彼はジッと天井を見据《みす》えていた。

先ほどと同じ声が聞こえてきた。

「なぜなら、あなたは与えることで受け取り、許すことで許され、上昇することで永遠の命の中に生まれるのですから」

その言葉の振動が部屋を離れるとともに、扉がゆっくりと開いた。え？　僕は息を飲んだ。彼の様子がすっかり変わっている。彼はもはや醜くなかった。体全体が生命力で輝いていて、まるで何歳も若返ったかのようだった。少し前の彼は、とても疲れている様子だったが、今や彼は生気に満ち、意欲的に外に出ていこうとしていた。その部屋はもはや、彼を留めておくことはできなくなっていた。

「あっ、彼の服……服まで新しくなってる！　いったい何が起こったの？」

「〝予期せぬこと〟だよ。彼はこれまでの長い間、来る日も来る日も同じような朝を過ごしてきた。彼は、神が自分に話しかけてくるであろうことを知っていた。ただし、いつなのかは知らなかった。この日も、これまでのいくつもの日と同じようにスタートした。冷たくて暗い部屋の中で、彼は目を覚ました。この日もまた、もう一つの厳しい修行の一日となるかもしれなかった。彼は確かに、神がいつの日にか応えてくれるということは知っていた。しかし、いざそうなったときのための準備はできていなかった。そのようなわけで、〝予期せぬこと〟が発生した。つづいて変化。彼は生まれ変わった。二度生まれし者になった」

「なるほどね」僕は言った。「なんか僕もね、彼と同じようにして生きてきたような気がするんだ」

「どういうことなのかな？　ヤング・マスター」

「彼は天の父に祈りつづけてきた。僕も父に祈りつづけてきた。カリフォルニアに住む父だけどね。それから、彼は世界にうんざりし、それとの関わりを絶った。僕も自分のこれまでの暮らしにうんざりしている」僕は思わずため息をついた。「それから、僕もいつかは神の声を聞くことになる。それが僕にはわかってる。どうしてかはわからないけど、とにかくそうなるってことが、僕にはわかってるんだ」

「聖フランシスは、神の声を聞いて、それに応えた、数少ない実例のうちの一人なのだよ。多くの人たちが聞いている。しかし、それに応えるのは極めて少数」

「僕は応えるのかな？」

「それは……」

「あっ、わかってる。僕次第なんでしょ？　僕の場合、まず継父との問題を解決しなくちゃね。神が応えてきたときに聞く耳を持てるのは、たぶんそのあとなんじゃないかな。結局これって、父に関する問題なんだね……」イーライが〝父〟に関して言ったことを思いだそうとして、僕は間を取った。

「あっ、そう、そう。僕が地上の父についてどう感じてるかは、天の父についてどう感じてるかなんだよね」

「素晴らしい記憶だね、ヤング・マスター」イーライの目がキラッとする。

「このことをいつも覚えておくといい。君の役割は、世界を、変わる必要のあるものとして〝裁く〟ことではなく〝観察する〟ことなのだよ。変化は独りでに発生する。〝予期せぬこと〟を提供することによってね」

「わかった」

「そうかい！」イーライがそう叫ぶと同時に、ホロフォタルから光が消えた。

「私が旅立つ前に、この素晴らしい場所にできるだけ多く来て、一人で利用することに早く慣れるようにするといいな。そのとき私は、君が私をどうしても必要としたときのために、この世界と君らの世界を隔《へだ》てているベールの、すぐ外側にいることにする」

「それじゃ、明日の晩に来ることにするね。あなたがいない間も、ここを使わせてくれて、ありがとう。僕を信頼してくれて、ありがとう」

「ここは、私のものであるのと同じくらい、君のものでもあるのだよ」

そう言ってイーライは、いつものお辞儀をした。

第 5 章

生命の大海で聞く〝その声〞——

アカシャから光のサポートを得る

この次元の〝今〟を生きる中で

「ママ、三時半にはみんなで帰ってくるって言ってたのに、もう四時十五分だ。どうしたんだろ?」玄関の外に立ってオーランドの方向を見ながら、隣にいたキャロルに僕は訊ねた。「飛んでいって、様子を見てこようかな」

「やめて」キャロルはキッパリと言った。「私、あんたが飛ぶたんびに、怖くなるか、痛くなるか……とにかく嫌なの」

彼女は無意識のうちに、片方の手と腕をさすっていた。グレッグが車に轢《ひ》かれた日に、病院の待合室で強い衝撃を受けた場所だった。

「そのうちあんた、空っぽの体でいるところを、ビュイック・ドライバーに見つかったりして。大変よ、そんなことになったら」

キャロルの最後の一言に、僕は動揺《どうよう》した。彼女の悲しみも痛いようにわかった。子どもでいることができないことから来る、深い悲しみだった。僕はまたしても心に誓いはじめていた――あいつの怒りと暴力、思い出すだけで気分が最悪になる。大きくなったら……。

「ねえ! おばあちゃんの車よ!」キャロルが叫んだ。

僕は大急ぎで階段を下りた。足を滑らせ、もう少しで転ぶところだった。オールズモビルが右のウィンカーを点滅させながら、ゆっくりと交差点に入ってきた。

「見てよ！　グレッグ、ママの膝《ひざ》に乗ってる！」私道の外れから僕は叫んだ。「後ろの席か何かに、寝てくるんじゃないかと思ってたんだけど」

オールズモビルが私道に入ってきた。祖母がクラクションを鳴らす。ただし、僕を見てうれしかったからではなく、僕が運転の邪魔だから。彼女は僕らに、車はよその犬と同じなのだと、しょっちゅう言っていた。確かに、どちらも何をしでかすかわからない。

彼女は僕に、車の進路から離れるよう手で命じてきた。でも僕は、車の脇を走りつづけた。ほかの何を犠牲にしてでも、弟の様子を見たかった。

グレッグの顔はクリスマスツリーのように輝いていた。まるでクリスマスツリーが微笑んでいるかのようだった。皿のような丸い目は、ますます丸くなっていた。僕の体の深いところから湧き上がってきていた喜びのフィーリングが、僕の頬の上に涙を押し出しはじめる。

彼にまた会えて、僕はものすごくうれしかった。空飛ぶ体の中にいるときに彼を見るのと、本物の体の中にいるときに彼を見るのとでは大違い。空飛ぶ体の中から見た彼は、光とエネルギーに包まれていて、皮膚や髪の様子はよくわからなかった。というのも、イーライの言葉を借りるなら、飛んでいるときの僕は、〝物理的形態という幻想を超えて〟見ているから。でも僕は、自分の本物の体が気に入っている。空飛ぶ体も、もちろん気に入っている。だって本当は、どちらも本物なのだから。

軽く埃を舞い上げながら私道の上をゆっくりと進んでいた車が、さらに速度を落とした。つづいて祖母が、いつものように、車が完全に停止する前にエンジンを切る。そんなことをしたら車によくないと何度も言ったのだが、彼女にはたぶん、僕の忠告を聞く耳がない。

「お帰り」キャロルが半分叫びながら、ママの側のドアに手を掛けた。

「やあ、グレック！」僕も元気に声を掛けた。「お帰り、ママ。こんにちは、おばあちゃん。で、車椅子はどこなの？」

「どうしてこんなに遅くなったの？　どこかに寄る必要があったの？　何があったわけ？」キャロル恒例の質問責めが始まった。

「病院の人たち、彼を今日は退院させないって言ってきて」母が説明をはじめた。「あなたのおばあちゃんが癇癪《かんしゃく》を起こさなかったら……」

「あれは癇癪とは言わないわ、ベティー」不機嫌な声で祖母が割って入ってきた。「私はただ、筋を通しただけ。こんなに遠くから行ったのに、あれはないわよ」

「グレッグが二日ほど前から、少し咳《せき》をしたり、呼吸が苦しそうな様子を見せていたみたいなの。病院の人たち、それが気になってたみたい」母の声には幸せと不安が入り交じっていた。あたりを見回しながら、母はつづけた。「お父さんは？　車椅子を下ろすの、手伝ってくれることになってたんだけど……」母の声が尻すぼみになる。

「僕がやるよ！　トランクに入ってるの？　僕だってできるよ、そのくらい。だいじょうぶだって。ねえ、おばあちゃん、僕だって、でき……やらせてよ、お願い！」僕は走って車の後ろに回り込んだ。

「落ち着きなさい！」祖母が叫ぶ。「ベティー、あの子に言ってやりなさい。できるわけないって。それから、猿みたいに飛び回るのはやめるようにって」

「できるよ！　ほんとだって！」車椅子に初めて触れられるという思いで、僕は興奮を抑えきれなくなっていた。

「おもちゃじゃないのよ。聞いてちょうだい」母が強い調子で言ってきた。「それは病院から借りたものなの。あなたの弟がもっとよくなるまでの間、使わせてもらうもので、私たちのものではないの。ママが言ってること、わかるわよね？」

「はい、ママ」興奮を声の中に入れまいと必死に努めながら、僕は答えた。

祖母がトランクの鍵を回す。蓋《ふた》がポンと開く。暗いトランクの中からキラキラする光が飛び出してきた。

「うわーっ、大きいね、これ」僕は息を飲んだ。「見てよ。金属の部分、みんなピッカピッカだよ。あっ、これ、何？」車体の横についたレバーを指さし、僕は訊ねた。「変速レバーかな？」

「それはブレーキ」祖母が教えてくれた。

「へー、ブレーキなんだ。何もかもが、すごいね、これ」

僕はそれを、空飛ぶ体で病院に飛んでいったときにも見ていたが、今や本物の目で見ながら、本物の手で触ることまでできていた。

「それは、おもちゃじゃ……」

「うん、わかってるよ、ママ。だいじょうぶ」僕は母に保証した。「別に僕、これを分解しようなんて思ってるわけじゃないんだから。グレッグを乗せて押すときには、うんと気をつけるし……」

「そんなの信じられない」キャロルが口を挟《はさ》んできた。「あんたが手に触れたものは、五分以内になんでもバラバラになってしまうんだから」

「そんなことないって！」

「そうです！」

「何を騒いでるの。お母さんの気持ち、少し考えなさい」僕が久々に見た最高の〝レーシング・カー〟を手で撫でながら、祖母は僕らを叱りつけた。「私が言ったとおりでしょ、ベティー。彼きっと、また飲みに出かけてるって」

「お母さん、これを出すのは、あとにしたほうが……」母は提案した。「すごく重いのよ、これ。用務員さんたちが二人がかりで、やっと積み込んだの」視線を僕に移して、母はつづけた。「お父さんが来るまで待ちなさい……もしかして彼、ここに……ここにいて、私たちが遅かったから、どこかに出かけたの？」母は明らかに当惑していた。

「そうじゃない」キャロルと僕が同時に答えた。

「私、言ったわよね？　こんなことになるんじゃないかって」祖母が小声で言う。

「さあゲリー」祖母はつづけた。「トランクの中に入って、後ろ側から持ち上げてちょうだい。キャロルは外にいて、前の小さな車輪を支えてる。いいわね？」

「お母さん、待ったほうがいいわよ」

「そんなのバカげてるわ。だいたい私、これまでの人生で、誰のことも待ったことがないの。私たち三人の力を合わせれば、だいじょうぶ。病院のあの間抜け《まぬ》け二人にだってできたことなんだから」祖母はすでに、忍耐を使い果たしていた。「いったいその子、どうするわけ？　あなたの〝助っ人さん〟が現れるまで、あなたの膝の上に置きっぱなしにしとくの？」祖母の額の皺がますます深くなる。「さあ、ゲリー、その大きな車輪、スペアタイヤの上から持ち上げてみて」

「わかった！」僕は勇んで、車椅子後部の冷たい金属バーを握りしめた。「でも……」僕は提案した。「これ、前と後ろを反対にしてから出したほうが、いいんじゃない？　そうやって大きな車輪から先に出したほうが、簡単に下ろせると思うんだけど」

「もしもお手伝いがしたいんなら、話すのをやめて、さっさとやりはじめなさい」

「はい、おばあちゃん」僕はゆっくりと車椅子を持ち上げた。「うわっ、重たい。外に出るまで持ってられないかも」

「何をゴチャゴチャ言ってるの」祖母がまた僕を叱りつける。「しゃべってなんかいないで、やることをやりなさい」

叱られることには慣れっこだったが、その〝宇宙船〟は重かった。僕はそれを必死で持ち上げつづけ、少しずつ前に進んだ。大きな車輪がようやくトランクの縁に到達する。僕は心の中で叫んだ。さあ、ここから下ろしたら、月まで飛ばせてあげるからね！

「あら、彼のお出ましだわ」母が言う。ビュイックが芝生に乗り上げていた。

「やっぱり飲んでたみたいね」そう言って祖母が鼻を鳴らす。

「うん、間違いない」車のドアを開けようとしているビュイック・ドライバーを見ながら、僕は保証した。彼の目は、大きな顔の上に並んだ二本の短い線で、鼻はシートカバーのように真っ赤だった。

彼は僕らをまったく見ないで、車から一歩足を踏み出した。

「ベティー、お前の母親に、そこから離れるように言ってくれ。息子と俺だけで事足《こと た》りる」

その声はかすれ気味だった。ビュイックのドアがバタンと閉まり、彼がオールズモビルに近づいてくる。

そばに来た彼に、僕は言った。

「大きな車輪を先に下ろしたほうが……」

「そのハンドルを離すんじゃないぞ」彼は指図《さしず》をはじめた。いつもながら僕の意見は完全無視。「そのままゆっくりと前に出して、トランクの縁を過ぎたらそーっと下に下ろす。そして車輪をバンパーの上に載せる」

酒と香水が混ざり合った臭いがしていた。酒場のあの女主人と今日もまた踊っていたのか、と僕は思う。

「もう離していいぞ」ビュイック・ドライバーが言ってきた。

つづいて彼は、車椅子を抱えて地面に下ろすや、それを押しながら、グレッグを抱いている母のところにゆっくりと歩いていった。その輝かしい装置のすべてのレバーをテストし、前輪がどのように取り付けられているのか調べようとしていた僕のプランは、一気に消えてなくなった。

僕は急いでトランクから飛び降りた。グレッグが、家に戻ってきて初めて車椅子に乗る。

僕はその様子をすべて目撃したかった。もしかしたら、グレッグの乗った車椅子を家で初めて押す人間になれるかもしれない。そんな期待を抱いてもいた。

バタン！　トランクの蓋が車体に激突した。

ビュイック・ドライバーがビクッとして振り返り、大声を上げた。

「トランクの蓋を力任せに閉めたりするな！　壊す気か！」

「僕、何もしてないよ。独りでに落ちただけさ」

「あなた、まだグレッグにお帰りって言ってなかったわよね？」母が素早《すばや》く割り込んできた。

「え？　言ったよ、僕も姉さんも」母の意図に気づかず、僕は抵抗した。「車が停まったとき、ちゃんと言ったよ、お帰りって。そうだよね？　姉さん」

「お帰り、グレッグ」それがキャロルの答えだった。僕を見てニヤニヤしている。グレッグは顔を背《そむ》け、母の肩と首の間にそれを埋めた。

「病院で言われたんだけど、この子、記憶がまだちゃんと戻っていないらしいの。体もまだ完全じゃなくて、普通の生活ができるようになるには、かなり時間がかかるだろうって。そうだったわよね、お母さん」母の不安が手に取るようにわかった。

涙ぐみながら彼女はつづけた。

「この子、歩くことも遊ぶことも、最初から覚え直さなくちゃならないの」

そう言って母は、グレッグを〝隠れ家〟から引き戻した。

「この子が車椅子に乗り降りするのを手伝うときには、細心の注意を払ってちょうだい」キャロルと僕を交互に見ながら母は言った。「あなたたち、いいわね？」

「はい、ママ」僕らはいっしょに答えた。

「彼とこうやっていっしょにいられるだけでも、私たちは幸運なの」母の警告が終了した。

母を見上げているグレッグの目には、怯えの色が浮かんでいた。ほんの少し前、車が停まったときに見せていた幸せな表情は、完全に消え去っていた。

母がグレッグを車椅子の上にそっと乗せる。彼の光が、深い緑から明るいオレンジに変化する。何かがおかしかった。彼はまるで、自分の家を怖がっているかのようだった。ビュイック・ドライバーがグレッグの乗った車椅子を押して芝生を横切り、玄関の階段下に着くころには、赤い煙のようなエネルギーが、その二人の周囲を取り巻いていた。

僕の内側で、奇妙なフィーリングが徐々にその量を増しつつあった。吐き気がしてきそうなフィーリングだった。

僕は考えた。グレッグはビュイック・ドライバーのことを、事故に遭う前よりも怖がっている。どうしてなのだろう？　彼をこんなに怖がらせているものは、何なのだろう？

僕の頭の中を、その疑問が騒々しく駆け巡りはじめた。

グレッグとビュイック・ドライバーの後ろを歩いていた母が、僕を振り返り、言ってきた。

「ゲリー、お父さんが階段を上るの、手伝ってあげて」

「助けなんか、いるもんか」不機嫌な声で彼は言った。「これの扱い方は、病院でしっかりと教わってきたんだ」

「でも、あそこの階段は、ここのみたいな古い木の階段じゃなかったわ。ゲリーに手伝わせてちょうだい。私、怖いのよ。もしかしてあなたが……」

「ベティーの言うとおりよ」祖母が口を挟んだ。「そんな古い木の階段じゃ、本当に危ないわ。車椅子からその子を降ろして、まずは椅子だけを家の中に持っていくべきよ」彼女の主張は強硬だった。「お願いだから、そうして。彼、事故のあとでようやく家に戻ってきたの。そんな彼を、すぐにまた事故に遭わせたりすることなんて、私たちには絶対にできませんから」

母がグレッグを抱き上げようとして車椅子に近寄った。

「よけいなこと、するな!」ビュイック・ドライバーが怒鳴りながら車椅子を持ち上げ、少し後退しながら向きを変えた。大きな車輪がドスンと地面に落下する。

つづいてその車輪が、階段の一段目の上にドンと載る。グレッグの体が反動で前のめりになる。そしてその車輪が、階段の二段目に載ってまたドンと音を立てると同時に、グレッグは泣き出した。

「このクソ階段めが」ビュイック・ドライバーが唸《うな》った。「泣くんじゃない。もうすぐ上に着くから」

母と祖母、グレッグ、そしてビュイック・ドライバーの周囲の光は、赤みがかった濃いオレンジ色だった。彼らはまるで、怒りとコントロールの泡の中に、まとめて捕らえられているかのようだった。僕とキャロルは並んで立ち、祖母が母の背中を押しつづけている様子を見つめていた。

恐怖が発する麝香《じゃこう》の香りが、あたりの空間に充満していた。母は明らかに、グレッグを車椅子から降ろしたがっていた。しかし同時に、そうすれば継父が何をしてくるかわからないと怖れてもいた。まるで彼らの全員が、グレッグを家に入れる方法を指図する人間になりたがっているかのようだった。

ドン! またしても大きな後部車輪が階段の板にぶち当たる。今やグレッグは、椅子の端に体を寄せ、それまで以上に泣きじゃくっていた。

「その子を抱き上げなさい、ベティー!」祖母が叫んだ。

「だいじょうぶだって、言ったろうが!」ビュイック・ドライバーが叫び返してきた。「これ以上逆らったら、こいつの面倒はもう二度とみないからな!」

車椅子が階段の次の段に向けて持ち上げられた。キャロルが僕の腕を握ってくる。

「もう、いや!」母はそう叫ぶなり、両手を伸ばして車椅子からグレッグを引き抜いた。

ふいに主《あるじ》を失った車椅子は後方にジャンプし、ビュイック・ドライバーの体勢を崩させた。彼はとっさに片手で手すりをつかみ、転倒を回避《かいひ》する。と同時に、彼のもう片方の手が、車椅子をもう少しで放しそうになる。

あっ、あいつ、手を放したがってる！　とっさに僕はそう感じた。彼がもしもそうしたならば、車椅子は階段を転げ落ち、下に立っている祖母を直撃することになる。

そうなったときの光景を、僕は瞬時に頭の中で見ていた。グレッグを急に抱き上げたせいだと、ビュイック・ドライバーが大声で母を責め立てる。階段の下で車椅子の下敷きになっている祖母の姿が、ハッキリと僕の頭に浮かんでいた。

しかし彼は思いとどまり、そのまま車椅子を玄関ポーチまで引きずり上げた。

母を睨《にら》みながら、ビュイック・ドライバーが静かに言う。

「お前は相変わらず、母親の言うことばっかり聞くんだな。これで俺たち、夫婦だなんて言えるのか？」

視線を祖母に移して彼はつづけた。

「ここからは、どうぞお好きなように。もしも俺に決めさせてくれるんなら、こんなもの、明日には病院に返しちまうけどね。この子は、何もかも思い出せない〝ふり〟をしてるだけなんだ」

「長く昏睡《こんすい》状態にあった子どもが記憶喪失《そうしつ》になることは、よくあることだって、病院の先生は言ってたわ」母はまだ息が荒いままだった。彼女の視線が、ビュイック・ドライバーから祖母へと移動する。

「せっかくの退院を台無しにするのは、もうやめにしなくちゃ」祖母は言った。「あなたたち、もっと仲良くできないものなの？」

「彼女がお前の継父を顎で使うのは勝手だが」ビュイック・ドライバーが母に言う。「俺の家では指図なんかさせないからな。彼女のご機嫌を取る必要なんか、俺にはこれっぽっちもないんだ」

「母は別に、あなたに指図したりなんか、してないわ。グレッグのことを心配してるだけなの」

「お前ら二人には、もう、うんざりだ」玄関の網戸を後ろ手で閉めながら、ビュイック・ドライバーが捨《す》て台詞《ぜりふ》を吐く。「俺こそ記憶喪失になりたいよ。そうなって、自分がどこに住んでるのかも忘れちまう。そうなれば家に帰らなくてもよくなるからな」彼の声はウィスキーのせいでひどくに嗄《しわが》れていた。

「そのうち見てな。こんな家、出てってやる。それで二度と戻らない」

怒りの泡が家の前全体を包み込んでいた。祖母は自分の車のボンネットに体を預けていた。母が階段のいちばん上に腰を下ろし、グレッグをギュッと抱きしめる。その目から涙が溢れ出る。でも彼女は泣いてはいなかった。ただ涙を流していただけだった。

グレッグは確かに、あまり多くのことは覚えていなかった。僕にはそれがわかっていた。光体同士で会ったときのことも含めて、彼が僕といっしょにしたことをすべて覚えているなどとは期待しないように、とイーライは言っていた。グレッグの肉体が、彼のほかの体の中で発生した癒しに追いつくまでには、かなりの時間がかかるだろう、とも言っていた。

でも僕には、ビュイック・ドライバーが言ったことのすべてが誤りではないことも、わかっていた。グレッグは、少なくともいくつかのことを覚えていない〝ふり〟をしていた。さらに、彼はおそらく、母が考えているよりもずっと多くのことを行えた。具体的にそれが何なのかはまだわからなかったが、僕はそのように感じていた。

　思うに、母は心のどこかでは、グレッグにもう少しの間、病気のままでいてほしいと願っていたのだろう。というのも、おそらく一つには、ビュイック・ドライバーに呼ばれて酒場に行かなくてもいい理由――グレッグといっしょに家にいるための理由――がほしかったから。彼はよく、近くの酒場で飲み仲間がいないと母を呼び出し、酒の相手をさせていた。母とグレッグの隠れた思惑《おもわく》が、僕の頭の中で交《こう》錯《さく》していた。

　ビュイック・ドライバーが家の中に消えたとたんに、家の前全体を包んでいた赤みがかったオレンジ色の光は薄れてきた。

「ねえ、あれ見える?」僕はキャロルに何気なく訊ねた。

「あれって何よ」

「ママとおばあちゃんの周りの色」

「私に見えるのは、泣いてるママと、怒ってるおばあちゃんと、怖がってるグレッグだけ。あんたって、どうしていつも、ありもしないものを見なくちゃいけないわけ?」

「そこにあるからさ」僕は言った。「イーライが言ってたけど、あるって信じてると、見えるんだって」

「何言ってるの、あんた。バッカじゃないの」彼女は笑った。「反対よ、それ。見ることができて、初めて信じられるんじゃない」

「これまでと同じものだけをずっと見ていたいならばね」母が立ち上がるのを見ながら、僕はつづけた。

「それから僕、バカなんかじゃない。ユニークなだけ」

「なるほどね。確かにユニークよね、あんたって……」キャロルはクスクスと笑いながら、車の扉を開けた。「ところで、ユニークってどういう意味だか知ってるわけ?」

「ほかの人とは違うってこと」

「あんたって、確かにほかの人とは違うわよね」祖母の車の助手席から母のハンドバッグを取ろうとして手を伸ばしながら、彼女はつづけた。「あんたはユニークだって、イーラーが言ったわけ?」

「イーライ」しかめっ面をして僕は言った。「彼はこう言ったんだ。僕らはみんな同じじゃない、誰もがユニークなんだって。彼が言うには、この世界は、誰もが隣の人と同じになりたがってるという大きな問題を抱えてるんだって。それから、それでは決してうまくいかないとも彼は言ってる」

「何がうまくいかないわけ?」

「文明」僕は突然、イーライから学んだことをすべて話してしまいたくなった。「僕らはみんな、それぞれがユニークであるからこそ、つまり、それぞれが独自の才能を持ってこの世界に生まれてきているからこそ価値があり、誰もがそれを知っているべきだって、彼は言ってる。僕らは何度も生まれ変わって、そのつど特別な何かを学んでるんだけど、それが僕らの持続的な成長を可能にしてるんだよね。でも彼、僕らは僕ら自身を変えられないとも言ってるんだ。それで僕らは、愛だけが存在する内側の場所を見つけるのを助けてくれる、教師を持つ必要があるんだって。そうすれば僕らは、自分自身を愛せるようになる。そして自分を愛しつづけることで、特に何をしなくても、僕らは自然に変わることができるんだって。それから、この世界の素晴らしい発見は〝予期せぬこと〟の中で発生してきた。その中では、想像をはるかに超えたことが発生する。そこは、僕らが変わり成長するための最高の場所……なんだって」

キャロルは僕を変人を見る目で見つめていた。

「あんたの言ってること、私、何一つ理解できない」真剣な口調で彼女は言った「日曜学校の先生は、私たちはみんな平等だって言ってるわ。それで、うぬぼれることはよくないことだって」

「別に僕、うぬぼれるべきだなんて言ってないよ。自分自身を愛さなくてはならないってイーライに言われたとき、僕も最初は、そういう意味かと思った。でも、そうじゃなかった。彼、こんなふうに説明してくれたんだ。僕らは、いろんな誤ったことをしてきたと考えている自分自身を許したときに、自分自身への愛を手に入れる。そしてその愛は、うぬぼれを超えたものなんだって。それは、この世界とは無関係の愛で、神はどんなことがあろうと僕らを愛している、ということを知っている愛」

キャロルは完全に無表情の状態で固まっていた。僕はつづけた。

「それから彼、マリアが最初のキリストで、イエスは二番目のキリストだってことも教えてくれた。それで僕、マリアとイエスが生きてたころにも生きてたんだって」

僕の内側を、エネルギーがとてつもない勢いで流れていた。僕は興奮していた。脇の下が、まるで長距離走の直後のように、汗でびっしょりになっていた。キャロルの下顎は、胸まで落下していた。

「あんたって、完全に頭が変。まるでビュイック・ドライバーみたい」そう言うと彼女は、家に向かって歩きはじめた。

振り返って僕を見ながら、彼女はつづけた。

「あんたが今言ったこと、ママには永遠に話さない。それから、そんな話し方で、もう二度と私に話さないで。まるでビュイック・ドライバーみたいだった」

「それって、どういう意味？」

キャロルが立ち止まる。

「なんかあんた、自分は正しいんだって言いたがってるみたいだった。ビュイック・ドライバーも、いつも自分は正しいんだっていう態度じゃない？」

「ある意味、僕は彼と似たところがあるんだ。姉さんだってそうなんだよ」

「なんで私が!?」

「彼は僕らの鏡なんだ。僕らの暗黒面を映し出す鏡。僕らは内側に、彼と同じものを持ってるのさ。醜さ、怒り、悲しみ、それから孤独をね」

「あんたの醜い部分は、バスルームの鏡が全部見せてくれるわよ。さっさとバスルームに行って、鏡を覗いてみれば？」そう言ってキャロルはケタケタと笑ってから、両手の爪を立てて僕に近寄ってきた。

「でも私がビュイック・ドライバーと似たところがあるなんて、もう絶対に言わないで！」

「姉さんが先に言ったんじゃない」キャロルの爪から顔を守るために両腕を持ち上げながら、僕は反論した。「いつか僕、イーライから教わってることを多くの人たちに話すことになるんだ。それでそのとき、彼らは笑ったりはしない。僕の話を聞く準備ができているためにね」

「もう、いい。私、家の中に入る。たぶんママ、私の助けを必要としてるから」

「彼が酔っぱらってても気にしないわけ？」

「あら、あんた、彼のこともう怖くないんじゃなかった？」僕をバカにする口調でキャロルは言った。

「家の中に入るのが、どうして怖いの？　ママとおばあちゃんが守ってくれるわよ？」

「いろんな悪い感情が飛び回ってるのが、嫌なのさ。それに、おばあちゃん、僕に対しても少し腹を立ててるんだ。さっき僕が口出ししたものだから。もし僕が家の中に行ったら、おばあちゃん、腹いせに、いろんなことを言ってくると思うんだ」

「うん、それは間違いないわね！」

「ああ」僕はうつむき、私道の砂利を軽く蹴った。「家の中が落ち着くまで、道路の向こうの草むらで待ってることにする」

「ママがあなたの居場所を訊いてきたら、どうする？」

「それはないと思う」僕は心得顔《こころえがお》で言った。「ママ、今はグレッグのことで頭がいっぱいだから。でも、もしも訊かれたら、ただ遊んでるって言っといて」

「あんたって、ほんとに変わってるわね」

「うん、わかってる」

予期せぬこと

草むらに座って夕食の声がかかるのを待っている間に、木と電柱の影が芝生の上に大きく伸びてきた。街灯って、どうやってつくのだろう？——僕は考えていた——それは突然、独りでに灯《ひ》がともる。トミーといっしょにガソリンスタンド脇の電柱によじ登って調べてみたが、スイッチはどこにもなかった。あったのは、ガラス製の電線ホルダーと、空中に突き出た金属棒だけ。いったい誰が明かりをつけるのだろう？

イーライが変化について語ったことのあれこれが、僕の頭の中から街灯に関する疑問を追い出した。人間は〝予期せぬこと〟が発生したときに変化する。それは人間を驚かせ、新しい現実の中へと誘い込む。〝予期せぬこと〟は、変化のための最高の場所。そうイーライは言っていた。

僕ら――姉さん、グレッグ、ママ、そして僕――は、ビュイック・ドライバーがしてくる〝予期せぬこと〟に対して、常に準備を整えていなくてはならない。でも、〝予期せぬこと〟があまりにも頻繁に起こっているとしたら、どうなのだろう？　それは〝予期したこと〟にほかならないのではないだろうか？　もしもビュイック・ドライバーが僕らに優しく接したとしたら、あるいはお酒を飲まなかったとしたら、それこそが〝予期せぬこと〟ではないのだろうか？

イーライとの出会いは、明らかに〝予期せぬこと〟だった。グレッグの病室で彼と初めて会った晩のことを思い浮かべ、僕は思わず微笑んだ。イーライには、本当にいろんなことを教わってきた。キリスト体のグレッグを見たことは、かなりのショックだった。それから、あの小さな人たち……。

「そうだ。そのうち彼らの住処《すみか》に行くことができるんだった」僕は声に出して言っていた。

「イーライがいなくなる前に、彼らの住んでいる場所のこと、聞いておかなくちゃ」

そう言って僕は立ち上がり、家に向かおうとした。

「夕食よ！」アーウィン通りの向こう側からキャロルが叫んできた。

ゆっくりと玄関に向かって歩きながら、僕は考えた。グレッグが戻ってきて、僕らの生活はどんなふうに変わるのだろう？　そして、変化に関するイーライの説明は、僕をどのように変えるのだろう？

僕が階段を上りかけたとき、祖母が扉を開けて外に出てきた。

玄関マットを足で正しい位置に戻しながら、僕を見て彼女は言う。「私は食べないで帰るわ。自分の家でやることが待ってるから」すぐに家の中に向き直って祖母はつづけた。「私の助けが必要になったら電話するのよ。わかった？」

「わかったわ、お母さん」母の声が家の中から聞こえてきた。

「それから、来週のお医者さん……ゲリーの……忘れないようにね」僕をチラッと見て祖母は付け加えた。

母が玄関にやってきて扉を押さえた。祖母が階段を下りてくる。

「弟の面倒、よくみてやってね。お母さんのお手伝いも忘れないこと」

「はい、おばあちゃん」僕は丁寧に答えた。「僕、ほんとにお医者さんに行かなくちゃいけないの？」

「火曜日の三時。学校が終わってすぐ。私がここに迎えにきたときにいなかったら、鞭でお尻を叩くからね」

僕は答えなかった。やっぱり医者に行くんだという思いが、僕の頭を埋《う》め尽くしていた。鞭で叩かれることに関しては、別に何とも思わなかった。祖母は誰のことも叩いたりはしないことを知っていたから。彼女の息子たち、つまり、ケニーおじさんとダニーおじさんが悪さをしたときにも、箒《ほうき》を手に彼らを追いかけただけだった。たとえ彼らを捕まえたとしても、きっと叩かなかったと僕は思う。

僕が夕食のテーブルにつくなり、ビュイック・ドライバーが言ってきた。

「車椅子、通路の端に置いてあるからな。触るんじゃないぞ」

「グレッグはまだ、荒っぽい遊びはできないからね。彼をくすぐったりすることも、やめてちょうだい」母が付け足した。「お医者さんたちが言ってたけど、外で遊べるようになるまでには、しばらくかかりそうなの。今日から二日間は特に気をつけるようにって言われたわ。先生たち、彼の咳を心配してるの。呼吸がまだ少し苦しそうなのよね。それから、前みたいに、彼を驚かしたりもしないこと」

なんだよ——僕は考えた——いろんなことして遊んでやろうと思ってたのに、これじゃ何もできないじゃないか。

僕はグレッグを見て、微笑んだ。彼の目が微笑みを返してきた。そこで僕は、〝お前のやりたいこと、いっしょに何でもしてあげるよ〟という表情を作って彼を見た。彼の顔に大きなスマイルが浮かびはじめる。が、次の瞬間、彼は自分の皿に目を落としていた。

彼は明らかに僕と遊びたがっていた。でもすぐに、その思いを引っ込めてしまった。どうして？　僕は無言で問いかけた。

「笑うと、胸が痛いのよ、彼。チューブを差し込まれていた場所がね」僕の思いに母が答えてきた。

「グレッグ、あとどのくらいしたら笑えるようになるの？」

「それはそのときが来てみないと、わからない。今でも、ほんの少しなら笑ってもいいみたいなんだけど、大きな声を出して笑うことは、まだまだできないの。だから、前みたいに押さえつけて、くすぐったりは、絶対にしないこと」

「そうなんだ」グレッグを見ながら、僕は答えた。母がビュイック・ドライバーの隣にマッシュポテトを置いたとき、彼は少しだけ顔を上げた。

「グレッグの笑い声、聞いた？　彼が目を覚ましてからのことだけど」

「そうね」グレッグを見ながら、母が言う。「どうだったかしら……よく覚えてないわ」

「何をバカなこと言ってるんだ、お前ら」ビュイック・ドライバーが吐き捨てるように言う。「彼は、いつだって笑えるさ。なあ、そうだろ？　グレッグ」

その言葉にグレッグが反応した。彼が母に向けて大きく手を伸ばす。

「違うか？」ビュイック・ドライバーがグレッグに追い打ちを掛ける。

「どうして私たち、何かが間違ってるみたいに振る舞わなくちゃならないの？」キャロルがすごく大人びた声で、誰にともなく訊ねてきた。僕らはその〝割り込み〟に驚き、いっせいに彼女を見た。

「せっかくの夕食なんだから、さあ、食べましょうよ。私たちだって、グレッグだって、笑いたいときに笑えばいいじゃない」キャロルは淡々と宣言した。

「うん、あなたの言うとおり」母が相づちを打つ。「さあ、食べましょ。今日のデザートはアイスクリームよ」

「やったあ！　どこのアイスクリーム？　ネオポリタン？」僕は言った。〔訳注＝ネオポリタン＝チョコレート、バニラ、ストロベリーの三層からなるアイスクリーム〕

「デザートは食事のあと。静かに食え。でも、もしかしたらそのアイスクリーム、俺とグレッグが食ったら、なくなっちまうかもな」ビュイック・ドライバーがからかってきた。

「だいじょうぶ。みんながたっぷりと食べられるだけ、あるから」彼に怒った顔を向けて、母が言う。「俺はただ、そいつをからかっただけじゃないか」彼の赤い顔が鮮やかさを増した。「母親の言うことだけ聞いてな。それから、車椅子には近づくんじゃないぞ。いいな」僕のほうに顔を向けることもしないで彼は言い放った。

僕は静かに夕食に戻った。母が席につく。グレッグが彼女のほうにグッと体を傾ける。彼が食べ物を口に入れ、ゆっくりと嚙みはじめる。まるで初めて口に入れた食べ物を嚙んでいるかのようだった。つづいて彼は、喉が痛いときに誰もがやるように、それを注意深く飲み込んだ。

僕は自分の視覚を調整し、彼のエーテル体の様子を見はじめた。ピンクと黄色が混ざった明るい緑色が、彼の頭から胸のあたりを包んでいる。事故の直後に見たグレッグのエーテル体は、穴だらけ、裂け目だらけだったが、今や穴と裂け目は一つも見えず、数カ所に切り傷の痕《あと》のようなものが見えるだけだった。

しかし、母が〝柔らかい部分〟だと言っていた頭のてっぺんに上方から入り込んでいるはずの、紫と黄と赤の光線は、ほんの微《かす》かにしか見えなかった。それらは誰もが持っている光線で、イーライによれば、それらが明るく輝いていないとき、その人間はひどく重い病気にかかっているか、死の危機に瀕しているということだった。そして死の直前には、それらの色はまったく見えなくなるという。グレッグの肉体は、あまりよい状態にはなさそうだった。

「彼の体、どのくらい悪いの？」食後の皿を片付けながら、僕は訊ねた。

「だいじょうぶよ。そのうち、すっかりよくなるから。お医者さんたち、言ってたわ。彼みたいな小さな子どもが、体の内側にこんなにひどいダメージを受けて快復した例は、これまでに一度もないんだって」母の唇の周囲が震えはじめた。

「でも、彼のこと、みんなで注意して面倒をみてあげなくちゃ」重い息をしながら彼女はつづけた。「あなたのおばあちゃん、先生たちがまだ退院は早いと言っても、聞き入れなかったの。先生たちから、彼が昨夜、全然眠っていないって聞かされたとき、ママは、あと二、三日は入院させておこうって思ったんだけど。だからゲリー、彼と荒っぽい遊びはしないって約束して。彼をひどく笑わせたりもしないで。ひどい咳や大笑いは、折れた肋骨と破裂した肺を痛めかねないって、お医者さんたちから言われてるの」

「うん、約束する。僕、彼の面倒をしっかりとみる。これまでと同じようにね。彼が死ぬなんて、僕、耐えられないから」

「彼は死んだりしないわ！　そんなこと、二度と言わないで！」

「僕、別にそんな意味で……うん、わかった。ごめんなさい」母の心配が痛いほどよくわかり、僕はそれを悪化させたくなかった。「約束する。彼と荒っぽい遊びはしない。笑わせない。それから、彼が〝森から出る〔訳注＝危機を脱する、を意味する俗語〕〟まで、ほかの子どもは一人も近づけない」

母は微笑んだ。彼女の顔から心配の色が消える。が、それも一瞬だった。

「何、それ。あなた今、〝森から出る〟って言ったわよね？　ママが病院でグレッグの状態を訊ねると、ほとんどいつもその言葉が返ってきてたんだけど。〝まだ森から出ていない〟だとか、〝彼が森から出たら、これを試してみましょう〟とかって。でも、どうしてあなたが、そんな表現、知ってるわけ？」

ことがあった。

「え？　たぶん、どこかで聞いたからだと思うけど」僕はそう答えながら、病院でその表現を聞いたときのことを次々と思い出していた。それはまるで、母から質問されたときに病院の人たちが口にすることのできる唯一のフレーズであるかのようだった。イーライでさえ、一度だけだが、この表現を用いたことがあった。

部屋に戻った僕は、文字でほとんど埋まりつつあった日記帳を、隠し場所から取り出した。『今夜、継父はグレッグに、皿の上にあった食べ物をすべて食べさせた』僕は書きはじめた。『ママはビュイック・ドライバーが酔いつぶれたあとで、明日はグレッグの皿に載せる食べ物の量を、大幅に減らすと言っていた。さらにママは、驚いたことに、ビュイック・ドライバーは、いつの日にか、朝になったら死んでいるのが見つかるだろう、と予言した。僕はもう少しで、口に含んでいた牛乳をテーブルの上にまき散らすところだった。姉さんは目を丸くして、手を口に当てていた。グレッグは、ただじっとデザートの皿を見つめていた』書きながら、僕は思わず笑っていた。『しかしこの家は、なんて狂った家なのだろう。こんな場所で、僕は成長していかなくてはならない。でも、待てよ。もしもイーライが言うように、最大の変化は〝予期せぬこと〟の中で発生するのだとしたら、僕は二週間後には、完璧に変わっているかもしれない……』

母がグレッグを抱いて部屋に入ってきたとき、僕は眠っているふりをしていた。彼は大きなタオルでくるまれていた。そして母が、彼にパジャマを着せようとして、そのタオルを取り除いたとき、僕は彼の体に残るいくつもの傷痕を見ることができた。

彼の胸とおなかは、無数の紫と赤の斑点で覆い尽くされていた。脚《あし》はまるで、つま先から膝までが一度バラバラにされて、くっつけ直されたかのようだった。母が彼にパジャマを着せている間、僕の目は涙でいっぱいになっていた。

そして彼は震えていた。体の内側が寒いときのような震え方だった。母が毛布を彼の顎まで引き上げ、子守歌をハミングしはじめる。

「怖がることは何もないからね」母がグレッグに優しく語りかける。「ママはすぐそこの部屋にいて、一晩中、あなたの様子に耳を傾けてるわ。病院でもそうだったようにね。もうすぐ暖かくなるからね。眠る前に、いつものお祈りを忘れないでね」

「うん、わかった」その声は弱々しく、かすれ気味だった。

母が部屋の扉を閉めるのを待ち、僕は静かにグレッグのベッドに近づいた。

「まだ、起きてる?」僕はささやいた。

「起きてない」

「起きてるじゃないか!」僕はこそこそ声で叫んだ。

彼が毛布を頭に掛ける。

「お前、どうして前みたいに体を動かさないんだ?」

「全部、痛いから」

「そうか、体中が痛いんだ」少しの間、僕は考えた。「笑わないのも、そのためなんだね? 痛いからなんだ」

「全部、痛いの」

「そうか」僕は手を伸ばし、彼の腕の上にそっと置いた。「お前の顔、見せてくれる？」

グレッグはゆっくりと毛布を下げた。

「お前のことを笑わせたりは絶対にしない。約束する。インディアン、嘘つかない」彼にした意地悪のすべてが、心の中になだれ込んできた。僕の目は泣こうとしてクシャクシャになっていた。「お前の事故のあと、僕はすごく変わったんだ。もう前みたいに意地悪はしない。お前に意地悪をしようとする奴らがいたら、みんな僕がやっつけてやる。わかった？」

「わかった」

「予想もしないことが、たくさん起こってね。それが僕を変えてきたんだ」薄暗い上に、目にたまった涙が邪魔をして、彼の顔はボンヤリとしか見えていなかった。「病院にいて、目が覚める前に起こったこと、何か覚えてる？」

「そんなの、覚えてるはずないじゃない」彼はそう言って顔をしかめ、体を横にした。彼が車に轢かれた日のあらゆるフィーリングが、僕の体に充満した。

「お前を事故に遭わせてしまって、ほんとにごめん。僕が代わりに轢かれてたら、どんなによかったかって、何度も思った。お前のことをちゃんと面倒みてやれなくて、ほんとにごめん。ほんとにそう思ってる」僕は必死に涙をこらえつづけていた。「事故の前のこと、何か覚えてる？」

「覚えてない」

「姉さんと僕のことは？」

「少しだけ」

「ビュイック・ドライバーのことは？」

「覚えてる」

「なんで僕らのことはあまり覚えてないのに、彼のことは覚えてるわけ？」

上半身をベッドから起こし、グレッグは答えた。

「彼、病院に来たの。僕が眠れないでいたとき、僕の夢の中にいたんだ」

「そうなんだ」僕の頭の中で光がはじけた。「お前が眠れないでいたとき、お前の夢の中に入ってきた人、ほかに誰かいなかった？」

「病院の人たち」彼がまた体を横にする。「それから、お兄ちゃんとジャングルジムで遊んでる夢も見たことある」

「そのとき僕、お前にビー玉を全部あげたよね？」

「うん」

興奮の稲妻が僕の体を駆け抜けた。彼、覚えてる！

「僕も同じ夢を見たんだ。それで、どうしてお前、歩けないの？」

「言ったじゃない。全部痛いんだって」彼の瞬きがゆっくりになってきた。疲れてきたようだ。「僕、目が回る。眠《ねむ》たい」

「うん、明日、遊ぼうな。砦《とりで》の段ボール持ってきて、何か作ろう。そうだな、塔でも作ろうか。どう？」

返事はなかった。僕の興奮が突然、何とも言えぬ恐怖に置き換わった。彼の様子を見ようとして顔を近づけると、すでに彼は眠っていた。

眠りが体に満ちるのを待ちながら、僕は自分の思いを観察した。彼が戻ってきて同じ部屋に寝ているということが、なぜか僕には奇妙に感じられた。彼が入院などせずに、ずっと家にいたかのようにさえ思えてきた。

ほぼ完成した段ボールの砦が建っている様子や、あの日に僕が、ビュイック・ドライバーのズボンから盗んだ小銭をグレッグに見せびらかしていたときのことを思い描くのは、簡単なことだった。しかし同時に、すべてが前世での出来事のように、はるか昔に起こったことのようにも、さらには、事故のあとに起こったあらゆることの絵が、ある種の時間の泡の中で凍結してしまっているかのようにも感じられた。

僕はさらに考えた。もしもグレッグが入院していなかったら、イーライに会えていただろうか？　もしかして、僕がイーライからいろんなことを学ぶことができているのは、グレッグの事故のおかげなのだろうか？　時間の中の一つの出来事を境に、すべてが変わった。僕も変わった。「うん、僕は変わった。これって、僕が自分を愛しはじめてるってことかな。うん、そうだ。きっと、そう」僕は思わず声に出して言っていた……。

光領域でのヒーリング

僕は〝殿堂〟の扉に顔を向けていた。その向こう側は、なぜか空っぽで寒々としているかのように感じられた。イーライがもうすぐいなくなる。マイク－アイ－エル－アーといっしょにほかの銀河に行ってしまう。僕の一部は、部屋のベッドに戻って眠りたがっていた。一方、別の一部は、イーライの部屋で思う存分に楽しみたがっていた。

自分のフィーリング同士が戦っている様子を、僕は観察していた。その優柔不断が、僕の足を床に貼《は》り付けていた。自分の意識が、何をしたいのかに関する複数のアイディアと戯《たわむ》れている様子を、僕はただ観察しつづけた。僕は自分に言い聞かせた。イーライが言っていたように、ときには何もしなくてもかまわない。自分がしたいこととつながるまで、待ちつづけよう。

すると間もなく、幸せなフィーリングが僕の光体に充満した。僕は迷わず、扉の取っ手を押すことにした。

しかし動かない！　どんなに力を込めて押しても動かない。つづいて僕は、肩で押すことにする。僕の肩に触れたその巨大な扉は、ものすごく冷たかった。

「ウグゥー……」僕は押した。だめだ。

「イーライ！　マイク－アイ－エル－アー！」僕は叫んだ。しかし応答はない。

そこで僕は、彫刻が施されている場所まで上昇してみた。何だこれは！　驚いたことに、その扉は開口部がなくなっていて、一枚の板になっていた。

パニックが僕を襲う。いったい何を間違えたのだろう？――僕は考えた――いつでもここに来ていいって、イーライは言っていたのに。彼が一年間の旅に出る前に、一人でここに来て、一人でこの場所を利用することに慣れておいたほうがいい。彼は確かに、そう言った。

状況が把握《はあく》しやすくなるかと思い、僕は扉から少し離れてみた。何もかもが以前と同じだった。巨大な扉、どこにもつづいていない階段、そしてライオンたち……え？　あのライオンたち、死んでいるみたいだ！

僕は急いで片方のライオン像に近づき、手で触れてみた。冷たい！　もう片方のライオンもまったく同じだった。扉と同じように、やはり冷たかった。僕はまた考えた。これって、どういうことなのだろう？　いったい僕、何を間違えたのだろう？

「君の思考が行く場所に、エネルギーは流れる」とイーライは言っていた。「意図と結果は一つであり、同じもの」だとも言っていた。僕は自分の思考を、ホロフォタルとその部屋に集中した。しかし何も起こらない。何もかもが冷たく、静かなままだった。

どうしてなのだろう？――僕は混乱していた――僕はあそこに行きたい。自分の思考もフィーリングも、そこに集中した。何を忘れているのだろう？　こんなこと、これまでに一度もなかった。

僕はふと、自分の肉体とグレッグを思い描いた。すると次の瞬間には、自分の部屋の天井付近に浮かんでいた。すぐに僕は、〝大広間〟の〝知恵の彫像〟群に意識を向けた。しかし何も起こらない。ガリラヤの海の絵が頭に浮かぶ。と次の瞬間、僕はその海の上空にいた。イーライの顔が心の中で輝いた。

しかし、またしても何も起こらない。まるで自分が、何らかの理由で〝記録の殿堂〟から閉め出されているかのようだった。

「僕がいい子でなかったからなの？」地球の反対側の空に向かって僕は呼びかけた。「僕、いろんな点で、よくなってきてるじゃない！　いつもほんとのことを言おうとしてるし……」

内側の深いところで発生したあるフィーリングが、僕を引っ張った。と次の瞬間、グレッグの顔が目の前の空間を埋め尽くす。何よ、これ！　僕は自分の肉体を思い浮かべた。すると次の瞬間には、またもや自分の部屋の天井付近に浮かんでいた。僕をそこに引っ張ってきたのと同じフィーリングが、僕を床へと引き下ろす。僕はゆっくりと降下しながら、グレッグから出ている光を観察しはじめた。

「おいっ、お前の体の色、どこに行っちゃったんだ!?」彼のベッドのすぐそばに〝着地〟するなり、僕は訊ねた。

すぐに僕はグレッグの喉に両手を当て、静かに撫ではじめた。僕の両手は明るい緑色で輝いていた。彼の体全体が、深い眠りのフィーリングに包まれていた。そのフィーリングはあまりにも深く、僕までが眠りに誘い込まれてしまいそうだった。

「ちょっと待った。これって、事故のすぐあとに出してたのと、同じフィーリングじゃないか！」僕は慌《あわ》てて彼の胸に手を伸ばした。まずい！　彼の心臓は、ほとんど動いていなかった。**「だめだよ、グレッグ、死んじゃだめ！」**彼の肉体に向かって僕は叫んだ。

すぐに僕は、彼のコードがどこに行っているのかを見ようとして、空に出た。グレッグのコードの先端は、上空に垂れこめた入道雲——病院の上空にあったのと同じ緑色の渦巻き雲——の中へと消えていた。そのコードの上を、明るい紫色の小さな光の塊が上昇している。

「グレッグ！　グレッグ！」元気だったころの彼の姿を思い描きながら、僕は叫んだ。**「グレッグ、大好きだよ！　僕が大きくなる間、いっしょにいてくれよ！　弟でいてくれ！　僕といっしょに、ここにいてほしいんだ！」**

彼のコードは色褪《いろあ》せはじめていた。僕は急いで上昇し、雲の中へと飛び込んだ。

グレッグは白い光に包まれて、雲の中を奥へと向かっていた。僕は自分の心を、彼といっしょに最高の時間を過ごしたときの思い出でいっぱいにした。彼は僕の心の中で、ニコニコしながら走り回り、ケラケラと笑いながら飛び跳ねていた。

つづいて僕は、その絵を彼に向かって発射した。その思い出が彼の胸をヒットし、彼の上昇速度が緩《ゆる》やかになる。僕は彼を追いかけた。彼までの距離が、わずか一メートルほどに縮まる。

「さあ、もう少しで追いつくぞ。いつもそうできるとは約束できないけど、がんばっていいお兄ちゃんになるようにするから」彼の胸を新しい光のボールがヒットした。「よし、あと五センチ……」

「ウグゥー！」おなかが痛い！　身を切られるような痛み！　僕は自分のおなかに目をやった。僕のコードがピーンと張っている。それはすでに限界まで伸びきっていた。

「かんべんしてくれよ！」僕は叫んだ。「でも、何とかしなきゃ」とっさに僕は自分のコードを両手でギュッとつかみ、フルパワーで上昇を試みた。その反動で僕はコマのように回転しはじめる。僕の光体が捻《ねじ》れて、絞られたタオルのようになる。

「かんべんしてくれよ！」僕はまた叫び、なおも回転しながら、グレッグに手を伸ばした。もう少しで彼の脚をつかめそうになるが、回転に邪魔をされて、つかめない。

「回らないでくれ！　もう少しなんだ。回らないでくれ！」僕は祈った。幸いにもグレッグは、まだ手の届くところにいた。

「よしきた！」彼の頭と肩が僕の両腕の中に収まった。すぐに僕は、なおもゆっくりと回転しながら、家への降下を開始した。

グレッグの光体を抱えて部屋の中に戻ったとき、僕のおなかは火がついているかのように熱かった。僕の本物の体は、二つのベッドに挟まれた床の上に、手足を伸ばして寝そべっていた。まるで放り投げられて気絶しているかのようだった。

「僕、自分をベッドから放り出しちゃったみたいだ、グレッグ」自分のだらしない寝姿を見ながら僕は言った。

つづいて僕らは、グレッグのベッドの上にゆっくりと降りていった。僕はなぜか、彼を仰向けにすることが重要であることを知っていた。ただ、どうやって肉体に戻したらいいかは、わからなかった。

僕は彼の光体を、彼の肉体のすぐ上に浮かばせた。彼の肉体からは、光がほとんど消え失《う》せていた。それはまるで死体のようだった。

「まずい！」彼の二つの体の喉に、僕は急いで手を当てた。右手は肉体の喉に、左手は光体の喉に。僕のエネルギーがヒーリングに集中する。僕の胸から光が溢れ出てきて、部屋いっぱいに広がった。つづいて僕は、彼の二つの体に緑の光を送り込みはじめた。僕らの周囲の空間が鮮やかな緑で満たされる。

僕は〝声〟に訊ねた。

「ねえ、次はどうしたらいいの？」僕は必死だった。でも、答えは聞こえてこない。

「イーライ」僕は祈った。「お願いだから助けて。マスター・イエス、助けてください」

青色と金色が入り交じった大きなエネルギーのボールが、僕の光体内を移動しはじめた。平穏が僕の心を満たした。

「〝道〟を示してくれた〝彼〟の名のもとに、僕はこれを心から求めます」という言葉が僕の口から飛び出していた。

すると突然、グレッグの光センターのすべてが、鮮やかな色で輝きはじめた。彼の体に光が戻っていた。頭のてっぺんは紫色、目は深い青、喉は空色、胸はエメラルドグリーン、おなかは明るい黄色、下腹部はオレンジで、脚の付け根からつま先までは赤。病院で昏睡状態から戻ったときの彼を見ているようだった。

僕は急いで自分のコードを彼のエーテル体に二重に巻き付けてから、自分の本物の体に入り込んだ。せっかく連れ戻した彼に、また飛び去ってしまわれたりしたら、たまらない。

本物の体を動かすのはきつかった。何もかもが鉛のようだった。全身の〝チリチリ感〟があまりにも強く、自分の手のある場所を見つけることさえ容易ではなかった。本物の体がグレッグのベッドに着くころには、おなかの痛みが〝チリチリ〟を圧倒していた。

そして、グレッグの肉体を転がして仰向けにする作業の大変なこと。僕はあらゆる力を振り絞らなくてはならなかった。しかも、彼を仰向けにした瞬間に、彼の光体に巻き付けてあった僕のコードが解《ほど》けてしまった。彼の光体が上空の雲に向かって、フワフワと上昇を開始する。僕の光体がジャンプし、それを取り押さえた。

「彼を中に戻すには、どうしたらいいの？」僕は目の前の空間に訊ねた。僕は左手で彼のエーテル体をつかんだまま、ゆっくりと自分の肉体の中に入り込んだ。どうしたらいいものかと考えながら、僕がベッド脇に立っていたとき、僕の光体の左手は、僕の肉体の左手の指先から突き出ていた。

「彼を平手で叩いてみてはどうかな」イーライが僕の頭の中で提案してきた。

「え？　今、何て言ったの？」彼が言ったことが信じられずに僕は訊き返した。

「彼の両脚を叩くんだ」今度は、ほとんど命令だった。

バシッ、バシッ！　グレッグの脚を叩く音が壁にこだまする。

バシッ、バシッ、バシッ！

「うわぁーん！」グレッグが赤ちゃんのような泣き声を上げた。

「彼、戻ったよ、イーライ。体の中に戻った！」いくつもの感情の寄せ集めが僕の体に充満する。グレッグの光体があった空間は、今や空っぽになっていた。

僕はもう一度、肉体に入り直した。僕の頭はボンヤリとクラクラの両方だった。耳の中では鈴がうるさく鳴りつづけていた。目は頑固《がんこ》なまでに焦点を合わせたがらず、おなかの痛みは肋骨を引き裂こうとしているかのようだった。すべてが痛かった。すべてが。

「いったい、どうし……」母が慌てて駆け込んできた。「あなた、何を……」

「彼が突然泣き出したものだから、僕、慌ててベッドから飛び起きたんだ。そしたら何かに躓《つまず》いちゃったみたいで」僕は嘘をついた。自分の光体が少し縮んだのを僕は感じた。

「あなたは離れてて」そう言って母は僕を押しのけた。「あなたには、どうしたらいいか、わからないでしょ！　私がそうしてって言わないかぎり、彼を助けようなんてしないで。わかった？」

僕は答えなかった。

「聞こえてないの？」母が僕の〝はい、ママ〟を要求してきた。

僕はゆっくりと、母の手の届く範囲から外に出た。怒りが内側の深いところから噴き出てきた。「ただ助けようとしただけなのに。彼は僕の弟じゃない。弟が泣いてるのに、何もしないなんて……」

部屋の入口に現れたビュイック・ドライバーのシルエットが、僕の口答えを途中でやめさせた。「なんだ、これは……いったい何事なんだ、まったく」嗄れ声で彼は唸った。「それから、お前、母親になんて口を利《き》くんだ」

「僕はただ、助けようとしてただけなのに。ママが入ってきて、大声で叱ったんだ。二度とグレッグを助けようとするなって。だから僕、腹が立ってたわけ」僕は釈明した。

ビュイック・ドライバーは絨毯の手前で立ち止まった。僕はすっと後ずさりし、今度は彼の手の届く範囲から外に出た。

「子どもが大人に腹を立てるなど、大間違いだ」そう言うと彼は、腰をかがめて何かをつかんだ。僕に視線を戻し、彼がつづける。「子どもってものはな、大人の言うことを聞くもんだ。気絶するまで殴られないうちに、さっさと寝るんだな」

彼の息の臭いが、僕をもう一歩、後ずさりさせた。まだ体中が痛かった。グレッグが言っていた〝全部痛い〟って、こういうことなのかな、と僕は思った。

「大人に対して、もう二度とあんな言い方はするな。わかったか？」

「はい！」

「大人に対してだけじゃなくて、誰に対してもだからね」母が顔だけをこちらに向けて言ってきた。まだ怒ってるのが見え見えだった。

　母がグレッグを抱き上げようとして、彼の毛布をめくった。ビュイック・ドライバーは、僕をまだ睨みながら立っていた。彼が舌なめずりをし、目をこする。グレッグは、何かから逃げようとでもするかのように、手足を動かしていた。母が彼の体を引き寄せる。彼の顔がこちらを向く。目がひどく腫《は》れぼったい。眠くてたまらない様子だった。もう彼は、だいじょうぶ――僕は内側で知っていた――あんなことはもう起こらない。

「何よ、これ。彼の脚、膝のすぐ上のところ、真っ赤じゃない」グレッグの脚をじっと見ながら母が言う。「ベッドから落ちたのかしら。痣《あざ》になってるわ」僕に目を向けて母はつづけた。「だいたい、ママを起こしたあの音は何だったの？　この痣、あなたのせいなの？」母の怒りは、ビュイック・ドライバーを後ずさりさせるほど強烈だった。

「違うよ。ほ、ほんとだって。僕はただ、助けようとしてただけなんだから」僕は口ごもった。「さっき僕、転んだって言ったでしょ？　ママが聞いたのは、たぶんその音だと思うよ」

「こいつ、また嘘を言いやがって！」ビュイック・ドライバーが通路の暗がりの中から叫んできた。

「あなたはもうベッドに戻って。私はもう少しここにいるから。少なくとも、彼が眠るまでは」

「ママ、グレッグはもう眠ってるよ」

「あなたは黙ってなさい。よけいな口出ししないで、さっさと寝ること。言うことを聞けないんなら、お仕置きよ」

「そいつ、また生意気な口、利いたのか！」ビュイック・ドライバーが彼らの寝室の入口から叫んできた。

「いいから、あなたはもう寝てよ」イライラした口調で母は言った。「ここのことは私に任せて。あなたは寝てちょうだい、ダニー」

「朝になったら、何があったかハッキリさせてやる」ビュイック・ドライバーが言ってきた。ベッドに腰を下ろしたようだった。「明日はそいつといっしょに、Ａ１Ａ沿いの現場に行くし……」彼はそのあとも何かをモグモグと言いつづけていたが、僕には聞き取れなかった〔訳注＝Ａ１Ａ（エイ・ワン・エイ）＝フロリダ州の東海岸沿いを走る州道〕。

腕と脚の痛みは消えつつあったが、胸と脇腹はまだかなり痛んでいて、おなかはズキンズキンしていた。十分ほどが経過し、母が落ち着きを取り戻してきた。それを感じて、僕は訊ねた。

「今、何時？」

「十二時半くらいじゃないかしら。もしかしたら一時になってるかもね」

「ふーん」

母が再開した子守歌のハミングを聞きながら、僕は思いを巡らした。

〝記録の殿堂〟に入れなかった理由が、今の僕にはよくわかる。あれは、「今夜は家にいて、グレッグを助けるように」と僕に言うために、〝声〟が用いた手段だった。でも、単純に「家にいなさい」って言ってくれたら、よかったのに。そうしてくれていれば、あんな怖い思い、しなくてすんだのに……あっ、そうだ。イーライ……彼、さっき、ここにいた。いや、いなかった。いたのは、彼の声と心だけだった。

穏やかさのフィーリングが僕を包み込む。と突然、僕はあることに気がついた。そのとき僕は、グレッグへの罪の意識を、もはや抱いてはいなかった。その罪悪感は、きれいになくなっていた。

「いつも助けてくれて、ありがとう」僕は〝声〟に感謝した。つづいてイーライにも。「あなたもね、イーライ」

イーライの姿と、〝声〟を初めて聞いたときのことが、僕の心に浮かんでは消えていた。眠りが僕の体を満たそうとしていた。

間もなく僕は、明るい青緑色に輝く海の上を漂いはじめる。〝声〟が遠くの方から語りかけてきていた。

「私たちは、青い水滴が無数に集《つど》った広大な海のようなもの。それらの水滴は集まって一つになっていると同時に、それぞれが別個の存在でもあります。偉大な太陽の光が水面を横切って踊り、水滴たちに触れ、それらを光り輝かせる様子を見てごらんなさい。それぞれの水滴が、海の深みへと潜っていき、そのあとでまた昇ってきて陽の光に触れる機会を与えられています。あらゆる水滴が、しかるべきときに水面に浮上し、神々しい太陽の光を受けて鮮やかに光り輝くのです」

その〝声〟を子守歌に、僕は眠りに落ちた。

第6章

裁きを超えたから見えた
憎しみの中の愛――
交錯するカルマを解きほぐすために
導かれる行動

無我夢中のヒーリングを終えたあとで

「もう出かける時間よ」部屋の中を歩き回って僕の衣類をつまみ上げながら、母が大声で言ってきた。「朝食、食べられなくなっても知らないから」

「どうせトーストとジャムだけじゃない」毛布に潜ったまま、脚にからまっていたシーツにキックをかましながら僕はつぶやいた。「今日は日曜日でもなければ、ほかの特別な日でもないんだから」

「お父さん、もうビュイックに工具を積みはじめてるわよ。あの様子じゃ、数分後には、出かけるぞって言ってきそうなんだけど」

「グレッグ、どこ？」母が僕の毛布をはぎ取ると同時に、僕は訊ねた。

「昨夜《ゆうべ》、あのあとで彼、咳き込みはじめたの。だからママ、彼を自分の部屋に連れていって、いっしょに寝たわけ。それから、あなたの寝言には、本当に参った。ずーっと、しゃべりつづけてるんだもの。おかげで私、昨夜はほとんど眠れなかったわ。悪い夢でも見てたの？」

ベッドから起き上がった僕の体は、まるで一トンもあるかのようだった。

「ううぅーー！」前夜からのおなかの痛みが急上昇して、頭を突き抜けた。僕は思わずベッドの縁に腰を下ろす。

「どうしたの？」

「何でもない」僕は答えた。すでに母は部屋を出て、洗濯室に向かおうとしていた。「おなかが少し、痛いだけ。昨夜からなんだ」

　僕はゆっくりと立ち上がり、どこが痛くて、どこが痛くないかをチェックした。

「背筋を伸ばそうとすると痛いんだよな、そこいら中が」そう独り言を言いながら、僕はシーツをベッドからはぎ取った。その日は、わが家の〝洗濯日〟だった。

　通路の隅に置かれていた洗濯物の山の上にシーツを放り投げ、僕は洗濯室に向かった。

「僕、どんな寝言、言ってた？」僕は母に訊ねた。「どんな夢を見たのか、覚えてないんだ。怖がるかなんか、してた？」

「モグモグ言ってることが多かったけど、ときどきハッキリと言ったりもしてたわ。そうね、あっ、そう、そう。〝そのコードをつかむんだ〟って言ってみたり、〝回るな。これじゃお前を見つけられないじゃないか〟って叫んだり」色物の衣類と白い衣類を選《よ》り分けながら、母は回想した。「あなたが言ってたこと、ママには意味不明だったわ。あら、あなた、どうしてそうやって体を折り曲げてるの？」

「言ったじゃない。おなかが痛いって」

「おなかが痛いなんて、これまでにあなた、一度も言ったことなかったじゃない？」母の目は、明らかに僕の言ったことを疑っていた。僕のおなかに手を当て、彼女はつづけた。

「もしかしてあなた、せっかくの休みの日にお父さんの手伝いをするのが、急にいやになったんじゃない？」

「違うよ。昨夜から痛いんだ。ほんとだって！」僕は抵抗した。嘘をつく子どもは、本当のことを言っても、なかなか信じてもらえない。「昨夜、転んだときに、何かにぶつけたんだよ、きっと」

「ゲリー？」僕の目をジッと見つめて母が言う。「それとあなた、昨夜のことについて、ママに話すことがまだ残ってるんじゃない？」

「え？　別に残ってないけど」僕は母の反応を待たずに、朝食を食べにそそくさとキッチンに向かった。

僕の内側の深いところには、なぜか怒りが存在していた。母に疑われたこととは無関係の怒りで、その日の朝に目覚めたときには、すでに内側でうごめいていた。もしかしたら、自分のコードを強く引っ張ったときに、自分の暗黒面を刺激したのかもしれない——僕は考えた——コードを引っ張ったことと、何らかの関係はありそうだ。でも、わからない。僕に今わかっていることは、自分が何かに腹を立てているということだけ……。

僕はトーストを食べ、ミルクを飲み込み、作業用のシャツを身に着けた。ビュイック・ドライバーの手伝いをするときには、いつも着ていたシャツだった。

僕は玄関に向かって歩き出した。とたんに、腕と脇腹がまた痛くなってきた。おなかの痛みのように鋭くはないが、じんわりとした鈍い痛みだった。つづいて脚まで痛くなってきた。前夜の出来事が頭に浮かんでくる。

「そうだ！」僕はつぶやいた。「こんなふうに感じはじめたのは、グレッグが飛んでいってしまわないように、自分のコードを彼に巻き付けたときだった」もっとよく思い出そうとして、僕は立ち止まった。

「あっ、夢のことも少し思い出した。夢の中でグレッグと僕、どちらもエーテル体でいて、助け合って何かやってた。それで彼、僕に何かを言ってた。そう、自分がどう感じてるかを、僕に教えてた。それって、僕が今、感じてることと同じじゃないか。たぶん彼、〝全部、痛い〟って僕に言ったとき、こんなふうに感じてたんだ」

この発見によって、体の痛みがずいぶん楽になったように感じられた。僕は階段を下り、工具類の積み込みを手伝おうと、ビュイックに向かって歩いていった。

ビュイック・ドライバーは、後部座席の背もたれが前に倒されることで出現していた広いスペースに、木製の大きな工具箱を押し込んでいた。前年の夏に僕に手伝わせながら作った工具箱だったが、それを扱う乱暴な仕草から、彼の気分があまりよくないことを、僕は感じ取った。

「神よ、この日をどうか、いい一日にしてください」僕は静かに祈った。

「あいつ、いったい何して……おう、来たか。まだベッドの中かと思ったよ」後部座席の片側のドアを閉めながら、彼はからかってきた。「その四角いシャベル、後ろの床に押し込みな。水平器にぶつけるんじゃないぞ！」

「僕ら、どこに行くの？　壁屋さんの道具、あれこれと積み込んであるみたいだけど。A1A沿いの建築現場に行くんじゃなかったの？　今回はたしか、大工仕事だけだったよね？」自分が乗る助手席のドア・ハンドルを引っ張りながら、僕は訊ねた。そのドアは、またもやどこかが引っかかっていて開かなかった。

口の端にくわえた葉巻の吸い残しに火をつけようとしながら、彼は答えた。

「行くとも。予定通りにな」少し声をひそめて彼はつづけた。「もしかのときのために持ってくのさ。俺には時間が必要なんだ」ここで彼は、左肩を後ろに一度、二度と大きく揺すった。関節に何か違和感があるような仕草だった。彼はつづけた。

「俺の勘《かん》が正しければ、正面の一階部分の外壁を造った、あのくそったれ連中は、何も気づいちゃいない」

「どういうこと？」僕がそう訊ねると同時に、引っ張りつづけていたドアが、引っかかっていた場所を通り越して、勢いよく開いた。座席にはポールモールの箱が数個、載っていた。僕はそれらを座席の中央部に押しやり、自分と弁当のためのスペースを確保した。

「面白い秘密を教えてやるよ」彼はニヤッとした。「実は昨日、最初のトラックがセメントを流し込むために停まったときに、正面の型枠の支柱にぶつかっちまったのさ。そしたら、俺はたまたまそれを見てたんだが、その壁に垂らしてある測鉛線《そくえんせん》が、壁から少し離れちまったんだ」彼はまた肩を揺すった。

「それで、検査をパスするためには、誰かがそれを修理しなくちゃならない。もし俺がボスに話せば、俺が修理することになる。あれをやった壁職人たちは、他の現場に移ってしまって、そっちで手にいっぱいだからな」彼は笑った。「連中は責められ、俺は追加の時間を手にできるってわけさ」〔訳注＝測鉛線＝柱や壁などが垂直になっているかどうかを確かめるための、錘《おもり》をつけた糸〕。

彼から出ていたエネルギーは、低い振動音を伴っていて、焼けたコールタールを思わせる臭いがしていた。その臭いが僕の鼻に定着するとともに、新しい痛みが僕の胃の中に押し寄せてきた。

ビュイックがギアを滑らせながらニューヘブン通りに入り、A1Aを目指す。その州道を南下したマラバーが目的地だった。

「神よ、この日をどうか、いい一日にしてください」僕はまた静かに祈り、窓の外を見ながら考えはじめた。

イーライと長く会わないでいると、いつも何か大変なことが起こるような気がする。そして、そのすべてが疑問に変化する。僕の体中、とくにおなかが痛くなったのは僕が今、推理しているとおりの理由からなのだろうか？　自分がやっていないことで責められても、それほど気にならなくなったのは、どうしてなのだろう？　言ったことを信じられなくても、理解されなくても、それほど気にならなくなったのは、どうしてなのだろう？　以前の僕は、嘘をついていないのに嘘をついたと言われると、すぐに腹を立てていた。本当は、ほかの人たちのことを理解するだけで十分なのかもしれない。理解される必要なんかないんだ、きっと。イーライが聖フランシスの話をしたのは、僕にこのことをわからせるためだったのかもしれない。僕も、理解されることよりも、理解することを優先しなくちゃ……。

胃をムカムカさせる葉巻の臭いから少しでも遠ざかろうと、僕は窓の外に顔を出した。海の香りで僕の頭がいっぱいになる。

それから、もう一つ――僕の物思いはつづいた――何かを求めたときに、それが、考えもしなかった形で与えられることがあるのは、なぜなのだろう？　〝声〟がそうだった。家に戻ってグレッグを助けなさいって言うのではなく、僕を〝記録の殿堂〟に入れないことで、僕を導いた……。

車はA1Aをひた走っていた。そのハイウェー沿いのヤシ並木がビュンビュン後ろに飛んでいく。僕らのすぐ上空に浮かんでいたフワフワ雲は、遠くに見える入道雲よりもはるかに人なつっこかった。

「湿地帯って、雨が多いよね」僕は言った。「でも、そうでなくちゃ、湿地帯にならないか。ハッハー」

僕はビュイック・ドライバーに目をやり、彼が僕の話を聞いているかどうかを窺《うかが》った。うわっ。胃のあたりが激しく痛み出し、僕は思わずそこに手を当てた。

彼は口の隅で、葉巻の吸い残しをむさぼるように嚙んでいた。その目は、たとえ僕がその真ん前に手を持っていっても、それに気づかないのではないかと思わせるほどに、ドンヨリとしていた。右手一本でハンドルを握り、左手はドア・ミラーの上。開け放たれていた窓からの風が彼の髪をグシャグシャにしようとしていたが、その試みは、彼がつけていたあまりにも大量の〝ワイルドルート・クリームオイル、チャーリー〟によって妨げられていた〔訳注＝ワイルドルート・クリームオイル、チャーリー＝当時の男性用人気ヘアクリームオイル〕。

そうか、彼、白日夢を見てるんだ！　驚いたな。彼もこんなことしてたなんて、知らなかったよ。僕は心の中で微笑み、彼の様子を見つづけていた。

彼がまた、左肩を後ろに揺する。そしてハッとしたように僕の顔を見る。僕はニコッとした。

「お前、なんで俺を見てるんだ？」彼は唸った。

「え？　あー……お父さんが白日夢を見てたものだから、つい」

「この、たわけが……そんなもの、俺が見るわけねえだろ」話を中断して葉巻の吸い残しを数度嚙んでから、右肩をぐいと後ろに引き、いかにも不機嫌そうに彼はつづけた。「今日の仕事の計画を練ってたんだ」

僕は彼から目をそらして進行方向に顔を向け、横目で彼の逆手打ちを警戒した。でもそれは取り越し苦労。彼の右手はハンドルに、左手はサイドミラーに置かれたままだった。彼がそうしたがっているのを僕は感じていたが、なぜか彼は思いとどまったようだった。

神よ、この日をどうか、いい一日にしてください

僕はホッとして、静かにまた雲を見はじめた。初めて雲の中に飛び込んだときのことが、頭に蘇ってくる。あのときは、少し怖かった。かなり近くから見ても、すごくしっかりとしたものに見えて、実際にその中に飛び込む前に、僕は近寄ってそれを押してみたほどだった。しかしそれは、ただの煙のようなものにすぎなかった。

雲はアイディアやフィーリングのようなものだとイーライは言っていた。それはやってきては離れていく。親しみやすいものもあれば、そうではないものもある。どの雲と戯れるかを選ぶことが肝心だとイーライは言っていた。

イーライと雲に関する僕の物思いは、僕らが建築中の建物の前に着くと同時に消滅した。

「水平器とシャベルを持って、ついてきな」未完の建物に向かって歩きはじめながら、彼が言う。「水平器、気をつけて扱えよ。前みたいに壊すんじゃないぞ」

怒りが僕の顔に吹き上がってきた。「水平器に触らせてくれたことなんて、これまでに一度もなかったじゃないか！」頭の中で僕は叫んだ。「なのに、それを壊すことなんて、どうしてできるのさ！」まるで僕の頭の上で、目に見えない怒りの雲が雷を落としているかのようだった。

「チョークの入った箱とテープも持ってく？」彼の背に僕は訊ねた。

「ああ。それからそのコンクリート用の釘《くぎ》もな」

おなかの痛みが上昇して目のすぐ後ろまで移動する。様々な小物類と水平器を両手に抱え、僕は大声で言った。「シャベルはあとで取りに戻るね！」

僕の体の中を動き回っていた悪い予感は、今や逃げたいと思う気持ちへと姿を変えていた。まるで恐怖が僕に襲いかかってきているような、そんな気分だった。疲労感と脱力感を感じながら、僕は空っぽの建物に向かって歩いていった。まるで幽霊屋敷のようだ、と僕は思う。誰もいなくて、暗くて、薄気味悪い。

「今日は、ほかの人たちは来ないの？」前を行くビュイック・ドライバーに僕は訊ねた。

「俺たちが終わらないと、ほかの連中ははじめられないのさ」

彼はその現場でただ一人の大工だった。というのも、彼といっしょに働きたがる大工がいなかったから。逃げたいというフィーリングが強度を増した。

僕の頭の中を様々な思いが駆け巡る。もしもここで逃げたら、いずれは捕まって、こっぴどく殴られるに違いない。でも、ここに残ったとしても、ちょっとへまをしたら、今日の仕事を一人でやらなくてはならなくなる。でも、ここじゃ殴ったりしない。そんなことをしたら、ちょっとへまをしただけで……ん？　待てよ。彼はきっと、ここじゃ殴ったりしない。そんなことをしたら、今日の仕事を一人でやらなくてはならなくなる。だって、今日は僕しかいっしょにいないんだから。そうだよ。こんな心配いらないんだ。だいたい彼、いっしょに仕事をしているときには、僕を一度も殴ったことがないし。どんなに殴りたくなっても、そうするのは仕事が終わって酒場で一杯引っかけたあとになるはずだ。そう、少なくともここで殴られることは、なさそう……。

僕は両手に工具類を抱え、建物の前にできた大きな水たまりの上に渡されていた〝ツー・バイ・フォ

ー〟に向かって歩きはじめた。〔訳注＝ツー・バイ・フォー＝断面が二インチ×四インチの木材〕

　ビュイック・ドライバーはすでに二階部分の足場の上にいて、一階部分だけに設置されていたコンクリート壁の内側の端に、測鉛線を取り付けていた。足場の手すりから大きく身を乗り出していた彼は、いつもよりかなり小さく見えていた。

　プーッ！　プーッ！　白のピックアップ・トラックがビュイックのそばを通り過ぎ、水たまりの隣にあった混合砂の山の前で停止した。

「ゲンスナーか！」ピックアップの運転席から、男が叫んだ。

「ああ、何の用だい！」ビュイック・ドライバーが叫び返した。僕は即座に、彼はトラックの男が好きじゃないと直観した。

「雨でどこもかしこも、びしょ濡れになってるんだ。今日は休みにしろ」

「俺は今日の自分の時間が必要なんだ」ビュイック・ドライバーは抵抗した。「ここは濡れてないから、だいじょうぶ。息子といっしょに上の階をやるよ」僕を指さしながら彼は言った。

　トラックの男が僕に手を振り、すぐにまたビュイック・ドライバーを見上げる。

「お前は時間が必要かもしれんが、今日お前がやったところを、明日、取り壊すことにでもなったら、目も当てられれやしない」

「うまくできなかったら、俺がやり直すさ。自分の時間を使ってな」

「それも俺にとっちゃ、危なすぎる橋だね」男がビュイック・ドライバーに食ってかかる。

「お前、前にも同じ約束をしたことがあったよな。もしもうまくできなかったときには、今度は約束をしっかりと守ってもらうぞ。さもなければ、俺にも考えがある。そのときには……」

「聞こえてるよ！」ビュイック・ドライバーが怒鳴る。「俺の仕事は、俺に任せときな。プロの腕を見せてやるよ。そんなことより、ほかのことを心配しな。どこかの大間抜けが、正面の煉瓦、変えちまったみたいだぜ。見てみなよ。ひどい眺めだから」

「その外装壁の仕様を変更したのは、俺だよ！……」男が叫び返した。「その間抜けに、何が言いたいんだ？　ここにいるぞ！　言ってみろ！」

あたりを飛び回っているはずの様々な色を見ようとして、僕は急いで視覚を調整した。

「うわっ、すごい！」僕は小声で叫んだ。トラックの男は燃え上がっていた！　赤と明るいオレンジと黄色の光が、地上のトラックから建物の二階に向けて、ものすごい勢いで流れている。

一方、足場からは、濃密な黒みがかった赤が下に向かって放出され、トラックからの光の流れと正面衝突。敵対する二人のエネルギーがぶつかっているその場所には、どす黒い色のもうもうとした煙のような雲が出現していた。コールタールを焼いているような臭いが激しさを増し、僕の本物の鼻の粘膜をヒリヒリさせはじめる。二人の男の睨み合いが、奇妙な静けさを作り上げていた。

その静寂を破ったのはビュイック・ドライバーだった。壁の下の方を指さして、ニヤニヤしながら彼は言った。

「ここの測鉛線、見てみろ。自分らを壁職人だって言ってる、あのアホ連中、あんたのために、いい仕事をしてるよ」

男がトラックから飛び降り、水たまりの上の厚板を足を滑らせながら大急ぎで渡ってくる。ビュイック・ドライバーは、問題の壁の前で待ち受けていた。

「何てこった！」男がかぶっていた帽子をわしづかみにして頭からはぎ取り、空いている手で額をさすった。「くそ！　あの時間が全部無駄になっちまった。いったい、なんでこんなことに……」

「誰かが、ちゃんと仕事をしなかったってことだな」男の話を遮って、継父は言った。

冷たいコンクリートの壁をパシッと叩いて、男が言う。

「ちゃんと調べて、何が起こったのかを突き止めるまで、作業は中止だ。それまでは釘一本打つな。くそ！」そう言って彼は、壁にまたもや平手打ちをかました。

「何が起こったかがわかるまで、待てって？　そんなの時間の無駄だよ。だいたい、いつになったら突き止められるのか、わからないじゃないか。もしかしたら突き止められないかもしれない。俺は時間が必要なんだ」ビュイック・ドライバーの声が穏やかになる。「ほかの誰かがドジを踏んだせいで、俺と息子が迷惑を被《こうむ》るなんて、少し理不尽《りふじん》じゃないか？　頼むよ。俺は時間が必要なんだ」

男がまた帽子を脱ぐ。そして今度は、帽子を持った手で額をさすった。

「とりあえず、今日は二階の奥の壁をやってくれ。来週、石膏ボードを貼り付けるから。壁の修理はそこが終わってからにしてくれ。これでお前の時間、たっぷりと増えることになったな」

トラックに向かう男の背に向けて、ビュイック・ドライバーは叫んだ。「ありがとう！」男がトラックのドアを閉めてから、継父は付け加えた。「なんて言わねえよ」

トラックがジャンプしながら発進した。男は、ギアをいきなりサードに入れていた。

「おいっ！　俺の車にぶつかるんじゃねえぞ！」継父が怒鳴った。

男が車の向きを変えはじめる。泥が僕のすぐそばを飛び過ぎた。僕は急いで、木っ端の山の後ろに身を隠す。ビュイックのボンネットを泥が直撃したのは、その直後だった。

「くそ！　何しやがるんだ！」ビュイック・ドライバーはそう叫び、車のダメージをチェックしようとして走り出した。

「あの、くそ野郎！　間抜け、とんま！」彼は叫びつづけた。すべてが赤だった。彼の周りの空気も、彼の顔も。そして手も。特に顔と手は、消防車の色を明るくしたような鮮やかな赤だった。

トラックがお尻を振りながらＡ１Ａを走っていく。それを見ながら、僕は言った。

「あの人、ずいぶん怒ってるみたいだね」

「この、ばちあたりの酔っぱらいめが！」去っていく男とトラックに向かってそう毒づいてから、継父は僕にも怒鳴ってきた。「そこにあるもの、奥まで持ってこい！」

「はい」建築現場全体の空気が、怒りで満たされていた。トラックの男と、継父、そして僕の怒りで。

立ち止まって大ハンマーを持つ手を握りなおしながら、僕は想像した。もしもさっき、自分の体から出ている光を見ていたとしたら、それも間違いなく、彼らのと同じような赤だったに違いない。うわっ。たぶん僕、赤い光の流れを彼らの双方目がけて押し出していた。うわっ、気持ち悪い。酒場で喧嘩を見たときと同じ気分だ……。

僕の胸は、まるで真っ赤な空気を吸い込むのを拒むかのように固まっていた。僕は赤ん坊レベルの息をしながら、シャベルと大ハンマーを抱えて建物の奥まで歩いていった。

ビュイック・ドライバーは、しゃがみ込んで工具箱を覗いていた。彼の隣にはウィスキーの入った赤い魔法瓶が、その隣には弁当箱が置かれていた。

僕は彼の弁当の中身を正確に知っていた。四個のオレオ・クッキーに、ディル・ピクルスが一本。ボローニャ・ソーセージとカラシのサンドイッチが一つに、ゆで卵が一個。そして彼は、まず最初に卵を食べる。つづいてサンドイッチ。次がピクルス。ビスケットは、午後の休憩のときに口の中に放り込まれる。

僕のサンドイッチは、大好物のピーナツバターとジャム。僕がまず最初に食べるのは、いつもオレオ・クッキーだった。クリームを挟んでいる二枚のビスケットを引きはがし、ビスケットについているクリームをまずなめ尽くす。つづいて一枚のビスケットを口に入れ、その中で溶けるのを待ってから、ゆっくりと飲み込む。これが僕の食べ方。これこそがクッキーをいちばんおいしく食べられる方法だと僕は信じていた。その理由は、もしも噛んでしまったなら、味わう時間がはるかに短くなってしまうから。

「ジマーマンといっしょに仕事をすると、いつも今日みたいに厄介《やっかい》なことになる」カップに入った〝飲み物〟を飲み干したばかりのビュイック・ドライバーが、かすれ声で言ってきた。

「そうなんだ」僕は言った。

「あの壁を修理するには、柱との隙間に詰め物をするしかなさそうだな」下に行くほど壁から離れている測鉛線を見ながら、ビュイック・ドライバーが言う。「でもそれだと、扉を合わせるのが大変か……」

「コンクリートを削ることは、でき……」

「見ろよ。あのくそ壁、右の方が崩れそうだ」彼が問題の壁を指さしながら、入口に向かう。「そっちの方から測鉛線を垂らしてみな」

僕は急いで工具箱の中をかき分け、測鉛線を見つけようとした。

「何をやってるんだ!」酒場で二、三時間、過ごしてきたあとのような顔つきで、彼は怒鳴った。「ここに下がってるやつを使えばいいんだよ」

僕は大急ぎで足場を上ってコンクリートの壁に乗り、その不揃いの表面上を移動しはじめた。セメントの乾いたかけらが床に落下する。

僕が測鉛線を持ち上げて壁の上を再び移動しはじめたとき、彼がまた怒鳴り声を上げてきた。

「お前、セメントのかけら、どこに投げてるんだ!……」シャツの前の部分を手で払いながら、彼はつづけた。「お前はよくよく、俺に物を投げつけるのが好きなようだな」

「わざとやったわけじゃないよ。これって事故だよ」僕は主張した。

「お前の周りでは、よく事故が起こるようだな」魔法瓶からウィスキーを注ぎ足しながら、彼は言った。「お前の言うことは、いつも言い訳ばっかりだ」

新しい痛みが僕の下半身を貫いた。それは恐れだった。逃げたいというフィーリングが再び押し寄せてきている中、僕は測鉛線を下に垂らした。まっすぐに下がったその糸の先端は、壁から明らかに離れていた。

測鉛線の上と下を交互に見ながら、苦虫をかみつぶしたような顔で彼が言う。「このくそ壁、やっぱり落ちちまうぞ、こりゃ」魔法瓶にカップを戻して捻りながら、彼はつづけた。「そうなったら、あいつら、俺のせいだって言うに違いない。きっとそうだ。あいつら、全部俺のせいにしようとする……

ん？　お前、いったい何を見てるんだ！」

「別に何も」ウィスキーが彼の暗黒面を強化していた。それがどんどん成長しているのを僕は感じていた。「たぶん、ツー・バイ・フォーを持ってくれば……それで……」

「それはお前の仕事だ！」彼はまだ魔法瓶のカップを回しつづけていた。うまく閉まらないらしかった。「ツー・バイ・シックスはそのまま置いといて、ツー・バイ・フォーだけ持ってこい。それでそれを、この壁際に並べるんだ」〈訳注＝ツー・バイ・シックス＝断面が二インチ×六インチの材木〉

僕はすぐに、ツー・バイ・フォーを運んできて壁際に積む作業を開始した。

「僕は怖がっていない。幸せになることを、闇ではなく光に焦点を当てることを、僕は選択する」作業をつづけながら、僕はつぶやいていた。「さあ、ゲリー、お前と継父が、怒りではなく幸せを感じている様子を思い描くんだ」

イーライが祈りのあとで口にするよう勧《すす》めてくれた言葉が次々に浮かんできて、僕の頭を温かいフィーリングでいっぱいにする。

「そうだ、これにしよう。僕は今、自分の意図の力を感じています。頭とハートの統合を促してくれる出来事が、ビュイック・ドライバーとのカルマを清算してくれるような出来事が、起こりますように」つづいて僕は、前に行った祈りをくり返した。「神よ、この日を幸せな一日にしてください。誰にとっても幸せな一日に」

寒かった建物の中が、暖かく感じられはじめた。

「お前、何がおかしくてニヤニヤしてるんだ!?」

「別に何も」嘘のエネルギーが僕を取り囲んで収縮し、僕の体を小さくしたように思えた。僕は板を置いて立ち上がった。「実を言うと、今僕、神のことを考えてたんだ」真実を言ったとたんに、体から出ていた光が明るい青と金色で輝きはじめた。

「何だと⁉」彼は明らかに面食らい、混乱していた。

「今日が僕らにとって、悪い一日ではなく、いい一日になればいいなって考えてたんだ」彼の目をじっと見ながら僕は説明した。「僕らは、幸せになるか悲しくなるかを、選択できるんだよね。フワフワの白い雲の中で戯れるか、真っ黒な嵐雲の中で戯れるかを」

「何をたわけたこと、言ってるんだ！」彼は怒鳴った。

「僕は今日を、いい一日にしたいんだ」僕は静かに言った。「だから僕、この日を僕らにとっていい一日にしてくださいって、神に祈ってたわけ」

目の周囲と額の皺をますます深くして、彼が僕に近寄ってくる。

「くだらんこと言うな！　神がこれまで、俺たちに何をしてくれた⁉」声を震わせながら彼はつづけた。

「よけいなこと口走ってないで、さっさと仕事をつづけろ！」

「あれ？　さっき確か、並べろって言ったよね。僕、積んでたけど、いいのかな？　それとも、やっぱり並べるの？」彼との距離を充分に保ちながら僕は言った。

「お前、俺に喧嘩を売ってるのか⁉　積み上げるに決まってるだろ！」彼はまたしても怒鳴った。ウィスキーのせいで、舌の回りが悪くなっている。

「どっちかわからなかったから、確かめただけじゃない」

　僕は部屋の奥に積まれていたツー・バイ・フォーに向かった。ビュイック・ドライバーは工具箱のところで足を止め、僕をじっと見ていた。口の隅が唾で光っている。僕は作業をつづけながら、目の隅で彼の姿を捕らえつづけていた。

「おい、俺が今、何を考えてるか、教えてやろうか、このろくでなし」かすれ声で彼が言ってきた。「その生意気な口の利き方、お前の母親はどうにか許したかもしれないがな」部屋の奥の階段に向かって歩きながら、彼は脅してきた。「俺には二度とそんな口は利くな。今度そんな口を利いたら……わかってるだろうな」

　その未完成の階段を、彼が上りはじめる。ズボンのポケットに入っている小銭が、ジャラジャラと音を立てていた。

　材木は、前日までの雨のせいで湿っていて、かなり重かった。そして、僕が新しく運んだツー・バイ・フォーは、なぜか、それまでのものよりも、ついているヤニの量がはるかに多かった。僕は床にかがみ込み、コンクリート職人たちが散らしていった砂で、手のベタベタを取り除いた。

「彼が神について言ったこと、ほんとかもしれない」新しい板に手を伸ばしながら、僕はつぶやいた。「いい一日を求めたのに、実際に僕が受け取ってるものを見てみなよ。イーライに聞いた言葉を思い出すことまでしたのに。たぶん神は、僕らの祈りを聞いてないんだ。僕らが何をほしがろうと、全然気にしないんだ」

「自分がほしいものを、ほかの何かをほしくないために求めることは、そのほしくないものを増幅するだけ」

「同じこと、前にも聞いたじゃない。ビュイック・ドライバーと二人でいたときに。僕まだ、ちゃんと理解してないってこと？　どうして同じこと、また言うわけ？」

そう訊ねた瞬間、僕は持ち上げていた板から思わず手を放した。その板が、積まれていたほかの板の上に落下し、ドスンという音をあげる。

「ほしくないものは過去のもの。過去を手放すのです。あなたの怖れと怒りは過去のもの」

「わかった！　これって、イーライが僕に、ずっと教えようとしてきたことだ。現在に留まる。今に留まる。過去と未来から抜け出る」イーライから聞いたエゴに関することと、ビュイック・ドライバーの存在が僕にとってどんな意味を持つかということを、僕は懸命《けんめい》に思い出そうとした。「善悪の固定観念を捨てる。そうすれば僕は、常に正しいことを行える。でも、この正しいことって、どういうことなんだろう？」

「期待されている正しさではなく、本当の正しさ。権威や支配がからんだ正しさではなく、頭とハートの統合を促す正しさ。純粋な意図」

「本当に正しい行動を通じて、〝今〟表現される、純粋な意図」静かな低い声で僕は言った。心が、部屋と同じくらい大きくなったように感じられた。そのとき僕は、そこに立ったまま、部屋中のあらゆるものを感じることができていた。コンクリートも、板も、釘も、工具類も……とにかく、あらゆるものを！

「あなたは、善悪の固定観念に縛られているぶんだけ、過去を生きています。それをすべて手放し、自分が今、本当にほしがっているものを求めることです」

「僕は、ビュイック・ドライバーに対する怒りに終止符を打ちたい。彼が僕を、いや僕らを傷つけるのを、やめさせたい」そう言った瞬間、僕はなぜか、自分のその願いが神に聞き入れられたことを知っていた。

ガッターン！　僕が驚いて振り向くと、最後に積んだツー・バイ・フォーが床に落ちていた。

「何やってるんだ！」彼が二階から怒鳴ってきた。

「何でもない。板が落ちただけ。ちゃんと直すから、だいじょうぶ」上を向いて僕も大声で言った。

「どうして俺が言ったとおりにできないんだ、お前は」そう言いながら、彼が階段を下りてくる。

〝知っている〟という温かいフィーリングが僕の中に降りてきて、僕の皮膚をムズムズさせながら、頭から足へと移動していった。イーライといっしょにホロフォタルの部屋に立っていて、彼からの光が僕の内側を流れていたときにも、同じような感覚に浸ったことがある。

「すべてが〝今〟の中、この瞬間の中にある」僕はつぶやいた。「この瞬間のほかには何もない」口にした言葉が心の中でこだまし、僕は自分が巨人になったかのように感じていた。

「知性は何も知らず、あらゆることを言う。ハートはあらゆることを知り、何も言わない」

「どういうこと？　もう一度、言って！」僕はほとんど叫んでいた。

反応はなかった。

「僕の頭は、あまりたくさんのことを知らないのに、いろんなことを言う。僕のハートは何でも知っているのに、何も言わない？」〝声〟が言ったことの意味を正しく理解しているかどうか、僕には自信がなかった。「これって……」

「天井に向かってしゃべりながら、何してるんだ、お前。とうとう頭が変になったか？」

「僕、今……」〝声と話してたんだ〟を僕は飲み込んだ。

「お前に仕事をさせるたんびに、俺はお前を叩くしかないのか？」ベルトのバックルを外しながら彼は唸った。

「そんなことない」なおも〝声〟を聞こうとしながら、僕は静かに答えた。頭が混乱していた。今はできれば、継父の話は聞きたくない。

「どうなるか、見てみようじゃないか！」彼の顔は、ほとんど僕の顔についていた。

彼のベルトがズボンから勢いよく引き抜かれた音が、〝声〟が残していった温かさと混乱を、僕の心の中から一気に追い出した。僕は壁に向かって素早く後退した。

「もう僕のことをぶたせない」積まれた材木の端のところで足を止め、僕は宣言した。

彼と対峙《たいじ》している僕の体を、快適な低い振動音が満たしていた。彼の周囲の光は、いたるところで途切れていて、弱々しかった。

僕の目が、彼の額の第三の目があるはずの場所を捕らえると同時に、彼の下半身から出ていた濃いオレンジ色の光が鮮やかな赤に変化する。もしも彼と戦うことになったなら、戦いの間中、彼の目ではなく、額上のその場所を見つづけるべきだということを、なぜか僕は知っていた。

チリチリ感が渦を巻きながら、僕の膝上からみぞおち、そして胸へと移動する。それはまるで火のようだった。涼しい火。彼の第三の目を見つづけながら、僕は大きく息を吸い込んだ。

「貴様、今、なんて言いやがったんだ？　もう一度、言ってみろ！」

「僕はただ、あなたは今後、僕にもキャロルにも、グレッグにも、それからママにも、暴力を振るえないって、そう言っただけ」

僕の胸の中の〝火〟が体中に広がり、その過程でおなかの痛みを追い払う。彼の心を曇らせている混乱を、僕は見る、いや感じることができた。まるで僕の一部が彼の頭の中に入っているかのようだった。彼が自分の怒りと言葉を結びつけるのを、ウィスキーが困難にしていた。

僕の内側で燃えていた〝火〟が、皮膚の毛穴から溢れ出て、僕の体の周囲に銀色がかった金色の保護膜を形成する。僕は床に手を伸ばし、大きな水平器を拾い上げた。僕を傷つけようとする、いや殺そうとさえする彼の意図を感じたからだ。光の輪が僕の腕をビューッと下る。そして内側の〝火〟が、水平器を僕の手に〝溶接〟した。

混乱が彼の目の下の皺を深くしていた。「てめえ、何てことを……で、誰が俺を止めるんだ？」瞬きを何度もして目の焦点を定めようとしながら、彼は言った。ろれつが回らない。

彼に殴られたあらゆるときのこと、酒場で酔っぱらいたちを前にして歌わせられた、あらゆるときのことが、辱《はずかし》められたあらゆるときのこと、怒りの波に乗って僕の頭の中になだれ込んできた。

「彼を怒らせるんだ。これまでのどのときよりも怒らせるんだ」彼の周囲を右方向に回りはじめながら、僕は自分に指図をした。「彼の右手からの距離をしっかりと保て。彼の第三の目から目を離すな」

「貴様、何をモグモグ言ってるんだ？」両脚の間隔を広げながら、彼が訊ねる。「また神にでも祈ってるのか？　そうか。それがいい。しっかりと祈っておくんだな」そう言って彼はクックッと笑った。

「グレッグがあんなに怖がってた理由が、僕、わかった。あなたが彼を……病院にいた彼を、ぶったからだ。病院で、彼をぶったよね」彼の顔がこわばる。「車椅子に乗せられてる病気の子どもを、どうやったらいじめられるわけ?」僕は頭の中で、彼がグレッグを殴っているところを見ることができていた。まるでホロフォタルの前に立っているかのようだった。

「この、ちびくそが。てめえに何がわかる」彼の声は穏やかだった。「貴様、俺が酔っぱらってるんで、てめえのこと捕まえられねえって思ってるんだろ。よしきた。これまででいちばん大変な目に遭わせてやる。俺の水平器、下に置くんだ」彼は静かにすごんだ。

怒りが彼をしらふに戻したかのようだった。僕はそのとき、前に彼が、少し酒が入っていたほうが喧嘩はうまくできると言っていたことを思い出していた。彼が酔うと始末に負えなくなることを、彼の酒飲み仲間たちの誰もが知っていた。

「嫌だ!」彼に向かって僕は叫んだ。「僕はもう、怖がらない!」

僕はひと呼吸おくことにした。大きく息を吐き出し、僕は自分にささやいた。「落ち着くんだ。落ち着くんだ」

「もしあなたが僕を殺したら」僕はまた話しはじめた。「裁判所が、子どもを殺した罪であなたを殺すことになる。僕を傷つけただけだとしたら、そのときには僕、あなたが眠ってるか気絶してるときに、あなたをこっぴどくやっつけてやる。僕にいつ襲われるかは、あなたには絶対にわからない。今から約束しとくけど、僕、必ずそうするからね!」

僕の手も腕も脚も、とにかく体のあらゆる部分が震えていた。僕の体を電気が貫き、部屋の中に飛び出ていった。と突然、僕は部屋の中のあらゆるものを見ることができるようになった。背後の床にあるものや、壁の向こう側にあるものさえも。

つづいて、頭の中にいくつもの絵がドヤドヤと入り込んできた。どれもが、子どものころのビュイック・ドライバーと彼の父親が戦っている映像だった。ある映像の中では、彼が板きれを持ち、彼の父親は水まき用のゴムホースを持っていた。父親に板きれで殴りかかるも、あっさりとかわされ、ゴムホースでこっぴどく叩かれるというストーリーだった。

「俺の水平器を床に置くんだ」ビュイック・ドライバーがまた穏やかに言ってきた。「高い金を出して買ったやつなんだ」

「これって、あなたとあなたのお父さんが、いつもやってたことなんだね。でしょ？　あなたはお父さんと何度も戦った。でもいつも負けてた。それであなたは、いつも彼をやっつけたいと思ってた。だよね？」

彼の目が赤く光った。彼がヨロヨロと前に出る。

「どうやらお前、父親と戦えるほどにでかくなったって考えてるようだな」

木っ端の山が、彼の僕への急接近を妨げた。

彼の周囲をゆっくりと回るようにして動きながら、僕は言った。怒りがおなかの中で渦を巻いていた。

「あんたは僕の父親なんかじゃない。僕には、あんたなんかとは全然違う、ほんとの父親がいるんだ！」

僕はまた混乱していた。それはずっと以前から心の奥底にあった混乱だった。そのとき僕は、ビュイック・ドライバーを愛していながら、嫌っている自分に気づいていた。本当の父親は空想するしかなかったが、継父は現実だった。

涙が僕の目に充満する。ビュイック・ドライバーが僕らを愛していることも、僕は知っていた。僕はそれを感じることができた。でも、本当の父親のことは感じられない。彼はあまりにも遠くに住んでいたから。

水平器が僕の手から滑り落ちそうになる。

「そうだ、それでいい。床に落とすんだ」ビュイック・ドライバーが静かに言う。

「ダニー、あんたはもう僕を痛めつけられない」水平器の端が床に触れる。「たとえそれが、僕を殺すことを意味していたとしても、これからは、僕にも、ほかの家族にも、絶対に暴力は振るわせない。あなたが僕らを痛めつけるのを、死のうが、生きようが、僕は絶対にやめさせる」

「貴様、今、俺をなんて呼んだ？」僕のほうに首を突き出して目を細めながら、彼はすごんだ。

「あんたの名前を言っただけじゃない」

「この、親を敬《うやま》わねえ、くそガキが！」

彼はそう叫ぶなり、ベルトを頭の後ろに振り上げた。そのベルトから身を守るべく、僕がとっさに腕を上げようとした瞬間、水平器が僕の手に飛び込んでくる。

バシッ！　革のベルトが水平器の中央部に巻き付いた。ビュイック・ドライバーがそのベルトを引き戻そうとする。僕は反射的に、水平器を力の限り引っ張った。ベルトがプッツリと切れる。それはまるで枯れた小枝みたいにもろかった。

「あんたがそれで僕を叩けるのは、僕が死んでからだけだ」言いながら僕は、まるでセンダンの木のように大きくて強い自分を感じていた。〝火〟が僕の体中を駆け巡り、全身の毛穴からサーチライトのように輝き出ていた。

手に持ったベルトの半分を見ながら、ビュイック・ドライバーが愚痴《ぐち》る。「くそっ、とっておきのベルトが、何てこった」僕を睨んで彼はつづけた。「死んでからだと？ お前の母親の得意の台詞じゃねえか。私が死んでからにして！ 私が死んでからにして！ あいつ、のべつ幕なし、そう言ってやがる」

彼が持っていたベルトを鞭のように振りはじめる。しかし次の瞬間、それはバックルからはずれて空中を飛び、床に落下した。彼はバックルを、熱いジャガイモをうっかり手で持ってしまったときのようにして手放した。

「あんまりいいベルトじゃなかったみたいだね」彼の目をじっと見ながら僕は言った。と突然、恐れの稲妻が僕の腕を貫き、水平器を握っている僕の手を緩ませた。

「彼の戦士に敬意を払いなさい。あなたの対戦相手の霊的な目を見るのです。そうすればあなたは、自分の視点ばかりでなく、彼の視点も持つことができる。あなたがそうやって、すべてを見ているかぎり、彼はあなたにどんな危害も加えられない」

頭の中から聞こえてきたその〝声〟は、いつもとは違い、男の声だった。

僕は「わかった」と答え、彼の額に目の焦点を移動させた。恐れが持ち込んできた虚脱感が一気に消え去る。〝火〟が戻った。僕は水平器を持ち上げ、体の前に構えた。〝戦闘スティック〟を手に、何度も、何度も取ったことのあるポーズだった。その武器は僕の手に冷たかったが、戦意に満ちていた。

ビュイック・ドライバーが床に手を伸ばし、バックルを拾い上げようとする。しかし次の瞬間、近くに落ちていたワン・バイ・フォーの切れ端をわしづかみにして、僕から見て右の方向に一歩、大きく足を踏み出した〔訳注＝ワン・バイ・フォー＝断面が一インチ×四インチの木材〕。

彼がその新しい武器で僕に斬《き》りつけてくる。僕はとっさに身をかがめる。

シュー――ッ！　板が空《くう》を切る音が壁にこだまするなか、僕はすぐに立ち上がって、自分の〝剣〟を再び彼に向けた。つづいて僕はその水平器を左手一本で持ち、彼を中心にして円を描くように、右へ右へと歩きはじめた。

僕の視覚の中に、またしても、若かりしダニーの絵がなだれ込んできた。年上の子どもたちが彼を追い回し、やがて捕まえ、彼のおなかに入れ替わり立ち替わり、パンチを見舞っている……。

「お父さんや年上の子どもたちに痛めつけられたからって、僕らを痛めつける権利なんか、あんたにはない」僕はまたしても、すべてを見、感じることができるようになっていた。

板切れを右手に持ったビュイック・ドライバーが、またもや僕から見て右に、つまり、僕がゆっくりと歩きながら描いていた円の上に足を踏み出す。僕はさっと軌道を修正し、彼を中心とした新しい円を描きはじめる。

僕とのその〝輪舞〟をつづける彼の目には、心の痛みがありありと映し出されていた。

「親父は俺を愛してたんだ。この大嘘つきめが！」

彼の目から真っ赤な閃光が放たれる。僕はサッと身を沈めて、それをかわした。

頭上を通り過ぎていったその光に、僕はねばねばしたエネルギーを感じた。それから臭いも。何かが腐っているような臭いだった。

僕はよろめきながら立ち上がった。すると新しい絵がまたやってきた。彼の母親がほかの男と駆《か》け落《お》ちする。彼の父親は、母親が去ったのは息子たちが〝わからず屋〟だったからだと言って、彼と彼の弟に暴力を振るう。彼の父親が、母親のあとを追う。兄弟は取り残された。誰もいない。二人とも泣きじゃくる……。

自分が見たものを、僕は静かに披露《ひろう》した。

「あんたの母親は、ほかの男と出ていった。あんたの父親は、それはあんたとあんたの弟のせいだと言って、あんたらを殴った。それから彼は、あんたらの母親を取り返してくると言って家を出た。でも彼は二度と帰ってこなかった」部屋の中を飛び回っていた怒りが、二人の間の空間に集まりはじめた。

「あんたがママのことを、ボーイフレンドがいるだろうって言って、いつも責めてるのは、だからだったんだね。実際に浮気をしてるのは、あんたなのにね」

バシッ！　板切れが飛んできて、僕の肩のすぐ下のところを捕らえる。痛みは感じなかった。チクリとも痛まなかった。何も感じなかった。

僕は後ろ向きにジャンプした。しかし運悪く、シャベルの柄の上に着地してしまう。そのすぐ後ろには木材が積まれていた。

「くそっ！」僕は捻ってしまった足首をわしづかみにした。

ビュイック・ドライバーが新しい〝武器〟を頭上にかざし、積まれた材木に向かって突進してくる。

僕が自分の体を大急ぎで横に転がして彼の正面から避難したのは、板切れがツー・バイ・フォーに激突したのとほぼ同時だった。

胸の中の〝火〟が足首に押し寄せて痛みを連れ去り、足のうらを抜けて床へと出ていった。つづいて別のエネルギーのボールが下半身から急上昇し、胸の中に収まる。

僕は前屈《まえかが》みの姿勢で痛みを装《よそお》いながら、また円を描きはじめた。ただし今度は左向きに。ビュイック・ドライバーは材木に足を引っかけてよろめきながら、僕の〝リード〟に再び従いはじめた。

「貴様を捕まえることなんか、朝飯前だ」彼は唸った。板切れが床に落ちる。彼の手が床に伸び、シャベルをつかんだ。「俺の水平器から手を放すんだ。これを言うのは、もう最後だからな！」

「僕、で、できれば戦いたくないいんだ」僕はわざと口ごもり、怖れているふりをした。「このままつづけたら、僕らのどっちかが、ひどい怪我をすることになるよ」

ビュイック・ドライバーがシャベルを前に突き出し、近寄ってくる。

「はじめたのは」唾を飛ばしながら彼は怒鳴った。「てめえだろうが！　足首が痛いようだが、その心配は、俺が貴様を叩きのめしてからにするんだな」シャベルを持った右手をゆっくりと持ち上げながら、ビュイック・ドライバーが詰め寄ってくる。

僕の動きは素早かった。体を沈めて床の上を転がり、シャベルの下に入り込んで彼の視界から姿を隠すや、水平器を彼の膝にぶち当てる！

ゴツッ！

「アグウーーー！」悲鳴を上げると同時に彼はシャベルを手放し、それがもう少しで僕の頭を直撃するところだった。「このくそったれの、ろくでなし野郎！」

彼がうずくまって膝に手をやっている隙に、僕は急いで彼の後ろに回り込んだ。僕の水平器が再び空を切り、彼のパンツとTシャツの間にあったむき出しの肌に激突する。

「ウーグゥーー！」

僕は彼の腕が届く範囲のすぐ外に移動した。興奮が僕の体を駆け巡っていたが、僕の心は静寂で満たされていた。彼の手が再びシャベルに伸びるのを、僕は見逃さない。彼はそれを持ち上げ、僕に投げつけてきた。僕の胸の前を通過したシャベルのブレードが、水平器にぶつかる。

「このろくでなしが！　ピストルで、脳みそ吹っ飛ばしてやる！」立ち上がって自分をことさら大きく見せようとしながら、彼は脅してきた。手を腰に回し、水平器の一撃でできた傷を確かめてもいた。

「そんなこと、させない。ねえ、もうやめようよ。こんなことしないで、話し合ってみない？　僕らまだ一度も……」

「冗談じゃねえ！　これをはじめたのは貴様なんだ。だから俺が終わりにしてやるよ！」

そう怒鳴るなり、体重のほとんどを左脚にかけて右脚を引きずりながら、彼は車に向かって歩きはじめた。僕の一撃によって、彼の右膝は完全に硬直《こうちょく》しているようだった。

「これを最初にはじめたのは、あんたじゃないか！　僕を殴ることで！　家の中でいつもみんなに喧嘩を売ってるのは、誰だよ！」彼にピストルで殴られた午後の記憶が鮮明に蘇り、僕の怒りは激怒へと変化していた。「あの日、僕の頭に大怪我をさせたのはあんただってこと、僕がどうしてママに言わなかったか、考えたことある？」

彼が立ち止まり、振り返る。

「ああ、考えたさ」僕を睨みながら彼が言う。「で、なんで言わなかったんだ？」

怒りが胸の中になだれ込んでくる。少し間を取って心を静めてから、僕は答えはじめた。

「もしもあんたがやったって言ったら、前にあんたが刑務所に入れられたときと同じように、僕らまた引っ越さなくてはならなくなるから」

ここまで言って僕は彼の目を見た。僕の心にまた恐れが入り込み、弱さの波を体中に送り出しはじめる。彼の第三の目に視線を向け直し、僕はつづけた。

「それから、あんたが刑務所から出たあとで僕らを見つけ出して、僕らにこれまで以上の暴力を振るうんじゃないかって、怖れたから。それと、自分がつらかったってこと、あんたに知られたくなかったから」彼に対して抱いていた様々な感情をあらためて認識し、僕はまた目頭を熱くする。

「貴様の言うとおりだ。そんなことになってたら、てめえのこと、死ぬまで叩きのめしてやっただろうよ」彼は僕に背を向け、玄関口に向かった。「貴様らと暮らさなくちゃならねえってことを、俺がどれだけ嫌ってるか、知らねえだろ、てめえら。それと、てめえのばあさん。あいつもそのうち、今のてめえみたいに、俺の神経をぶっちぎることになるだろうぜ」

僕は走って彼を追い越し、玄関ホールの手前で彼の前に立ちふさがった。

「こんなこと、もう終わらせようよ」僕は警告した。

彼の返事は、別の板切れを拾い上げることだった。それには釘が刺さっていた。

「ピストルは取りに行かせないからね！」

「やってみな。俺を止めてみな。このくそガキめが！」

彼が脚を引きずりながら前に出る。僕の内側であらたな恐れが誕生する。彼の足が一歩前に出るたびに、僕の両脚は震えを増していた。彼が板切れを頭上に高く掲げる。

ヒューッ！　それは僕の頭のすぐ上を飛んでいった。僕は動かなかった。ビュイック・ドライバーが別の板切れに手を伸ばす。

ヒューッ！　ガツッ！　僕の水平器は、一足遅かった。板切れの鋭い角が僕の右頬を捕らえた。僕は水平器を大きく後ろに引いてから、それを彼の頭目がけて力の限り振り上げた。

グシャッ！　水平器が彼の顔をまともに捕らえた。鼻血がドッと流れ出す。

「アーーグゥーー！」彼は悲鳴を上げ、玄関ホールの方向によろめいた。

僕は自分の頬に手をやり、傷の具合を確かめた。その傷は思った以上に深く、僕の指先が当たった瞬間、刺すような痛みを僕にもたらした。ただし、どういうわけか、血はほとんど出ていなかった。

ビュイック・ドライバーがヨロヨロと玄関ホールに向かう。僕の心にまたしても怒りが押し寄せてきた。僕は走って追いかけ、水平器で今度は彼の左膝を痛打しようとする。が、彼が気づくのが一瞬早かった。僕のその武器がまだ空中を飛行している間に、彼はクルッと振り返ってそれを手で受け止めるや、すかさずグイと引っ張り、僕の手からもぎ取った。その反動で僕はヨロヨロと後退し、部屋の中央に積まれたツー・バイ・シックスの前でようやく体勢を立て直した。

水平器を手にビュイック・ドライバーが迫ってくる。僕は身構え、彼の新しい武器がいちばん上の木材に激突する寸前に頭から床に飛び込み、そのままゴロゴロと床の上を転がった。水平器のガラスが割れ、その破片が部屋中に飛び散った。

「くそっ！」僕は叫んだ。ガラスの破片が一つ、腕に刺さっていることに気づいたからだ。

僕はその破片をグイと引っ張って取り除くなり、工具箱へと走った。何もない！　戦いに使えそうなものは何もなかった。

僕は新しい武器を見つけようとして、あたりを見回した。とそのとき、ビュイック・ドライバーが水平器の残りで斬りつけてきた。僕はとっさに体をかがめ、ギリギリのところでそれをかわす。その兵器は僕の頬をかすめて空を切った。

短いワン・バイ・ツーの端が、壁際に置かれていた空調機器の後ろから突き出ていた。僕はそこに走ってその棒を握り、感触を確かめた。これならいい。僕はそれを、それが金属の箱を保護していた場所から引き抜き、ビュイック・ドライバーに顔を向けた。彼はすでに壊れた水平器を捨て、木製の工具箱の中に入れていた大ハンマーの予備の柄《え》を、手に持っていた。

「くっそぉーーー！」僕は大声で叫びながら突進し、新しい〝剣〟で彼の頭に斬りつけた。彼が体をかがめ、大ハンマーの柄を僕の脚にぶち当てる。

ゴツッ！　痛みが頭にガーンと響いた。僕はかがみ込み、打たれた場所を両手でわしづかみにする。彼は立ち上がって〝こん棒〟を床に落とし、再び玄関ホールに向かって歩きはじめた。その体から出ていた光は、それまでに僕が見たもっとも鮮やかな赤だった。そしてその臭いは世界最悪。

僕はヨロヨロと立ち上がり、叫び声を上げた。「殺してやる！」彼がピタッと足を止め、ゆっくりと体の向きを変えて、こちらに向かってくる。

僕は床に手を伸ばし、彼が落としていった大ハンマーの柄をつかみ上げた。彼も床から、長い板切れを持ち上げた。

「貴様、俺を打ちのめせるって思ってるようだな！　さあ、相手になってやる。やってみろ！」そう怒鳴るなり、ビュイック・ドライバーは板切れをビュンビュンと振りながら詰め寄ってきた。

僕は痛い脚を引きずりながら、またしても彼を中心とした円を描きはじめた。さあ勝負だ！　僕は腹をくった。彼に暴力をやめさせるか、僕が死ぬかのどっちかだ！

僕は自分のあらゆる思いを、胸の中の〝火〟に注ぎ込んだ。顔から汗がドッと噴き出てくる。胸の〝火〟が肩を通じて腕に流れ込み、つづいて手を通じて〝剣〟の中にまで流れ込む。その大ハンマーの柄は、周囲を取り囲んでいる黄ばんだ明るいオレンジ色の光のせいで、輪郭《りんかく》がボンヤリとしか見えなかった。僕はその〝剣〟を体の正面に構え、胸からよりいっそう多くの火を、その中に送り込んだ。その武器はもはや、腕や脚と同じように僕の一部になっていた。

ビュイック・ドライバーが狙いを下に移し、僕のおなかを目がけて板切れを振り回してきた。僕は右後方にパッと飛び退く。僕が直前までいた空間を、彼の武器が切り裂いた。僕はとっさに彼の右脇の下を走り抜け、彼の背後に回り込む。

すべてがスローモーションになりはじめた。僕は大ハンマーの柄で、渾身《こんしん》の力を込めて彼の背中に斬りかかる。その〝剣〟が彼の肩甲骨のすぐ下を直撃し、低いうめき声があたりの空間に充満する。彼の背中には、〝こん棒〟の光が黄色い光のボールとなって残っていた。

僕は再びハンマーの柄を後ろに引き、彼に斬りつけた。それが彼の右肩に激突する。うめき声は、独特の甲高い振動音に道を譲っていた。その〝剣〟がぶつかった場所には、もう一つの光のボールが留まっていた。

僕は踊り回った。彼の周囲を円を描いて跳《は》ね回った。そして次の狙いが決定した。まだ無傷の左脚！

バキッ！　ビュイック・ドライバーの脚の裏側、膝のすぐ上に激突した大ハンマーの柄が二つに折れた。彼がガクッと両膝を落とす。僕は彼の正面に回り込む。彼の鼻血は、シャツのいちばん下にまで達していた。そしてその目はおどおどしていた。彼は怒ってもいなければ、傷ついてもいなかった。何かをひどく恐れているわけでもなさそうだった。そのときの彼はただ、完璧に孤独なだけだった。

僕は火がついていた！　僕のあらゆる部分が燃え上がっていた！　いくつものエネルギーのボールが、僕の体のあらゆる場所で弾《はず》んでいた。

僕は次の一撃を加えようとして一歩後退した。いくつもの閃光が僕から出て、部屋を貫く。僕が残った〝こん棒〟を大きく後ろに引く。とその瞬間、ビュイック・ドライバーが手に持っていた板切れを、僕の前、つまり大切なところにぶつけてくる。そしてそれは完璧に的を射抜いていた！

僕は無言のままヨロヨロと後ずさりし、壁にぶつかって座り込んだ。声が出せなかった。口は悲鳴を上げていた。しかし喉が動かない。喉だけが気絶しているかのようだった。僕は頭を振り、彼の額に目の焦点を合わせようとした。

よし、合った！　すぐに僕は、痛みを洗い流そうとして、胸のエネルギーを下に押しやった。しかし突然、そのエネルギーが届く前に、痛みは消え去った。体の内側に引きつった感じが残っているだけだった。

僕は立ち上がった。するとビュイック・ドライバーが板切れを頭上にかざしはじめる。僕はさっと彼に急接近、先が折れて長さが三分の二ほどになった大ハンマーの柄を野球のバットのように握り、彼の汗だらけの汚い腹目がけてフルスイングした。

ボゴッ！　彼の体が二つに折れる。両膝が崩れ落ち、つづいて彼は四つんばいになる。すかさず僕は彼の背後に回り込み、次に彼がどう出てくるかを観察することにした。お尻のあたりから出ていた黄色のエネルギーが頭のほうまで広がり、彼をまるでネオンサインのように見せていた。彼の口から〝ゲエ〟という音が出る。その体が震え出す。そして彼は吐きはじめた。

「うわっ！」あまりの臭いに、僕は叫び声をあげて後ずさりした。ウィスキーが混じった吐瀉物《としゃぶつ》の臭いが〝戦場〟に充満する。体を激しく震わせながら、彼は胃の中のものを吐き出しつづけた。すべてを吐ききった彼が、こちらを向いて座り込む。

「俺は……いや、俺が……」彼が静かに何かを言おうとする。僕はその声をよく聞こうとして、少し近づいた。とそのとき、床の上にある煉瓦をわしづかみにしている彼の手が、僕の目を捕らえた。その手が動きそうになる。大ハンマーの柄が速やかにその煉瓦を叩き飛ばす。つづいてその武器は、またもや大きな弧を描いて彼の耳のすぐ下のところに激突した。彼の首がガクッと横に折れる。

「このろくでなし！」僕は叫んだ。「汚い手を使いやがって！　今日のことを一生忘れるな！」ギザギザの柄の先を彼の胸に当てて、僕はまた叫んだ。「もう二度と僕らをぶたせないからな！」ハンマーの柄を頭上に大きく振りかぶりながら、僕はもう一度、声を限りに叫んだ。「僕らに、もうかまうな！」

そして僕は、彼の頭のてっぺんに、その武器を振り下ろした。その一撃の反動が、僕を大きく後方によろけさせる。僕は体勢を立て直して彼を見た。真っ赤な血が頭から出て顔を伝い、大きな腹へと流れ込んでいた。僕の目が涙でいっぱいになる。僕の体は、内側の深いところから押し寄せる嗚咽《おえつ》で震えていた。

「僕らは、あんたに何もしなかったのに。どうして僕らをいじめなくちゃならなかったの?」僕は静かにそう言い、木挽《こび》き台に体を預けながら、二人の戦闘の跡をボンヤリとした目で見渡した。

〝火〟はもうなくなっていた。興奮の渦潮もなくなっていた。僕の体は活気を失っていて、内側には何も残っていないかのようだった。それは空っぽだった。嗚咽もなくなっていた。ほんの少し前の僕は、それまでのどのときよりも活気に満ちていた。しかし今や、まるで死人のようだった。

〝火〟と入れ違いに痛みが戻っていた。僕は足を引きずりながら玄関に向かった。ビュイック・ドライバーの臭いが、僕の胃をムカムカさせていた。「外に出よう。新鮮な空気を吸わなくちゃ」太陽を目指して歩きながら、僕は声に出してそう言った。

消えゆくカルマ

白のピックアップ・トラックが水たまりの前に止まったのは、僕が建物の外に足を踏み出そうとしたときだった。乗っていたのは、今度は二人だった。運転席にいたのは例のジマーマン氏。もう一人は黒人の男で、工具類といっしょに荷台に乗っていた。

彼らが水たまりの上の厚板を渡りはじめる。それを見て僕は玄関ホールに戻った。

僕は脚の痛いところを押さえようとして体を前に倒した。すると膝が崩れ、前のめりに倒れそうになる。とっさに僕は、床に手をついて体を支え、転倒を防ごうとした。しかし僕の手は前に出ていかなかった。顔が床に激突し、その反動で僕は仰向けになる。

「おい、どうしたんだ!」倒れている僕を見てジマーマン氏が叫んだ。すぐに彼は僕の体を壁際まで引いてゆき、そこに座らせてくれた。二人の男が事情を確かめようと、建物の奥に走っていく。僕の疲れ切った体は壁にもたれたまま、ピクとも動かなかった。

「こいつ、気絶してる」建物の奥からジマーマン氏の声が聞こえてきた。

静寂。目を閉じて座っていた僕の頭の中を、あらゆる色の光が飛び交っていた。穏やかなフィーリングが訪れ、虚しさを追い払う。

「ひどいなこりゃ。こいつ、吐いたみたいだよ」ジマーマン氏はそう言い、何度も咳き込んだ。

「そうみたいですね、大将」黒人の男が相づちを打つ。

二人が玄関ホールに戻ってきた。そのときの黒人の男の足音は、ぐったりとコンクリートの壁に寄りかかっていた僕の耳には、大砲の発射音にも等しかった。

「何があったんだ? ぼうや。事故が発生したようには見えなかったけど」ジマーマン氏が言う。その顔には困惑の色が浮かんでいた。「話せるか?」

「はい」僕の声はひどく嗄れていた。喉の内側がまるで紙ヤスリになったかのようだった。僕は座り直して背筋を伸ばし、説明をはじめた。

「あなたがいなくなったあとで、彼、ウィスキーを飲んで……それで、すごく意地悪になって、僕を殴るって言い出したんです。それで僕、殴らせないって言って……結局、喧嘩が始まって……そのうち彼、ピストルを持ってきて僕の脳みそを吹っ飛ばしてやるって言ってきて。それで僕、そんなことはさせられないので、彼が意識を失うまで……殴った……だいたいこんなところです」

「こんな話、聞いたこと……」話を中断して、彼は顎をさすった。「あいつ、本当にピストルを持ってるのか?」

「運転席の下に置いてあります」僕は答えた。僕の声はだいぶ強さを取り戻していた。痛みは、会話に道を譲りつつあった。

「ジャクソン、ピストルを見つけて、ここに持ってきてくれ」僕の顔をじっと見つめながら彼が言う。その目は、〝お前の今の話、俺はまだ信じてないぞ〟と言っていた。「予備の弾丸《たま》があったら、それもいっしょに持ってくるんだ。警察が嗅《か》ぎ回るようなことになったときに、そんなものがあったら面倒なんでな」

黒人の男が水たまりを飛び越えてビュイックに向かう。

「僕が今話したこと、全部ほんとのことです」体がすごく重く感じられ、僕は立ち上がるのが大変だった。「彼が僕に暴力を振るったのは、今日が初めてじゃないんです。姉と弟にも同じようなことをしてます」僕は脚をふらつかせながら、ジマーマン氏の隣に立ち上がった。「でも彼、もう二度としないと思います」

「歳はいくつなんだ、ぼうや」

「次の誕生日で十歳になります」

「そうか」僕を目でなめ回しながら、彼が言う。「どう見ても七歳か八歳くらいにしか見えないけどな。でもとにかく、お前みたいなちっちゃな男の子が、体が四倍もありそうな大の男を、どうやったらやっつけられるんだ？」

「僕、恐れを頭の中に入れなかったんです。それから彼、酔っぱらってましたから」

「確かに、酒の臭いはしてたな。それでお前、彼を何で殴ったんだ？」

「手当たり次第に、何でも使いました」

「トラックまで歩いていけるか？」

「はい」彼の顔をまっすぐに見て僕は訊ねた。「ジマーマンさん、警察を呼ぶんですか？　別に呼んでもいいんですけど……でも、もし警察が来て、彼が何をしたかを知ったら、ママと姉さんと弟と僕、たぶん引っ越すしかなくなるんですよね。僕ら、引っ越したくないんです。今住んでるところ、すごく気に入ってるものだから」

　彼が僕の目をじっと見つめる。彼も僕同様、できれば警察沙汰《ざた》にはしたくないと考えていた。僕にはそれがよくわかった。

「あいつ、また酔っぱらったときに、お前にからんでくるかもしれないぞ？　いいのか、それで。警察に話せば、少しはおとなしくなるんじゃないか？」

「彼、もう二度と僕らを殴りません」僕は断言した。「彼、今日のことを永遠に忘れないと思いますから」

「ありました！　こんなものもいっしょに」一丁のピストルと二つのナイフを手に、黒人の男が戻ってきた。「弾丸はピストルに入ってるやつだけで、ほかにはありませんでしたが」

「ダニーのやつ、こんなでかい飛び出しナイフ、どこで手に入れやがったんだろう」ずんぐりとした回転式連発拳銃と小さいほうのナイフを尻ポケットに押し込みながら、彼はつぶやいた。

つづいて彼は、手に持った飛び出しナイフのボタンを押し、黒人の男を威嚇《いかく》した。

「ジャクソン、お前は今日、ここで何も見なかった。いいな？」

大きな刃《やいば》の先端を向けられ、黒人の男は縮み上がった。頭をゆっくりと振って無言の〝わかりました〟を言い、ジマーマン氏の手にある銀の刃をおそるおそる眺めていた。

この男も、ビュイック・ドライバーとまったく同じ種類の人間だ――僕は静かに観察していた――弱い人間を、脅すことでコントロールしようとしている。

「あの、ジマーマンさん、僕、家に帰りたいんですけど。歩いて帰ります。そんなに遠くないんで」

「俺たちは、まず最初に彼を緊急治療室に連れていく」飛び出しナイフの刃を引っ込めながら、彼が答える。「それで、そこに行ったら、ここで何があったかを話さなくちゃならない」彼は少し間を取り、作業帽をかぶり直した。「まあ、作業中の事故にしちまうのがいちばんだろうな。ただ、そうなると保険屋があれこれと嗅ぎ回りはじめることになる。そこで、いいか、よく聞くんだ。座席の下から出てきたものの行き先を、お前が誰にも言わないんだったら、俺も、ここで本当に起こったことを誰にもしゃべらない」

僕が頭の中を整理している間、彼は僕をじっと見つめていた。その間に飛び出しナイフが、彼の大きな尻ポケットの中にいたほかの〝宝物〟たちと合流する。

「たぶんビュイ……継父は、ピストルとナイフの行き先を聞いてこないと思います。それから、事故だってことにしてもらったほうが、彼も喜ぶと思います」

「よし、決まりだ！」彼の顔には勝利のスマイルが浮かんでいた。黒人の男に顔を向けて彼が言う。「さてと。あいつをあそこから連れ出して、あいつの車に乗せようぜ。俺のトラックの上で吐かれたりしたらかなわねえからな。病院の連中には、作業中に二階から足を踏み外して、このツー・バイ・フォーの山の上に落っこちたってことにする。いいな？　さあ、両側から持ち上げるぞ。一、二、三でいくからな。一……二の……よっこらしょっと！」

その瞬間に、ビュイック・ドライバーは意識が戻ったようだった。まるで見知らぬ場所でふいに目を覚ましたかのように、あたりをキョロキョロと見回しながら、二人に両脇を抱えられてヨロヨロと車に向かった。シャツは血だらけで、ズボンは吐瀉物でびしょ濡れ。

殴ったときと殴られたときのフィーリングが僕の胸を満たし、僕の目を再び涙でいっぱいにしていた。「こんなことをしてしまって、ごめんなさい。神よ、僕ら二人を許してください」僕はそっとささやいた。

「お前は、俺の車の助手席に乗りな」ジマーマン氏が言ってきた。

「僕、荷台でいいです。新鮮な空気を吸いたいから」その男の隣に座ることを想像しただけで、僕は吐き気がしてきた。「後ろで、ほんとにだいじょうぶです」

「好きにしな」そう言うと彼は、ビュイックの運転席にいた黒人の男に、後ろに下がるよう手で合図を送った。

ビュイックの前で一度トラックを停め、彼は叫んだ。「後ろをついてくるんだ！」

黒人の男が運転する継父の車が、トラックの後ろを蛇行《だこう》しながらついてくる。ビュイックのラジエーター・グリルが陽の光を受けてキラキラと光っていた。

ビュイック・ドライバーは助手席に座り、頭を窓の外に出していた。その顔は酒と喧嘩の後遺症で真っ赤だった。

僕は座り直し、目を閉じた。トラックのタイヤの振動音が、頭の中の断続的な疼《うず》きを和らげてくれていた。

彼らがビュイック・ドライバーを病院に担ぎ込んだとき、僕はいっしょに行かなかった。

「僕、そんなに怪我してませんから」ジマーマン氏に僕は言った。「家に戻ってお風呂に浸《つ》かれば、それでもうスッキリです」

病院から出てきた彼が、僕に言う。「あいつ、あんまり心配いらないってよ、ぼうや。頭のてっぺんは数針縫う必要があるらしいが、ほかの場所はみんな、打ち身と浅い傷ばかりらしい」彼の尻ポケットは、相変わらず膨らんだままだった。「お前の母さんには、病院で言ったのと同じことを言っとくから。いいな？」

「はい」

第7章

今《プレゼント》を生きるという贈り物《プレゼント》——
記録の殿堂の守護者
アー-イル-ヤー-ショーによる
レッスン

〝今〟だけの中に没入するとき、光のサポートを得る

ビュイック・ドライバーとの戦いから一夜明けた日の夕食のあと、僕はキャロルといっしょにテレビの前の長椅子に座っていた。

前日の晩、僕はほとんど眠れなかった。ビュイック・ドライバーと戦っていたときに感じた様々なことが次から次へと蘇ってきて、僕の疑問のリストを拡大しつづけていたからだ。

テレビの前に座り、僕はまた前日の戦いを振り返っていた。

戦いながら、僕はどうしてあんなに、いろんなことを感じることができたのだろう？　酔っぱらってからんできた彼に対する怒り。僕らを殴りつづけてきた彼に、ついに仕返しをしたという興奮。恐れを追い払いつづければ勝てる、という深い自信。戦いの最中だというのに感じていた心の静寂、平穏、穏やかさ……。

それから、何よりも強く心に残っているのは、彼と戦っている間中、ほかには何も存在していなかったということ。ママもグレッグも、キャロルもミッキーも、家も友だちもいなかった。あのとき存在していたのは、僕と彼とあらゆる怒り、そして〝今〟だけだった。あっ、それから、〝声〟も存在していた……。

彼を気絶させたときには、あんなに気分がよかったのに、今の僕は、家に戻ってこない彼のことを心配している。どうしてなのだろう？　僕は、彼のやることのすべてを嫌っている。彼の存在そのものさ

え嫌っている。ときには、あんなやつ死んでしまえばいいとさえ考えている。なのに、僕は今、彼のことを本気で心配している。彼、だいじょうぶなのだろうか……。

彼と戦っていたとき、家に戻ってこない父親を彼がすごく心配している様子を、僕は心の目で目撃した。彼は確かに、母親の駆け落ちによって不可能になってはしまったが、僕が昨日やったように、父親をやっつけたがっていた。でもその一方で、父親を愛していた。僕にはそれが、よくわかった。散々殴られたあとでさえ、弟と二人っきりにされたあとでさえ、彼は父親を愛していた……。

この騒動の中で発生したいちばんの〝予期せぬこと〟を挙げるとしたら、それは、継父が本当はどんな人間なのかを、僕が知りたいと思うようになったこと。彼のことは考えるなって、ママからは数え切れないほど言われてきたけど、今の僕には、それは無理なこと。すべてが変化してしまった……。

昨日の戦いは、過去一年の間に起こったことの中でいちばん多くのことを教えてくれた。意識の集中に関してイーライが教えてくれたいろんなこと、ほしいものの求め方に関して〝声〟が語ってきた様々なこと、そのすべてが、昨夜《ゆうべ》ベッドの中に入るまでは、ほとんど理解できていなかった。いや、〝戦い〟が教えてくれたということではないかもしれない。でもあれは、なぜか、あらゆることに関する僕の理解を間違いなく深めてくれた……。

キャロルといっしょに膝に掛けていた毛布を、僕は自分のほうに引っ張った。すかさずキャロルが引っ張り返してくる。

「どれもこれもが、なんか、すごく不思議」見ていないテレビに顔を向けたまま、僕はつぶやいた。

「どうやら彼、今晩も帰ってこないみたいね」ダイニングで夕食の後片付けをしながら母が言ってきた。

「でも、事故で怪我したっていうのに、どうして帰ってこないのかしらね？　酒場で喧嘩して負けて、それが恥ずかしいっていうんなら、わかるんだけど……今回はそうじゃないのに……」

「ママ、もう少し起きててもいい？」テレビに顔を向けたまま、キャロルが訊ねた。

「いいわよ」母はおそらくキャロルの質問内容を把握していなかった。「いったい、どうなってるのかしら。本来なら彼、ここにいて、何が起こったかを、私たちが嫌になるほど話しつづけてて当然なのに……いったい彼、どこにいるのかしらね？」

「僕、疲れちゃった、ママ。もう起きてられないや」僕は立ち上がってダイニングに行き、母にお休みのハグをした。「昨日の怪我がまだ治ってないからだと思うんだけど、なんか今日、眠くて」

「グレッグを起こさないようにね。ちゃんと眠れてるの、退院してきてから初めてなの」母の額の皺は、僕がそれまでに見たなかでいちばん深かった。「あなた確か、お父さん、長い間気絶してたって言ったわよね？」

「うん」通路の入口で立ち止まり、僕は答えた。「すごい数の材木の下敷きになってしまったからね。僕に当たったのは、板が二、三枚だけだったけど。だから僕は、頰にこの程度の怪我をしただけですんだんだ」

「ママもいっしょに部屋に行くわ。そうすれば部屋の明かりをつけなくてもすむから」

　母は僕の背中を押すようにして部屋までついてきた。窓から差し込んでいた街灯の明かりだけで、部屋の中は危なげなく歩き回ることができた。僕が寝支度《ねじたく》をしている間、母は僕のベッドの縁に腰を掛け、黙って薄明かりの中空を見据《みす》えていた。

「今晩、飛んでる間に、彼がどこにいるか探してみるよ」

「いいから、ぐっすり眠りなさい」毛布を僕の顎まで引き上げながら、母はそっと言った。

「ベッドの中にずっといるのよ」

「ごめん、ママ」僕は刃向かった。「だって、眠ってる間になら飛んでもいいって、前に言ったでしょ?」

「ママにはもう、心配することが充分すぎるほどあるの。だから……」

「だいじょうぶ、僕のことは心配しないで」母の言葉を遮って僕は主張した。「安心しててよ。昨日の事故を生き延びたったことは、たぶん百歳までも生きられるってことだから」

「大人になったら、そんなに長く生きたいとは思わないかもしれないわよ」気落ちした声で母は言った。

母の心情を察して感じた心の痛みは、天井に向かって浮かび上がった瞬間に和らいだ。僕は急いでグレッグの光をチェックし、ビュイック・ドライバーを探しに飛び立った。弟の光は明るく輝いていた。

「すぐに見つかるさ」僕は自分に言い聞かせた。「A1A沿いの酒場は、どっちの方向にも大した数はない。家の近所には、まずいないはず。だから、近くのシェイディー・レストとシルバー・ダラーは行かなくてもいい」

どの酒場の色も臭いも、僕の空飛ぶ体を疲れさせ、よろめかせ、汚くした。僕は突然、お風呂に入りたくなるが、今はそのときではない。僕は彼を探しつづけた。

めぼしをつけた最後の酒場は、ロケット基地のすぐ近くだった。ここにもいない。僕はその酒場から文字通り〝飛び〟出し、少し考えた。〝急速飛行〟は、できれば避けたい。これをやるには、行き先にいる人間のことを、感情たっぷりに思い出さなくてはならない。でも選択の余地はない。この時点で残されているのは、これだけ。

僕は温かな緑の光を大きく吸い込み、心の中で叫んだ。

「ダニー・ゲンスナー！」

僕が飛び込んだのは、小さな薄暗い部屋だった。もくもくとうごめく赤と灰色の霞が僕の顔に押し寄せてくる。吸い殻がたまった灰皿と、気の抜けたビールの臭い。僕の真下にあったベッドの上に、二人の人間が横たわっていた。

彼らが誰であるかを見ようとして、僕は目の焦点を絞り、それをベッド上に当ててみた。前日の混乱したフィーリングが心の中になだれ込んでくる。ビュイック・ドライバーだ。

いっしょにいるのは女の人。二人とも素っ裸だ。彼はうつ伏せに寝ていて、顔を女の髪に埋めていた。彼女は仰向けに寝ていて、口の隅にタバコをくわえていた。そのタバコはほとんど燃え尽きていたが、まだ煙は上っていた。僕は彼のいる側のベッドの脇まで、そーっと降りていった。

「ときどきビュイックの中に持ち物を残していくの、この人だ、きっと。ほかにも何人かいそうだけど」ビュイック・ドライバー越しに彼女の裸体を眺め、僕は想像した。

彼女の胸は、母のそれよりも大きかった。彼と暮らすようになるまで、僕らはたびたび、母といっしょにお風呂に入ったものだった。

僕はもっとよく見ようとしてベッドの上に浮かび上がった。暗褐色の二つの乳首が僕を睨んでいた。

「あれっ、この人、シェイディー・レストにいる赤毛の女性だ。ホワイト・クラウドあたりから来ているカウボーイたちと、いつもダンスをしてる……」

最初に彼女だとわからなかったのは、唇が顔中に広がっていたからだった。それから、たぶん、いつもの花柄のドレスを着ていなかったから。上から見ているうちに、ある無邪気なフィーリングが湧きあがり、僕は少し下へと移動した。

彼女のおなかは膨らみ気味で、いくつもの脂肪の層がうねっていた。そのうねりは下に行くほど小さくなり、両脚の間の濡れているように見える茂みのところまでつづいていた。太腿《ふともも》とふくらはぎは細くスマートで、足首から下は、まるで赤ちゃんの足のように小さい。皮膚の下を走る静脈の青い線が脚全体に広がってもいた。

彼女がどんな夢を見ているのかを知ろうとして、僕はもう少し近づいた。彼女の周囲の空気は粘りけが強く、湿っていて、臭いは、干潮時のエビ捕り桟橋《さんばし》付近のそれと似通《にかよ》っていた。僕はきれいな空気が吸いたくなり、上昇した。

「うわっ！」彼女が突然叫び声を上げ、上半身をパッと起こして、くわえていたタバコを手で払った。

その突然の動きと叫び声のエネルギーに圧倒され、僕は慌てて急上昇。気がつくと天井を突き抜け、夜空に浮かんでいた。

あれ、何だこれは。あるおかしなフィーリングが下半身の内側で渦巻いていた。それまでに体験したことのないフィーリングで、背骨の付け根あたりで発生し、時計回りに上向きの螺旋回転をしているように感じられた。僕はビュイック・ドライバーがいる建物の上空にとどまり、その熱い、というかゾクゾクするような興奮を感じつづけた。

その奇妙なフィーリングは、強さを増しつづけながら、僕のあらゆる注意、あらゆるエネルギーを引き寄せ、ほかのあらゆるものを色褪《いろあ》せさせていた。僕は女性をもう一度見ようとして、そーっと部屋の中に戻った。

彼女はバスルームから出てきたばかりのようで、洗いタオルで口のあたりを押さえながら、ベッドの方向にゆっくりと歩いていた。僕の下半身のエネルギーが大騒ぎをはじめる。しかし突然、遠い昔に体験し、忘れていた、虚しさと孤独のフィーリングが、僕の頭にボンヤリとした映像を送り込んできた。しかしその映像はすぐに消え去った。女性がベッドに近づくなり、ビュイック・ドライバーが手を伸ばし、彼女の揺れる胸をわしづかみにしたからだ。

彼女が悲鳴を上げ、壁際に走り、そこに掛けてあった衣類に手を伸ばす。しかしビュイック・ドライバーの動きは、驚くほどに素早かった。ベッドから飛び起きて彼女に走り寄り、背後から彼女の腰を抱きかかえると、そのまま彼女を持ち上げ、ベッドの上に放り投げた。

まずい。彼女を助けなきゃ。僕はそう考え、急降下した。彼に至近距離から、光のボールを力いっぱいぶち当ててやるつもりだった。が、寸前で踏みとどまった。女性が突然、無邪気な声で笑いはじめたからだ。まるで幼い少女のようだった。つづいて彼女はコロッと寝返りを打ち、両脚を広げた。そしてビュイック・ドライバーが、彼女の上に覆いかぶさる。

あらゆる空気が僕の体から離れた。僕は息ができなかった。体が震えはじめる。そして次の瞬間、背骨の付け根で回転していたエネルギーが急上昇を開始する。それは胸を貫き、腕を振るわせ、猛スピードで頭のてっぺんから噴き出ていった。

ビュイック・ドライバーとの戦い中に感じたのと同じ穏やかなフィーリングが、女性が歩いているのを見た瞬間に形成された内側の空っぽの場所を満たしはじめていた。そこには喜びのフィーリングも混在していた。

つづいて母の顔が僕の心をよぎり、大きな悲しみも入り込んでくる。

「ママが心配してたのは、これだったんだ」二人の体に背を向け、僕はつぶやいた。「彼の怪我とか心の傷とかを心配してたんじゃなく、彼がほかの女のところに行ってるんじゃないかって……それを心配してたんだ」

彼らが出していた音が僕を勢いよく押し上げ、気がつくと僕は天井を突き抜けていた。吐き気と孤独が襲いかかってきていた。僕は母のことを想い、悲しかった。と同時に、自《みずか》らも悲しかった。というのも、彼のことをもっと知りたいと思う気持ちも、彼のことを心配する気持ちも、もう僕の心の中には残っていなかったから。

人はみな物質領域における神の感覚器官

「どうしてこんなに気分が悪いんだろう？」〝大広間〟に入って〝知恵の彫像〟の足もとに腰を掛け、僕はまたつぶやいた。子どもといっしょに馬の隣に立つ女性の彫像だった。

「誰かを知る最善の方法は、その人がどんな人であるかを〝感じる〟ことです。あなたは、あなたの継父のような人が持つ、怒りと肉欲という、二つの大切な要素を感じる機会を与えられてきました」〝声〟が話しかけてきた。

「でも結局、イーライが言ってたように、僕らは自分が持っているものしか感じられないんだよね」僕は知ったかぶりをした。「僕が継父のそばにいるときに感じる邪悪さは、実際には僕の暗黒面なんだって、彼は言ってた。それから、自分が誰であるか、あるいは世界とはどういうものかに関する僕の誤解も、いろんな人の上に投影されてるんだよね。もし僕が誰かの怒りを感じてるとしたら、それは僕の怒り。愛を感じてるとしたら、それも僕の愛。肉欲に関しては、よくわからないけど」少し前に感じた興奮が蘇ってきた。

少し間をおいて僕はつづけた。

「でも、僕の生きる場所を決めるのは僕だってことは、よくわかってる。嵐雲の中で生きるか、白いフワフワな雲の中で生きるかを、僕は自分で選択できるんだよね」自分には選択のパワーが与えられているという思いが、僕を喜びで満たした。「僕は昨日、嵐の中から出ることを選択した。そして僕がさっき見たものは、僕はこれまで考えていたよりもずっと早く家を出るべきだって、僕に言ってるんだと思う」

「頭はほとんど何も知らず、ハートはすべてを知っています。あなたのここ二、三日の女性的なものの見方を、あなたは気に入っていますか？」

僕は思わず女性の影像を見上げた。その声がそれから出ているような気がしたからだが、そうではないようだった。僕はまた〝声〟に語りかけた。

「あの喧嘩で、僕、すごく変わったと思う。何がどのように変わったのかは、よくわからないんだけど、とにかく自分のことを、二、三日前に感じてたのとはまったく違うふうに感じてるんだよね」少し間を取って、僕は頭を整理した。

「今の僕が考えるときって、思いが一度に一つずつ発生するっていうのかな。いろんな思いが一度に駆け巡ったりはしないんだよね。それから、変に聞こえるかもしれないけど、僕の心は今、考えてるときに、いろんなものを実際に見ることができてるんだ。何かを考えると、それにからんだあらゆる可能性が見えるんだよね」

「はい。明晰な心。恐れの不在」

悲しさが突然、僕から遠ざかった。

「僕の心、前みたいにフラフラしなくなったっていうか、ほとんどいつも目的を持ってるっていうか、そんな感じなんだ。それで僕、迷うことがなくなった気がするんだよね」

〝オーーーム〟という音が部屋中に響いた。〝知っている〟という温かなフィーリングが頭上から押し寄せてくる。

「そう、そう」僕はつづけた。「自分がやるべきことは決まってる。選択する余地はない。でも実際には、何をするにもそれを選択しなくてはならない。そこで、今僕が行っている選択は、自分に選択の余地がないと感じさせる選択……うん、きっとそういうことだと思う」

「はい。選択肢は常に一つだけです。一つよりも多くの選択肢が存在するというのは、人間意識が創造した幻想です」

「僕、あなたの今の話を聞くまでは、自分が言ってること、わかってると思ってたんだけど……」

「人間意識の自意識的側面は、一つよりも多くの選択肢が存在するという誤解によって、生存させられています。物質世界に生きる人間意識によってもたらされた〝いくつもの選択肢〟という概念は、人生というゲームを活性化しつづけるために必要とされてきた幻想にほかなりません。あなたの注意を分散させるもの――外側から押しつけられた選択肢の数々――を排除することです。そうすればあなたは、内側で神を見ることになります」

「まるでイエスの教えだね」僕は言った。

「はい。まず最初に、一つの神、唯一の選択肢が存在しました。すべてが知られていて、時空創造の最初の瞬間に完全なものとして作られました。不完全なまま残されたものは何一つありませんでした。神なる創造主は、これまでも、今も、あらゆる細部に至るまで、常に完全なのです」

「わかってる。ホロフォタルで見たことがあるから」

「はい。人間意識は、それ自身が抱いている〝いくつもの選択肢〟の幻想を通じて、いくつもの神を創り上げています。源からの分離体験は、その幻想を通じて、純粋な意識の流れが、一つの神、唯一の選択肢からそらされてしまったときに発生します。個人の意識が、〝選択を知らない存在〟に関する真実を知ったならば、その個人は、ほぼあらゆる制限から自由になります。そのときからその個人は、生存の概念を、ひいては、生存するために必要だと感じるものを手に入れるためには、外側の世界をコントロールしなくてはならない、というアイディアも放棄して生きるようになります。

はい。そのときからその個人は、常に神の恵みに包まれて生きることになります。そのときあなたは、一つの神の観察者として生きています。あなたもすでに学んでいるように、人間意識の本質は物質世界のものではありません。人間意識は、目に見えず、完全には知られることのない、創造主の心からやってきているのです。あなたは、実質的には、物質領域における神の感覚器官なのです。この真実に目覚めたときから、あなたは神を、内側に住む意識として認識するようになります。神は実際、それ自身を、あなたを通じて、あなたとして体験しているのです」

「選択をしないで生きられたらいいとは思うけど、僕、いつも選択してる」僕は反抗した。

「僕から選択を取ったら、何も残らないよ、きっと。もし僕が……ちょっと待って。さっき僕、確か、〝僕にはもう、常に一つの選択肢しかない〟みたいなことを言ったよね……」僕は顎を手でさすりながら、自分に起こっていることについて考えた。「僕のちっちゃな自己が飛び込んできて、僕を混乱させてるみたい」

「知恵を用いて選択できるようになることが、故郷に向かう旅の最初の一歩です。心を悩ませる選択を神の恵みに委ねると、聖霊として知られてきた存在が道をきれいにしてくれて、その旅の行程をより容易なものにしてくれます。

はい。選択は、覚醒への道を歩んでいる人たちにとっては重要な道具です。でも、覚醒がなされたときから、選択肢は一つしかなくなります。それから、知っておくことです。たとえ何を選択しようとも、あらゆる選択が、あなたを覚醒へと導きます。悪い選択などというものは、一つもないのです」

「さっきからあなた、まるでここにいるみたいなんだけど」僕は立ち上がり、彫像群の間を歩き回りはじめた。「すぐそばにいて、僕に話しかけてきてるような……いったい、どうなってるの？　これ」

「あなたにとって、そのほうがいいなら、姿を現してもかまいませんよ」

恐れと興奮が僕を満たして溢れ出し、〝知っている〟という感覚をどこかに追いやってしまった。突然、自分が何を知っているのかもわからなくなる。

「これ以上の新しいことに、うまく対処できるかどうか、僕、自信ないな」部屋の中央に下がっていた織物の一つの裏側を盗み見ながら、僕はおそるおそる言った。「つまり、さっき僕は、ここに座って、裸の女性を見たときに自分に起こったことを理解しようとしてただけなんだ。あれって、すごく奇妙なんだよね。彼女を見ていて感じたことって、ビュイック・ドライバーとの喧嘩が終わったときに感じたことと、すごくよく似てたわけ」

「この二、三日の体験のあとで、あなたはどんな選択を行いました?」

その声は部屋の中のどこかから来ていた。

「本当の父親を、できるだけ早く探し出して、いっしょにカリフォルニアで暮らさせてくれって、頼むこと」

「今の状況において、あなたのその選択は妥当なもののように思えますよ」少し間をおいて、〝声〟はつづけた。「母親のもとを去るというその選択に関して、あなたのハートは、あなたの頭に、どんな反応を示しました?」

「あのね、初めてこのことについて考えたときは、本物のパパと、みんなでいっしょに暮らしたいって思ったんだ。ママも含めてね。でも、今晩のことがあって、彼女とビュイック・ドライバーは、どちらかが死ぬまで別れないってこと、わかったんだ」

「はい。あなたの願いは、全員を安全な場所に連れ込むことだったわけですね。今夜の出来事を見たあとで、お母さんの人間関係に関するそんな結論を導き出したのは、どうしてなのですか？」

「ママとビュイック・ドライバーに関する、あらゆることが理解できたから」別の織物の裏側を気にしながら、僕は話しはじめた。〝声〟の主はそこにもいそうになかった。「ママは夫を持ちたがってる。でも、大好きでたまらないような夫では困るんだよね。それだとママ、あまりにも傷つきやすくなってしまうから。彼女、自分のほうがいい人間だって思える誰かを夫にしたいんだと思う。ダニーのような夫なら、自分が主導権を握れるし、何か悪いことが起きたときには、常に彼のせいにできるわけだからね」

話しながら僕は、ホロフォタルの部屋に通じる通路の入口付近まで歩いていった。〝声〟の主はそこにもいなかった。

「ママは自分のことをあまりにも低く評価しているために、自分よりもいい人間だと感じる人といると、落ち着かないんじゃないかな。僕の本物の父親との関係がおかしくなったのは、だからだと思う。根本にある原因は、何にでも優劣をつけたがることなんだよね」

「はい。人間関係というものを、とてもよく理解しているようですね。今夜、空を飛んでまで義理の父親を探しにいったのは、なぜなのですか？」

「彼が家に戻ってこなかったので、ママが心配してたから」大きな絵がいくつも掛かっている壁の前を忍び足で進みながら、僕は答えた。

「でも、彼を見つけたあとでわかったんだけど、ママが心配してたのは、彼がどこに、どんな気持ちでいるのかってことよりも、何をしてるかってことだったんだよね」僕は振り返り、〝記録の殿堂〟の入口である大扉の方向を見渡した。何もない。どんな女性のサインもない。それらしき光点さえ見えない。

「ほんの少しかもしれないけど、ママが彼を愛してるってことが、僕にはわかるんだ。それから、彼女を彼といっしょにいさせてるものは、愛ではない、ってこともわかってる。ママが彼といるのは、彼と別れたら、もうほかの男は現れないって怖れてるからなんだよね」

「はい。あなたは義理の父親を愛していますか？」

その声は僕の真ん前から聞こえてきていた。僕は急いで自分の視覚を調整し、声を発しつづけてきた〝光体〟を見ようとした。しかし見えない。どんな光も、色さえも見えない。見えるのは何もない空間だけ。

「うん」僕は答えた。「彼と戦ってる最中に気づいたんだけど、愛してると思う。ずっといっしょに暮らしたいって思うほど、たくさんではないけど」

気絶して倒れている彼の姿が心に浮かぶ。

「大嫌いだ、大嫌いだって言いつづけてきたのに、愛してるって言うのって、なんか変なんだけどね。それから僕ね、彼が僕を愛してるってこともわかってるんだ」

内側に向かう悲しみの新しい流れが僕の注意を捕らえた。

「もうずっと長い間、僕の現実の父親は彼だけなんだよね。ほんとの父親は、僕が三歳のときに出てったきりだし。彼について覚えてるのは、彼が出てくときに、僕は玄関の階段にいて、彼の車に手を振ったことだけ。だから、僕が彼について話してきたことは、ぜんぶ空想なんだ」

自分のフィーリングを抱きしめながら、僕は座り込んだ。

「僕がこれに気づくのを助けてくれたのが、あの喧嘩だったんだ……僕、ビュイック・ドライバーがどんな人間かはわかってるけど、ほんとのパパがどんな人間かは、まったくわかってないんだよね」

「はい。あなたが今、示唆したように、あなたの本当の父親は、あなたの非現実的な父親で、あなたの継父が、あなたの現実的な父親なのです」

「そうだよね」僕は微笑んだ。「これって、けっこう笑えるかも。もうすぐ僕、ほんとの父親に会うわけじゃない？　そのときから僕、二人の現実的な父親を持つことになるんだものね」

「知らない人といっしょに暮らすことに、不安は感じませんか？」

「最初はすごく不安だった」

「今は？」

「このままママといっしょに暮らしつづけたら、僕、ひどい大人になってしまうと思う。何かがそう言ってるんだよね。だから、ほんとの父親がどんな人間かを知らなくても、彼のもとに行くべきだって、僕は思ってる。ハートの中で、そう感じてる」目の前にいる光体を感じながら、僕はゆっくりと最初座っていた知恵の影像の足もとに戻った。

「僕が家を出ようと思ったのは、最初はビュイック・ドライバーが怖かったからなんだけど……今は、純粋にそうしたいから、そうしようと思ってる」

「あなたは本当のお父さんに手紙を届けようとしていますが、その作業は、動機が恐れであったとしたら、実行が難しかったかもしれません」〝声〟が柔らかく言う。

「その作業は、なおも決して容易ではないと思います。でも妥当な行為であるために、この種のことを得意とする存在たちの大きな関心を呼ぶでしょう」

白雪姫のエーテル体のモデル〝アーイルーヤーショー〟

目の前の空間に濃いブルーと明るい金色のもやが現れ、それが揺らぎはじめた。〝大広間〟内のあらゆる方向から、いくつものキラキラと輝く光の渦が踊るようにしてこちらに近づいてくる。僕がもっとよく見ようとして視覚を調整する間もなく、その鮮やかな煌めきたちは僕の目の前に集結し、一本の美しい虹色の柱を形成した。僕は慌てて、〝知恵の彫像〟群を載せている台座の上へと後退する。

光の柱の頭頂部に大きな金色の輪が一つ現れた。女性像の周囲から新しく光が飛んでいく。肩と腕が形作られる。つづいて胴体、そして脚。

銀色とブルーのもやが、まばゆい光に運ばれるようにして降りてきて、僕の目の前の空間に充満した。それは周囲からではなく、高い天井から一筋の光り輝く流れとなって降りてきた。彼女の目と鼻、つづいて口と顎が形作られる。僕の頭、ハート、光体……とにかく僕のすべてが、振動音を発していた。

「はい、これで完成しました」〝声〟の主が僕に見える姿になって目の前に立っていた。

僕は、ハッとし、思わず手で口を押さえた。

「うわっ！　白雪姫にそっくりだ！」言葉が勝手に出ていった。「着ているものは違うけど」言いながら僕は、背中が知恵の彫像に当たるくらいまで後ずさりしていた。

目を下に向けて自分の体を確かめるように眺めてから、彼女は言った。

「はい。私の抱いている私自身のイメージの一つに、彼女が似ている、と言ったほうが正しいとは思いますけど。白雪姫の創作者は、私のこの姿を、ある種の夢の中で見て参考にしました。私は言わば、彼女のエーテル体モデルなのです」

彼女の目から出ていた光は、晴れた日の海の色とよく似た、青と緑が混ざり合った色をしていたが、あまりにも明るすぎて、見つづけるには、目の上に手をかざさなくてはならなかった。

「あなたは、僕が本物の体の中にいるときに聞いてる声とは、違うよね？」女性像の腕につかまりながら僕は訊ねた。

「私はこれまで、霊感の源として、多くの存在たちと接触してきました。そして、私が彼らと接触する手段は、あなたの内なる声が用いているものとほとんど同じなのです」馬の像のすぐ上に移動して彼女はつづけた。「あなたが聞いている内なる声は、あなたです」

「でも、これって、ずっと遠くにいる僕の一部なんだ」星に乗ってきた男女から〝殿堂〟の外側でもらった贈り物を思い出しながら、僕は言った。「僕の二つの部分が、一つみたいに話すんだよね」

「はい。永遠の双子です」その声は音楽のようで、彼女が話すと〝大広間〟内のあらゆるものが動いた。

「僕の〝声〟がやってきている場所、見たことがあるんだ。青い星だった」

「はい」

「あなたが何か言うと、どうして何もかもが動くの？」

「はい。私があなたに見せているこのイメージが、この領域の物質から作られているからです」そう言って彼女は両腕を大きく広げる。「ずっと以前に、私は物質領域から〝上昇〟しました。そのために、このような姿になるには、今あなたの周囲にあるあらゆるものから、光の粒子群を借りなくてはなりません。はい、この世界と私は、まさしく〝一つ〟なのです」

「もしかしてあなた、アーーイルーヤーーショー？　イーライの先生？」

エネルギーの波がドッと押し寄せ、〝大広間〟に充満した。

「はい」彼女と部屋がいっしょに答えた。

「あなたがこんな姿をしてるなんて、思ってもみなかった。もっとずっと年上だと」女性像から手を放して浮かび上がりながら、僕は言った。感謝のフィーリングがアーーイルーヤーーショーの燦然《さんぜん》と輝く体から押し出されてきた。深い静寂が彼女を取り巻いていた。

「僕、あなたのこと前から知ってると思う。だから僕、気絶することも、目の前が真っ暗になることもなかったんだ、きっと」

「はい。それから、私たちのような存在が現れたり消えたりするのを見ることに、あなたが慣れてきたということも言えるでしょうね」

細切《こまぎ》れの小さな映像が次々と僕の目の前を通り過ぎた。遠い昔の映像だった。

「ティブーオンーエル！　僕、ティブーオンーエルだったときに、あなたを知ってたんだ。あなたは、アトランティスの長老たちからホロフォタルを隠した女性だった。リーオンーエルーアー……スフィンクス・レディー」

彼女をもっと感じようとして、僕は彼女に近づいた。すると突然、ある奇妙なフィーリングが僕を満たした。自分がほしがって〝いた〟ものと、ほしがって〝いる〟もののすべてが、今、一度に与えられている。そんなフィーリングだった。

僕の光体は、彼女の〝惜しみなく与える〟エネルギーの中に溶け込みはじめていて、その形を失いつつあった。なんという平穏。なんという恵み。質問が詰め込まれていた僕の頭は、もうどこにもない。もはや答えなど、どうでもよかった。果てしない寛大さを感じているだけで、もう何もいらない。彼女の光に包まれながら、部屋がどんどん小さくなっていくのを僕は感じていた。

「私たちの共通の友人、イーライが言っていた通りでした。知識と知恵の〝導管〟としてのあなたの能力は、本当に素晴らしいですね」

突然、あるエネルギーの波が僕を襲った。

「イーライ！　イーライ！」僕は思わず彼の名を呼び、助けを求めた。すべてがとても柔らかく、とても寛大だった。「アー-イル-ヤー-ショー、僕の体、消えてしまいそう。自分の光に焦点をあてるの、手伝ってくれない？」

「はい。〝私は〟という宣言を思い出すのです」

「僕は、ゲリー！」小さなフィーリングの群れが僕の内側にドーッと流れ込み、僕の光体が再び鮮明になる。気がつくと僕は、床から遠く離れた丸天井の近くにいた。

僕は新しい教師に向かってゆっくりと降下していった。〝大広間〟のバラ色の光が、夏の花々の香りを僕に届けてくれていた。

「あなたとイーライって、全然違うんだね。驚いちゃった。僕が彼から感じるのは、主に〝知恵〟と〝裁かない姿勢〟の波なんだよね。でも、あなたから感じるのは〝惜しみなく与える宇宙〟で、その中には形も境界もなくて、言葉も思考もない。あるのは、〝限りない感謝〟と〝与える意志〟だけ。これが僕にできる最善の説明なんだけど」

「はい。あなたに対するイーライの役割は、あなたの現実の本質を、あなたが思い出すのを、手助けすることなのです。でも、彼もまた、今あなたが私の内側でかいま見たのと同じ、時間も形もない宇宙の中に存在しているのです」

「そのことなら僕も知ってるけど、やっぱり二人は違うと思う」

「はい。私は物質から〝上昇〟していますから。私は本質的に、自分自身の境界を持っていなくて、自分が訪れたいと思う領域から時空の概念と物質を借りなくてはならないのです」

「でも、物質宇宙から〝上昇〟するとき、魂体の十四万四千個の細胞は持っていくわけだよね？」

「はい」揺らめく光が僕の前をシューッと通過してホロフォタルの部屋のほうに向かった。

「もしも私が、あなたの世界であなたと会うとしたら、そのときには、魂の記憶細胞群を利用して内側から物質的な体を編成するか、物質領域の物質に指令を発して、あなたがたの時空に相応《ふさわ》しい妥当な体を形作らせるかを、選択することができます。私は〝上昇〟した存在であるために、これらのどちらかを選択することができるのです」

「さっき、いろんな光が集まってあなたの入る体ができあがるところを見たけど、あれは、あなたが外側から材料を集めて作ったわけ？」

「先ほど私は、私とこの世界は〝一つ〟だと言いました。私はこの世界なのです。あなたが目撃したものは、内側に光体が形成される様子でした。私は、あなたに見られるために必要なものを、自分自身から調達しました。私は、この領域のあらゆる物質を、私という存在の中に収められるほどに進化しているのです。あなたの教師であるイエスが、あなたがたの世界のあらゆる物質を、彼という存在の中に収められるほどに進化しているのと同じようにです」

「へー……」ある新しいフィーリングの訪れを予感しながら、僕は彼女の声の魔法に魅せられていた。

「はい。ということは、あなたは今、私という存在の内側に存在していることになります。そしてこれは、私たちは〝一つ〟である、ということでもあります」

「そうなんだ!」何か気の利いたことを言わなくてはという思いが、僕の頭を駆け巡った。

「この〝殿堂〟の中にいるとき、僕は、あなたの内側に存在してるわけ?」

「はい。私は、あなたがたの領域では〝オーバー・ソウル(大霊)〟と呼ばれています。私のような存在たちの間では〝時代を司る存在〟と呼ばれていますけど」

「僕が肉体の中にいるときには、どうなの?」

「はい」

「はい? つまり、僕は肉体の中にいるときにも、あなたの内側に存在してるってこと?」

「はい」

「えーっ! なんか、すごすぎる!」自分は受け入れられている、という素晴らしいフィーリングが押し寄せてきた。「ということは、僕が今、あなたから出てるって感じてるもののすべてが、僕から出てるっても言えるわけ?」

「はい」

「イーライは? 彼もあなたの内側で生きてるの?」

「はい。彼は人間としての次の生涯で、あなたがたの物質領域から〝上昇〟することになっています。もしも彼が、その領域内のあらゆる物質を彼という存在の中に収めたならば、そのときから彼は、十四万四千の存在たちのためのオーバー・ソウルとなり、私はこの領域における霊的階層内の〝ガーディアン・ソウル(守護魂)〟になります」

「あっ、そうだ。イーライから聞いたんだけど、僕、彼の教師になるんだってね。彼が子どものときに。それで彼、そのあとで〝上昇〟するんだよね……いくつくらいのときに、そうなるのかな?」

「はい。肉体的な年齢は、あまり重要ではありません。偉大な知識の中では、それはすでに起こっています。肉体的な活動自体は、単なる形式的なものにすぎません」

「でも、〝上昇〟するには肉体を持たなくてはならないよね?」

「はい。〝上昇〟が考慮の対象となるのは、魂が物質領域にいるときだけですから。あなたはこれまでに、あなたが未来と呼ぶものを、ホロフォタルを用いてどのくらい見てきましたか?」

「二、三回しか見てないけど……でも僕、将来何が起こるかってこと、知りたいかどうか、よくわからない。今起こってることについていくだけで、精一杯っていうか」僕は突然、強い圧迫感を感じ、何を言ったらいいのかわからなくなる。「最大の変化は〝予期せぬこと〟の中で発生するってイーライが教えてくれたんだけど、僕、それを信じてるんだ。僕、可能な限り変わりたいんだ。だから、たくさんの

〝予期せぬこと〟が僕には必要だって思ってるわけ」

「はい。未来の出来事は、現在と過去の出来事と同じくらいに現実であるとも言えますし、それと同じくらいに非現実であるとも言えます。与えられた時空の現実内でもっとも確実に起こりうることを下見することで、あなたは、何が可能であるかの自分のビジョンを明瞭化することができます。確かに多くの人間たちが、自分の位置を明瞭にすべく、過去の出来事を再訪問しています。そしてその行為は、実質的に、過去の出来事を別の結果に終わらせることになります。

はい。**直線的な時間内で後ろを振り返ることは、未来の形成を助けます。というのも、それによって過去を癒すことができるからです。未来を見ることも、過去に影響を及ぼします。もっとも起こりうる未来を知ることは、約束が守られなかったときに体験された疑念にポジティブな影響を及ぼすことで、過去を癒します**」

「**アカシック・レコードの重要性は、僕もわかってるつもりだよ。過去や未来を見ることが有益だってことはわかるんだけど、今の僕が本当にやりたいことは、もっと完璧に〝今〟の中にいることなんだよね。そこが、僕にとっていちばん安全な場所のように感じるんだ**」

「はい。解決された過去の体験の知恵――女性的側面――と、実現可能な未来のビジョン――男性的側面――がなかったならば、〝今〟は単なる不思議な夢でしかありません」

「もしも未来に目を向けて、今の人生の中にあるものと同じようなものを見たりしたら、僕、どうしたらいいか、わからなくなると思うんだけど。もっと悪いものを見ることだって、あるかもしれないし」

震えが僕の背中を小刻みに上昇しつつあった。

「過去を癒すことが、未来を照らします」

「これまで僕、〝今〟の中にいられるよう、ずっとイーライに助けてもらってきたんだけど、昨日、ビュイック・ドライバーと戦ってる最中に、肉体といっしょに完璧に〝今〟の中にいるってことが、どういうことなのかを、初めて知ることができたんだ。それまでは、肉体から出てるときしか体験したことがなかったんだよね」赤毛の女性の映像が、突然ポンと頭に浮かんできた。「あの裸の女の人を見てたとき、僕、どうして〝今〟を感じたんだろう?」

「はい」アーーイルーヤーーショーが一瞬、考え込む。「順序立てて説明させてくれますか?」

「もちろん!」

「まず未来について。もしあなたが、これまでと同じパターンがくり返されているのを見たとしたら、そのときには、そのビジョンの中で、別の結果が現れるように状況を操作すればいいのです。〝今〟に関しては、こうです。あなたが第一に行うべきことは、目覚めているハートと頭を協調させて、充分に意識的に生きること。それから、赤毛の女性については、こういうことです。人間意識はたびたび、性的な行為の最中に、時間を超越した感覚を手にします。この時間がなくなった感覚は、ほとんどの人間が体験する〝今〟の感覚に極めて近いものです。はい。あなたの義理の父親のセックス・フレンドは、あなたの背骨の付け根に潜んでいた垂直・女性・地球エネルギーを目覚めさせました。このエネルギーは、肉体内に放出されると、直線的知覚を調和意識へと変化させます」

「うん、同じようなこと、イーライからも教わった」冷たくてチクチクする光点群が、僕のみぞおちを刺激していた。「あなたと僕がこれから行う作業は、未来に関するものなの? それとも過去に関するもの?」

「はい。成長は前を見るのが好きですから。基本的には未来に関するものになります」

「イーライは、あなたと僕は、キリスト存在たちがその昔、どのようにして物質をコントロールしようとしたかを探検することになるかもしれない、って言ってたけど。それによって僕は、未来に教えようとしていること、行おうとしていることに関する理解を深められるだろうって。僕は、自分の世界の成分のなすがままになるんじゃなくて、それを利用したいんだよね」

僕の光体の中心部が収縮した。僕は突然、自分が悪いことを言ってしまった気分になる。

「はい。あなたが好きなようにするといいでしょう。望み通りに、過去を訪ねなさい。ただし、あなたが男性面と女性面、思考とフィーリングを統合するのは、未来においてですよ」

「僕、叱られてるの?」

「はい。あなたは、私の内側の境界のいくつかを叱責《しっせき》として体験するでしょう。というのも、それはあなたが創り上げている境界だからです。私という存在の中には叱責も糾弾もありません。それは、もしあるとしたら、私という存在をあなたに示している、私のパワーの中にあるのみです。私の指示に従うことが、あなたにとっては有益です。そうすれば、多くの時間とエネルギーが節約できます」

「僕はただ、自分が感じてたものが、あなたから来てたのか、それとも、自分の落胆のフィーリングの投影なのかってことを、知りたかっただけなんだけど」

「はい。私の論拠《ろんきょ》を説明させてください。あなたの過去の未解決の要素は、あなたが現在の現実領域内に意識の焦点を向けつづけることで解決するでしょう。たとえそれがどこで表現されようとです。もし

あなたが充分に存在しつづけたならば、〝今〟はそれ自身の面倒を自らみるようになり、そのときから
あなたは、選ばれし〝選ばざる者〟になります」

「充分に存在するには、どうしたらいいの？」

「選択の幻想を振り払うことです。この幻想は疑いから発しています。疑いは恐れを生み出します。恐れは、エゴとイドを通じてそれ自身を表現し、不満足への答えとして選択を創造します。そして選択は、不満足という虚空を外側から埋めようとする試みです。でも虚空は内側からしか癒されません」

「わかった。でも僕、ほかにもできることがありそうな気がするんだけど」

「はい。内なる〝真実の声〟にもっと耳を傾けることです」

「それが何かを言ってきたら、いつもちゃんと聞いてるよ、僕。どうやったらもっと耳を傾けられるわけ？」

「あなたは義理の父親と戦っていたとき、自分の全存在——協調した頭とハート——を目の前の一瞬、一瞬に向けて開くことで、内なる声、つまり〝永遠なる太古よりの知恵〟が、めまぐるしく変わる状況に速やかに反応するのを許していました。戦いの中に永遠に留まりたい、という気持ちにはなりませんでしたか？」

「うん、なってたと思う」継父との戦いが、また僕の心に蘇る。「すべてが、すごく生き生きとしてた。後ろにあるものが見えたりもしてたし。まるで頭の後ろにも目があるみたいだった。でも、戦いつづけるわけにはいかなかった。もし僕が殴りつづけていたら、彼はきっと死んでたと思う。僕は別に、彼を殺したかったわけじゃなくて、彼が僕らにしてきたのと同じことを、してやりたかっただけだから」小

さな子どもとして抱きつづけてきた過去の様々な思いが、次々と浮上したがっていた。「あの喧嘩、ほかの〝今〟の瞬間とは明らかに違ってたけど、どうしてなんだろう?」

「はい。そのときあなたは、ついに、自分の空想物語すなわち、自分を幸せから遠ざけつづけてきた〝悪役〟に戦いを挑む物語を指揮し、自身の最大の夢を現実化していたのです。それは、すべてを得るか、すべてを失うか、生きるか、死ぬかの戦いでした。そのときあなたは、目の前の一瞬、一瞬の中にいるだけで充分でした。先の結果のことなど眼中にありませんでした。苦労も、痛みも、限界もなくっていました。あらゆる動作が直感的であり、思考はほとんど介在《かいざい》していませんでした」

「うん、ほんとにそうだった」僕は大声で言った。「すごかった」僕のキリスト体の絵が、僕の心に充満する。「僕、今すぐにでも〝上昇〟したい。肉体に戻るたんびにトラブルに巻き込まれて、そのつど傷つくことなんて、もう嫌だ。物質世界で生きることって、大変すぎるよ」

「はい。あなたが今すぐにでも〝上昇〟したがっていることは、よくわかっています。と同時に、あなたが今、自分自身の選択を行わなかったことが原因で痛みを感じていることも、私にはよくわかっています。人間意識は、自分が行ってきた選択のすべてを自分のものだと感じていますが、実際にはそうではありません。常に意識的に選択するよう努めることです。先ほどあなたが示唆《しさ》したように、意識的な選択のすべてが、〝唯一〟の選択肢以外のものは選択しなくなることへとつながっています。

あなたの旅に関して言えば、永遠に終わりが来ないように感じられるかもしれません。でもあなたは、その道を最後まで歩きつづけるでしょう。その道は選択の幻想で満ちています。あなたの世界の幻想を利用することです。選択を指揮できるようになることです。そうすれば、あなたは〝上昇〟できます。

はい。あなたはやがて大人になったとき、自分に痛みを感じさせる選択をまったく行わなくなっている自分を発見するでしょう。痛みは、自分自身の選択を行わないことによってもたらされます。自分自身の選択を行わないことは、生きたままの死を意味します」

「ところで、あなた、いつも〝はい〟って言ってるけど、それに気づいてる？　ほとんどすべての発言を〝はい〟でスタートさせてるんだけど」

「はい。完璧に気づいています。〝はい〟という音は、私という存在に大きな喜びをもたらすのです。私が今まとっているこの形態にとっては、栄養素と言ってもいいものです。はい。すてきな響きだとは思いませんか？」

「そうなんだ。なんとなく、わかるような気がする。それで、僕は嵐の中から抜け出すことを自分で選択したわけだけど、あなたはこれを〝妥当〟な選択だったって言ってから、僕がほんとの父親にメッセージを届けるのを手助けしてくれるっていう意味のことを言ったよね。僕がそれをうまく行うには、どうしたらいいのかな？」

「はい。大切なことは、私といっしょに作業を行うときに、ハートと頭の中に、次に言うことを保ちつづけることです。キリスト意識は、ハートと頭が目指しているものではありますが、物質世界の中で何かを達成する能力を持つわけではありません。頭の知恵に指揮された明確な選択が、ハートの意志によって力を与えられた妥当な行動と結びついたときに、人間意識は過去と未来から〝今〟の中へと上昇します」

「僕、ビュイック・ドライバーとの戦いみたいな、最終的に現実化する空想物語を、ほかにも創り出せるかな?」

「はい。幸いなことに、あなたは親の影響をほとんど受けていません。母親は仕事に忙しすぎて、父親は基本的に、あなたに無関心ですから。あなたには、自分の意識を探検する素晴らしい機会が与えられているのです。自分に可能なことを思い描き、そのビジョンの親として、それに大きな影響を及ぼすことです。あなたが創造する空想物語の数々は、あなたをしかるべき未来へと導いていきます。それらは、あなたの教師たちです。ビジョンを描くときには、あらゆる感覚を用いることです。そしてその空想物語の、あらゆる側面を感じることです。**思考とフィーリングが一つになっているとき、あなたには〝一つ〟の選択肢しかありません。そして〝今〟は贈り物です。だからそれは、〝プレゼント(present=現在)〟とも呼ばれているのです**」

「あっ、それ、いいね！ 今日あなたから聞いてきたことを思い出すための、キーワードになりそう。僕、プレゼント大好きだから。ようするに僕は、生きている一瞬、一瞬に、自分にプレゼントをあげてることになるわけだよね」

「はい。**〝今〟という贈り物を充分に楽しむためには、〝過去の傷ついた未解決のフィーリング〟と〝未来への不安〟という包み紙を、取り払わなくてはなりません**」

「僕、すぐに混乱してしまってたころじゃなくて、今、あなたに会うことができて、すごくよかったって思ってる」

「はい。あらゆる物事が起こるべきときに起こっています。選択の余地はないのです」

「選択の余地はない……」僕は大きく息を吸い込んだ。新鮮な空気が僕の肺を満たす。「ママが持ってるほんとのパパの写真、僕、必要な気がする。彼が住んでる場所に意識を集中するのに、きっと役に立つと思うんだ」

「はい。選択の余地はありません」

「それから、手紙をテレポートするときには、よっぽどしっかりと〝存在〟してなくちゃならないだろうな。しっかりと集中しなくちゃ。質問のリストを持ってったのはオーランドだったけど、カリフォルニアは、それよりもはるかに遠いものね」

「純粋な意図は、距離を問題にしません」

「あっ、〝はい〟って言わなかった」

「はい」アー‐イル‐ヤー‐ショーは笑った。

「とにかく、明日から準備をはじめよう。予想できる唯一の問題は、パパの写真を手に入れること。彼の写真、一枚しか残ってなくて、それをママ、裁縫箱《さいほう》の中に入れてて、誰にも触らせないんだ」

「はい。自分がほしがっているものを、それはすでに自分のものであると知りながら、求めるのです」

「思い出させてくれて、ありがとう」イーライと〝声〟の教えが自分の内側に定着しているのを感じながら、僕は言った。「手紙を運んでいく前に、肉体に対して何かしたほうがいいことがあったら、教えてくれる?」

「はい。準備をすることは、最初の試みで成功するためには、とても賢い選択です。失敗は時間のロスですし、あなたがたにとって時間はとても貴重な必需品ですからね」そう言うとアー‐イル‐ヤー‐ショーは近寄ってきて、僕の光体の喉に手を添《そ》えた。

「肉体の喉のチャクラ内には、ある特殊な光の集合体――五次元と六次元のエネルギー――が存在していて、それは、人間がいかなる状況においても〝選択を知らない〟状態でいることを可能にしてくれます。この光が、特定の意図とともに物質宇宙の中に放出されたなら、そのときには、あらゆる物質がその〝源〟の意図にしたがってきます」

「なんか僕、これからあなたが話すことが、僕の残りの人生をすっかり変えてしまうような気がしてるんだけど」

「はい。あらゆる時空内、あらゆる生涯における、あなたという存在のバランスを変化させることになるかもしれません」

「うそ！　ほんとに？」僕の光体がギュギュッと引き締まった。「その光、具体的に、どうやって利用すればいいの？」

「はい」彼女の光が、いっせいに内側に向かって流れ出す。まるで彼女が、内側の深いところに手を伸ばし、そこに隠されている僕の質問への答えを取り出そうとしているかのようだった。

「はい。視覚的な印象は、サイズも形もまったく同じのピラミッドが二つ、片方は上向きの状態、もう片方は下向きの状態で、互いに中心を同じくして、きっちりと重なり合っている状態です。下向きのピラミッドの色は鮮やかな黄色で、上向きのそれは、ダークブルー。重なり合っている部分は、深い緑色になっています。

はい。音は、音符の〝ミ〟と〝ファ〟、そして〝ソ〟が聞こえます。〝ミ〟と〝ファ〟が強調されていて、〝ソ〟は、持続する音というよりは、〝ミ〟と〝ファ〟の間をつなぐ一拍の休符のような役割を果たしていません。それぞれの音が、正確な音階と、妥当な時間的長さを持っていなくてはなりません。私の声で聞かせてあげましょう」

そう言うとアーーイルーヤーーショーは、僕を見たまま〝大広間〟の中央部に向かってすーっと移動した。つづいて彼女が大きく息を吸い込むと、周囲の光が彼女の光体に吸いこまれ、部屋全体が少し暗くなる。

彼女の息がゆっくりと吐き出されはじめた。

「ミーーーーーーーーーーーーーーーーー」虹色の美しい光が彼女の口から出てきて、部屋に充満する。

つづいて彼女は、「ソ」と唱えながら大きく息を吸い込んだ。彼女の体が深い、深い青に変わり、その詳細が見えなくなる。

「ファーーーーーーーーーーーーーーーー」彼女がまた息を吐くと、今度はエメラルドグリーンの光があらゆる方向に広がった。

「はい。これらの音を、二重ピラミッドの形と色を心の目でしっかりと見ながら、正しく発したならば、あなたが意図することのすべてに、至高の権威が授《さず》けられるでしょう」

彼女が最後にゆっくりと吐き出した息が、僕という存在のすべてを小刻みに振動させていた。彼女の声の音色に、僕は完全に魅了されていて、次の声が彼女の口から出てくるのを、胸をときめかせながら待っていた。

その音色は僕の食べ物だった。命だった。自分がまるで、彼女の心の単なる延長部分であるかのようだった。いや、僕はいなかった。いたのは彼女だけだった。

足が床に貼り付いていた僕のところに、アー-イル-ヤー-ショーがすーっと近寄ってきた。彼女の両腕が伸びてきて、僕を抱きしめる。僕にできたことはただ、目の前に来た彼女の向こう側、つまり、彼女がもといた誰もいない空間を、ジッと見つめて立っていることだけだった。

「はい。はい。はい」彼女が僕を優しくあやす。「落ち着くのです、愛しい友よ。純粋な意図を持った意志がどのように機能するのかを、物質領域においてそれを実際に用いる前に、知っておくことが、あなたにとって重要なことでした。あらゆる物質が知性を持っているのです」

彼女の胸に抱かれているうちに、僕自身の意志が戻ってきた。

「うわっ！」僕は愕然《がくぜん》とした。ショックだった。「あれって、ほかの誰かの意志に完全に支配されてるときの感覚だったわけ？　完全な無力感？」

「はい、そうなのです……」彼女は微笑んだ。「この意志の力を用いる前に、純粋な意図を所持することが、あなたにとって何よりも大切なことです。この力は、もしもあなたによって利己的な流れの中に配置されたならば、あなたを破壊することになります。この力を、自分のためばかりでなく、人類のすべてに奉仕するために用いることです」

「僕の手紙も、僕が今感じたのと同じように感じるのかって考えると、なんか怖くなってくる。あなたの声に完璧にコントロールされてて、そうされてることがすごく心地よかったんだよね。それでもなお、自分が外側の力によって縛られてることは、わかってた。怖いよ、これって！」僕は少し考えた。

「うわっ！　これって、あの赤毛の女性が部屋を横切って歩いてるのを見たときに感じたのと、同じフイーリングだ。あのとき僕、彼女から目が離せなかった」

「女性の形態は、このパワーと自然に結びついているのです。あなたはこれを、あなたの男性としての人生を通じて、くり返し感じるでしょう。もしあなたが自分の女性的側面の出現を許したなら、そのときから、あなたはこのパワーを自然に用いて生きられるようになります」

「あの三つの音だけど、どのくらい長く唱えたらいいのかな?」

「はい。やってみればわかるはずです」

「手紙をパパに届けるとき、それをどうやって持っていけばいいと思う?」

「はい。手紙という物質を作り上げている光の粒子群の知性は、あなたが〝唯一〟の選択肢を選択しているとき、それ自身とあなたが同種の心の状態にあることを知っています。同種の心は協調します。あなたのその〝選択を知らない〟心から、あなたの声のパワーを用いて、紙とインクの物質的成分たちに、あなたの意図を成就させるよう指令を発するのです。手紙の物理的形態を作り上げている物質の心は、あなたの意識の流れの中に入ると、あなたの心と体の一部になります。するとそれは、そのときから、あなたと完全に行動をともにすることになります」

「僕の体の一部になるって、どういうこと? 僕の肉体の一部? それとも光体の?」

「はい。両方です。わかりやすく言うと、まず最初は肉体の一部になり、つづいて光体の一部になります。手紙を作り上げている物質は、あなたによって振動数を三次元のそれから五次元のそれへと引き上げられたあと、あなたの四次元の体の内側に留まることになります」

「今聞いたこと、ちゃんと理解してるか、もう一つ自信がないな、僕。質問のリストを運んだときみたいに、ただギュッと握りしめて、飛んでくっていう方法のほうが、ずっと簡単だと思うんだけど。それじゃだめなの？」

「はい」

僕は次の言葉を待っていた。

「〝はい〟って」待ちきれずに僕は訊ねた。「それが答えなの？」

「はい。あのときの無邪気さは、今の理解に道を譲ってしまいました。あのころの無邪気さが奇跡的に戻ってくるのを待つよりは、指令を発することで同じ芸当を再現したほうが、ずっと賢明だと思います」

「そうなんだ。わかった」僕の心は高ぶっていた。と同時に、それまでの会話で疲れてもいた。「今聞いたことを、僕なりに整理してみるね。まず第一に、二つのピラミッドの形と色を思い描きながら、三つの音符をあなたがやったみたいに唱えることで、喉の中のエネルギーとつながる。それらの音を唱える長さを、僕は自然に知ることになる。というのも、それは過去の記憶として僕の内側にあるから。第二に、自分の純粋な意図、つまり〝唯一〟の選択肢を、自分の意識の流れの中に放出することで、手紙の知性の興味をそそる。第三に、手紙を作り上げている物質が、テレポートされている間、僕の光体の中に留まるのを許可する。これによって手紙は、アストラル形態を与えられる。それはそもそも、アストラル体を持っていないから」

「はい。はい。素晴らしい！」彼女の喜びが部屋を満たした。あらゆるものが幸せそうに振動していた。

「物質をよりうまくコントロールするには、その組成を明確にイメージするといいでしょう。そうすることであなたは、原子や分子をくっつけている小さな粒子群と接触できます。それらのいわゆる素粒子は、〝すべての源〟が創造した全宇宙内で最古の〝生きている知性〟で、神のための、そして神そのものの観察者である〝目覚めた人間意識〟に、意欲的に奉仕しようとしています。己を知っているほかのあらゆる意識体たちに奉仕するのと同じようにしてです。素粒子たちは、これまで常に存在してきました。そして、永遠に存在しつづけます。ですから彼らは、〝偉大なる自己〟の遊戯《ゆうぎ》内における人類の役割を、完璧に知っているのです」

「同じようなこと、イーライからも教わったよ、僕」

「このような形態の知性と意思疎通《そつう》するには、光の波を物質の素粒子場の中へと移動させるメカニズムに関する、あやふやな理解以上のものが求められます」

「どうして?」いつまでも外で遊ぶのをやめたがらない子どものような気分で、僕は訊ねた。「イーライの教え方では不十分だってふうに、僕には聞こえるけど」

「イーライが今ここにいなくて、私も寂しさを感じています」低い声で彼女が言う。「あなたはときおり、彼の教え方のほうが親しみやすい、あるいは好ましいとさえ感じることがあるかもしれません。そのときあなたは比較を行っています。でも、比較をしても意味がありません。ここでは、比較は何の役にも立たないのです。私はアーｰイルｰヤーｰショーです。あなたの母親ではありません。あなたと私は、互いの利益のために、今ここにいます。私は今、あなたのガイドとしてここにいるのです。それ以外のものとしてではありません」

「はい、先生」背筋を下る寒気を感じながら、僕は小声で言った。

「はい。私がガイドとしてあなたのそばにいるときには、あなたの集中した意識を私は求めます。もしもあなたの心が、両極性、または二元性の概念に惑わされていたとしたら、私が何を与えても、あなたはそれを保ちつづけることができません」

「それなら、よくわかる。イーライも……」

アー-イル-ヤー-ショーの体がみるみる大きくなり、〝白雪姫〟のやさしい外観が強烈に波打つ光の塊へと変化した。それ以前には感じたことのないパワーの波が押し寄せてくる。彼女が早く何かを言ってこなければ、僕の心は爆発してしまいそうだった。二人の間の静寂が破られるまでに、まるで永遠の時間が経過したかのようだった。

「はい！　よく聞いてください。あなたの内側にある思考、フィーリング、興奮、衝動のすべてを、私は認識しています。あなたは、私の内側にあなたとして存在し、別個の現実を所持しています。あなたのサブ・パーソナリティーたちが、あなたという存在の内側に彼らとして存在しているのと同じようにです。あなたは、私があなたに教えているときでさえ、彼らに指示を出しています。あなたとあなたのサブ・パーソナリティーたちは、学習の手段としてのドラマを演じるための環境を創造します。しかし、私たちはそうしません。あなたは、あなたのいくつもの側面に、基本的に気づいていません。私は、私という存在のすべてを自覚しています。私は覚醒していて、何も追い求めていません。あなたは覚醒する過程にあり、多くのことを覚えていません。私は、あなたが追い求めているものを提供します。あなたは、私が提供するものを受け取る恵みを、手の内にできるかもしれませんし、そうできないかもしれません。あなたがどちらを選択するかで、それは決まります。というのも、あなたはまだ、本質的には

"選択を知らない"意識状態にはないからです」

たす。

「ごめんなさい」恥ずかしさの荒波が脱力感を運んできた。冷たくて暗い混乱と孤独が、僕の光体を満たす。

つづいて怒りと恨《うら》みがやってきた。意地の悪いスマイルが僕の唇にたどり着こうとする。僕の一部は、僕がいつも女の子たちとしているゲームをさせてくれないアーｰイルｰヤーｰショーに、唾を吐きかけたがっていた。

僕の心が、自分のパワーを見つけようとして駆け回りはじめる。僕は確かに、いろんなことを学びたい。でも、どうしてこんな言われ方をしなくちゃならないんだ？　誰も僕には命令できない。ママも、学校の先生も、姉さんも。自分が何をするかを、僕は自分で決められる。

僕はアーｰイルｰヤーｰショーを見上げた。僕の目に、彼女はまるで、頑丈《がんじょう》な鎧《よろい》に身を包んで今にも僕に斬りかかってこようとしている、どでかい騎士のようだった。

僕は目をつぶり、自分の勇気を探そうとする。ない。どこにもない。彼女に対して、僕は完全に無力なのだろうか？　彼女の命令に従うしかないのだろうか？　いや、待てよ。僕のパワーは、真実を追い求めることの中にある。真実を見つけられたら、パワーも見つかる……。

真実を知りたいという熱望が僕を飲み込んだとたん、怒りの真っ黒な雲は霧散した。僕の頭が再び駆け回りはじめる。

僕は彼女を怖がっている。彼女があまりにもパワフルであるために、自分自身を彼女の中で見失ってしまうのではないかと、僕は怖れている。こんなにパワフルな女性に会ったのは、生まれて初めてだ。

彼女は僕に、僕がほしがっているものを与えられる。僕にはそれがわかっている。僕がほしがっているのは、苦闘から解放されること。〝選択を知らない〟存在として生きられるようになること……あっ、そうか。そうだよ。彼女と僕は〝一つ〟だったんだ。だから、彼女を怖れる必要なんて僕にはまったくない。そう、怖がることなんて、なかったんだ。

僕の目を覆っていた暗い光の鱗《うろこ》が、一気に剝《は》がれ落ちた。

「わかったよ、アー‐イル‐ヤー‐ショー。僕があなたに挑戦したのは、あなたが女性だったからだったんだ。イーライは男性だから、彼に対してはそんな気は起きなかった。今気がついたんだけど、僕、あらゆる女性に対して同じことをしてきたと思う。僕がもう少し挑戦的でなかったならば、ママだって、僕のそばにもっといてもいいって、きっと考えたに違いないんだ。刃向かわれるのは、ビュイック・ドライバーだけで充分だからね。女性の話を素直に聞くことができないんだよね、僕って。女性を自分よりも劣ってるって考えてるんだよね、どこかで。どうしてなんだろう？」

「私たちはお互いに、合意のもとで存在しています。私たちは、お互いに関わり合って生きることに決めているのです。もしもそうでなかったら、あなたにこんなふうにして話すことはありませんでした。私は、自分の内側に、それ自身をあなたとして表現している場所があることを知っていますが、それが存在しているのは、あなたがそれを許しているからなのです。あなたも、あなたの内側に、それ自身を私として表現している場所があることに気づいていると思います。そしてそれが存在するのも、私がそれを許しているからにほかなりません。あなた自身を私に漏らそうとするあなたの意欲は、内側の葛藤と外側の偏見を超えて前に進もうとする、あなたの願望の現れです。はい。私もかつては、自分のガイドや教師にひどく挑戦的になったことがありました。そのころのことを回想するのも、なかなかいいものです」白雪姫の優しさが彼女の光体に戻ってきていた。

「女性に対するあなたの姿勢は、あなたが自分の選んだ道を旅していくうちに変わってくるでしょう。そのための努力は、ほとんどいりません。というのも、あなたの女性的側面が、あなたの心の中で徐々に多くの場所を占有し、その立場を堅持するようになるからです。うまく機能するもの、有効なものに意識を向けることです。そうすれば、機能しないもの、無効なものは、あなたに対する興味を失います」

「僕、あなたに助けてほしい」沈んだ声で僕はお願いした。彼女が腹を立てているというフィーリングが、消え去りはじめていた。「どうしてあんなに怒ったの？」

「はい。まさしく」アーｰイルｰヤーｰショーがゆっくりと言う。「私は常に、あなたの心の内側にある最強の要素を反射することになっているのです。そのように私たちは合意しているからです。あなたがどこに隠れようと、私はあなたを探し出します。これも私たちの合意事項です。あなたが到達を目指している〝純粋な源〟を体験させてあげましょう」

〝大広間〟中から煌びやかな光が集まってきて一つの渦となり、僕を包み込んだ。僕の光体が広がっていく。〝大広間〟の惜しみなく与えようとする意志と、アーｰイルｰヤーｰショーの拡大をつづける喜びが、僕を出迎えてくれた。

彼女の愛の中に浮かびながら、僕は考えた。僕はどうして、これまで女性を受け入れることができなかったのだろう？　あれ？　アーｰイルｰヤーｰショー、僕が今、何を考え、感じているかを、完璧に知っている……。

「あなたが今、僕の内側の深いところにいること、よくわかる。僕という存在を通じて、限界を持ったころの自分を再体験してるわけ?」

「はい。その通りです。〝一つ〟になろうとするあなたの意志を目の当たりにして、私は今、大きな喜びに包まれています。私は今、あなたの内側を、奥の奥まで体験しています。

〝統合〟を目指す大きな意欲があります。たくさんの喜びが、そして悲しみがあります。こんなに深くまで旅ができるということは、私にとって、本当にありがたい贈り物です。これを許してくれているあなたに、心から感謝します」

「ここに来ることを許されていて、僕はすごく幸せ。この〝記録の殿堂〟にいるみんなのことを考えない日なんて、初めて来たとき以来、一日もないよ、僕。毎日、何度も考えてるんだ。感謝の祈りを、いつも唱えてる。ありがとう!……」少し間をおいて僕は訊ねた。「どうやったら、今のこの状態を維持できるのかな?」

「この状態を持続的に体験できるようになるには、時間が必要です。ほかの方法は、ほとんどないと言っていいでしょう。この存在状態を物質的現実の中で達成するのはほぼ不可能だとさえ言えます。この場所を見つけている人は極めて少数です」

「僕、見つけられるかな?」

「はい、愛しい友よ。それは、あなた次第です。それはそれとして、父親との再会の詳細が、自己選択を行いはじめているようです。その選択が、今、行われています。本当のお父さんとともに、たくさんのことがあなたを待っています。彼との再会によって、多くの癒しがなされるでしょう」

「あなたは確か、ホロフォタルを、レムリアからアトランティスにも、時間を飛び越えて移動させたんだよね。そんなこと、いったいどんなふうにしてやったの?」

「リーオンーエルーアーとして生きていたとき、私は〝上昇〟を果たしましたが、その生涯をはじめる前の私は、この部屋の守護者でした。そのときマイクーアイーエルーアーは、今の私のような役割を果たしていて、イーライはちょうど今のあなたのようでした。それで実は、レムリアにおける私の十一度目の生涯の中で、ノアとして知られる古代文明の遺産である秘技の最後のいくつかが、それら自身を私に黙示《もくし》するという選択を行ったのです。そのうちの一つは、〝運ぶための道具が小さければ小さいほど、速度は上昇する。光速からの解放。そして思考の速度へ〟というものでした……」彼女はひとまず話すのをやめ、顔に掛かっていた髪の毛を手で梳《す》いて後ろに戻した。

「私が受け取ったその啓示《けいじ》の驚くべき要素は、私がそれを、〝空間を貫いて移動する波紋として測定される、特定の時間領域〟の中で発見したことでした。その発見は、私によいことはほとんどしてくれませんでした。というのも、おかげで私は、その生涯の残りのほぼすべてを、その波紋のエネルギーがあらゆる時空現実に及ぼす測定可能な効果を、追跡し、記録することに、費やすはめになったからです……でもそれは、とてつもなく楽しいことでした!」

「……ホロフォタルをどうやって時空を超えて運んだのかという説明は、まだ終わってないよね?」

「はい。まだこれからです。実は、そのエネルギーの効果を追跡している最中に、アトランティスで生きていた未来の私に、たまたま出会ったのです。そして私たちは、ホロフォタルの技術はアトランティスの時空で生きている意識たちにとっても、素晴らしく価値のあるものになるだろう、という信念を共有しました。そこで私が、レムリアで残り少なくなっていたホロフォタルの一つを、アトランティスの私自身のところに運んでいった、というわけです。あなたがこれから行おうとしていることも、私があのときに行ったことと、ほとんど同じことです」

「冗談でしょ！　だってホロフォタルは、僕の手紙の百万倍も……いや、もっとかも……でもとにかく、あんなに大きいんだから」

「はい。そうですね。あなたは、まったく違うと感じるかもしれません。でも私は保証できます。この両者間には、一本の糸ほどの違いもありません。あなたが父親を見つけられるかどうかは、あなたが、彼といっしょにいることになる時間に、前もって行けるかどうかで決まります。それができなければ、あなたは彼を見つけられません。あなたは、自分がいたことのないところには、行くことができないからです。

その出来事は、すでにそれ自体を物質領域内でスタートさせています。あなたの生物学的父親は、これまでずっと、彼が最初に授かった子どもたちのことを思いつづけてきました。彼は今、あなたたち三人の子どもの居場所を突き止めたくて、躍起《やっき》になっています。また、あなたが届ける手紙は、彼の今の家族を大きく揺らすことになるでしょう。でも、彼の今の妻である女性が、彼があなたに接触してくる時期を決めるのを、手伝ってくれます。あらゆる物事が……」

「わかってるよ」僕は口を挟んだ。「あらゆる物事が、発生すべきときに発生する。でしょ？　でも彼、どうして僕らのことを考えてるのかな？」

「はい。過去を癒すプロセスを、すでにスタートさせているからです。この再会によって、あなたのお父さんは、ついに、自分の子どもたちを見捨てたという、ずっと抱きつづけてきたフィーリングを、癒しはじめることになります」

「僕らと会う時期を決めるのに、どうして今の奥さんの助けが必要なわけ?」

「二人が、とてもいい協調関係にある夫婦だからです。あなたの出現は、二人の人生にとっても、彼らの子どもたちにとっても、大きなステップとなるでしょう。彼女は、あなたが考えているよりもずっと親切な人ですよ」

「彼ら、子どもは何人いるの?」訊ねはしたが、答えは聞きたくなかった。

「はい。本当にほしいものを求めることです。私は、あなたの心理的なかくれんぼに引きずり込まれたりはしません」彼女の声は固くて冷たかった。「気をつけて行ってらっしゃい。本当にほしがっている答えは、自ら進んでやってきます」彼女はこともなげにそう言い、スーッと消えて見えなくなった。

「ありがとう」僕はあたりを見回した。アーｰイルｰヤーｰショーは、もうどこにもいなかった。

僕の頭の中を様々な思いが駆け巡る。

うわあ、彼女、すごくきれいだった。アダムズ先生よりも、アンよりも、ずっときれい。ウェインライト先生のほうが、香りはいいかな。でも、アーｰイルｰヤーｰショーのあの光と色。あれには誰もかなわない。それに、彼女が自身を惜しげもなく与えてくれているというフィーリング。すごくうれしかった。あれ? 僕って結局、女の人のこと好きなんだ。うん、ワクワクしてくる。なのに、僕はなんでいつも、女性に刃向かいたくなってしまうのだろう?……。

第8章

多次元的六芒星のエネルギー
〈アカシャの力〉を招喚した救援活動

行方不明の親友に向けた〝飛行〟

「おい、見ろよ！　お前んちの私道の端にいるの、ケンファーさんじゃないか？」アーウィン通りのど真ん中にいたトミーが、僕に向かって叫んだ。

僕は急いで通りの真ん中に行き、家の方角に目をやった。

「うわっ、嫌な予感がする。ケンファーさんだ。間違いない」僕の体の中で奇妙な興奮が弾みはじめる。

「彼、お前んちに何しに来たんだ？」僕に近寄ってきてグレンが言う。

「たぶんディッキーのことで来たんじゃないかな」家に向かいながら、肩越しに後ろを見て僕は言った。

「どんな悪いことがあったのか突き止めてくるから、お前らは、ここで待っててよ」

「悪いことがあったって、なんでわかるのさ」僕に追いついてきて、トミーが言う。「悪いことだって決めつけること、ないじゃないか」トミーの足が止まる。

僕の背に向かって彼は叫んだ。「わかったよ。ここで待ってるよ！　でもいっしょに行かないのは、大人があまり好きじゃないからだからな！」

「何も悪いことがないのに、大人が子どもに会いに来たりするかよ！」僕は叫び返した。

「電信柱のところで待ってるからな！」道に舞い上がった埃の中からグレンが叫んできた。

ケンファー氏の車は、明るい紫色の光に包まれていて、火花のようなキラキラとした光を周囲に大量にまき散らしていた。その〝火花〟は鮮やかな緑色だった。車の中に目をやると、ケンファー夫人が助手席に座り、じっと前方を見つめていた。

ケンファー氏は片足を後部バンパーの上に乗せ、トランクの蓋の上についた両手で、体を支えていた。その様子を見て、僕はとっさに、グレッグが入院して間もないころの母の姿を連想する。あのころの彼女は、ひどく疲れ、怖れていた。

「こんにちは、ケンファーさん！」家の前の芝生の縁から僕は声をかけた。

「やあ、ヤング・マン。私が……いや私たちが……妻と私だけど……私たちがここにいるのは、君にどうしても会いたかったからなんだ」彼は半《なか》ば叫んでいた。

彼の背後の遠い空にあった嵐雲が、地上に向けて稲光を送り出した。

「一、二、三、四……」僕は数をかぞえた。

ドーン！　彼の後方で雷鳴が轟き、ゴロゴロという音を周囲に送り出した。

「三キロくらい先みたいですね」彼に軽くお辞儀をしながら、僕は言った。「雷です。まだ三キロくらい離れてるみたいですね」

肩越しに後方に目をやり、彼は言った。

「ああ、そのようだね……ところで君、最近、うちの息子に会ったかい？」

「いいえ、会ってません」僕はキッパリと言った。「どうしたんです？　彼、いなくなったんですか？」

悪い予感が僕に重くのしかかってきた。

「行方がまったくわからないんだ。いなくなって、もう丸二日以上になる。それで、君の家をどうにか探し出して、来てみたんだ。君なら何かを知ってるんじゃないかと思ってね」

「おばさんのところに、手紙かなんか置いてかなかったんですか？　ディッキーは、いい子です。だから彼……」

「最近は、そうでもなかったんだ。誰とも、ほとんど口を利かなくなってってね。挨拶さえしなくなってた」ケンファー氏の頭が、伸ばしていた両腕の間に垂れ下がる。

バンパーから足を下ろし、背筋をきりっと伸ばして、彼はつづけた。

「彼はこのところ、彼の母親に、それから私にも、ひどく腹を立てていてね。特に君と喧嘩してからは、学校のことも友達のことも、ほかのどんなことも、何一つ話さなくなって。それで君ならば、何かを知ってるんじゃないかって、そう思ったんだ。お気に入りの隠れ家とか……あるいは、彼がいつも話してた砦とか……」

「砦なら、あれですけど」センダンの木の中にあるツリーハウスを指さして、僕は言った。「いっしょに扉と梯子《はしご》を作ったとき以来、彼、一度もあの中に入ってません」

ケンファー夫人がドアを開け、僕らに向かってゆっくりと歩いてきた。

「こんにちは、ゲリー」彼女の顔はむくんでいて、特に目の周りは、泣きつづけていたらしく、ひどく腫れぼったくなっていた。ケンファー氏の顔を見て彼女が言う。「彼、何か知ってた？」

「ディッキーとは、もうずーっと会ってないんです」僕が答えた。「今でも僕ら、親友ですけど。でも、彼がおばさんちに行ってから、まだ一度も遊んでません」嘘が僕の心に突き刺さった。「あっ、一度だけ会ったことがあります。でもそれも、あなたのお酒の問題が持ち上がった、すぐあとのことです」

ディッキーの両親は顔を見合わせ、その場に立ったまま動こうとしなかった。彼らが黙ったまま何を言い合っているのかを知ろうとして、僕は自分の光体を彼らに向けて押し出した。途方に暮れた思い、そして恐ろしいほどの孤独感が僕に押し寄せてくる。

僕は自分をさらに押し出し、彼らの感情体の中にまで侵入してみた。怒り、心の痛み、分離、それから死。それらの暗いイメージが僕の内側で渦巻きはじめる。そのとき僕が体験していたのは、ケンファー氏の未来と、ケンファー夫人の現在だった。あまりにも多くの悲しみと痛み。僕は大きく息を吸い、後ろに下がった。

「僕、彼のこと見つけられ……いや、見つけてきます」自分の光体を内側にグッと引き入れながら、僕は断言した。すでに僕は、ケンファー家の事情を、延々としゃべりつづけられるほどに知っていた。

二人がいっせいに僕の顔を見る。つづいてケンファー夫人が、僕の前に跪く。

「ということは、あなた、彼が隠れてる場所を、本当は知ってるわけね」

その口調は、訊ねているというよりも、責めていた。彼女が手を伸ばし、僕の手に触れようとする。僕はとっさに、彼女の深い絶望のフィーリングが自分の内側に流れ込むのを避けようとして、後ずさりした。

「それじゃ、彼がいるところまで案内してくれるかい？　ここから遠いのかな？　この車でいっしょに行こうか？」彼の声はコントロールされていたが、その背後にある怒りを、僕は敏感に感じていた。

「彼がどこにいるのかは、まだわかってません」彼らの間の空間を凝視《ぎょうし》しながら、僕は言いはじめた。

「それから、彼の居場所を僕がほんとは知ってたのに、知らないふりをしてたって、二人とも考えてますよね」

「別にそんなことは……いやね、私たちはただ、息子のことを心配してるだけなんだよ」ケンファー氏は言い訳した。

ケンファー夫人が立ち上がり、車の後部座席のドアに背を預ける。つづいて彼女は頭を深く垂れ、両手を顔に当てて泣きはじめた。

「私がいけないの。あんなところに行かないで、ずっと家にいてあげられたなら、こんなことは起こらなかったはずなの」

「マーガレット」苦渋《くじゅう》の表情を浮かべてケンファー氏が言う。「自分だけを責めるのはやめるんだ。これは私たち二人の……」

「彼の言うとおりです」ケンファー氏の話を遮って僕は言った。彼が僕を見る。「責任は、あなたがたのどちらにもあります。ディッキーにもあります」僕の声は驚くほど力強かった。

「あなたがたは」僕はつづけた。「これからも家族でいつづけるのかどうかを、ハッキリとさせるべきです。お互いを責めたり、裁いたりするのはやめてください。ディッキーはもう、決めています。もしあなたがたが、これからも、これまでと同じようにお互いを扱いつづけるならば、あなたがたといっしょには暮らさないってことを。これからも結婚をつづけるかどうかを、決められないでいること。それが、あなたがたが感じている痛みの原因です。どちらにするかをハッキリと決めるべきです。そうすれば、痛みは消えてなくなります」

ケンファー夫妻は、僕に突然、頭から冷や水でも浴びせられたかのような顔をして立っていた。

「子どもにこんなことを言われるなんて、私、耐えられない」ケンファー夫人が冷たく言い放つ。「ましてや、こんな家で暮らしてる子どもに」つづいて彼女はゆっくりと体の向きを変え、もといた車の助手座席へと向かった。

「これは、君が口を出すような問題ではない。いいかい、ヤング・マン」彼は僕を完全に叱っていた。

「ところで君は、私たちを助けられると言った。あれは本当のことだったのかい？」

「はい、僕は彼を探せます」僕は自分の身長がディッキーの父親と同じくらいになったように感じていた。「ディッキーが家出したのは、あなたがた二人に真剣に向き合ってほしかったからです。これが、彼にできた、人生をほんのわずかでもコントロールするための唯一の方法でした。彼は、あなたがたに、どちらかを選択してほしがっています。勇気を持ってください。ディッキーは持っています」

「彼は勇気があるけど、私たちはそうではない？……どういう意味なんだ？」ケンファー氏が訊ねてきた。ドアに手をかけて立っていたケンファー夫人は、怒りを露《あら》わに僕らのやり取りを聞いていた。

「家を出るには、大きな勇気がいります。特に、あなたがたの家のような立派な家を出るには、より大きな勇気がいるはずです」彼らの家のキッチン、リビング・ルーム、そしてディッキーの部屋が、僕の頭にフラッシュバックする。「知っている場所にいるほうが、知らない場所にいるよりも、はるかに簡単なことです。特に夜は、ケンファーさん、九歳の子どもにしてみたら、怖いものでいっぱいなんです」

僕の話を聞いていたケンファー氏の目は、どんよりと曇っていた。

「覚えておくよ」彼は言った。「でも今は、ディッキーを家に戻すことが先決だ。ほかのことは、そのあとで考えればいい」

「彼を助けるために僕がすることは、あなたが考えてることとは、まったく違うものです」玄関の階段に向かって歩きはじめながら、僕は説明した。「それで、このことは誰にも言ってほしくありません。うちのママと約束してるんです。このことを家族以外の人たちには絶対に話さないって」

「君が何を言っているのか、よくわからないけど、約束はするよ」ケンファー氏は同意した。「マーガレット？」

「この子のことなんか、たとえこれっぽっちでも、誰にも言わないわよ」彼女は宣言した。彼女の周囲に漂う〝半分の嘘〟のエネルギーを、僕は感じることができた。

「ねえ、ディッキーのお母さん、今の約束、ほんとじゃなくても、別にかまいませんよ」階段の手前で立ち止まって彼女を肩越しに見ながら、僕は忠告した。「たとえこれを誰かに話したとしても、頭がおかしいって思われるだけで、信じられることは、まずないと思いますから……二人ともそこにいてください。二、三分ですみます」

上下のピラミッドが作り出す多次元的六芒星のパワー

僕は階段に座り、自分が肉体を離れるのを待ちはじめた。お尻の下の板が、かなり冷たい。

シュ一ッ！　ケンファー夫妻、彼らの車、電信柱のそばで待っていた遊び仲間たちが、どんどん下に遠ざかる。ウェスト・メルボルンの町をはるか眼下に見ながら、僕は自分の視覚を調整し、その中に魂の光を持ち込んだ。

「ディッキー・ケンファー！」僕は天に向かって大声で叫んだ。つづいて体を回転させ、あらゆる方向に目をやった。でも何も見えない。

そこで僕は深く息を吸いこみ、彼といっしょに遊んでいたときのことを思い出してから、さらに大きな声で叫んだ。

「ディッキー！」ロケット基地のほんの少し先から小さな光が昇り、空を貫いた。僕は自分が浮かんでいた場所からジャンプして、瞬きが一つ終わるよりも早く、ディッキーのいる場所の上空に移動した。

「おい、親友！」廃品置き場の上空から僕は呼びかけた。古いスクールバスから出ていた彼の光が、僕を照らしていた。

「もっといい隠れ場所、あっただろうに。こんな古ぼけたスクールバス、なんで選んだのさ」地上に向かってゆっくりと降下しながら、僕はからかった。「まあ、砦としちゃ、なかなかのもんかもしれないけど。でもやっぱり、スクールバスはないだろ」

僕はまず、バスの屋根から頭だけを中に入れてみた。ディッキーは通路にうつ伏せになって眠っていた。あれ？　彼のお尻と脚の上に、木製の大きな箱が載っている。

「おい！」パニックの衝撃が僕の光体を揺らした。僕は急いで彼のそばに飛んでいく。

「お前、こんな大きなもの、どうやってお尻に載せたんだ？」木箱を力いっぱい押しながら僕は言った。

「うわぁ、重い。それにこれ、座席と座席の間にギュウ詰めじゃないか」

ディッキーは意識がなかったが、彼のエネルギー・センターから出ていた光を見る限り、箱の下敷きになった衝撃で気絶しているわけではなく、普通に眠っている様子だった。

「少し待ってな。お前のパパとママを、すぐによこすから」

ヒュー！　突然の〝着陸〟が僕の肉体を大きく揺らした。とっさに両手で階段の板をわしづかみにしたからいいものの、さもなければ僕は転げ落ちていた。僕が目を開けると、ケンファー氏が真ん前に立っていた。

「ディッキー、スペース・カナベラル、じゃなくて……ケープ・カナベラルのすぐ北にある、廃品置き場にいました。大きな重たい箱が落ちてきて、その下敷きになって、動けないでいます。でも、ひどい怪我はしてません。ただ怖がってるだけです」僕は報告した。「彼は今、眠ってます。たぶん、一晩中、起きてたんだと思います。僕、また行って、あなたがたが着くまで、彼のそばにいます」

「えー……君は……うー……その場所の名前は？」慌てふためきながら、彼は大声で訊ねてきた。

「急いでたんで、看板は見てません」つま先の感覚を確かめながら僕は答えた。

「君の言うこと、信じるよ！」彼はそう叫ぶなり、ケンファー夫人を助手席に押し込み、走って運転席側へと回り込んだ。「A1A沿いの廃品置き場、ケープ・カナベラルのすぐ北、でいいんだね？」

「はい、そうです！」

巨大なキャディラックが砂利や小石を飛び散らしながら、ニューヘブン通りに向かう。ガソリンスタンドの陰に消えていく車の窓から、ケンファー夫人がじっと僕のほうを見つめていた。

「彼女、このことをいったい、どんなふうに考えてるんだろう？」そんなことをモグモグと言いながら、僕は再び飛ぶ準備に取りかかった。

目を閉じると、僕の光体は瞬く間に、親友を下敷きにしている木箱の上に浮かんでいた。

「起きろ、ディッキー」僕は叫んだ「目を覚ますんだ！」

ディッキーの体がビクッとした。つづいて咳き込んだ。

「ここ、どこ……」彼は両手を床に押しつけて上体を少し持ち上げ、何が起こっているのかを確かめようとして後ろを振り向いた。「助けて！　助けて！」彼の叫び声は、かすれていて弱々しかった。

僕は箱の下と両側を覗き込み、それを僕が動かすことで、彼が傷つくことになるかどうかを確かめようとした。だいじょうぶそうだった。僕はすぐに、〝こちら側が上〟と印字された場所に光体の手を宛《あて》がった。二人が力を合わせてがんばっている絵が、僕の頭の中に充満した。

「ディッキー、僕はこの箱を力の限り後ろに押すから。お前は、箱の下から自分を引っ張り出すんだ。いいな」

自分の思考をイーライ、アー‐イル‐ヤー‐ショー、マイク‐アイ‐エル‐アー、それからイエスに集中しながら、僕は押しはじめる。よし、箱が動くのを感じる。僕は色めき立った。が、それまでだった。次の瞬間、僕の手は箱の壁を通り抜け、箱を重くしていた何かにぶつかり、行く手を阻まれた。何度試してみても同じだった。

僕は頭を箱の中に突っ込み、僕らの作業を困難にしている原因を突き止めようとした。古いエンジンのパーツ、船のスクリュー、よくわからない金具類、さらには古いトラックのタイヤまでが入っていた。

「そうだ。あれをやってみよう」僕はつぶやいた。「三つの音を唱えながら、喉の中にある二重ピラミッドをイメージすればいいんだったよな、確か」

僕は両手を喉に持っていき、視線を内側に向け、まずは「ミ」を、つづいて「ソ」を、つづいて「ファ」を声に出して唱えた。最初は真っ暗な空間しか見えなかった。しかし間もなく、尖った頂点群を持つ青いピラミッドが、上方から回転しながら降りてきた。そして下方からは、柔らかい黄色のピラミッドが昇ってくる。それらのピラミッドが合体して多次元的六芒星が形成される。僕の心の中の暗い空間は、今や鮮やかな緑の光で満たされていた。

僕は目を開け、渾身の力を込めて箱を押した。「うーぐぅー！」が、僕の顔と両手の周囲に鳴り響いた。しかし、だめだった。もう一度試みてみる。やはり一インチたりとも動かない！

「ミーーーーーー、ソ、ファーーーーーー！」僕は叫んだ。

「落ち着きなさい」アーーイルーーヤーーショーの声が僕の頭の中でダンスしはじめた。

「あなたは今、その箱を無理に押そうとしています。あなたの心を、箱の心と一つにするのです。箱を、あなたの〝知っている〟という意識の流れの中に配置するのです。その箱にはまだ、あなたに従うか、物質を治めている法則に従うかを選択する余地が残されています。箱を〝選択を知らない〟存在状態へと導くのです」

「アーーイルーーヤーーショーー！」僕は叫んだ。とたんに箱の感触がなくなる。気がつくと僕は、箱を通り抜けてバスの運転席のあたりにいた。

「あれっ！」体勢を立て直して箱に戻ろうとしたとき、ある異変に気づき、僕はまたもや大声を上げる。合体したピラミッドの光も形も色も音も、全部消えてなくなっていた！

「なんだよ、これ。いったいどうして……」ブツブツとつぶやきながら、僕は箱に戻った。

「よし、今度こそ、なんとかしなきゃ！」

ディッキーは片手で体重を支えて体を捻り、別の手で箱を必死になって押していた。

僕はまた二重ピラミッドをイメージする。つづいてそのエネルギー――その色と音――を引き寄せ、自分の知性体のすべてを手に集中させた。五本の指の輪郭がものすごく明瞭になる。つづいて手の甲が目に見えて存在感を増す。まるで光体の手だけが本物の体になったかのようだった。深い暖かさが指先から胸へと広がっていく。

そして僕は自分の意識の流れの中に、箱を取り込みはじめた。

「ねえ箱、聞いてくれる？　僕の友だちがこんな状態になったのは、あなたのせいではない。僕にはそれがよくわかってる。でも、彼は今、あなたの下敷きになって動けないでいるんだ。これから僕、彼が何とか抜け出せるように、あなたのことをそーっと持ち上げようと思うんだけど、いいよね？　そのためには、あなたの助けが必要なんだ。さあ、はじめるよ」

黄色の光を両腕と両手の中に送りこんでから、僕はゆっくりと箱を押しはじめた。もっと強く、もっと強く……と突然、箱が反応を開始する。それが動くのを僕は感じた。やった！

と思った瞬間、僕の両手はまたしても木箱の中に消えてしまった。

「くそっ！　なんでなんだよ！……」僕は叫んだ。「いったいどうやったら、僕がやりたがってることを、この箱に理解させられるんだ？　箱語？　そんなもの僕にはしゃべれない。この箱、たぶん英語を知らないんだ！」

「はい」アーｰイルｰヤーｰショーがバスの中でささやいた。

僕は待った。何も聞こえない。

「〝はい〟の次はなんなの？」僕は催促《さいそく》した。

「はい。やめなさい！……」バスの中の空気が激しく振動する。「あなたが友だちをその下から助け出そうとしているかぎり、それはそのままの状態でいつづけるでしょう。あなたはその箱を、敵にしてしまっています。それは敵などではないのです！」

僕は箱から離れた。失敗のフィーリングに取り巻かれ、僕はうなだれる。

「物質は女性なのです。あなたはその箱を、それがまるで男性であるかのように扱っています。女性の意欲と一つになるのです。思考とフィーリング内の静かなパワー、〝はい〟を用いなさい。そうすれば、箱を作り上げているエネルギー場の知性が、あなたを源、神、マスターとして認識するでしょう。あなたの意識の流れに〝はい〟の本質が取り込まれたとき、あなたが影響を及ぼそうとしているその物体は、相互協力の中に溶け込み、あなたがたはともに唯一の選択肢になるでしょう。そのときあなたがたは一つになって、あなたが行いたがっている作業を遂行するでしょう。そのときあなたは、〝かくあるべし〟という指令であり、箱はその〝かくある〟を体験するものになっています」

「それで、どうして箱がここから動くことになるわけ？」フラストレーションが僕の頭になだれ込んでくる。

「箱の境界を作り上げている物質が、あなたと一つになったことで、あなたに身を委ねてくるからです。そのときその箱は、あなたを〝源〟として認識しています」

「へー……」彼女の言葉と僕の聞く意欲が、僕を光で満たしていた。

「はい。はい。はい……」僕の〝はい〟があらゆる場所でこだました。

と突然、バスとその中に押し込まれていたあらゆるガラクタが生気を帯びてくる。僕は問題の箱に両手を当ててみる。するとその箱はゆらゆらと揺らめいた。つづいて僕は、その手に力を込めた。子犬って、こんなふうに幸せなのかもしれない。とっさに僕はそう思った。その幸せがチリチリという感覚とともに僕の腕中に広がる。

「はい。一つの意図を感じるのです。その物質があなた、あなたのビジョン、あなたの願望に反応しているのを感じるのです」

箱が溶けはじめ、ビュイック・ドライバーと戦っていたときの水平器のように、僕の両手の、つづいて両腕の、一部になる。そしてそれが、ゆっくりと動きはじめる。僕はまったく力を加えていなかった。それはもはや、重さをなくしていた。大きな箱がゆっくりと上昇する。

「うーぐうー！」ディッキーが叫び声を上げ、うつ伏せのまま少しずつ体を前に進める。彼が安全な場所に移動できたかどうかを確かめようと、僕はパッと下を見た。

ガタン！　木箱がバスの床とディッキーのつま先の上に落下した。

「あうーいーひー！」痛みがディッキーの体をエビのように丸くした。両足のつま先が箱の下に消えている。

つづいて彼は必死に起き上がろうとした。しかしそれも無駄な努力。箱は彼のつま先を手放してはくれなかった。半ば起き上がった彼の体がブレーキ片の山の上に倒れ込み、一度ビクッと動いてから、またしても赤ん坊のように丸くなる。彼の両脚に青い光が流れ込む。彼は気絶していた。しかし、それほど深刻なダメージは受けていないと僕は感じた。

あっ、車が来る。そう感じた僕は、「ありがとう、アーーイルーーヤーーショーー！」と叫んで上空に出た。

ケンファー夫妻を乗せた車が守衛小屋の前に急停止し、埃の雲をワイヤ・ゲートの先まで送り込む。小屋の中に座っていた男が、車とケンファー氏に向けて拳《こぶし》を振りながら、慌てて階段を降りてくる。もう少しで転ぶところだった。

守衛の男が両手をお尻に当て、夫妻の話を聞きはじめる。つづいて彼はバスの方向を指さし、首を振った。ケンファー氏がゲートに向かう。そのすぐ後ろをケンファー夫人がついていく。守衛が小屋から鍵を持ってきてゲートを開ける。夫妻が走り出す。守衛も負けじと後を追った。

「彼、ここにいるよ！」バスの上空から僕は叫んだ。「そう。こっち。このバスの中！」バスを目指して三人が走ってくる。廃品置き場内の車道が、虹色の光で満たされる。「彼、だいじょうぶだから！箱のほとんどは、彼の上からもう動かしてあるよ。たぶん彼、足を怪我してると思う。上半身からつま先に向かって、すごい量の光が流れてたから。あっ、後ろの入口はだめ！　前から入らなきゃ！」僕は指図した。「後ろはいろんなガラクタが天井まで積んであって、そっちから入ったら、ガラクタに脳天を直撃されちゃうよ！　そう、それでオーケー」

彼らがディッキーを助け出す様子を見ようと、僕はバスの中に戻った。ケンファー氏が入口から首を入れ、中を覗き込む。入口のアコーディング・ドアは、階段に積まれたガラクタのせいで、開いたまま身動きが取れなくなっていた。

「ドアの開閉バーを握って……そう！　そうやって体を支えて、ガラクタの上をそーっと歩いて、中に入る。ディッキーもたぶん、そうやって入ったと思う」座席の上に浮かんで彼らの行動の一部始終を見ているのは、たまらなく面白かった。

「彼、こっちだよ！」そう叫んで僕は、青い光のボールを彼ら目がけて押し出した。

「ディッキー！　ディッキー！　そこにいるのか？」

「何を間抜けなこと言ってるの！」僕は叫んだ。「聞こえるわけないじゃないか。彼、気絶してるんだから。さっさとここに来て、彼のつま先から箱をどけてあげなよ！」

ケンファー氏が、何も載っていない二つの座席を乗り越えてきた。つづいて彼は次の座席にあったタイヤをわしづかみにすると、それを後ろに無造作に放り投げた。守衛が驚いて体をよける。「おっと、旦那！　気をつけてくださいよ」

ケンファー氏のあとをついてきた守衛の膨れぼったくて赤い顔が、大きな木製の箱を見たとたんにニヤッとする。

「あの箱、とんでもなく重くてね。大の大人が二人がかりで、ようやくリフトに載せたんだ。あのときはまだ、中が空っぽだったたっていうのに」

「いた！　ディッキー！　パパだぞ！」ケンファー氏はそう叫ぶなり通路に飛び降り、ブレーキ片の山の中からディッキーを半ば抱き上げた。「うわっ、両足のつま先が挟まれてる。すみませんが、向こう側からこの箱の上のところを持って、引っ張ってくれませんか。こっち側の下がほんの少し上がるだけでいいんです。その間に私は、彼をここから引き出しますから」

「そうしたいのは山々なんですが……」

「ほんの少し引っ張るだけでいいんです。ほんのちょっと持ち上がれば充分なんですから」ケンファー氏が懇願する。

「実は腰を悪くしててね。犬を持ち上げるだけでも、腰が一生使えなくなるだろうって、そんなことまで医者から言われてるんですよ。ここで働いてるのはそのためなんです。ほとんどの時間は、あの小屋に座ってられるんでね」

「お願いします……一瞬でいいんです。様子をみながらで、いいですから」ケンファー氏の顔からは汗がしたたり落ちていた。

「わかりましたよ。一生後悔《こうかい》することになりそうだけど」守衛はブツブツと言いながら木箱の後ろに回り込んだ。「神よ、私に力を」

僕は急いで守衛の背後に移動し、彼のエーテル体の腰にあった裂け目に、両手を近づけた。つづいて僕は、はるかに若々しくて力強く見える彼の肉体をイメージした。僕の両手の指先から、緑色の光が溢れ出てくる。

彼が両腕を伸ばし、大箱の上の部分を抱きかかえる。彼の小刻みな呼吸音が聞こえてきた。僕は目を閉じ、彼の腕と手を通じて、箱とつながった。箱の物質と男の体が、僕の一つになろうとする思い——目の前の瞬間の〝唯一〟の選択肢に、ともに侵入しようとする思い——に速やかに反応してくる。

と突然、僕のみぞおちの中で、何とも言えない悪寒が発生した。僕はそれを無視し、自分の意識を、彼の体の中によりいっそう移動させた。うわっ、これはもう大変すぎる！　悪寒が極限に近くなる。自分はこのまま死ぬかもしれないと思うほどの、本当にひどい悪寒だった。

「アーーイルーーヤーーショー、僕が祈るの手伝って！」光が上方から流れ込んできた。「愛しき〝一つ〟の神よ」僕は祈りはじめた。「僕は〝唯一〟の選択肢に侵入しています。あなたの〝息子〟を通じて、どうかこの瞬間を、完全で完璧なものにしてください。僕らに命をもたらしてくれている〝一つのもの〟を目撃させてください」光がストップした。「もしも叶うなら、この男に再び強さを取り戻させてください。ともに〝唯一〟の選択肢に侵入している彼を、あらゆる病気から解き放ってください。これをどうか、〝今〟行ってください！」

あるエネルギーの力が、僕を後ろに突き飛ばした。僕はバスの窓を突き抜け、気がつくと大空に浮かんでいた。あれ？　僕の両目を、もうもうとした緑色の煙が覆っていた。僕は頭を振って、それを追い払った。

眼下のバスに目の焦点を当てると、信じられないことが起こっていた。「中の様子、丸見えじゃないか！」僕は思わず叫び声を上げた。「屋根がなくなってる！」

バスの中では、守衛の男が木箱を抱え上げ、隣の座席の上に置いたところだった。ディッキーはすでに、父親の腕に抱かれていた。

「彼、だいじょうぶだからね、マーガレット！　心配しなくていい！」腕の中のディッキーを赤ちゃんのように揺すりながら、入口のすぐ外にいた妻に向かってケンファー氏は叫んだ。「意識はないけど、だいじょうぶ。ただ眠ってるだけだから！」

ケンファー夫人が両手を顔に当て、泣きじゃくりはじめる。

守衛の男は自分の手と腕を交互に見ながら座っていた。「この箱、きっと空っぽなんだ。いろんなガラクタが入ってたはずなんだが」ブツブツと言いながら彼は立ち上がり、箱に手を伸ばした。蓋を開ける。「そんなバカな!」箱の中には、古いタイヤやエンジン部品類がしっかりと詰まっていた。彼が両手を顔に近づけ、まじまじと見つめはじめる。

そこにケンファー氏が声をかけてきた。「私がこのガラクタの山を乗り越える間、この子を抱いててくれませんか」つづいてディッキーを守衛の男に手渡しながら、ケンファー氏は訊ねた。「腰、だいじょうぶですか?」

「こんなに調子がよかったことなんて、これまでに一度もありませんでした。それから……」目を下に転じて自分の体を見回しながら、守衛はつづけた。「何もかもが、これまでとはまったく違うような、そんな感じなんです。この三日ほどつづいてた頭痛さえ、なくなってるんです。こんなこと、信じられません。いったい、どうして……」

ディッキーが車まで運ばれていくのを見ながら、僕は自分のハートを感謝で満たしていた。ケンファー夫人はケンファー氏の前を、後ろ向きのまま歩きつづけていた。そして守衛の男は、彼らの後ろを、両腕を大きく広げて天に掲げた状態で歩いていた。彼はもはや背が曲がっておらず、その体から出ていた光は、彼が心を入れ替え、死ぬことではなく生きることを望んでいることを、僕に語っていた。

ケンファー氏の車がA1Aを病院に向けて疾走している間、僕はその車の真上を飛びつづけていた。ケンファー氏はクラクションをほとんど鳴らしっぱなし。前を走っていた人たちは次々と道路脇に車を寄せ、あっけにとられた様子で、ケンファー氏の車を見送っていた。

それを見ながら、僕は強く感じていた。ケンファー家の人たちは、ケンファー氏が生きている間は家族でいつづけるだろう。そして、ディッキーと僕は、なおも親友でいつづけるだろう。

彼らが緊急治療室に消えていくとき、ディッキーは目を覚ましていて、つま先が痛いと言って泣きわめいていた。

死の仮面を投げ返し人生を取り戻した男

家に戻ろうとしかけたとき、何かが僕に、廃品置き場に戻るよう告げてきた。最初に肉体を離れたときに東に向かっていた嵐雲が、今やロケット基地とディッキーの〝隠れ家〟のあたりに迫っていた。「何をやる必要があるにしても、速攻でやらなきゃ」内側の〝フィーリング〟に僕は警告した。「あまり派手な雲は好みじゃないんだよね、僕」自分のジョークに微笑みながら、僕は廃品置き場に急行した。

守衛小屋の先に、赤みがかった深いオレンジ色の光が見える。あの男だ。何かあったのだろうか？ 僕は急いで、彼の真上の空間に移動した。

彼は、廃品置き場内の車道に跪き、祈っていた。僕は信じられない思いで、その様子を眺めはじめた。上体を折り曲げ、大きく広げた腕を前に伸ばし、額を地面につけたかと思うと、体を起こして両腕を大きく天に掲げ、両手を振って、また体を折り曲げる。これを延々とくり返しているのだ。顔を涙が濡らしてもいた。彼の周囲の色はとても濃密で、体の詳細が見えにくいほどだった。

「彼、なんでこんなことしてるの？　アーイルーヤーーショー」〝大広間〟に向かって僕は訊ねた。雨が降りはじめた。小さな雨粒が地面に当たり、いたるところで小さな埃の煙がジャンプする。雨粒が徐々に大きくなる。そしてついに土砂降りになる。しかし男は、両手を地面につけては天に掲げるという動作をくり返している。まるで雨が降っていることなど知らないかのようだった。

「はい。この者は死の仮面を投げ返しました。彼は長年にわたり、体中に激しい痛みを覚えてきましたが、今日のこの日、その痛みが癒されました。だから今、彼は祝っているのです。私があなたをここに戻るよう仕向けたのは、感謝の表現の一つを目撃させたかったからです。この個人は、苦しんできた痛みを神が癒してくれたものと結論づけています。そしてその理由は、単純に、自分が子どもを助けたからだと信じています。はい。彼は今、残りの人生を子どもたちを助けるために生きようと心に決めています。この男が分かち合うであろう喜びから、多くの人々が恩恵を得るでしょう。彼は今、疲れを知らない神の僕《しもべ》としての、そして恵まれない子どもたちを守護する者としての、まったく新しい人生をスタートさせたのです」

「どうして彼、あんなお辞儀をしてるの？」

「はい。それが、彼が属している民族の伝統的な祈り方なのです。そうやって深く頭を下げる理由を彼が手にしたのは、ほぼ初めてのことです。彼の子ども時代は悲しみで満ちていました。彼が育った環境は、あなたのそれとよく似ています。虐待、無視、貧困。彼の肉体は、若いころの未解決の悲しみを、これまでずっと内側に保ちつづけてきました。その悲しみが今、感情体を通じて癒されているところなのです。彼の今後の人生は、彼自身によって充分に生きられることになるでしょう」

「彼が箱を動かすのを手助けしたことが、こんなに大きな変化につながるなんて、僕、考えもしなかった」降りしきる雨の中に浮かびながら、僕は言った。「でも彼、もう雨に濡れてるのはやめて、中に入ったほうがいいんじゃない？」

「はい。この瞬間の雨は、この男にとって、傷ついた子どもたちの涙を象徴しています。彼は将来、大きく腕を広げて雨の中に立ち、そのしずくを、それが地面に落ちる前につかみ取っている姿を、たびたび目撃されることになるでしょう。この瞬間を覚えておくことです。この跪き、涙する男のことを忘れないことです。あなたは将来、ほかの人たちの人生に計り知れない影響を及ぼすことになるのですから」

「うん、わかった」僕はスーッと降下し、彼の前にできはじめていた水たまりのすぐ上で停止した。彼の髪はもつれてベットリと頭皮に張り付いていた。濡れたTシャツ越しに、黒い胸毛が見えてもいた。落ちてくる雨に向かって彼が顔を上げたとき、その唇は震えていた。

「あのう、守衛さん。口を閉じたほうがいいんじゃないですか。そのままだと溺《おぼ》れちゃいますよ」僕は話しかけた。彼が頭を垂れ、両手、両腕を再びじっと見つめる。つづいて両手を裏返し、そこにも目を落とす。

「少し興奮しすぎたり、ほかの人たちに笑われるようなことをしても、全然オーケーだと思いますよ」僕はつづけた。「ハートに従って行動することのほうが、頭に従って行動することよりも大切なことですからね。あなたのハートと頭がいっしょに働くことができたら……えーと……それは魔法です」

ドッカーン！　雷が炸裂した。嵐雲のいちばん大きな部分が僕らの上空にさしかかっていた。

「それじゃね、守衛さん」雨越しに僕は叫んだ。「あの雷に打たれないでよ！」

エーテル領域から日常への帰還

自分の家と肉体の絵が、頭の中を駆け抜ける。

僕が家にポンと戻ると、本物の体のすぐ隣にトミーが立っていた。僕の肉体は、光体を中に入れて収まり具合を調節しようとしたとき、少し粘つく感じがした。

「グレンはどこ？」足と手の指を小刻みに動かしながら、僕は訊ねた。

トミーが後ずさりする。

「怖くなって、家に帰っちゃったよ」そう答えるなり、彼は訊ね返してきた。「お前、なんでそんなに汗かいてるんだ？　ここにずっと立って見てたんだけど、顔から汗が出っぱなしだったよ」

僕は自分の震える両手を顔に当てた。うわっ、氷のように冷たい。まるで守衛の男といっしょに、雨の中で跪いていたかのようだった。

「僕が外に出てた……祈ってたとき、雨、降ってた？」

「そんなもの降ってないよ」トミーはイライラしていた。「お前、俺たちが起きろって叫んでたとき、なんで聞こえないふりしてたんだ？」

「グレンだけど、何が怖くなって家に帰ったんだ?」震える脚で立とうとしながら、僕は訊いた。

「お前がショックを与えたからさ」そう言うとトミーは、玄関前の芝生の上を、私道から飛び散った貝殻のかけらを蹴りつつ、円を描くように歩きはじめた。

「ふーん」彼の表情から、その目の裏側で何が起こっているかは、おおよそ察知できた。「僕、どのくらい眠って……祈ってたんだ?」

「たぶん……三十分くらいだと思うけど」トミーが近寄ってきて階段のいちばん下の段に腰をかける。

「お前、何かモグモグとしゃべってたんだ。うちのパパがソファーに寝そべって寝言を言ってるときみたいだったよ。変に歪んだ、間抜けな顔をしてね。それでグレンは、お前を起こそうとしたわけ。でもお前、僕らが叫んでも、なんで聞こえなかったんだ?」

「ケンファーさんがやってきて、ディッキーが家出をしたって言うものだから、祈ってたのさ。あいつは親友だからな」

「すぐ近くで叫んでも聞こえないなんて、どんな祈りなんだ? まあ、いいけど。でもとにかく、グレンは、お前が眠ったふりをしてるって言うわけ。それで、ちょっとやっつけてやろうって言い出して。それで僕は、やるんなら一人でやりなよ、僕はそんなことやりたくないからって言ったわけ。そしたら彼、お前をわしづかみにして、それでショックを受けて……」

「どうしてお前は、グレンといっしょに逃げなかったんだ?」

「ショックを受けたのは僕じゃなかったからね。それから、そのあとで僕が、お前のことが心配になって触ったときには、何も感じなかったし」

「なるほどね」僕はニヤッとした。そのときグレンは、相当驚いたに違いない。僕は密かにそう思った。

「なんでお前、彼にあんなショックを与えたわけ？　だいたい、どうやってやったんだ？　電気を出すようなものなんか持ってないのに」

「あれは電気ショックじゃなくて、特別なエネルギーに触れたことで、筋肉が痙攣《けいれん》しただけなんだよ」僕は説明した。「僕が特別な種類の祈りを行ってるときには、ある特殊なエネルギーが僕の体を包み込んでるんだ。それで、そのエネルギーには、僕の体を傷つけそうなものが近づくのを、やめさせる働きがあってね。僕を傷つけようとする人間が、そのエネルギーに触れると、その人間の筋肉が痙攣するようになってるわけ」これが僕にできる最善の説明だった。

「だから、お前はショックを受けなかったのさ」僕はつづけた。「お前には、僕を傷つけたり、怖がらせたりする気はなかった。お前はただ、僕がだいじょうぶかどうかを知りたかっただけ。だろ？」

「ああ……」少し考えてから彼はつづけた。「お前が祈ってるときに、お前を傷つけようとするものって、どんなものなの？」

「悪霊《あくりょう》、意地悪な幽霊《ゆうれい》。人間の家にやってきて、子どもをさらっていこうとするような、そんな連中」精いっぱい低くて太い声を出して、僕は言った。「霊的な光のスイッチが入ると、それはあらゆる種類のものを引き寄せるのさ。恐ろしい吸血鬼だって寄ってくるかもしれないぜ」僕はからかった。トミーの顔からサッと血の気が失せる。青白くて、まるで幽霊のような顔だった。

「お前、いつも幽霊見てるの？」

「ときどき、僕が幽霊になる」

「黙れ、このろくでなし！」トミーは怒った。「僕はお前に優しかったじゃないか。お前がだいじょうぶかどうか心配して、一人で今まで待ってたんだからな。なのにお前ったら、僕のことを、ちっちゃな子どもか何かみたいに扱って……」彼の目の隅から涙が溢れ出ようとしていた。「あのとき僕も、お前に飛びかかってればよかったよ。二人でかかれば、お前なんかコテンパンにやっつけられたよ、きっと」

「ごめん。ジョークだって。軽いジョーク。怒らないでよ」僕はポロシャツの裾《すそ》で額の汗をぬぐった。

「お前、なんで祈ったりするわけ？　日曜学校とか教会とか、好きなの？」彼がまた訊いてきた。

「イエスの物語を聞かせてくれるときはね。でも、悪魔の話を聞かされるときは大嫌い」

「僕もそう」トミーは同意した。「うちのパパも、悪魔とかそんなものについて、いつもしゃべってて、嫌になっちゃう。牧師さんとの祈りの会があると、必ず参加してるんだ」彼は立ち上がり、芝生の上を、またしても円を描くように歩きはじめた。

「でもうちのパパは」彼がつづける。「祈ってるときに僕に邪魔されても、ショックを与えたりはしないよ。そのかわり、平手打ちが飛んでくるけどね。なんでパパは祈りの邪魔をした人にショックを与えないんだ？」

「お前の家族、今はどの教会に行ってるんだっけ？　もうモルモン教徒ではなくなったんだよな？」

「ファースト・メソジスト」

「だからだよ。僕はファースト・バプティストなんだ」

トミーが僕を見上げ、〝お前、本物の間抜けか？〟という顔をする。

「そうかい」彼が言う。「パパが言ってたけど、バプティストたちは奇妙なことしてるんだってな。蛇や鶏《にわとり》や、ほかの奇妙な何かと遊んだりとか。ママは信じるなって言ってたけど。お前も蛇たちと遊んでるのか？」

「いや、遊ぶのは幽霊たちとだけさ」

「え？……おいっ！　その話はジョークだって言ったじゃないか」彼の顔が恐怖色に染まる。

「これもただのジョークだよ、トミー」

彼の顔が今度は、いかにも傷ついたという表情になる。

「人をそんなにからかうのって、優しくないよ、ゲリー」哀れっぽい声で彼が言う。「明日、遊ぶ？」

「うん」

「幽霊の話はもうしないって約束する？」

「うん、わかった」僕は約束した。「ガラクタ置き場で遊ぼうか？」

「あそこでは遊ぶなって、ママに言われてるんだ。教会の隣の池の周りは、どう？」

「あれはカトリック教会じゃないか」

「だから？」

「カトリックたちって、バプティスト以上に奇妙なんだけど。知らなかった？」怖そうな声を作って僕は言った。「教会の裏にある建物、覗きにいってみようか。ガソリンスタンドで聞いたんだけど、あそこの壁には、ちっちゃな子どもたちが何人も吊《つる》されてるんだって。本当にそうなのかどうか、確かめてみようよ」

「そんなのデマに決まってるじゃないか。もしもほんとなら、助けてくれって叫ぶ子どもたちの声が、教会に来た人たちみんなに、聞こえるはずだろうが。この、うすのろ！」

「もしかしたら彼ら、子どもたちの〝叫ぶ器官〟を切り取って食べちゃってるかもしれないじゃない？」僕は両腕を天にかざし、ゆっくりと立ち上がった。「もしかしたら、僕らが見ることになるものは……」

「うるさいよ、もう！　この、罰当たりが！　人間には〝叫ぶ器官〟なんかあるもんか。あるのは声帯だよ。こんなバカな話、僕はもう全然怖くない。カトリックたちが子どもを殺してるなんてこと、絶対にありえないんだから。家に帰る」

「それじゃ明日、放課後にね！」彼の背に向かって僕は叫んだ。

「ああ！」彼が叫び返してきた。

ダイニング・ルームに向かうとき、僕はまたもや顔の汗をぬぐっていた。キャロルとグレッグはキッチンにいて、母が夕食を作っている様子を眺めていた。

僕はビュイック・ドライバーの席に座り、テーブルの冷たい表面に頬を乗せた。廃品置き場の守衛が雨の中で祈っている姿が、頭に蘇ってくる。

彼、すごく幸せそうだった――僕は考えていた――長年にわたる苦しみが、突然、一気に消え去ったときって、どんな気持ちになるのだろう？　飛んでいるときの僕の気持ち……肉体から自由になっているときの僕の気持ち……たぶん、それと似たようなものに違いない……。

肉体に戻る選択は、僕にとって必ずしも簡単ではない。ときには、いざ肉体に戻ろうとしたときに、まるでそれが冷水のプールのように思えてきて、つま先をそこにつけるのが怖くなることさえある。ただし、自分の肉体が嫌いだからではない。エーテル領域やアカシャの中にいるときのほうが、はるかに大きな自由を感じていられるから……。

第９章

アカシャの大広間にある
多次元の織物——
その絡み合う糸は
一人一人の人生の道筋

特別な力を発動させる音〝ミ〟と〝ファ〟と〝ソ〟

音楽室に向かう途中、通路は生徒たちでごった返していた。手を振りながらサヨナラを言い合っている生徒たち、大急ぎで出口に向かう生徒たち、それから、何かを取りに急いで教室に戻っていく生徒たちもいる。

僕は音楽室の扉の外側で最後の生徒がその部屋から出るのを待ち、中に入った。その目的は、音楽教師に、「ミ」と「ファ」と「ソ」の音を正しく教えてもらうこと。前日にバスの中で発したそれらの音がうまく機能しなかったのは、それぞれの音の高さが正しくなかったからかもしれないと僕は思っていた。アーーイルーヤーーショーが手本を示してくれてはいたが、それを僕がそのままに発することができたとは思えない。彼女は、これが機能するためには、それぞれの音が正確に発せられなくてはならないと言っていた。

音楽教師は、大きな木製のテーブルの前に座っていた。それは、僕らが音楽の授業を終えて部屋を出る前に、トライアングルやリズムスティックなどの楽器をいっせいに載せるテーブルだった。彼女はシンバルの山の隣で、楽譜に何やら書き込んでいた。

「先生、〝ミ〟と〝ファ〟と〝ソ〟の音、聞かせてほしいんですけど」彼女は楽譜を見たままだった。

「実は特別なプロジェクトがあって、この三つの音がどんな高さか、正確に知りたいんです」

「おやすいご用よ」なおも楽譜を見ながら、彼女は言った。「ピアノのところに行って、待っていてち訊ねた。

「同じ音、いくつくらいあるんですか？」あまりたくさんあったら選ぶのが大変だと思いながら、僕は

僕は持ち物を入口近くの机の上に置いて、部屋の後ろの隅にあるピアノに向かった。

ょうだい。私もすぐに行くから」

「そんなに多くはないわ」年季ものの重い金属椅子を後ろに引きながら、彼女は答えた。

「どの音も七つずつだけど、全部聞きたい？」

「はい、先生。これはと思う音を見つけたいんで」そう言って僕は、鍵盤《けんばん》の前の長椅子を後ろに引いた。

両手の指を動かしながら、彼女はゆっくりと僕の隣に腰を掛けた。「この歳になると」ため息混じりに彼女が言う。「弾《ひ》く前に、いつも準備運動が必要なの」なおも指を動かしながら、彼女はつづけた。

「このピアノ、すごく古いんだけど、とてもいい状態に保たれてるの。特にこれを作り上げている板が素晴らしくて、本当にいい音が出るのよ。わかってるわよね？　こんなピアノは、そうはないと思うわ。私たちはこんな友だちがいて、とても幸運」

「はい、先生」

「それじゃまず、〝ソ〟からね」彼女の指が鍵盤の中央付近をそっと叩く。

「そのあたりにある〝ミ〟と〝ファ〟も弾いてくれます？」

「はい、それじゃ、これが〝ミ〟」

「ミーーーーーー」ピアノが奏でる。

「ミーーーーーーーーーーー」僕は歌った。と突然、僕の顔と頭がエネルギーの渦に巻き込まれた。喉

と胸の中で〝ミ〟の音が振動する。と同時に、誰かに頭と顔を撫でられているような感覚を覚える。

「あなたって、すてきな声をしてるのね、ヤング・マン。授業中には聞いたことなかったように思うけど。歌うことは好きなの?」

「授業では僕、主にトライアングルを叩いてるんです。ママはしょっちゅう歌ってますけど。僕も、日曜日に教会に行ったときには歌ってます」僕は少し時間を取り、ほかにはどんなときに歌っているだろうと考えた。「でも僕の場合、口笛を吹くことのほうが多いかもしれません」

「音楽好きのお母さんがいて、あなたは幸運よ。あなたのお母さん、何か楽器もやるの?」

「よくわかりません」母が慰問協会に所属して歌ったり踊ったりしていたことを思い出しながら、僕は答えた。「僕は見たことないんですけど、タップダンスならできるみたいです。おばあちゃんは、パラトカの教会でオルガンを弾いてます」

「あなたいったい、どんなプロジェクトに関わってるの? どうして三つの音しか必要じゃないのかしら?」

「秘密のプロジェクトなので、詳しいことは言えないんです」僕は彼女の反応に注目した。僕の答えにとりあえずは納得しているようだった。「今の〝ミ〟を、長く弾いてもらえます? そのあとで〝ソ〟を短く、そしてそのあとで、〝ファ〟を〝ミ〟と同じくらい長く弾いてくれると、うれしいんですけど」

「こんなので、どうかしら?」彼女の手が大きく広がる。

「ミーーーーーーーーーーー、ソーーーー、ファーーーーーーーーーーーーー」ピアノが奏でる音の振動が、鍵盤の端に置いていた僕の手から、僕の体中に流れ込む。彼女がその演奏をくり返す。つま先から頭のてっぺんへと震えが走り、僕は体中が鳥肌になる。

「僕の別の先生は、この三つの音を、できるだけ強く歌うようにって言ってるんです」

「あら、そうなの」同じ音のコンビネーションをくり返し奏でながら、彼女は言った。「彼女、強い声を出すための特別な呼吸法があるとは言ってなかった？」

「いや、それは聞いてません。たぶん彼女、細かいことは、あまり気にしてないんだと思います」彼女の目が〝それは変ね〟という表情を形作った。

「教えてあげるわ」僕のおなかに手を当てて、彼女はつづけた。「さあ、おなかの中に息を吸いこんでごらんなさい。息を吸うときに、おなかを膨らませて、それで私のこの手を押すようにするの。そして、息をゆっくり、本当にゆっくりと吐き出してごらんなさい」

僕はおなかを膨らませながら、息を吸い込めるかぎり吸いこんだ。そしてゆっくりと吐き出した。

「これって、すごく気持ちいい。この部屋に入ってきたときにあったイライラが、全部なくなっちゃいました」

「飲み込みが早いわね、ヤング・マン。息を吐くときには、口だけから吐くようにすると、もっと効果的よ。そのほうがコントロールしやすいしね」

「いいこと教えてくれて、ありがとうございます」

「もう少し練習してみる？」

「そろそろバスが出るんです。また何か教えてもらいたいことができたときには、来てもいいですか？」

「もちろん、大歓迎よ」彼女は微笑んだ。本気でうれしそうだった。

「あなたは、とっても自然で、すてきな声を持っているわ」長椅子に座ったまま両手を太腿の裏側で組み、僕をじっと見つめて彼女はつづけた。「あなたも知っているように、この学校では数ヶ月後に音楽祭が開かれるわ。参加してみない？　あなたのような声が加わったら、音楽祭、すごく盛り上がると思うんだけど」

持ち物を置いた場所に戻りながら、僕は慎重に答えを考えていた。僕の一部は〝はい〟と言いたがっていた。そうすれば彼女が喜ぶことを知っていたから。

でも、僕の別の一部は、全校生徒と親たちの前に立つことを怖がっていた。というのも、前年の音楽祭に出たほかの子どもたちを、自分が散々からかったことを覚えていたから。

くわえて、僕の友人たちがいた。もしも僕が音楽祭に出ることを知ったら、彼らのほとんどは、なんてバカなことをするんだと考えるに違いなかった。

「僕の頭に今あることは、今日教わった三つの音をしっかりと覚えることなんです、先生」小さな罪悪感が僕の心に殺到する。「あの、つまり、去年の音楽祭で男子生徒たちが大騒ぎしたこと、覚えてますよね？　ギリー・ギルバートの衣装がマイクのコードにからまってしまって、それをウィームズ先生がほどこうとしてたら、彼が蹟《つまず》いて花籠《かご》を蹴飛ばして、先生が花まみれになっちゃったときのことですけど」

彼女が頭を傾《かし》げて静かに「ええ」と言う。僕はつづけた。

「僕、あのときに大笑いしつづけた男子生徒の一人だったんです」僕は告白した。「でも僕、あのプログラムを笑ったんじゃありません。ほんとです。僕を笑わせたのは、あのときのギリーの顔なんです。でも、すみませんでした」

「それは、わかったわ」彼女の声はとても柔らかかった。「でも、それが今年の音楽祭とどう結びつくの？」

「僕、自分の友だち連中に、優等生になりたがってるって思われたくないんです」僕は正直に答えた。「それと、みんなに笑われるの嫌なんです。笑われてうれしいタイプの人間じゃないものだから」

「なるほどね」彼女はゆっくりと立ち上がり、自分の机に向かった。「答えは急がなくていいのよ。何日か考えて、もし参加する気になったら、そう言ってちょうだい」彼女が机に手を伸ばし、楽譜をつかみ上げる。「今年の出し物は〝オクラホマ〟なの。すてきなミュージカルよ。楽譜も完璧にそろってて、みんなすごく興奮してるわ」

「はい、先生」

「それじゃ、参加すること考えてくれるのね？」

「いいえ、先生」

部屋の中の雰囲気が幸せから悲しみへと一変する。

「まあ……」彼女の微笑みが〝しかめっ面〟の中に沈み込んだ。僕らの周囲に落胆のフィーリングが充満する。「この音楽室、さっきの音の発声と呼吸法の練習に、いつでも使っていいわよ」

「いいえ、先生」彼女の落胆が怒りに変わるのを怖れながら、僕は大急ぎで答えた。「今日は三つの音、聞かせてくれて、ありがとうございました。それから呼吸法も教えてくれて、ほんとにありがとうございました」

「もしかしたら来年は……参加する気になるかもね……期待してるわ」

「いいえ、先生。来年は僕、カリフォルニアで、ほんとのパパといっしょに住んでると思います」そう言って僕は胸を張った。

彼女のしかめっ面が〝鶏のふくれっ面〟に変わる。僕は微笑んだ。彼女が楽譜を机に戻す。部屋の雰囲気は寂しさのフィーリングへと変化していた。

「さよなら、先生」

「扉を閉めていってね」彼女の目は机を見つづけていた。

いろいろと世話になった彼女に〝ノー〟と言うのはつらかった。でも僕が本当に望んでいたことは、三つの音の高さを正確に知ることだった。父に手紙を届けるために、それがどうしても必要だったから。アーーイルーーヤーーショーは、タイミングが重要だと言っていた。僕はタイミングを逸したくない。

幻想から抜け出せない堂々めぐりの〝マインド〟

「やあ、君」ケンファー氏が自転車置き場から呼びかけてきた。

「こんにちは、ケンファーさん」バスを待つ生徒たちの列をかき分けて、僕は自転車置き場に急行した。

「ディッキー、治るまでにどのくらいかかりそうですか?」僕の古いテニスシューズが泥をキックし、その一部がケンファー氏の靴のつま先の上に落下した。

「昨日何が起こったのかも、君が何をしたのかも、私にはよくわからない」僕に手を差し出して握手をしながら、彼が言う。表情はとてつもなく硬かった。「私たちは君の……何と言ったらいいかわからないが、とにかく、君に借りができた。私はそう思っている」

一瞬沈黙して僕の目をじっと見てから、背中に回していた片方の手を前に出し、彼はつづけた。「さあ、これを受け取ってほしいんだ。妻と私から……六石トランジスタ・ラジオだよ」

僕はその箱を見つめてから、彼に目を戻した。「こんなことしてくれなくて、いいです。そんな必要、ありませんから」

「お願いするよ。これは私たちの……なんて言うか、とにかく……気持ちなんだ」彼の仕草はまるで、嘘をつこうとして神経質になっている子どものそれだった。

僕は箱を受け取った。軽い。まるで空箱のように軽かった。僕はそれを耳に近づけ、振ってみた。

「イヤプラグがついてるから、どこで聴いても、誰の迷惑にもならないと思うよ。すべての局が入る。乾電池を入れてテストしておいたから、間違いない。予備の乾電池も入ってるからね」

「ありがとう」僕は静かに言った。その瞬間にあったその場のフィーリングは空っぽだった。贈り物をする興奮も、それを受け取る喜びも、何もない、空っぽのフィーリング。ケンファー氏の神経質さだけがあたりに充満し、タマネギを切ったときのような臭いを発していた。

「本物の革の携帯用ケースとストラップも入ってる。店員によると、この価格帯では最高のラジオらしい」

「へー」僕は箱に目を落とした。箱の上に描かれていたラジオの絵は、ガソリンスタンドで働いている人たちが持っているものと、とてもよく似ていた。僕はそれから流れ出る音楽を、ジョンソン家のフェンスあたりにいても聞くことができていた。

「さあ、箱から出してごらん。使い方を教えてあげるから」贈り物に手を伸ばしながら彼が言う。

「だいじょうぶです、ケンファーさん。リンダーマンさんのラジオを組み立てるの、手伝ったことがあるんです。ドラッグストアをやってる人です。それに僕、電気関係にけっこう強いし」

「ディッキーのことだけど、病院の先生が言うには、どちらの足のつま先も、石膏で固めておかなくちゃいけないらしい。四週間ほどだけどね。それが取れたら、前とまったく同じように歩けるようになるって言ってた」

「彼、怪我しちゃってかわいそうでしたね。痛みはひどいんですか？　それから、どうしてあんなことになったか、彼、話しました？」木箱が自分の手から落ちたときの絵が頭に蘇り、罪の意識を運んできた。

「痛みはないようだよ。ほんの少しだけ熱はあるけど」無理に笑みを作り、彼はつづけた。

「彼が怪我した状況は、こういうことだと思う。君が言った箱が、落っこちて……」別のおかしな表情が彼の顔に浮かぶ。「つまり、ガラクタが詰まった箱が、彼の両足のつま先の上に落ちて、どちらの足も、親指と人差し指の付け根の、ほんの少し内側のところを骨折してしまった。ただ、ものすごく奇妙なことがあるんだ。彼の背中全体にすり傷がたくさんついいててね、どうしてそれができたんだって彼に訊いたら、箱が最初に落ちたのはそこなんだって言うのさ。それでディッキーは、こんなことも言ってるんだ。彼がその箱を手で押して、後ろに動かした。でも、彼がその下から完全に抜け出す前に、それはまた落ちてしまった。そう言うんだよね」ケンファー氏が難しい顔をして考え込む。

「あの箱」彼がまた話しはじめる。「ディッキーのような子どもが十人集まったとしても、持ち上げることはできないはずなんだけど……自分の息子の言うことを、私は信じたい……でも……うーん……病院の先生たちも、あの箱がかなり長い時間、彼の背中の上にあったって感じてるようなんだ。最初に診察したとき、彼の両脚が完全に麻痺していたためにね。家に連れ帰ったあとでも、まだ麻痺していたんだ」

「そうなんです、ケンファーさん。僕が最初に見たとき、箱は彼のお尻の上にありました」

彼のそれまでの混乱が〝うろたえ〟に道を譲った。彼は後ずさりし、自転車置き場の金属バーにお尻を預けた。

「このすべてをどう判断したらいいか、私にはわからない。私が言いたいことは……つまり……君の言っていることが、私には理解できないということ」

僕は深く息を吸いこみ、それを少しずつ吐き出しながら説明を開始した。音楽教師から教わったばかりの呼吸が自然にできていた。

「まず最初に、ディッキーが隠れていた場所を、僕は見ました。そのあとで、彼の背中に箱が載っているのを、僕は見ました。背中と言うよりも、お尻と言ったほうが正確です。そしてそのあとで、戻ってきて、彼がいる場所をあなたに教えました」

「箱は最初、彼の背中の上にあったんだね。それが、私たちが着いたときには、どうしてつま先の上にあったんだい？」

「彼と僕で、協力して動かしました。ディッキーが下の部分を押して、僕が上の部分を押して、というか、持ち上げたんです」ひと呼吸おいて自分のフィーリングをチェックしてから、僕はつづけた。「でも僕が、一瞬、集中を欠いてしまって、箱を落としてしまって……ごめんなさい……そのために彼のつま先、骨が折れてしまって。物を動かす方法、まだ勉強中なんです」箱が落ちたときのディッキーの悲鳴が、生々しく僕の耳に蘇ってきた。

ケンファー氏の視線がまず校舎の方向に、つづいて空に向けられる。彼の顔は半笑いの状態で固まっていた。

「妻は、彼が隠れていた場所を君は知っていたって信じてるみたいだよ。それから、君が彼に家出をそそのかした。そう考えてもいるみたいなんだけどね」

〝ケンファー氏は僕が嘘をついていると考えている〟という実感が、僕の胸をまともにヒットした。僕は突然、自分がひどい過ちを犯した気分になる。

「すみません、ケンファーさん。これを信じることが難しいことだってことは、よくわかります。実際、ときどき僕自身も、受け入れるのが難しかったりするんです。やってるのが僕だっていうのに」

「何をやってるって言うんだい？」彼はいらだって訊ねた。

「僕、空を飛ぶんです」僕は率直に答えた。

彼の固まった笑みがさらに固まり、歯がむき出しになる。その目はしがみつく先を探してウロウロと動き回っていた。

「君の物語作りの才能は、ほかの父親の一人から聞いて知ってるよ。せっかくいいことをしたのに、どうしてそれを、嘘をつくことで台無しにしてしまうんだい？　彼が隠れていた場所を君が知ってたって、いいんだよ。ディッキーとの約束を破ったからって、困ったことになんかならないんだから。彼の居場所を話したのは君だなんてこと、私たちは絶対に言わない。約束する」

おなかの深いところで発生した怒りが、どんどん膨らんでくる。僕は再び深く息を吸いこんだ。自分の聞いていることが、僕には信じられなかった。彼の話しぶりからして、ケンファー氏もまた同様だったに違いない。「ディッキーが何か言ったんですか？」

自分の車に向かう体勢をとって彼が言う。「君は何も知らないって、彼はそう言ってるよ。妻は、君を守るために彼は嘘を言っているって信じてるみたいだけどね」

僕は彼に負けないくらい声を低くした。「あなたの奥さんが、このすべてに関して、いろんなアイディアを持っていることは、よくわかりました。でもケンファーさん、あなた自身はどうなんです？　何が起こったと考えているんですか？」

鮮やかな赤が彼の顔を覆い尽くす。ある強いフィーリングが僕に向かって押し寄せてきた。彼は明らかに、僕を追い払いたい、僕を黙らせたいと願っていた。

「いいかい、よく聞くんだ。私にわかっていることは、うちの息子がどこにいるかを、君が教えてくれたってことだけ。そして彼は無事に家に戻った。私にとって重要なのはそれだけで、あとはどうでもいいこと」彼の目が僕を見る。「箱のことを君がどうやって知ったのかも、彼の背中に傷があるのはなぜなのかも、私にはわからない。わかりたいとも思わない」彼の頭が左右に振られる。「そんなことは、どうでもいいことなんだよ」

「僕、ほかのことも知っているんですけど。守衛の男の人が箱を動かして、あなたはディッキーを抱え上げました。そしてそのあと、あなたはディッキーを守衛の人に手渡して、自分がガラクタの山を越えるまで抱いていてもらった。それから、あなたの奥さんは、ずっと後ろ歩きをしながら車まで行った。そしてあなたは、A1Aを走りながら、病院に着くまで休みなくクラクションを鳴らしつづけていた……」

自分が見たことを洗いざらい彼に話すことは、快感だった。彼の怯えが増していく様子を見て、僕は喜んでいた。

「僕は作り話などしていません、ケンファーさん」僕は締《し》めにかかった。「嘘も言っていません……謝ってほしいんですけど」

ケンファー氏が左目の下に手をやる。そこの筋肉はピクピクと痙攣していた。奇妙な穏やかさが、僕らの間の空間を満たしていた。まるで時間が止まってしまったかのようだった。ケンファー氏がその沈黙を破る。

「妻からの伝言を伝えるよ。今後君には、私たちの家には来てほしくないそうだ。彼女は息子にも、君の家では遊ばないようにと言っていたよ。君らがもし再び友だちになれるとしたら、それは、今回のことが私たちにとって遠い記憶になったころだろうね」

「いいえ、ケンファーさん」僕は宣言した。「ディッキーと僕は、これからもずーっと友だちのままです。僕らはもう、お互いの家では遊べないかもしれません。でも学校の運動場でなら会うことができます。それから、いつだって……」

「ディッキーはもう、学校には戻らない」僕の言葉を遮って彼が言う。「私たちは彼を、ある私立校に入れることにしたんだ。放課後に彼と会うことは、やめてほしい。もしそれができないようなら、警察にお願いして、君を監視してもらうことになる」

「怖がらせてしまったことは、謝ります。たぶん、いつの日にか、あなたにも……いや無理かもしれませんね。僕自身が、いつになったらこのすべてを理解できるか、わからないんですから。僕に今はっきりと言えることは、あなたが僕に助けを求めてきて、僕がそれに応えたってことだけです。ディッキーは、これまでに僕が出会った最高の友だちなんです、ケンファーさん。あなたとあなたの奥さんが、僕を悪い人間だと考えるのは仕方がないかもしれません。でも、それが理由で親友を失うことになるなんて、僕には納得がいきません」

ケンファー氏が地面を蹴る。その顔はビートみたいに赤かった。彼の体から出ていたオレンジ色の光は濃密で、彼の顔の細部がよく見えないほどだった。

「ディッキーは私たちのたった一人の子どもなんだよ。私たちは彼に、私たちには手にできなかった、あらゆるチャンスを与えてやりたいんだ。君のことを悪い子だなんて、私は考えていない。妻はただ、あらゆるチャンスを手にできる環境で彼を学ばせることが、最善だと考えている。それだけのことなんだ」

「ありがとうございます。すてきな言葉で説明してくれて」皮肉をたっぷりと込めて僕は言った。

「どういたしまして、ゲリー」僕の声に含まれていた痛みをまったく聞かずに、彼は応えた。

ラジオの重さが僕の注意を捕らえた。「これ、返します」

ラジオに目を落とし、つづいて僕を見て、彼が言う。「いや、持っていてくれ」

彼が僕に背中を向け、車に向かう。こちらを振り向かずに彼は言った。「どうも、ありがとう」

「どういたしまして」沈んだ声で僕は言った。

バスの椅子にドサッと腰を下ろしたとたんに、ディッキーとはもう遊べないという現実が、一トンの煉瓦のように僕の心にのしかかってきた。

僕は静かに座り、ケンファー氏に言ってやりたかった様々なことを考えはじめた。私立校だって！ それがいったい何だって言うのさ！ それって、生徒が制服を着なくちゃいけなくて、誰もがまったく同じに見える場所じゃないか。ディッキー、このこと知っているのだろうか？ いや、きっと知らない……。

ビュイック・ドライバーは、まだ家に戻ってきていなかった。彼の居場所ならわかっていると母は言っていた。僕がどうして連れ戻しに行かないのかと訊ねると、そんなことをするに値しない人間だから、という答えが返ってきた。

キャロルもグレッグも、僕のラジオをとても気に入った。母にどこで手に入れたのかと訊かれ、家出したディッキーを探してあげたお礼に、ケンファー氏からもらった、と僕は答えた。お金持ちの家にも、それなりに大変なことがあるものなのね、と母は言っていた。

僕は毛布を頭の上まで引き上げてイヤプラグを耳に差し込み、選局のダイヤルをゆっくりと回した。『二つの局では、大人たちが大人たちの話題を取り上げて話していた』僕は日記に書いた。『一つの局では、ビルおじいちゃんと古いラジオで聞いたことのあるような〝ラジオ劇〟をやっていた。音楽を流している局もあれば、理解できない言語が用いられている局もある。僕はこのラジオをビュイック・ドライバーにあげることにした。すごくいい物だけど、僕は持っていたくない。これを見るたびに、親友と遊ぶことができないという現実を思い出してしまうから。ビュイック・ドライバーは一度、これと似たものを買ったことがある。でもそれは、作業員の一人に盗まれてしまった。これを彼にあげれば、喧嘩のしこりを少しは小さくできるかもしれない……』ラジオと日記帳が、マットレスに大きな〝こぶ〟を作った。そしてその晩も僕は、なかなか眠れなかった。

光の世界地図

「ねえ、アーｰイルｰヤーｰショー」僕は〝大広間〟に呼びかけた。「僕ね、自分の子ども時代はほとんど終わってしまったような気になりはじめてるんだ」僕の声には若干《じゃっかん》の悲しみが混じっていた。

「今日、僕、二人の人に、彼らが聞きたがってることじゃなくて、自分が本当に言いたかったことを言ったんだけど、どちらのときにも、自分がすごく強くなったように感じたんだ。そうするのって、難しいことだったけど、簡単なことでもあった気がする。音楽の先生ががっかりしてるのを見たときには、自分がやりたいと思っていた遊びを、ほかのみんながやってくれなかったときのことを、あれこれと思い出しちゃった。僕、一瞬、思ったんだ。もしも彼女の願っていることをしたならば、あとで自分がほしがっているものを手に入れられるのかもしれない、ってね。でも、何かが僕に、それは機能しないって言ってきて」僕は〝大広間〟の中央に移動していた。「すべてが終わったとき、守衛の人は最高の気分だったのに、ケンファーさんは最悪の気分だったじゃない？　あれって、どうしてなのかな？」

「はい。あの守衛は、説明をほとんど必要としない単純な人間です。自分に奇跡がもたらされたというだけで、充分なのです。あなたの友だちの父親は、このところの一連の出来事に、ひどく当惑しています。息子がまた家出をするのではないかと怖れています。起こったことに関するあなたの知識を合理的に説明できないために、怖れています。一連の出来事は、彼に様々なレベルで衝撃を与えました。彼のエゴ、彼の意識的枠組みは、それ自身が単純な真実に気づくことを許そうとしていません。それが、自分ではコントロールが難しいあらゆる物事に対処するときの、彼のやり方なのです。

はい。あの守衛は、苦しんだ過去に関する固定観念を手放しつつあります。自分の心とあらゆるものを変えつつあります。彼に訪れた真の奇跡は、彼自身の心の変化です。一方、あの父親は、これまで通りに他人を責めつづけています。自分自身と息子の行動の責任を、自分ではない誰か、および家族ではない誰かに押しつけようとしつづけています。そしてそのために、彼は苦しむでしょう。

彼にとって重要なことは、自身の持つ真実を知る能力に目を向けることです。そうすることを自分に許し、現実に起こったことを真実として受け入れることです。あの守衛は、受け入れており、感謝しています。あの父親は、受け入れておらず、それゆえに、感謝することができないでいるのです」

「ケンファーさん、ラジオなんかくれなくていいのに。ディッキーを助けたお礼なんて、全然ほしくなかったよ、僕」

「霊は、代わりのものを求めたりは決してしません。霊は、奉仕に対して心を開いている存在たちを通じて奉仕します。はい。見返りを期待しないで与えることです。お返しをする必要性を感じないで受け取ることです」

「いろんなことに対するケンファーさんの反応を見てると、気が滅入《めい》っちゃった。腹も立ったし」僕はこぼした。「それで僕ね、精神科のお医者さんに診てもらいに行くしかないんだ。おばあちゃんが決めたお医者さんなんだけど、彼、どんな反応を示してくるんだろう？　ほとんどの大人は、僕がやってることを信じないと思うんだよね」

「はい。未来に目をやって、もっとも起こりうることを見てみますか？」

「いや、見なくていい。なんか、そのほうがいいような気がするから。〝予期せぬこと〟も楽しみだし」

「はい。そういうことであれば、時間が物語を語ってくれるでしょう、愛しき友よ。時間がすべてをひもといてくれる道を選んだ以上、他人の反応を心配することはやめ、どんなときにも自分自身でいることに集中しようとすることが、あなたにとっては最善の策です」

「〝もし・たら〟とは無縁になれってことね？」

「はい。その通りです」〝大広間〟の中央にあるバラ色の光が瞬《またた》いた。「どうします？　この前のように姿を現しましょうか？」

「このままがいい」僕は答えた。「今日起こったことに関するフィーリングと、もう少しいっしょにいたいような気がするんだ。あなたの姿を見ちゃったら、それが消えちゃいそうだから」

僕はすーっと天井近くまで移動した。光の世界地図が眼下に広がる。

「ここから床を見るの、久しぶりだな。こんなにきれいだったってこと、忘れかけてた。イーライといっしょに、ときどきここに来てたんだ、僕」イーライのいない寂しさが、胸の中で膨らんだ。「彼、今どこにいるの?」

「はい。思考の内側にいます」

「そうだよね。僕、彼のことしょっちゅう考えてる。彼がここを離れる前にサヨナラを言う機会、持てるのかな?」

「私たちの友人は、まだこの領域に存在しています。彼は今、ほかの現実に集中していますが、もしあなたが会いたいのであれば、それは、願い出るだけで叶います」

様々なフィーリングの混合物が僕に押し寄せてきた。「彼に会うのは、彼が一年間の旅に出る直前がいいような気がする。でも、彼がマイク－アイ－エル－アーといっしょに仕事をしている間、彼と接触することが難しいのは、どうしてなの?」

「はい。彼は肉体をまとうことになります。それで、あなたがよく知っているように、物質的現実内には、気を散らされるものが非常にたくさんありますからね」

「そんなことかと思ってた」イーライとまた会えるという思いが僕の心を満たし、押し寄せてきていたフィーリングの混合物はゆっくりと離れていった。

「彼が向こうで肉体を持つってこと、彼からは聞いてなかったんだけど、なぜかそうだって感じてたんだ、僕」

多次元の織物

「ところで、この領域とここにある典型的なシンボルについて、もっと知りたいとは思いませんか?」

彼女が訊ねてきた。

「僕の頭がグチャグチャにならない範囲でならね」僕は交渉した。

「はい。あなたの左側にある織物の数々は、過去の様々な社会実験を象徴するものです。見てごらんなさい。いろんな太さの糸があること、わかりますよね?」

「あっ、ほんとだ」僕は同意した。「この一本の糸、全体の絵の半分近くもありそう」

「それは、私のような〝時代を司る存在〟の道です」彼女が話すと、その太い糸が光りはじめた。「じっくりと見てごらんなさい」

その太い糸に僕はあらゆる注意を集中した。「この中を、何本もの細い糸が走ってるんだね。お互いに絡《から》み合ったり、交差したりしながら。この細い糸は、ここからはじまって」明るい銀色の細い糸を指さしながら僕は言った。「ここで終わってる。まっすぐな道をたどっている糸は一つもない」僕はその織物に顔がつく直前まで近づいた。

「はい。それぞれの糸がたどっている道の有《あ》り様《よう》は、それ自身が、周囲の糸と、上と下の次元の糸たちに、どのように反応しているかで決まっています」

「上と下の次元の糸って?」

「はい。織物の真横に移動してごらんなさい。あなたの光体を、壁の物質内に押し込むのです。そうすれば、この作品の異なった眺めを手にできます」

僕は壁の中に体を押し入れた。僕の内側で興奮がジャンプする。

「うわーっ、僕にこんなことができるなんて、今の今まで知らなかった！」

そうやって織物を真横から眺めたとたん、その表側と裏側に大きく広がる新しい織物が出現した。太さがまちまちの、ありとあらゆる色をした糸が混在するその織物の上を、鮮やかな色彩の輝かしい光が無数の流れを作り、あらゆる方向に動いている。

「すごいね、これ。このすべてがいっしょになって、本物の織物を作り上げているわけね」

「はい。〝本物〟の織物というものはありません。今あなたが真横から見ている織物の、多次元的に変化する色、色調、織られ方、糸の太さなどのどれもが、この社会実験の中で起こりえたことなのです。それらは、正面からの眺めの中で象徴されている出来事の解釈を、大いに助けるものでもあります。あなたがたは単純に、特定の意識的枠組みに慣れ親しんでしまっているのです。はい。人間意識は、物事の見方をどんどん狭めてきた結果、全体の中のほんの一部、ほんの小片しか体験できなくなっているわけです」

僕は壁の中から抜け出て、その織物を眺める普通の場所に移動した。

「横からの眺め、ほんとにすてきだった」織物はすでに平たくなっていて、正面からの絵しか見えなくなっていた。「でも、この全部をいっしょに見られないなんて、すごくもったいないよね」

「はい。私を含めて、このすべてを一度に体験する能力を持つ者たちも存在しています」

「でも、どうだろう。全部がいっしょに見えたら、ひどく混乱してしまいそう」

「そうなるのは、そうなることを望んだときだけです。今度は、この糸を見てごらんなさい」青緑色の糸がキラキラと輝く。「この糸のはじまりに注目してみてください」

僕はその糸をたどって、織物の上端まで上昇した。最初の色は赤だった。何本もの黄色やオレンジ色の糸に取り囲まれている。

「この糸、ほかのいろんな糸のグループと絡み合ったり交差したりしてる。でもこれ、ここで友だちを見つけられなかったのかな？」

アーーイルーーヤーーショーの笑い声が〝広間〟に充満した。

「僕、真剣なんだけど」僕は抗議した。「この糸、絡み合ってるこの最初のグループとずっといっしょにいれば、反対側の端に、ずっと早く着いたはずなのに」

「はい。その旅人の……言うなれば目的は、全体の絵の中で自分自身を探検することなのです。言い換えるなら、接触するに相応しいと感じる可能な限り多くの存在たちと、触れあうこと。生命の探検は駆けっこではありませんから」

「それは僕にもわかってるけど。僕はただ、いっしょにいたらずっと早く……もう、いいや。なんか僕、こういった線を真っ直ぐにしたいっていう欲求があるみたい。互いに絡み合っている糸同士って、親友なのかな？」

「うーん……そうですね、そう言っていいでしょうね。当事者たちは、そうだと認識していないこともあるでしょうけど」

「ビュイック・ドライバーと僕って、絡み合ってるよね。僕らたぶん、こんなふうになってるんだ」そう言って僕は、何本もの糸が絡まって節を作っている場所を指さした。「僕ね、ビュイック・ドライバーと関わりながら生きたことのある生涯を、全部振り返ってみたい。ずっとそう思ってきたんだ。まだそうしてはいないけど」

「私は、太い糸として存在しています。あなたたちは、織物、すなわち、巨大な魂集団の集合知性の中で、ほかの様々な糸たちと絡み合っている、細い一本の糸。これを見てごらんなさい」絵の中央部から一本の糸が、僕目がけて飛び出てくる。「濃い紫色と金色に挟まれた部分が、あちらこちらにありますよね。その部分は、魂が時間と空間による影響の外側にいた時期を意味しています。一つの生涯と、次の生涯との間。いわゆる中間世」

「生涯と生涯の間の隙間が、みんな同じでないのは、どうしてなの?」

「単純に、タイミングの問題です。はい。そもそも、物質的現実の見せかけの法則から離れて統合状態にあるときには、限られた時間の影響をまったく受けません。肉体をまとっているときにも、同じことが言えます」

「この人、いろんな色の輪をたくさん持っているけど、これはどういうことなの?」

「どの輪も、肉体を心と協調させ、それ自身を霊として表現するに至ったことを象徴しています。たとえば、この部分に注目してごらんなさい。濃い青の部分」

僕らが見ていた糸から鮮やかな青い光が弾け飛んできた。

「これって、別の糸が巻き付いてる場所なんだね。この付近だけ、僕らの糸、青くなってる。それで、この巻き付いてる糸が離れてったあとは、僕らの糸、青から次第に薄紫になってる。あっ、この巻き付いてる糸、僕らの糸を離れたあとも、いろんな糸に巻き付いてる。それで、巻き付かれた糸、みんなその場所が青に変わってる。この人、行く先々で青を撒《ま》き散らしてるんだね」

「道を示す存在。人々と交流し、彼らの内側で特定の概念、フィーリング、信念を育む役割の存在。薄紫色に変わってから、糸がしばらくまっすぐに走っている様子を観察してごらんなさい。その期間、それは統合の状態にあるわけです。私たちのその糸、よかったら、もっと先までたどってみてごらんなさい」

僕らの糸は、しばらくして別の糸と絡み合い、その付近は黄色になっていた。

「二つの糸が触れ合うと、どちらの色も変化するんだね。それで、その色の影響、周囲のあらゆる糸に及んでるみたい」

「はい。この素晴らしい作品は、そのように作られています。私たちの青い旅人を、もっと詳しく観察してみましょうか」先ほどの青い糸が活気づく。「この存在は、一つの生涯の中で多くの道を旅していきます。人生の素晴らしい手本だと言えます。このような人生の中では、多くが与えられ、受け取られます。絵の端から端までの長さと比較して、この糸がどんなに長い距離を旅しているか、チェックしてみてごらんなさい」

僕はその糸の旅路を、行きつ戻りつしながら慎重にたどった。しかしそれは、ある場所に来ると、大きな糸の塊の中に埋没していて、それ以上たどりようがなくなってしまった。

「うわっ、もうわからないや。彼、ここから、どこに行ったんだろう？　とにかくあらゆる場所を旅してきてるってことはわかったけど……」僕はふと思って、織物の中に侵入した。僕らの糸がある。「うわあっ、すごい！　彼、端から端まで何百回も行ったり来たりしてるよ」

「はい。それは彼女です」

「女の人？　そうなんだ」内側をおかしなフィーリングが駆け巡る。彼女を知っているような感覚。顔が独りでに微笑み、僕はすごく幸せな気分になる。「あなたはこれを、理由があって僕に見せたんだよね？　そのうち僕、この女の人に追いつくんだ。そうじゃない？」

「はい。彼女に〝追いつく〟ということではありませんけどね。あなたがたは、あなたの今の生涯の中で、再び道を交《まじ》えることになります。過去に何度もそうしたようにね。あなた方二人は〝一つ〟になります。あなたがたの人生は絡み合い、現在織られつづけている織物に、新しい色を付け加えることになります」

「僕、彼女と何をすることで合意してるの？」

「あなたが行うと約束していることは、人類の過去と未来に関する記憶を、再び人々に語ることです。あなたはすでに、過去の記憶に関しては、かなりの部分まで呼び覚ましています。彼女は、あなたが過去に関する知識を人々に語るときに、あなたの意識が明晰さを保つのを助けてくれるでしょう。あなたがたはともに、人類の向かうべき道を身をもって示すことになるでしょう」

僕が床に降りてからも、彼女の声は〝大広間〟に響きつづけていた。僕は静かにホロフォタルの部屋に向かう。以前と同じように、僕の頭には僕自身が気づいている以上の質問が詰まっていた。未来に待っているものがあまりにも大きすぎて、そこにたどり着くまでの道を、僕は想像することさえできなかった。その一方で、素晴らしい幸福感が僕のハートを満たしてもいた。

それにしてもあの色と糸――僕は考えた――それぞれが、それ自身の道を持っている。あの壮大さには驚かされた。一つの人生なんて、本当にちっぽけなんだ……。

「アーーイルーヤーーショー、あなたが〝道を示す存在〟って呼んだ糸だけど、すごく力強かったよね。あれって教師の糸?」

「素晴らしい観察と推理です」

「僕も〝道を示す〟糸なのかな。そうなんだよね? だったら、あなたもそうだ。それからイーライも。そうか、みんないっしょなんだ。僕らはみんな〝道を示す存在〟なんだ」

「はい。もちろん程度の差はありますけど」

僕は突然、自分の特殊な能力に対する人々の反応は、その日と前日に目撃したものも含めて、常に二つのうちのどちらかであることに気がついた。

「説明不可能な出来事は、ある人たちの心の中には奇跡を、そのほかの人たちの心の中には怒りを発生させるんだね。自分のハートに自分を導かせているか、自分の頭に自分を支配させているか……その違いなのかな。人々がどう反応するかを予想するのは、僕のやることじゃない。僕がやるべきことは、常に自分が真実だと知っていることを話すこと。そして自分自身でいること。人々が彼ら自身でいることも、彼らの真実を見つけることも、彼らがやること。それで、おしまい。問題が起こるのは、常に、僕が人々に、僕に対する反応を変えさせようとしたときか、僕が誰であるかを理解させようとしたとき。理解されたがっているときよりも、理解したがっているときのほうが、僕ははるかに多くを学べるんだよね。聖フランシスが神に向かって言ったように」

「はい。ところで、ホロフォタルを使いたいのですか？」

「そうじゃない。僕がここに来たのは、ここがあまり広くないから。あのまま〝大広間〟にいると、なんかクラクラしてきそうだったから」二つのホロフォタルの間の空間をバラ色の光が満たしていた。

「さっき僕、自分が将来やることになることについて考えてたんだ。それって、けっこう怖いことでもあるんだよね、僕にとって。どんなふうにしてそうなるのか、予想もできないから」

「はい。〝もっとも起こりうること〟を眺める機会は、常に存在しています」

「うん。わかってる」僕の体のエネルギー・レベルは、ひどく低下していた。「でも、継父とケンファーさん、それから廃品置き場の守衛の人に関するあらゆること、そしてそれらから学んだこととかを、自分のハートにしっかりとたどり着かせることだけで、今の僕は、手がいっぱいのような気がするんだ。家に戻る前に、一つだけ質問があるんだけど」

「はい。答えは〝はい〟です。あなたが自分の光体のエネルギーを集中して木箱に向けはじめたとき、肉体の手のイメージを光体の手の上に重ね合わせるというテクニックの効果で、あなたの手の物理的な物質が、実際に物質領域から移動したのです」

「それ、僕、わかってた！」僕は大声を上げた。「それであのとき、そうするのは一瞬でやめるんだよって、何かが僕に言ったんだ。あのとき僕の本物の腕、血が流れなくなってたんじゃない？」

「はい。子どもの心には、単にそれだけのことのように感じられるかもしれません。でも現実には、そのときあなたは、一つの実在する体……今回の場合はあなたの肉体ですが……それから物質を〝借り〟

て、それを別の体、つまりあなたのエーテル体に〝貸し〟たのです。肉体に戻ってから、何か異変は感じませんでしたか?」

僕は前日のことを振り返った。「特にこれといったことは、なかったと思うけど。あちこちがチリチリしてたけど、それっていつものことだし」僕は自分を、トミーといっしょにいた玄関の階段に戻してみた。いや、別に変わったことはなかった。つづいて母とキャロルとグレッグを思い出す。「えーと、あっ、そういえば、よく物を落としたっけ。昨日の夕食のとき、いろんな物、ずっと落としつづけてたよ、僕」

「あなたの肉体のエネルギー経路は、物質の交差時限的利用によって、かなりのダメージを受けました。異なった体同士がどのような相関関係にあるのかを、あなたはもっとよく知る必要があります。はい。大切なポイントを一つ、教えておきます。物質領域はマイナスの極性を持っています。エーテル領域は、プラスです。もしあなたが、肉体を構成している原子群の回転数を上げて、それらを正反対の極性を持つエネルギー場に持ち込んだならば、そのときからそれらは、その支配的なエネルギー場にそれら自身を適応させようとして、それまでとは逆の回転をしようとするために、構造が崩壊しはじめることになります。昨日あなたが、自分の肉体の手から借りた物質を、あれ以上エーテル領域に留めておいていたら、その手のエネルギー経路を構成している敏感な神経組織が破壊されてしまうところでした」

「えーっ! 誰も教えてくれなかったよ、そんなこと。もうあんなこと、二度としないようにしなきゃ。ああ怖い。もう少しで僕、手が使えなくなってたかもしれないんだ」

「はい。この知識が役に立つことが、これから何度もあると思います。役に立つ道具を使えなくしてしまうことは、賢いことではありません」

「僕が気をつけなくてはならないこと、ほかには何かない？」

「はい。あなたの知識は、私たちがそれを提供してきたラインに沿って用いられるべきです。もしもあなたが、私たちが設定した境界から足を踏み出そうとしたならば、昨日のあなたの実験のケースのように、私が手を出すしかなくなります。あなたの肉体がダメージを維持しなかったのは、それがエーテル領域内に留まる時間の量を、私がコントロールしたからなのです。はい。健康な肉体を維持することは、とても大切なことです。それによって、未来の活動の成功がより確かなものになります」

「僕が気をつけなくてはならないことって、これだけ？　健康な体を維持することだけ？」

「あなたは、まだまだ知識を増やしつづけます。必要に応じて、私が手助けすることになります」

「ありがとう」僕は両手を目に近づけ、それが本当にだいじょうぶなのかどうかを確かめた。「僕がパパに届ける手紙の、紙とインクはどうなの？　僕がテレポートするとき、そのエネルギー場はどんなふうになるんだろう？」

「はい。素晴らしい質問です、愛しい友よ。手紙の原子構造は、まったく異なった方法で保護を受けることになります。あなたの肉体の敏感な神経組織は、この種の移動によってダメージを受けます。でも手紙は、それ自身をあなたに完全に委ねることで、保護されます。それは、あなたが創造している統合場から、必要なものをすべて受け取ります。手紙を作り上げている物質の知性にとって、そのときあなたは源として機能しています。手紙もやはり、原子群を逆回転させることになります。でも、あなたのエーテル場に取り囲まれているかぎり、ダメージを受けることはありません。私は昨日、あなたの肉体を陽性のエネルギーで包み込みました。同じようにしてあなたの肉体を守るためにです。私のその贈り物を、あなたの友だちはショックとして体験しました。その結果、彼が意図していた行為を行ったならば、あなたの肉体が被ったであろうダメージは、回避されたのです」

「向こうに着いて、手紙を物質領域に戻すときは、どうなるの？」

「あなたにとって困ったことは起こらないように、私が取り計らいます。私たちへの、私からの贈り物です」

「あの音符を唱えることって、体を強く健康に保つためにも役立つのかな？」

「はい。その作業は、神経系の健康を促進します。肉体を守り、それに活気を与えているのが神経系です。それから、あなたが教わったばかりの呼吸法にも、素晴らしい効果があります。様々な種類の呼吸法を学ぶといいでしょう。呼吸は、あなたの仕事にとってとても重要なものです。いつの日にかあなたは、妥当な呼吸によって、あなた自身の肉体の分子構造を変えることさえできるようになるでしょう」

「ほかに僕がやるべきこと、何かある？」

「はい。どんなときにも可能なかぎり、平和の手本を示すことで、同胞を養うようにするといいでしょう。遊び仲間たちを怖がらせようとするあなたの行為は、決して気高いものとは言えません。それは最終的に、彼らをあなたから遠ざけることになります」

僕の心が、彼女の言っていることを理解しようとして全力疾走を開始する。トミーの怖がっている顔がパッと浮かんだ。

「あっ、そういうことね。彼のこと、軽くからかっただけなんだけど。ちょっと怖い話をすることが、そんなにいけないことなの？」

「あなたが発するあらゆる言葉が、意図を運んでいます。意図と結果は一つです。もしあなたが、怖がらせることで人々をコントロールしようと意図したとしたら、それはそのままあなたのところに返ってきます。もしあなたが、人々を理解し、彼らがより自由になるのを手助けすることを意図したとしたら、それもそのままあなたのところに返ってきます。この二つの意図は両立しません。やがて一方が、もう一方を完全に圧倒することになります」

「どちらが強いの？」

「はい。はい、恐怖はまさしく、物質領域においては、とてつもない力を発揮します。それは実際、物質宇宙内で圧倒的な力を誇示《こじ》しています。でも……いや、だからこそ、あなたは世界を照らす光になりなさい。平和の手本を示すのです」

「はい、わかりました」彼女の言葉の真実が僕を満たすにとどまらず、僕からどんどん溢れ出ていた。

「過去に戻って、友だちを怖がらせたときのこと全部消してしまうことって、できないのかな？」

「過去のことは別の現実です。現在に留まることです。救済がなされるのは、この〝今〟においてなのです」

「わかった、アーーイルーーヤーーショー。友だちを怖がらせるの、もうやめるね。それから、あの三つの音符の唱え方、しっかり練習する」

「はい。知識を増やし、能力を磨く一方で、この教えの真実を学ぶことが、あなたにとって何よりも大切なことです。悪い習慣を取り除くのはとても困難です。ケンファー氏の混乱に対するあなたの反応に関しても、話しておきます。あなたが行ったこと、あるいは語ったことが、誰かに苦悩をもたらしているときに、そのことを喜んだりすることは、決して許されることではありません。もしあなたがこの道を歩きつづけたいならば、他人の旅に対する貶《さげす》みではなく、思いやりを、常に内側に見い出さなくてはなりません」

「これまで僕、自分が嫌なことを言ったり、ひどいことを感じたりして悔《く》やんだこと、何度もあるんだ。でもそのこと、内側にずっと隠しつづけてきたんだよね」恥ずかしさのフィーリングが僕の喉を詰まらせた。

「あなたの恥ずかしさを、〝今〟の中に解き放つのです」

「どうやったら、そうできるの？」

「はい。自分自身を、世界を照らす光として表現するのです。私が常にそばにいます」

「そのこと、今、ほんとによくわかった。これから僕、寂しさなんか絶対に感じないと思う」

第10章

私はアー-イル-ヤー-ショー——
この次元に降り立った
〝光存在〟との対話

受け入れられた多次元体験の告白

『部屋のカーテンの水染みが、窓と同じくらい大きくなっている。雨が三日間、降りつづいているせいだ』僕は日記をつけていた。日記帳が新しくなった。

『もうすぐやまなければ、裏庭の水たまりに家が流されてしまいそう、と母は言っていた。そのとき僕は、こんなのまだ序の口だよと言い、学校のブランコやジャングルジムは、その大部分が沈んじゃってるんだから、と付け加えた。

先生の一人は、〝現代〟に入って以来、最悪の雨で、こんな大雨は見たことがないと言っていた。それを聞いて僕が、先生は何歳なんですか、と訊いたら爆笑が巻き起こり、その授業が終わるころまでクラスメイトたちは笑っていた。

雷がひどくて、このところ僕は飛んでいない。アーーイルーーヤーーショーは間違いなく、僕がなぜ彼女に会いに行かないでいるのかを知っている。この天候の中、僕が唯一気にしているのは、イーライのことだ。嵐が過ぎ去るまでに彼がいなくなってしまったら、どうしよう。

ビュイック・ドライバーが家に戻ってきて、すべてがほぼ正常に戻った。母が最終的に出かけていって、連れ帰ってきた。彼は家で、ほとんど話さなくなった。夕食の時間になると黙ってテーブルにつき、食べ、ベッドに向かうだけ。昨夜、彼は仕事仲間たちのことについて話しはじめた。でも母がすぐに横やりを入れ、お願いだから静かに食べさせてと言い、黙らせた。それが、彼が口を利いた最後だった。

彼がテーブルを離れようとしたとき、また仕事の手伝いをしてお金を稼がせてくれないかと僕は訊ねた。でも彼は、見知らぬ人間を見るような目で僕の顔をジロッと見ただけで、クルッと振り返り、歩き去った。

明日、僕は医者に行く。そうすれば、僕のどこが悪いのかを祖母は知ることができる。このところ僕は、人々を怖がらせることに関してアー－イル－ヤー－ショーが言ったことを、しょっちゅう思い出しては、考えつづけている。これまでのところ、僕が説明不能なことをしても怖がらなかったのは、廃品置き場の守衛の人だけだ。その理由は簡単。彼は、説明できないことのすべてを神業《かみわざ》だと思っているから。

人々にとって、神にしかできないと思いたいことを、もしも誰かが行ったとしたら、それは怖いことかもしれない。その理由を、僕はこんなふうに感じている。そのとき彼らは、説明できない能力を持った人間に、その能力を用いてコントロールされてしまう、あるいは危害を加えられるかもしれない、という思いを反射的に抱くから。

人々はどうして、〝望んでいるあらゆる奇跡を誰もが発生させられる〟という事実と、〝神は人間を通じて、人間として機能することのできるパワーである〟という事実を知ることに、心を開けないのだろう？　僕らは神をあらゆる瞬間に訪ねられるし、それを神は望んでいる。なのに人々は、どうしてこのことをわかろうとしないのだろう。どうして日曜日にしか、神を訪ねようとしないのだろう？』体重を移動した瞬間、懐中電灯が消えそうになる。僕は書きつづけた。

『カビの臭いがひどい。息を吸うたびに、鼻の内側がヒリヒリする。だから呼吸法の練習をするのは、かなりしんどい。ラジオは今、通路の押し入れの中に隠してある。というのも、マットレスの〝こぶ〟が大きすぎて、その上で寝つづけたら、僕の背中が曲がってしまうと母が心配したから。彼女は今度も、隠し場所をほかの子どもたちには内緒にしておくと約束した。母は、僕の日記帳も覗かないと約束している。僕は彼女に、どうしても読みたいと思ったら読んでもいいけど、そのときには必ず僕がいっしょにいなくてはならない、と言ってある。僕は母を信頼している。約束したことは何があっても守るタイプの人間だから……』

長く書きつづけたために、僕の手はほとんど痙攣《けいれん》していた。〝どこにも行かないで、ただ眠るのも悪くない〟などと考えながら、僕は眠りに落ちた。

学校は何事もなく終わった。繁華街をレオン・ブライソン博士の診療所に向けて車を走らせながら、祖母は彼女自身の嵐体験を長々としゃべりつづけた。

僕らを迎えてくれたのは、とてもすてきな女性だった。すぐに彼女は、僕らの到着を医師に告げてくるので、椅子に座って待っていてほしいと言って歩き去った。僕は待ちながら、深い呼吸をくり返して不安のフィーリングを追い払おうとした。

「こんにちは、トンプソンさん。レオン・ブライソンです」

祖母が立ち上がり、彼と握手する。その仕草から、彼のことを気に入っている様子がよくわかった。

「これが孫のゲリーです。少し緊張しているみたいですけど」

「ここに来るの、怖かった？　ぼうや」

「ほんの少しだけですけど」僕は自分の視覚を調整して、彼の体から出ている光の色を見はじめた。彼のエーテル体を感じたり、その香りをかぐことは、何もしなくてもできたが、そのときの僕は、彼に関するもっと多くの情報を得たかった。

予想したとおり、深い青と紫、そして金色が見える。ほかの色が見えないかと思い、彼の体をより詳細に見はじめてすぐ、僕は驚いた。あれ、なんだこれは！　薄い緑色の光の筋が、彼の左のお尻の上を横切っている。その部分のエーテル体が切り裂かれているかのようだった。オレンジ色の泡が、彼の下《した》腹《ばら》と両脚の上部を包み込んでもいた。突然、僕の左のお尻と下腹が痛み出す。

「これって奇妙。すごく奇妙」僕はつぶやいた。

「さあ」入口を体全体で指し示して、彼が言う。「中にどうぞ。ダニエルさん、トンプソンさんにお水をお願いします」つづいて彼は僕に訊いてきた。「君はサイダーがいいかな？」

「いえ、だいじょうぶです」

「少し緊張しているようだね、ヤング・マン。冷たい炭酸飲料は、緊張を上手にほぐしてくれると思うよ」彼の微笑みは、教会の若い牧師のそれに似ていた。その牧師は、夏休みに僕らを〝ロイヤル・アンバサダーズ〟に連れていってくれていた〔訳注＝ロイヤル・アンバサダーズ＝バプティスト派の男子小学生を対象とした教育組織〕。

「はい。それじゃ、アールシー・コーラ、もらえますか？」僕は女性に訊ねた。

「おやすいご用よ！」ドレスでシューッと風を切り、彼女は別の部屋に向かった。誰かと初めて会うとき、その人の香りは僕にとってとても大切なのだが、あまりにも強い香水の香りが、彼女の香りをかげなくしていた。

医師は机の向こう側に回り込み、僕らが座るのを待って話しはじめた。

「さて、さっそくはじめましょうか」彼が机に両肘を立てる。「私にわかっている状況は、ゲリーの行動が、弟の交通事故を境に、劇的に変化したということだけなんですが？」

祖母が彼女の立場から〝物語〟を披露した。ブライソン医師はそれを聞きながら、両手の指先全部を使って机をコツコツとやりつづけていた。

「なるほど。それで君は、飛ぶ夢を毎日見ているのかな？」その表情からは、彼が祖母の話を信じているかどうかは、まったく窺い知れなかった。

「ただの夢ではありません」が僕の答えだった。

「教えてくれないか。その夢、君を悩ましているのかな？」彼は手を伸ばし、灰皿を引き寄せた。「つまり、その夢、怖い夢なのかな？」

「最初は、自分が飛べるなんて信じられませんでした。でも、すぐに慣れました」

「その夢、弟さんの事故のあと、どのくらいしてからはじまったの？」

「事故の前から飛んでました」

祖母が咳払いをし、割って入ってきた。「この子、わけのわからないこと言ったり、やったりを、昔からずっとくり返しているんです。家庭環境が、あまりよくないせいなんです、きっと。継父が酒飲みで、仕事が長続きしないものだから」

「もっと奥の深い問題のように感じますけどね、私は」彼はそう言って僕に微笑んだ。「君のお母さん、来られるといいんだけどね」

「無理だと思います、先生。彼女、働いてますから」

「ベティー、来られるようにがんばってみるとは、言ってましたけど」祖母が急いで口を出した。

「ママ、いつそんなこと言ったの？　どうしてそのこと、車の中で僕に言わなかったの？」僕は祖母に訊ねた。

　彼女は僕を無視して、ブライソン医師に言い直した。「娘は、もういつ来てもおかしくありません」

　ブライソン医師が、まるで呪いの言葉でも投げつけられたかのような顔をして祖母を見る。「それでは、喉でも潤しながら待つことにしましょうか」

　受付の女性が大きなトレーを抱えて部屋に入ってきたのは、ちょうどそのときだった。

「ここに置いてください、ダニエルさん。それから、この子のお母さんがいらっしゃることになっているので、お着きになったら、すぐにこちらに来てもらってください。ありがとう」

　そのトレーには、水の入った二つのコップと、栓《せん》が抜かれたアールシー・コーラの瓶が載っていた。

　僕がコーラをすすっている間、祖母とブライソン医師は、パラトカ地域に住む共通の知人たちを話題に、礼儀正しい会話をつづけていた。彼の周囲に漂っていたフィーリングは、寛容、いや、どちらかというと忍耐だった。祖母がまんまと人を欺《あざむ》こうとしたことがその原因なのか、彼がもともと誰に対してもそんな気持ちで接しているのかは、わからなかった。でも一つだけ確かなことがあった。炭酸飲料が緊張をほぐしてくれると言った彼は正しかった。僕はみるみるリラックスしていった。

「ブライソン先生、ゲンスナーさんがお見えです」彼の机の上にあったスピーカーが、キーキー声で言ってきた。

「お母さん！　私がここに着くまではじめないでって、あんなに言ったのに」部屋に入ってきた母は、ほとんど叫んでいた。「どうして勝手に……ごめんなさい、先生。もう、本当にしょうがないんだから」

母に目で挨拶したときの僕のスマイルは、ストローによって半分にカットされていた。祖母は母に一喝《いっ》されて、いつものように口をモグモグ。

ブライソン医師が母のために椅子を差し出した。母が腰を掛ける。

「またお会いできて、うれしいです、ゲンスナーさん」彼は言った。「オーランドでご説明したように、私は通常、大きな外傷から快復しつつある患者たち、つまり、事故によって生活スタイルを劇的に変えられてしまった患者たちを相手に、治療を行っています」ここで彼がタバコの箱をつまみ上げる。「よろしいでしょうか？」

「ええ、もちろん」母と祖母が同時に答えた。

「今、申しましたように、私の専門は、ご長男のケースに完璧にマッチしたものではないかもしれません。ただ、彼の状況をざっとお聞きして……なんと言いますか、その問題を作り上げているものがたとえなんであっても、彼がそれを克服するのを手助けすることに、今、とても大きな関心を抱いています。ところで、あなたのもう一人の息子さん、お具合はいかがですか？」

「元気です。元気にしています。病院の先生たちから、走り回れるようになるのも時間の問題だって言われています」母の声は疲れていた。

「彼が入院中に、オーランドには何度も行きました。あそこの仲間たちと合意しなくてはならないことが、いろいろとありましてね」ライターの炎が彼の口元にジャンプする。

「このゲリーに対する私の関心は、二つの要素から成り立っています。まず一つは、彼の幸せを願う思いです。この年齢の子どもたち特有の、精神的、および肉体的成長は、往々にして様々な問題を引き起こしがちです」祖母と母が同時に僕を見る。

「そして二つ目は、私自身の研究者としての興味です。私は、危機に直面した家族にもたらされるあらゆる事後ストレスと、あらゆる超心理学的影響に、とても興味を持っています。それで実は、大きな影響が現れる場合、それは、危機発生のほぼ直後に、そして通常は、家族のうちの一人だけに現れるんです」

「母がもう、あなたの耳をいっぱいにしていると思いますけど」祖母をジロッと見ながら母は言った。

「はじまる前に二、三、私からお話ししておきたいことがあるんです」

僕を一度じっと見て、母はつづけた。「整理するのが難しくて、実は今朝、いくつかのことを書き出してみたんですけど、これを直接読んでいただいたほうが、話が早いかもしれません」そう言って母は机越しに便箋《びんせん》を差し出した。

「これ、声にして読んでもかまいませんか?」

母は首を縦に振った。

「いくつもの小石が彼の頭を直撃した」彼が読みはじめる。「日中、椅子に座ったまま眠っている彼を発見。看護師の一人が、グレッグの病室で彼の書いたメモを発見……」彼が上目遣いで母を見、つづいて僕を見る。「これが、彼の夢や異常な行動と、どう結びつくのか、私にはよくわかりませんが」

母がまたしても僕を見た。まるで泣き出すときのように唇を噛んでいる。祖母の手が母の腕に伸びる。

「ゲリーが飛べるって言いはじめてから」母が話しはじめた。「もうずいぶん長くなります。最初私は、彼が作り話をしているんだと考えていました。イマジネーションがとんでもなく豊かなものですから。ところが、病院でメモが見つかって。私、もう、怖くなってしまって。彼、病院の駐車場までしか行ったことがないんです。なのに、どうして病室にメモを残していけたのかって思って……」

ブライソン医師が、〝いったい君、どうやってそうしたんだい?〟という顔をして僕を見る。

「それから、彼の部屋に入っていって」母はつづけた。「彼を夢から起こそうとしたことが何度もあるんです。眠りながら、彼、すごく大きな声で話していて。それと、体がまるで氷のように冷たくて。ときには揺すったりもしました。するといくらかは温かくなりましたけど。それと、この子の姉が聞かせてくれたんですけど、ほかの子どもに飛べるという話をして、学校中の笑いものになったりもしてるんです。私、ゲリーには、友だちのたくさんいる普通の子どもとして育ってほしい、そして、そこそこにはいい人生を送ってほしいって、そう願っています。みんなから笑われるような人間には、なってほしくないんです。そんな人間は、うちには一人で……とにかく、彼が普通の子どもとして育つということが、私にはとても重要なことなんです」

医師はメモ帳とペンを机の上に置き、椅子に座り直した。祖母は咳払いをつづけていた。僕はじっと座ったまま、残り少なくなった自分の飲み物を、ものすごくゆっくりとすすっていた。

「さて……あなたが今話されたことは、私の頭の中で、答えよりも若干多くの質問を発生させることになりましたね」彼は灰皿に手を伸ばし、タバコをもみ消した。「ねえ、君、単刀直入に訊かせてもらうけど、弟さんの病室に、どうやってメモを持っていったんだい?」

「この子に訊ねても意味のないことだと思いますけど」祖母が口を出した。「この子、その質問にはもう何度も答えてるんです。作り話をしてね。私はね、そのメモ、本当は彼が書いたものじゃないんじゃないかって、考えてるの。書いてあったものは、質問の長いリストなんです。この歳の男の子に、あんなもの書けるはずがないわよ」

ブライソン医師が前屈みになり、新しいタバコを手に取った。彼がきつい顔で僕ら三人を順に見る。

「トンプソンさん」祖母を見て彼が言う。「私はこれまで長年にわたって患者を診つづけてきましたが、その中で、簡単には説明のできない事例に何度も遭遇してきました。あなたの娘さんは、看護師が発見したメモのことを本気で心配なさっているようです。もしよろしかったら、私たちのこのセッションの中から、あなたが今なされたようなコメントは除外したいと思うのですが」祖母が顔色を鮮やかな赤に変え、ドレスのスカート部分を整えはじめる。

「それが息子さんの書いたものであると」ブライソン医師が母に言う。「あなたはどうして言い切れるんです?」

「彼、自分のあらゆるノートの隅に、小さな人の顔の漫画を描《か》いてるんです」大きく息を吸って僕の顔をチラッと見てから、母はつづけた。「最初は信じたくありませんでした。つまり、彼のメモがあそこにどうやってたどり着いたかをですけど。でもある日、家に早く戻ったときに、彼の部屋にあったノートを片っ端から見て……そしたら、どのノートにも、メモに描いてあったのとまったく同じ顔の絵が、描かれてたんです。あのメモは、間違いなく彼が書いたものです。命をかけて誓えます」

「ゲリー、君は弟さんの病室に一度も行ったことがない。なのに、君のメモがそこに置かれていた。これを君は、どう説明できるのかな?」

「すみません。この種のことは、あまり話したくないんですけど」ストローがまだ入っている口で、僕は言った。

「どうしてなんだろうね?」彼が僕のほうに身を乗り出す。

「ママがさっき言いましたけど、この種のことを話すたんびに、笑われるからです。たとえ笑われなくても、問題が何か必ず起こるんです」

「ここは、君が何を言っても、笑われたり、腹を立てられたりすることが、絶対にない場所なんだよ」

温かいフィーリングが部屋の中を移動する。彼の言葉に偽りがないことを、僕は明確に感じ取った。

僕は母と祖母に目をやった。二人の光はほとんど同じ色だった。黄色みがかった緑。僕は口からストローを取り、彼の質問に答えはじめた。

「僕があれを持っていったのは、イーライという名の友だちに会いに行ったときです。彼、その前に会ったときに、今度会うときに僕のあらゆる質問に答えてくれるって言ったんです」

「彼が?」

「はい」僕は医師に答えた。「それで彼、僕がリストを持ってきてたことを思い出す前に、僕の質問に答えちゃって。その時点で、僕はそれを必要じゃなくなっちゃって。それでつい、置き忘れてしまったんです」

「君の弟の病室で、彼は何をしていたんだい?」

「弟がよくなるのを手助けしていました」

「イーライという君のその友だち、医者なのかい？」

「違います」僕はくすっと笑った。「彼は……彼が誰なのか説明するの、ちょっと難しいんですけど」

「君がもっとも快適だと感じる言葉を使えば、何とかなるんじゃないか？」

イーライとの思い出が、一気に僕の頭の中になだれ込んできた。

「イーライは、友だちですけど、先生でもあります。彼は、見えない場所から人々を助けています。アカシック・レコードの守護者で、そこにマイク－アイ－エル－アーとアー－イル－ヤー－ショーといっしょに住んでいます」ブライソン医師の表情は、何一つ変わらない。「これ以上は、彼について説明できる自信がありません。彼ってとにかく、いろんなものなんです」

「二度目に会ったとき、彼は君のどんな質問に答えたのかな？」

「僕、飛ぶことに関して、いろんな疑問を持ってたんです」

「たとえば？」

置き忘れてきた質問リストの中身とそれ以降に抱いた多くの疑問が、頭に蘇ってくる。僕はコーラの最後の一滴を飲み干した。ストローがズズーッという音をたてる。

「〝戻ってきたとき、体がすごく重く感じるのは、なぜなんだろう〟とか……」僕は突然、自分が時間を後戻りしているかのように感じた。「いちばん重要な疑問は、緑色の渦巻き雲の中に消えているグレッグのコードに関するものと、彼が治るのを手伝うためには、自分の手をどうやって動かしたらいいかってことでした」

母は下を向いて顔を両手に埋め、ブライソン医師の反応を待っていた。彼が顔を上げた瞬間、祖母が大きな咳払いをする。

「何でしょうか？　トンプソンさん」

「こ、こんなことに、私、お金なんてもう払えません」つかえながら祖母は話しはじめた。

「作り話をどんどん積み重ねるような子どものために」声がどんどん大きくなる。「お金なんて払えるものですか」彼女が立ち上がる。「彼は明らかに、注意を引きたいだけなの。私はもう……」

「トンプソンさん、あなたはどうして、私たちがこうやって会う場を設定したんです？　この子に関するあなたの信念を、誰かに信じ込ませたかったからなのでしょうか？　それとも、あなたの娘さんのご家族が、彼らに起こっていることを理解するのを、いくらかでも助けたかったからなのでしょうか？」

祖母の顔がシーツのように白くなる。「私はただ、娘と同じように」彼女の手が母の肩に乗る。「この子をまともにしたかった。それだけです。この子がまともになるように手助けするって、私は娘に言ったの。そして、そうするつもりですから」

「これは、この子だけの問題ではありません。家族全体の問題なんです。あなたも含めてね。もしあなたが、家族の幸せを支えるのがもう嫌だという気分になられたとしたら、そのときには、私はこのお母さんと、別の予約の相談をします。この問題に対して私たちが取り組むべき姿勢、ご理解いただけたでしょうか？」

深い静寂が部屋を満たした。祖母が黙って腰を下ろす。

「これまでの話に、何か付け加えることはありませんか？　ゲンスナーさん」

母の目が一度祖母に向けられ、ブライソン医師に戻った。

「私たち、母に支払いをお願いしたとしても、どれだけここに来られるか、わからないんです。余裕がなくて。もしも私たちだけで支払うとしたら……」

「この瞬間から、支払えるだけの金額を支払っていただければ、けっこうです」祖母を見ながら彼は言った。「余裕がまったくないときには、私が代わりに支払います。あなたの娘さんに私が今、申し上げたこと、ご理解いただけましたか？　トンプソンさん」

「私、外で待ってるわ、ベティー」祖母が出ていくのを、医師は立ち上がって見送った。

「さて、それでは」メモ帳が挟まれたフォルダを目の前に引き寄せ、彼は話しはじめた。「イーライといっしょに住んでいるほかの人たちの名前だけど、どう綴《つづ》るのかな？」

「彼らは人間じゃありません。〝光存在〟なんです。それで僕、綴りは訊いたことありません」僕は淡々と答えた。

　祖母が退席したことを僕は気にしていた。その場にいてくれてうれしかったわけではなかったのだが、彼女がブライソン医師に罰を受けたような気がして、もう一つ気分が吹っ切れなかった。

「どうして祖母を追い出したんですか？」僕は訊ねた。

　彼が机から目を上げた。微笑みを湛《たた》えた目で彼が言う。

「いや、追い出したのではなく、このセッションの支配権を私に取り上げられてしまったので、彼女が自ら出ていったんだよ」一拍おいて彼はつづけた。「友だちのイーライとは何度くらい会ったことがあるのかな？　それから、彼は正確には何を教えてくれているんだい？」

とたんに僕は落ち着きをなくした。母を見ると、僕が以前に角《かど》の店でチョコレートキャンディを盗んだあげくに、保安官に連れられて帰宅したときのような表情をしていた。

「僕の答えを聞いたら、ママがたぶん、動揺するんじゃないかと思うんですけど」母の手を握って僕は言った。「僕自身にも、ときどき、理解するのが難しいことがあるくらいなんです」

「君を悩ませているのは、それだけなのかい？」

「僕は普段、ママから、このことは誰にも話すなって言われてるんです」

「ゲリーが今、この問題について詳細に説明しても、かまいませんか？」

母がまた大きく息を吸い、一度目を閉じてから口を開く。

「私も外に出て母といっしょに待つことを、提案しようとしていたところなんです。彼女、ものすごく頑固な性分《しようぶん》で、何をしでかすかわからないところがありまして。私も外で待つことにします」

「私も同じことを提案しようと思っていたところでした」母を扉まで歩いて送りながら、ブライソン医師が慰める。「私と一対一で話したほうが、彼も気が楽でしょうし、よりよい結果が期待できると思います」母が扉の向こうに姿を消した。

「さて、ヤング・マン。これで二人とも、頭の中にあるものを自由に出し合うことができそうだね」

「ハートの中にあるものもね」僕は付け足した。彼が机に戻るのを待って、僕は話しはじめた。「僕、ほとんど毎日、体から抜け出して、近所を探検するか、アカシャって言う〝記録の殿堂〟に行くかしてるんです。僕がそうするのをママはやめさせたがってるんだけど、僕はやめたくなくて……つづけてるんです。ママが外に行ってくれてよかった。僕が毎日飛んでるってこと、知られたくないんです。嘘をつくのもいやだし」

「君がやっていることは〝幽体離脱〟って呼ばれてるんだけど、知っていたかい？」

「はい」

「君とはいろんな話ができそうな気がするよ」彼が新しいタバコを手に、母が座っていた椅子にやってくる。「質問リストのことだけど、どうやって病室に持っていったんだい？」

「小さく折りたたんでギュッと手で握りしめて、その手を胸にしっかりと当てて、それで体を離れました。あとでイーライがすごく興奮して言ったんですけど、あれって、すごく難しいことだったみたいなんです。そんなこと僕は全然知らないで、ただやってみたら、できちゃって。それで彼、それは僕が無邪気だからできたことだって言って。僕らの最大の問題は、いろんなことを学んでいる僕を無邪気なままに保つことだとも言ってました」

「君は、本当に落ち着いて、しっかりと話ができるんだね。しかも自信に満ちあふれている。素晴らしいよ。それで、飛びはじめてからどのくらいになるのかな？」

「八歳のときからですから、もう一年以上になります」

「すごいね、それは！　体から出るときって、どんな感じなんだい？」

「とにかく、最高の気分です……少なくとも僕が知ってるかぎりでは」

「具体的に、どんな感覚なんだい？」

「すごく深い、温かいフィーリングです。そのあと、僕の下にあるベッドが左右に揺れて、ヒューッて感じで、外に出るんです」

「このことについては、あまり話したくないのかな？　何かを隠したがっているように感じるんだけど」

複雑なフィーリングが僕を通じて流れた。「今話してることって、僕が飛びはじめたころに起こったことなんですよね。ずっと前のことだから、僕にとってはもう、あまりワクワクすることじゃないんです」

彼が椅子に座り直し、タバコに火をつける。白い煙がプワーッと上がり、彼の顔を見えなくした。

「それで、君は今、何を学んでいるの？」

「本当の父親に手紙を届ける方法です。彼に、ビュイック・ドライバーのもとから僕らを連れ出してほしいんです」

「ビュイック・ドライバーって？」

「僕の継父です」

「どうしてビュイック・ドライバーって呼んでるんだい？」

「彼、ビュイックにしか乗らないからです。僕がつけたあだ名なんですけど、彼、ひどく意地悪なんです。だから僕たち、彼のこと、お父さんて呼びたくなくて」

「彼と話してるときでも、そう呼んでるの？」

「そんなことしたら、殺されちゃいます」

「ハーッハッハ……まあ、すごく腹を立てるだろうってことだね？」

「いいえ。彼、本当にそうするかもしれません。ピストルとかナイフとかを、いつも持ち歩いてて。僕が初めて体の外に出たのは、そのピストルで殴られたときだったんです」

「そのこと、詳しく話してくれるかい?」彼が穏やかな声で訊ねる。

「彼が僕の頭を、ピストルの銃身で何度も殴ったんです。それで次の日、彼の帰りを見張ってたときに、体からポンと飛び出して……そういうことです」彼の顔の筋肉が固くなる。

「私の患者の中にも、頭にひどい怪我をしたことがきっかけで幽体離脱を体験している人が数人いる。これは、一般に考えられているよりも、はるかによくあることなんだ」彼がメモ帳に文字を書きはじめる。僕は彼のペンの動きを、じっと見つめていた。「ここに私が書き込むことは、私以外の誰の目にも触れることがない。これを見ることができるのは、私だけだからね」

「はい。絶対にそうだって感じます。僕、日記を書いてるんです。自分に起こったこととか、感じたことかを、全部書くようにしてるんですけど、そのことを知ってるのはママだけなんです。それでママ、僕がいないときには、その日記を絶対に見ないんです」

「お母さんを心から信頼しているんだね、君は」

「もちろんです」

「彼女が君をがっかりさせたことは、ないの?」

「えー……あっ、そう。僕らを彼の人生から連れ出してくれないこと。だからって、彼女を信頼する気持ちは変わりませんけど。ママ、自分でやり方を知っていることを、精いっぱいやってるんです」

「さっき君は、お父さんのところに手紙を持っていく〝方法〟を学んでいるって言ったよね。リストを病院に持っていったときと同じことは、できないのかい?」

「イーライが保つのは難しいって言った〝無邪気さ〟を、僕は今、なくしつつあるんです。だから今の僕は、それを行うための〝知識〟が必要なんです」

「手紙をお父さんのところに届けるために必要な知識は、あとどのくらいで身につきそうなの？　これもイーライが教えてくれているわけだね？」

「いや、イーライじゃありません。これを教えてくれてるのは、アーｰイルｰヤーｰショーです。イーライはもうすぐ別のところに行ってやることがあって、一年間、帰ってこないんです」僕の声は寂しさを乗せて出ていった。

ブライソン医師が僕の気持ちを敏感に察知する。「イーライのことが本当に好きなんだね、君は。君をおいていなくなる彼のこと、どう感じてるの？」

「彼、そんなに遠くに行ってしまうわけではないんです。もし僕に、本当に彼を必要とするようなことが起こったとしたら、彼、すぐに僕のところに来てくれます」

「彼が君のために、向こうでやっていることを中断してまで来てくれるなんてこと、どうしてわかるんだい？」

「彼がそう言ったからです」

「イーライは今、どこにいるんだい？」

「アーｰイルｰヤーｰショーは、イーライは思考の内側にいるって……そう言ってました。それ、僕にはよくわかるんです。体と心は〝一つ〟だから」

「なるほど、それ、彼女が教えてくれたわけね。体と心は一つ……」

「体と心のことに関しては、ほとんどイーライが教えてくれました。最後に肉体を持って生きていたとき、彼、すごく賢い男だったんです」

「今のイーライだけど、肉体は持っていなくても、何らかの姿は持っているわけだよね？　どんな姿をしているんだい？　それから、えーと彼女、名前は……アーヒルヤー？……彼女はどんな姿をしているのかな？」

イーライの姿を描写しようとして、僕は思わず笑ってしまった。

「すみません、ブライソン先生。イーライの姿、どうにも描写しようがなくて……それからアーーイルーヤーーショーの姿ですけど、もし僕がほんとのことを言ったら、先生、僕が作り話をしてるって、絶対に考えると思うんです」

「言ってみなけりゃ、わからないんじゃないか？」彼は催促した。

「彼女、白雪姫にそっくりなんです」

「白雪姫……」メモを取る彼の手が空を切った。「彼女とは何度会ったことがあるの？」

「一度だけです。会ったのは二度ですけど、姿を見たのは一度です。この前会ったときには、光体を物質化するの、やめてほしいって頼んだんです」

「どうして？　その白雪姫の姿、何か理由があって、君の気分を害するとか？」

「全然、違います！　彼女、ものすごくきれいなんですから！　でもあの姿を見てると、自分が彼女の中に埋もれてしまうっていうか、自分が見えなくなってしまうっていうか……そんな感じになって、集中して学ぶことができなくなってしまうんです」僕は深く息を吸いこみ、吐く息とともに、体中の震えを頭のてっぺんから外に出した。「〝記録の殿堂〟にいるときって、とんでもなく集中力がいるんです」

「君は今、何を感じてるんだい？」

「今ちょうど、体の中にあった温かいフィーリングを、頭のてっぺんから出したところなんです」

「アーｰイルｰヤーのことを考えると、君はいつもそうなるのかい？」

「はい。彼女、僕の体中を震えさせるんです。それ、すごく気持ちいいんですけど」

「人間の女性で、君に同じような感覚を体験させた人は、これまでにいたかい？」

僕の心は、アーｰイルｰヤーｰショーといるときと同じような感覚を僕に抱かせた女性を求めて、大急ぎで過去に向かった。アンは違う。エイミーも違う。モリス・ウィルソン氏と住んでいる、ずっと年上の、あのシシーも違う。

「いや、一人もいま……あっ、ちょっと待ってください。あの赤毛の女の人が、部屋を横切って歩いてるところを見たとき、僕、すごく奇妙なフィーリングを感じて……でも、やっぱり違います。あの女の人は、僕の心を騒がせただけだけど、アーｰイルｰヤーｰショーは、ふわーっと幸せにしてくれるんです」

「その赤毛の女性に、君はどうやって会ったんだい？　その人、君に少なからぬ影響を与えたみたいだけど」

僕は視覚を調整し、彼の光がどうなっているかを確かめた。何も変わっていない。最初に見たときとまったく同じだった。

「先生の質問、そのときに僕が感じてることに関することが、多いような気がするんですけど。僕の体から出てる光、見えるんですか？」

「いや。君は私のが見えるのかな？」

「もちろんです。ほかの人たちが何を感じてるのかを知るのに、すごく役に立ってます。先生は、どうやってそれを知るんですか？」

「私は、聞き上手でね。人々が質問に答えるときの様子をじっくりと見る訓練を、しっかりと積んできたものだから……それで、私は今、どんな色をしているんだい？」

「最初に会ったときと同じ色で、深い青と紫、それから金色です。それから、緑色の光の筋が左のお尻から出ています。それと、おなかの下半分がオレンジ色になっていて、すごく重そうに感じます」

ペンを持つ手を動かしつづける彼の顔に、大きなスマイルが広がる。「青と紫と金色って、いい色なのかい？」

「これ以上ないくらい、いい色です。たくさん考える人は、普通、紫と青を持ってます。それで金色は、その人が、考えてることをしっかりと整理してるってことを、僕に教えてくれます。色は、その人がどんなふうに感じ、どんなふうに考えてるかも教えてくれます。それから、どんなにたくさん感じたり、考えたりしてるかも」

「えーと……」彼の人差し指が紙の上を走り回る。「ここ。教えてほしいんだが、君は赤毛の女性と、どこで会ったのかな？」

「継父が家に戻ってこなくて、ママが心配してて、それで僕、彼を探しに行って……すると彼、小さな部屋の中で、赤毛の女性といたんです」

「その二人、何をしていたんだい？」

僕の頭に浮かんだ絵が、僕の〝逃げ出したい〟フィーリングを引き寄せた。「二人とも裸で、彼女は部屋を横切って歩いてました。それから彼、彼女をガバッと引き寄せて、ベッドの上に投げ落として。そのとき僕、もう少しで、光のボールを彼に投げつけるところでした。彼女に乱暴しようとしてるって思ったものだから。でもすぐに、彼女、笑い出したんです。そのあとすぐに、僕はそこから離れました。彼らの音が、僕の胃をムカムカさせはじめたものですから」

「そのあと、どこに行ったんだい？」

「〝記録の殿堂〟でアーーイルーヤーーショーに初めて会ったの、その晩だったんです」

彼がメモ帳をパラパラとめくり、上目遣いに僕を見る。

「私たちの会話、録音したいんだけど、どうかな？　記録しておきたいことがありすぎて、私の手で書いていたんじゃ、とても間に合いそうにないものだから。それから、告白するけど、私の字、ひどくてね。受付にいるダニエルさん、いつも大変な思いをして、私の手書き文字を判読してるんだ」

「さっき、それは誰にも見せないって言いましたよね？　ブライソン先生」

「いや、申し訳ない。口が足りなかったよ。彼女、いつも私のメモを書き直してくれているんだ。とても信頼できる人でね。さらに、彼女はそもそも、この部屋の中で行われていることに、ほとんど興味を持っていないんだ」ここで彼は、おかしな格好をした整理ダンスに立て掛けてあった、黒いバッグに手を伸ばす。

「彼女はモデルを目指していてね」彼は話しつづけた。「そのための学校に入ろうとして、今、お金を貯《た》めているところなんだよ。お金が貯まり次第、メルボルンを離れるんだそうだ。彼女の父親は、カナベラルの新しいロケット基地で重要な仕事に就《つ》くために、ここに引っ越してきた人でね」

それは音楽教師が持っているのと同じタイプのテープレコーダーだった。

「これ、なんだかわかるかい？」

「はい、学校にもありますから。みんなで声を録音して、お互いに笑い合ってるんです。あっ、もしかして、また最初から話さなくちゃならないなんてこと、ないですよね？」

「どうしてそんなこと訊くんだい？」

「学校の音楽の先生、歌を録音したりするときに、生徒の誰かがへまをやったりすると、いつも最初からやり直しさせるものだから」

「やり直しなんか、しないさ。さあいこう……えーと、どこだったかな。うん、そうそう」メモ帳を見て頷きながら、彼がまた訊ねる。「義理のお父さんと赤毛の女性がいっしょにいるところを見て、混乱したりはしなかったかい？　あるいは腹が立ったとか？」

「いいえ」僕はマイクに向かって大声で答えた。「あれを見たことで、ママとビュイック・ドライバーの関係を、前よりもずっとよく理解できるようになりました。ママは彼の体のこととかを心配してたんじゃなくて、彼がそのときにしていたことを心配してたんだってこと、よくわかったんです」

「そんなに大きな声で話さなくても、だいじょうぶだよ。これ、すごく感度がいいから」

レコーダーの上にあるダイヤルの一つを回し、彼はつづけた。「義理のお父さんが、お母さんではない女性と裸でいるのを見て、心配になったりとか、腹が立ったりとかはしなかったのかい？」

「そんなふうには考えませんでした。僕、飛んでるとき、つまりエーテル体の中にいるときにも、人間のフィーリングとかそういったものは全部感じるんですけど、ものすごく興奮したり、ものすごく腹が立ったりとかは、まずしないんです。ママ以外の大人の女性が裸でいるのを見たのは、あのときが初めてでした。でも、あれ、すごく奇妙でした。そのとき僕、自分の一部が爆発したがってるみたいな、そんな感覚に襲われたんです」

「エーテル体の中にいるときには、あまり激しい感情は抱かないんじゃなかったのかい？」

「何がなんだかわからないうちに起こっちゃったんです。そういえば、このことをアーイルーヤーショーに話したときにも、ほとんど同じような感じになりました」

「それ、具体的にどういう感じなの？」

「エネルギーが背中を急上昇して、頭のてっぺんから飛び出していく、みたいな感じかな」

彼がメモ帳を再び手に取り、大声で言う。「すべてが極めて興味深い！」

大きく咳き込んでから、彼はつづけた。「君が体験していることのほとんどは、私が研究してきたことの分野の文献の中で語られていることと、一致しているね。でも、これらのことを、こんなに若くして体験するというのは珍しいと思うんだけど、それについてはどう思う？」

「僕の役割だと思います」

タバコの煙を机の向こう側に向かって勢いよく吐き出しながら、ブライソン医師は大声で笑った。

「私はこれまでに、臨死体験をしたことのある人たちと何度も話をしてきたんだけど、彼らの多くは、向こう側にいる存在たちと会ったことの結果として、人生がすっかり変わってしまった。つまり、もうこの世界にはいたくないって思うようになって、深い鬱《うつ》状態に陥ってしまう傾向にあるんだよね。ところが君は、こういったほかの存在たちと楽しく交流をしつづけている。彼らから、いろんなことを教わっている。イーライやアー-イル-ヤーは、君にとって有害かもしれない、君を傷つけるかもしれない、なんて考えたことは一度もないのかい？」

「僕、雷に打たれてから、あまり怖がらなくなったんです。そのときに僕、グレッグがいたトンネル雲の中に入って、たぶん神を見ました」

「それ、いつ起こったんだい？」

「えー……すみません。ママに聞いてみてください」

「ああ、そうするよ。ところで、イーライやアー-イル-ヤーに初めて会ったとき、君は驚かなかったのかい？」

「イーライのときは、気絶しました。アー-イル-ヤー-ショーに会ったときにはもう、〝光存在〟と付き合うことに、すっかり慣れていました。それに、僕と彼女は、ずっと前の前世でお互いを知ってましたから」

「君は前世の記憶を持ってもいるのか」髪を手で撫で上げ、彼はフーッと息を吐いた。「前世のこと、どうやって体験したんだい？」

「目が覚めてるときに見た、夢みたいなものを通じてと、アカシャにあるホロフォタルっていう装置を通じてですけど」僕の心にイエスの夢が蘇ってきた。「それから、眠ってるときの夢の中でも見たことがあります」

「それがただの夢ではなくて、前世の記憶であるってこと、どうしてわかるんだい?」

「すごくリアルに感じるし、イーライがそうだって言いましたから」

「お父さんのところに手紙を届ける件に戻ろうか」彼がメモ帳をめくり返す。「うん、ここだ。無邪気さがなくなると知識が必要になるって君は言ったけど、これは私にもよく理解できる。そこで質問なんだけど、思春期がはじまると、どんなことが起こるかについて、イーライは何か言っていないかい?」

「僕の姉さん、自分は今、思春期の真っ最中だって考えてるみたいです。〝私の気分が変わりやすいのは、そのためなの〟って、いつも言ってるんです。そんなこと、あるんですか?」

「ああ。気分変動は、思春期の典型的な症状の一つなんだ。肉体は、子どもから大人へと移動する過程で様々な変化を体験する。そしてそれらの変化が、感情体に大きな影響を及ぼすことになるんだ。君のお姉さん、何歳なの?」

「十一です」

「なるほど。彼女が君に話していることは、たぶん本当のことだね」

「ギエー!」

「どうして〝ギエー〟なんだい?」

「姉さん、僕に襲いかかる、いい口実ができちゃったから。そのうち僕、姉さんが何か悪いことをしてるところを見つけて……」

「そんなこと……言っておくけど、これは勧めてるんじゃないよ……そんなこと、君の飛ぶ能力を使えば簡単なんじゃないか?」

「来てほしくないと思われてる場所には、行けないんです。たとえそうではなくても、姉さんをスパイすることはできません」

「どうしてなのかな？」

「彼女に約束したからです。僕が飛んでるときに、ときどき僕の体を見守っててくれるなら、飛んでいって彼女のことをこっそり覗いたりは、絶対にしないって。そもそも、来てほしくないと思われている場所には、行けないんですけど」

「君はまだ、私の質問に答えていないんじゃないかな。来てほしくないと思われている場所に行けないのは、どうしてなんだい？」

喜びの濃密なフィーリングが僕の心を満たした。つづいて、アーｰイルーヤーｰショーのしなやかさと〝果てしなく与えようとする意志〟が僕の体を満たし、僕はブライソン医師に向かって口を開いた。彼女が僕の口を動かしはじめる。僕は体から浮き上がり、ピーチ・ゴールド色をした美しい光の雲の中に移動した。

「はい。思考のエネルギーは、エーテル母体内に、魂意識が時空内の特定のポイントから別のポイントに移動するための通路として機能する空間を創造します。もしも魂意識が、感情体内に強く保持されている信念によって拒絶されたなら、思考エネルギーの突出は停止し、移動用の通路は閉じられることになります」

その声は部屋中にこだましていた。まるで僕の声ではなく、母の声のようだった。

「はい。特定の思考と、強い感情エネルギー、たとえば、発見される怖れや、プライバシーを求める強力な願望等々が協調すると、この種の通路の活力を衰えさせ、旅人の行き場をなくすことが可能なのです。それによって意識の流れが停止し、魂意識の旅は不可能になります。ただし、旅人が鋭敏さを極めたならば、意識の流れ内の抵抗は、内部的なものでも、外部からのものでも、道に落ちている釘程度のものでしかなくなります」

「私は今、誰と話をしているのかな?」医師はそう訊ね、マイクをつかんで僕の口に近づけた。「あなたが誰なのか、教えてください。大切なことなんです。お願いします」

一瞬の沈黙のあとで、彼女は答えた。

「はい。この愛しい存在が、私たちの直接的な交流を可能とするために、この物理的形態を用いることを許してくれました。私はアーーイルーヤーーショーです」

「私はレオン・ブライソンです」

「はい。私たちは会ったことがあります」

ブライソン医師のいくつもの前世の映像が、僕の心の中に入り込んできた。

「私にじかに話すことに決めたのは、どうしてなんです?」小さな声で医師は訊ねた。彼の体からは、虹を構成するすべての色が出ていた。

「はい。道を開くためにです。この存在は、強い決意を固めています。彼の明確な運命は、あなたの場合もそうですが、人々のために戦う闘士のそれであり、共感的コミュニケーションに関する具体的な導きを必要としています。この存在とあなたとの同盟は、双方に利益をもたらします。彼は、あなたの持つ人々と関わる能力への接近手段を与えられるでしょう。あなたは、彼の様々な能力を目撃するでしょう」

「私に選ぶ権利はあるんでしょうか？」

「はい。幻想の中に存在している者のすべてが、自由に選択を行えます。あなたのその権利を行使することです」

「私はこれまで、超常的な活動や現象について、本当にたくさん調べてきました。でも、これまでに読んだ文献のどれもが、不十分なもののように思えてなりません。入手可能な文献のほとんどが、明らかにしていること以上の真実を隠しているに違いない。そんなふうに、ずっと思いつづけてきたんです。ときどきあなたと個人的に接触するための方法は、ないんでしょうか？」

「はい。私はあくまでも、道を開くためにやってきました。この存在はすでに、溢れるほどの知識で満ちています。そして、もしもその知識を提供することが許されたなら、あなたにとって素晴らしく有益な存在となるでしょう」

「ゲリーは今、ここで起こっていることに気づいているんですか？」

「はい。彼の意識は、私という存在の内側に安全にしまい込まれた状態で、あなたの肉体のすぐ上にいます。私たちはまるで一つの存在のように、完璧に交わっているのです」

「なるほど……」ブライソン医師が新しいタバコに火をつける。「ここを離れる前に、ほかに何か、私におっしゃりたいこと、ありますか？」

「はい。あなたの努力は素晴らしく報われるでしょう」

「あなたは、どのコメントも〝はい〟と言ってからスタートさせていますけど、そのことはわかっているんですか?」

「はい。誰からもそう言われます。あなたがた二人は、親しい関係を築くべきです」

僕は雲の中から、ブライソン医師が手を伸ばして僕の顔に触れようとする様子を見ていた。彼の手が、僕の顔にもう少しで触れそうになる。「うっ!」彼がパッと手を引っこめる。そして突然、僕は再び小さくなった。

「彼女、僕の体を、あるエネルギー場で包み込んでいたんです。僕が体から離れている間、それを守るためにです」自分の肉体と再び合流しながら僕は言った。

「君、だいじょうぶなのか? つまり……」僕の目をじっと見つめながら彼は訊いてきた。「えー……何が言いたいのか、自分でもわからないよ。こんなこと、前にも起こったことがあるのかい?」

「僕にわかってる範囲では、ありません」目をこすりながら、弱々しい声で僕は答えた。

「僕の目、なんでこんなにヒリヒリするんだろう?」

「これは私の想像だけど、アーーイルーヤーーショーが私に話している間、まったく瞬きしていなかったからじゃないかな。いつもこうなのかい?」

「いや、違います。いつもは僕が彼らのいるところに会いに行くんですけど、今回は、彼女のほうからやってきましたよね。もしかしたら、それが関係してるのかも……」

「今、どんな気分なのかな?」

「幸せで悲しい」

「どういうこと?」

「雲の中にいたときに感じた大きな愛のおかげで幸せで、戻ってこなくてはならなかったことが悲しい……そんな感じです」

「体に戻ったときには、いつも悲しみを感じるわけ？」

「そうでないときもありますけど」

「なぜ悲しくなるのかは、わかっているの？」

「イーライは、そう感じて当然だって言ってます」僕は自分の顔に手を当てていた。「体から離れてるときって、自分がすごく大きくなったように感じるんです。ものすごく熱くなって愛されてるとも感じます。それで僕、ときどき思うんです。ここではなくて、向こうでずっと暮らしたいって。向こうにいるときには、常に自分でいることが許されてるからだと思うんですけど。ここにいるときには、大人たちが期待しているような子どもでいなくてはなりませんから。ここにはルールがたくさんあって……迷信がたくさんあって……みんなが、理解できないことを説明するために、いろんな理屈をでっち上げて……〝光存在〟たちといっしょにいるときには、何もかもが、ありのままなんです」

彼が立ち上がって机の向こう側に歩いていく。彼の悩みのフィーリングが伝わってきた。

「君の両親には、なんて報告したらいいかな。アーイルーヤーショーが言ったように、これは君と僕にとって、とても興味深い冒険になるかもしれないね。できれば毎週、会いたいんだけど、君はどうだい？」

「はい。僕もそうしたいです。ただ、今ここで起こったことをママに話すのは、あまりいい考えではないと思います。アーｌイルーヤーｌショーが、僕の口を使ってあなたと話をしたことですけど。そんなことママが聞いたら、きっとうれしくないと思うんです」

「イーライには、近々会うつもりなのかい?」

「はい。雨がやんだら今晩にでも」

「雨が降ってると、どうしてだめなんだい?」

「雷に打たれてから、雨が降ってるときには飛んでないんです」廃品置き場の守衛の絵が浮かんできた。

「そうなのか。彼に会ったら、君の才能、思春期のスタートによって影響を受けることになるのかって訊いてみてもらえないかい?」

「最近、一度だけ飛びましたけど、危機一髪でした」

「わかりました。彼、思春期について、ちょっとだけ話してくれたことがあるんですけど、先生が知りたがってることとは別のことでした」

「うん、こうしよう」何度も頷きながら彼が言ってきた。「家族内の外傷後ストレスに起因する睡眠障害。君の状態、そう診断することにするよ。次にここに来たときには、君が抱いている義理のお父さん関連のフィーリングに迫ることにしよう。それから、本当のお父さんに助けを求めたがっていることについても、少し掘り下げてみようか。今日、少し話を聞いて、君がこの時期にそうしたがっている、より深い動機を探検するのを、いくらかでも手助けできるんじゃないかと……そう思ったものだから。来週の火曜日、三時に、君との時間を確保しておくけど、都合はどうかな?」

「はい。だいじょうぶだと思います。僕を頭の変な子どもだって考えない人と話ができることって、すごくうれしいことなんです。もしママの都合がつかなかったら、担任の先生が連れてきてくれると思います」

「その先生、君が抱えている問題について、何か知ってるのかい?」

「はい。全部ではないですけど、かなりのところまで」

「ほかにも知ってる人はいるの?」

「あとは、モルモン牧場のジョーダンさんと姉さんだけです」

「できればその三人にも会いたいんだけど、どうだろう?」

「直接、訊いてみてください。僕はかまいません」

「そうかい。ありがとう。ダニエルさん」内線通話器に向かって彼は言った。「トンプソンさんとゲンスナーさんに、中に来てくれるよう言ってくれませんか」

「すみません、ブライソン先生。二人とも、診療所の外で待ってらっしゃるんです。呼んできますか?」

彼が僕の顔を見る。僕は首を振った。

「だいじょうぶです。必要なことは、僕から話しますから」

「いや、呼ばなくていいです」ブライソン医師が通話器に語りかける。「彼が今、出ていきます。外で二人に合流するそうなので、そのまま帰らせてください」

彼が机のこちら側に回り込んできて、僕に手を差し出す。僕も手を差し出し、彼の手を握った。

「あとで君のお母さんには、私から連絡するよ。それで、できるだけ早いうちに、ここに立ち寄ってほしいって言っておく。君との今後のことで、打ち合わせをしておかなくちゃならないからね。君と私がうち解けて話ができるようになって、今後も引きつづき問題を解決するために協力し合うって聞いたら、あの二人もホッとするんじゃないかな。私に代わって、二人にサヨナラって言っておいてくれると、うれしいな」

「はい、わかりました。僕のおばあちゃんですけど、ほんとはあんな意地悪じゃないんです。彼女、何でも自分のやり方でやりたいだけなんです」

「そのようだね。わかってるよ」彼は僕の肩に手を添え、僕をゆっくりと扉へと導いた。

「それじゃ、火曜日。あっ、そうだ、これ」そう言って彼は、僕に名刺を差し出した。「何かあったら、いつ連絡してきてもいいからね。診療所にいるときでもいいし、自宅にいるときでもかまわない。どちらの電話番号も、ここに書いてあるから」

「ありがとう」

アーーイルーヤーーショーの温かいフィーリングが、診療所から出てもまだ体に残っていた。祖母と母は駐車場の隅にある庇《ひさし》の下で雨宿りをしながら待っていた。母は祖母と比べてはるかに幸せそうだった。二人を見ながら僕は考えた。あの二人、どうしていつも、あんなふうにぶつかるのだろう？　もっと仲良くすればいいのに。でも僕にはわかっている。どちらも、自分が持っているものを用いて、最善を尽くしているだけなんだ……。

「ブライソン先生、二人にサヨナラって言っておいてくれって。それから、来週の火曜日にも僕、ここに来なくちゃいけないみたい」そう言って僕は、傘《かさ》を持たずに小さな水たまりを越えようとしていた二人と相合《あいあ》い傘をすべく走り出した。

「いい先生で、よかったわね」僕の手に触れながら、母は言った。「あなた、少し熱いんじゃない？　だいじょうぶなの？」

「うん、だいじょうぶ。たぶん、少し興奮したからだと思う……」駐車場を見回して僕は訊ねた。「どうやってここに来たの？　車、ないみたいだけど」

「お父さんが乗せてきてくれたの。ゲインズビルに行く通り道だったから。向こうで新しい仕事がはじまったの。帰りは、おばあちゃんに送ってもらうわ」

母が心から幸せそうな顔をしているのを見たのは、本当に久しぶりのことだった。母は祖母に、仕事のことや、買ったばかりの居間用のカーテン生地のことなどを話していた。ママ、若返ったみたい――僕は考えていた――なんか子どもみたいだ……。

グレッグが夕食のときに、ホットドッグを喉に詰まらせた。母は慌てて彼の喉に指を突っ込み、詰まっていたものをかき出さなくてはならなかった。キャロルは新しいボーイフレンドの話をして、僕らを驚かせた。常日頃、〝男の子は嫌い〟が彼女の口癖だったから。僕はすでに、自分の割り当て――ブライソン医師に関する話――をこなしていて、みんなの話をただ座って聞いているだけだった。

大きな嵐雲のほとんどが消え去っていた。そこで僕は、イーライにサヨナラを言いに行くことにする。いつものやるべきことをやり、僕は毛布を顎まで引き上げた。窓ガラスを流れ落ちる水滴の量は、たいしたことがない――僕は自分に言い聞かせた――これなら、だいじょうぶ。

僕は目を閉じた。

第11章

宇宙での孤独を超える——
〝選択を知らない道〟〝一つの法則〟を
抱きしめたとき、
知性体は銀河と一体となる

ホロフォタルの中のイーライ——惑星デブ－デヤでの新しい体

　僕の光体がくっきりと見えてきた。ホロフォタルの部屋は、全体が明るい紫色で揺らめいていた。イーライの部屋の中でそれほど多くの光を見たのは、初めてのことだった。壁がまるでガラスのように見えていたが、それが金属に負けないくらいに硬いことはわかっていた。僕はその壁に近寄って顔を当て、その向こう側にあるものを見はじめた。いくつもの光の渦が様々な模様を作っている。見慣れた模様ではあったが、言葉で説明するのは難しい。

　僕はホロフォタルに近寄り、スクリーンを見るときの所定の場所に立ってみた。どちらのホロフォタルも、スイッチはオンになっていて、その晩は、それらの正面に椅子のように見えるものが置かれていた。何かが僕に、そこに座るよう言ってきた。

「ようこそ、ヤング・マスター」椅子の心地よさを感じはじめた瞬間に、イーライの声が聞こえてきた。目の前のスクリーン上では様々な色の光が揺らめきながらダンスをしていた。「最後に会ったとき以来、ずいぶんいろんなことがあったみたいだね」

「ホロフォタルの中にいるの？　イーライ」僕の心に困惑のフィーリングが充満する。「なんか、あなたに隠れられてるみたいで嫌なんだけど」

「ホロフォタルは、単に私の思考に反応しているだけ。それから、私は別に隠れているわけではない」二つのホロフォタルに挟まれた空間に、周囲から金色の光が流れ込む。「もう少し待つように」青白いもうもうとした雲が現れ、それがどんどん中央に集まっていき、体のような形になる。イーライの体よりはだいぶ小さい。

「どうして今日は、そんなに小さく見えるの？」体のような雲が徐々に体らしくなっていく様子を眺めながら、僕は訊ねた。

「君が見ている形態に最終仕上げを施す直前になったら説明するよ」

「うん、わかった。どんなふうになるのかわからないけど、見てると、なんか興奮してくる」そう言って僕は椅子から離れ、ホロフォタルの上に行ったり、裏に回るなどしながら、イーライの新しい体ができあがっていく様子を観察しつづけた。

「私は、デブ－デヤと呼ばれる惑星に、肉体を持つ生命体として出現することになっているのだよ。ドラコニスという星座内にある、地球の科学者たちがエタミンと呼んできた星の、四番目の軌道を回る惑星なんだがね。君が今、仕上がる様子を見ているこの創造物は、そこでの私の解剖学的形態の、いわば近似値《きんじち》といったところかな」

「仕上がったら、その中に入るわけ？」

「そう計画している」新しい光が顔らしき部分に注ぎ込まれ、目のようなもの、鼻のようなもの、そして幅の広い口のようなものが現れてきた。それから、顎のように見えるものも。ただしそれは、顎というよりも口の一部のようだった。

「向こうで暮らしてる間、こんなもの着せられるんだ」

「まさしく。仕上がったときには、とてつもなくハンサムな顔を持つ、極めて有能な体が姿を現すことになると思うよ」

「どのくらい長く、これを着るわけ？」答えはわかっていたが、もう一度しっかりと確かめたかった。早く戻れるようになったかもしれないという期待もあった。

僕は椅子に戻り、形成途中のイーライの肉体を観察しつづけた。奇妙な体ができ上がりつつあった。頭は完璧にツルツルで、額から頭頂部の中程にかけて、まるで山脈のような隆起《りゅうき》が走っている。そして頭の両脇、耳があってしかるべき場所には、二つの裂け目が見えていた。一つは三日月のような形で、もう一つは、まるで大きな魚のエラだった。僕の胃はムカムカしはじめていた。

頭の仕上げが始まった。皮膚が七重の輪となって垂れ下がり、まるで風変わりなヘルメットをかぶっているかのようになる。そのおかげで、小さな肩の上にある首が異常に短く見えている。

「デブ－デヤにいるのは、一年間。前にも言ったよね？」ホロフォタルを通じてイーライが答えてきた。

「それで充分に長い生涯が終了する」

「ここではたった一年なのに、それが向こうでは一生涯になるんだ」

僕は手を伸ばし、イーライの新しい体の腕を触った。その表面は、象の皮膚のようにザラザラで、亀の甲羅《こうら》のように冷たかった。肘と手首の部分は、皮膚がたるんで幾重もの皺を作っていて、とてもそれらには見えない。指先は〝へら〟のようになっていて、人間の爪らしきものは見あたらない。

「これ、何から作られてるの？」

「光の粒子。実際に入る体は、もちろん、デブ－デヤにある物質から作られる」今やその体には、天井からの光が休むことなく流れ込みつづけていた。

「神があなたをこんな姿にしたがってるなんて、信じがたいけど」仕上がった体を指さして僕は言った。

「それで、いつ向こうに……」

「はい！　これで完成」大きく息を吸いこむなり、新しい目を突然パッと見開いて、彼が言ってきた。

「うわっ！　何よそれ」僕はほとんど叫び声を上げ、椅子の後ろに飛び退《の》いた。「ふざけないでよ。僕、本気で驚いちゃったよ、イーライ」僕の光体は知性体の周囲にキューッと収縮していた。

「私には、驚かす意図はまったくなかった。君が勝手に驚いたのだ」

「いつもの話し方と少し感じが違うけど、どうしたの？　それに、どうして話すときに口を動かさないの？　まだうまく動かないの？」

「これは実は、素晴らしい体なのだ。いくつもの驚くべき芸当を行える」イーライが、足と思しきもので床をパタパタ叩きながら前に出る。「私の話し方だが、自分では変わっているとは感じておらん。おそらく、私の思考形態が、新しい故郷により相応しいものになりはじめているからだろう。あまり口を動かさないのは、この体の発声器官をまともに用いたとしたら……」彼は話すのを一時停止し、何かをチェックするかのような仕草で部屋の中を見回してから、また話し出した。「そのときの声は、君の敏感な耳には、決して心地いいものではないと思うから」

「その中に入ってるのって、どんな気分？」目の前に立っている異常に存在感のある体に、僕はひどく動揺させられていた。「本物の体の中にいるときみたいに、いろんな器官とか、そういうもの、感じられるの？　つまり、僕が訊きたいことは、それが本物の体なのかどうかってこと。ハロウィーンの衣装とか、そういうものじゃなくて」

「かなりよくできた複製品。ところで、君は今、人間形態を身にまとっていて、どんな気分なのだ?」

「まあ、そんなに悪くはないけど。これって、地球で暮らすには最適だしね」

「まさしく、そこがポイント。この形態も、自身のホーム惑星で暮らすには最適の体なのだ。どの生命システムも、それ自身の必要機能と美の概念を持っている。形は機能に従っている。惑星の物質内に存在するホスト知性が、訪問してくる意識に、それ自身を順応させる。デブ-デヤにおいても、それは同じこと。そして訪問してきた意識は、そこで特定の範囲の機能を表現し、その機能が形を決める」

「ということは、その体は地球上では役に立たないわけね。理由は、僕らは異なった機能を必要とし、それを持っているから?」

またしても部屋の中を見回し、イーライが言う。

「またしても、まさしく! 実は、この形態は、それ自身で子孫をもうけることができないのだ。私が身につけることになる形態は、惑星のエーテル領域内で作り上げられることになる。そしてそれは、地球時間では二日間、デブ-デヤ時間では四十二ヶ月間にわたって、まったく動くことなく、そこに留まることになる」

「どうしてそんなに長く、じっとしていなくちゃならないわけ?」

「その定められた期間は、あの世界の繊細なエネルギーたちが彼らの魔法を演じ終えるために、ちょうど必要な長さなのだ。妊娠期間と言ってもいいだろう」そう言うと彼は、壁際のベッドが出てくる場所に移動し、そこに立ったまま、またあたりを見回しはじめた。

「地球で死んで、次に生まれるまでの間に、誰もがほかの世界に行って肉体を持たなくてはいけないの?」

「誰もが、今いるシステムから〝上昇〟する直前に、より原始的な世界を訪れることを、任意で選択できるようになっている」答え終えるのとほぼ同時に、イーライは手を伸ばし、ベッドを出すために押すべき場所に、それを押しつけた。あのブョブョした指先でよく押せたものだと、僕は半《なか》ば驚いて彼を見ていた。

「来年になって再会できる直前まで、ずっとこの姿でいるつもり?」

「私は今、この形態を休ませてやろうとしていたところだったのだ。君といっしょにいる間、ずっとこの姿でいたほうがいいのかな?」

「そんな!」パニックのフィーリングが僕の内側を駆け巡った。「あの、それ、嫌いってわけじゃないんだよ。でも、もしあなたが前みたいな姿になりたいなら、別に反対はしないけど」

「そうだと思った。さて……すぐにすむ……はいっ」彼が抜け出した体がベッドの上にすーっと横たわる。イーライの光体がその上方に静かに現れた。それは少しの間、そこに浮かんでいてから、僕のほうにゆっくりと近づいてきた。

僕の目が、生命を失ってベッドに横たわっている体に釘付けになる。それは一分ほどすると、突然、跡形もなく一瞬にして消え去った。気がつくと、イーライは僕のすぐ隣に立っていた。

生命に対する究極の献身

「物質が光に戻ったのだよ」

「会えて本当にうれしいよ、イーライ」僕はイーライに抱きついた。「いなくなる前に会えないんじゃないかって、すごく心配しちゃった」僕の心を友情のフィーリングが包み込む。「さっきあなたが言ったように、このところ、ほんとにいろんなことが起こって、質問がまたたくさん増えちゃったよ」

「そうかい。それは楽しみだね。〝大広間〟に行こうか?」

「できれば、僕はここのほうがいいな」彼の体から少し離れて彼の目を見上げながら、僕はつづけた。「あなたがまた、あなたのように見えるようになって、うれしいよ、僕。あなたの次の体に向かって話してたときは、正直言って、少し怖かったんだ。それじゃ質問するね。向こうに行ってる間は、自分がイーライだってこと、忘れてるの?」

「その贈り物の半分の間はね。私が自分の本質に気づかないでいる間は、マイク－アイ－エル－アーがガイドとして導いてくれることになっている」

「はは、二つ目の質問の答えまで聞いちゃった」大きな笑顔で彼を見上げ、すぐにまた僕は訊ねた。「向こうで過ごす生涯のハイライトは、どんなものになりそうなの?」

「どんな世界においても同じこと。自分が誰であるかを思い出すこと。私が一つの生涯の中で〝源〟に目覚めるという事実は、あそこで何度も生涯をくり返してきた存在たちに対する、大きな奉仕になるのだよ」

「どうしてそうなるの?」

「普通であれば何百回もの生涯を必要とするものが、たった一回の生涯という時間内に濃縮されたとき、それは、その時空に存在するあらゆる者たちが〝進化螺旋《らせん》〟上で急激な上昇を遂げるための、触媒《しょくばい》として機能することになるからだよ。この現象は、全住民の集合意識内で発生する〝感情的かつ知性的な歓喜〟ならびに〝論理的かつ直感的な理解の大飛躍〟の波として、それ自身を表現する。そしてそれが、原始的で本能的な頭脳内に特定の化学物質群を放出させ、つづいてそれらの化学物質が、既存の神経経路上で様々な変化を引き起こし、それらの変化が、それまで不活性状態にあった頭脳内の領域を活性化することになる」

「これが起こるのは、全宇宙の中心から来る光の波が通過するときだって、前に言わなかった? そうやって〝啓蒙の時代〟が訪れるって教えてくれたよね?」

僕の挑戦に反応して、イーライが大きな笑い声を上げた。

「そうかい! そんなこと言ったかい、私が。素晴らしい記憶力だ、愛しき友よ」彼が僕の肩に手を乗せる。「そう、同じことが起こるのだよ。その〝一つ〟の源から発せられる波と比べたら、デブ－デヤの住民たちへの奉仕を通じて私が引き起こそうとしている理解の波は、全宇宙内のたった一つの粒子程度のものでしかないがね」

「だったら、どうして行くの?」

「私が行う奉仕活動が、自己をほかの人たちに与える実例として、彼らの神話の中に延々と保たれつづけることになるからだよ。生命に対する究極の献身は、ほかの人たちの幸せを自己の幸せより前に配置し、彼らがそれを獲得することを支援すること。私の無私の奉仕はまた、デブーデヤにおける最初の〝悟りの時代〟の中で目覚めるであろう者たちのために、真理への道を開くことにもなる。かつて地球上で多くの預言者たちが、〝論理と理性の時代〟へと至る道を、人間意識のために開いたときと同じようにね」

以前のイーライが戻ってきていた。幸せそうに、僕が理解するのを親身になって助けてくれる存在。それがイーライだった。

「僕、今日、精神科のお医者さんに会ってきたんだ」僕は報告をはじめた。「ブライソン先生って言うんだけど。おばあちゃん、怒って診察室から出てっちゃって。ママも彼女をなだめに、途中からいなくなってね。そのあと先生と二人だけで、いろんなこと話したんだ。あなたのことも、アーーイルーヤーーショーのことも、飛んでることもね。マイクーアイーエルーアーと彼の〝窓〟のことは、まだ話してないけど」

「ほう、ついに知性的な耳が登場したかな」彼の顔は紫と青の光で完全に包まれていた。「それで、その医師の反応は？」

僕は診察室でのことを振り返り、自分を信じてくれている人と話すことの喜びを、再びかみしめた。母の顔が目の前にパッと現れ消え去った。

「ママは結局、僕の言ってること、信じてるみたい。今日、診療所で、僕らの話を軌道に乗せてくれたのはママだったんだ。でも、先生から僕に、もう飛ぶのはやめるようにって言ってほしがってるみたい。

それでブライソン先生だけど、彼、僕に毎週会って、僕の冒険談、徹底して聞きたがってるんだ」イーライが近寄ってきた。「あっ、そうだ。アーｰイルｰヤーｰｰショーがね、僕の体を通じて、ブライソン先生と話したんだ、今日」

「なんだって！　アーｰイルｰヤーｰｰショーが、彼女の意識を君の意識と融合させて、君の新しい仲間と話をした？　すごいね、それは」彼はまるでクリスマスツリーみたいに光っていた。「種は蒔《ま》かれた」そう言って彼は大きく息を吐いた。

「彼女が彼と話してる間、僕は光の雲の中にいたんだ。彼女、僕と彼が力を合わせるための道を開きにきたって言ってた。あなたがさっき、向こうの惑星の人たちのために道を開くって言ったとき」抜け殻の体があった場所を見ながら、僕は言った。「僕、このことを思い出してたんだ」

「私と会っていなかった間に、ほかにはどんなことがあったんだい？」

「そんなに大したことは、なかったけど」そう言いながら僕は、次の話を聞いたなら、イーライはきっと天井を突き抜けるほどジャンプする、などと考え、内心ニヤニヤしていた。

「ビュイック・ドライバーを叩きのめして、それから、裸の女性の胸を見た」

「ついに、賽《さい》は投げられたか」彼の反応はまったくの予想外だった。手で口の周りと顎を撫でながら彼は言う。「君はついに、私が前に話した〝分かれ道〟に差し掛かったようだね。古い敵同士の調和平衡。それで、君の継父、順調に快復しているのかな？　彼のこと、気遣ってきたかい？」

「どういう意味？」

「今のこの時期は、君にとってすごく重要なんだ、愛しき友よ。そしてこれは、もし君が敵に思いやりを示したならば、もっと素晴らしいものになる」

「それって、ビュイック・ドライバーの光体に、ヒーリングを行えってこと？　なんか、そんなふうに言われてるみたいに感じるんだけど」

「〝完全性〟への道を開きなさい。君の境界を広げるんだ。奉仕に関して学んできたことを、実行するんだ。助けを必要としているすべての人に手を差し伸べなさい。特に敵に対しては、なおさらだよ」

「グレッグにしたのと同じことを、彼にもしろってこと？」

「まさしく！」

「彼、昏睡状態になってるわけじゃないんだよ、イーライ。それに、僕が助けることで、普通の快復速度よりも速く快復しちゃったりしたら、彼、何をしでかすかわからないと思うんだ」

「助けの手を差し伸べることで得られるものは、常に莫大なのだよ。たとえそれが、知性体に対するものでも、感情体、あるいは肉体に対するものでもね。この行為の影響は、本当に広い範囲に及ぶんだよ」

「でも僕、どんなふうに……」

「やるんだ、友人よ」イーライは僕を黙らせた。継父を助けようとする意欲に欠けた僕に対する落胆のフィーリングを、僕は感じていた。「とにかく、やるんだ。そして、奉仕の奇跡を目撃するんだ」

「どうして彼のこと……」

「結果のため」両腕を大きく広げて彼が言う。「単純な思いやりの行為が、二人の個人間の相互関係を、あらゆる時空の中で、またそれを超えるところでも維持しうるものに、どのようにして変化させることになるかを、目撃するんだ」

「わかった。でも、本当のパパと暮らそうとすることは、やめないよ。もしかしてビュイック・ドライバーを好きになるようなことがあったとしても、近いうちに僕、必ず家を出るからね」

「家を出る理由として継父を悪者にすることは、過去の執念深い君のやること。君が思いやりを引っ込めたならば、それは、君への思いやりを引っ込めようとする、ほかの人たちの願望を創造することになる」

「もしも彼を好きになってしまったら、家を出る決心が崩れてしまうかもしれないって考えて、そうなることを怖がってるんだね、僕きっと。だって僕、少なくともしばらくの間は、ほんとのパパといっしょに暮らさなくちゃならないんだもの。そうしないと、ひどく悪い大人に育ってしまうことになるから」

「異なった」彼が静かに言う。「そのとき君は、思考の枠組みが異なった大人に成長する。それだけのこと」

「このことについて話せて、よかったよ、イーライ。喧嘩のあと、僕ね、ほんとに彼のこと好きになりはじめてて。彼のことを思いやりたいとか、彼といっしょにいたいとかって思わないことは、不自然なような気がしてたんだ。でもそのあとで、彼が女の人と裸でいるのを見たとき……えー……やっぱり彼から遠ざかりたい、ママを傷つけてる奴となんか暮らしたくないって、考えたんだよね」

プレゼントのことが頭に浮かび、僕はすぐにまた話し出した。

「彼がゲインズビルから帰ってきたら、ラジオをプレゼントしようと思ってるんだ。ディッキーを助けたあとでケンファーさんからもらったものなんだけど。あっ、そうだ。話すこと、もう一つあった。あなたと会わないでいたとき、僕、捨てられたバスの中で動けなくなってたディッキーを、飛んでいって助けたんだ。彼、大きな箱の下敷きになってて」

「そうかい。すると君は、私と会わないでいる間に、敵に勝利を収めて、友人を助けた。それから、女性の胸の眺めまで楽しんだわけか。アーサー王伝説に出てくる円卓の騎士団と遊んでいるような日々だったじゃないか」

「胸を見て〝楽しんだ〟なんて言わないでよ。楽しんでなんかいないからね、僕。ビュイック・ドライバーを探していて、彼を見つけて、そしたらそこに、彼女がいただけなんだから」僕はムキになって反発した。

「私の観察結果は、こう。君の継父が女性といるところを見たあとで君が手にした、彼から遠ざかりたいという願望は、彼に対する嫌悪感からというよりも、彼女の体を眺めていたときに抱いた混乱したフィーリングから生まれている。ただし、それは大した問題ではない。この出来事と関連した、より深いフィーリングを調査してみることのほうが、君にとっては重要なことだろうね。君の光体は、この出来事が君という存在に、大きな影響を及ぼしたことを示しているよ」

「僕、自分のフィーリングを隠そうとなんかしてないよ。僕ね、あの赤毛の女性のこと、ずっと、何度も考えてるんだ。これって、すごく奇妙。ママの裸を見たって、そのあとでママのことは考えたりしないのに、あの女性の場合は違うんだよね。あの人が服を着ないで歩いてるのを見たとき、すごく興奮したし。それで僕、今ね、彼女を見たときのフィーリングを理解すること、アーーイルーヤーーショーに手伝ってもらってるんだ」

「それはよかった。アーｌイルーヤーｌショーは素晴らしい教師だからね。がれきの山の中からひとかけらの真実を見つけ出すことは、彼女の得意技の一つなのだよ。ただ、内容的に女性には話しにくい、これを話すのは男のほうがいいと思ったときには……」

「でもあなた、いなくなっちゃうじゃない！」

「まさしく。一瞬、忘れていたよ。再び我々の道が交差するときを、心から楽しみにしている。興味深い話を、どっさりと聞かせてくれるんだろうね、きっと。そのときが待ちきれないよ、私は」

「あなたがいなくなったら、ほんとに寂しくなるよ、イーライ。あなたがいてくれなかったら、わけのわからない、いろんなことが重なって、僕きっと頭が変になってたと思う」僕の目尻に涙がたまりはじめた。「僕があなたを本当に必要になったときには、大急ぎで来てくれるんだよね？」

「まさしく。君だって、私に同じことをしてくれるんだろう？」

「僕にできることは、ほかにもう打つ手がないってときに、あなたを呼ぶことだけ」

「たぶん、君は私を訪ねてくるんじゃないかな」

「どうやって！」

「その方法なら、我々の共通の友人、アーｌイルーヤーｌショーが知っている。君の訪問を心待ちにしているよ。ただし、早くて半年後だな。それ以前だと、私はただ自分のことに没頭していて、君が現れても気づかないと思うんだ。でもとにかく、訪ねてきなさい。いいね」深いため息が部屋を満たした。

「捕るんだ！」黄色い光のボールが僕をかすめて飛び去り、壁の中に吸いこまれた。

「ねえ！　こんなの卑怯《ひきょう》だよ」僕は周囲を素早く見回し、つづいて飛んでくるかもしれない別のミニチュア太陽を警戒した。「今みたいな中が空っぽのボール、どうやって作るのか、僕まだ全然わからないよ。いなくなる前に教えてくれない？」

「喜んで、そうしよう。それはそうと、君にはまだ、医師から預かってきた質問が一つ、残っているはずだよね」

僕は一瞬考えた。

「あっ、そうだ。忘れてた。思い出させてくれて、ありがとう。僕が思春期を通過するとき、僕のこの種の能力はどうなるのか、っていう質問なんだけど」

「なるほど。それじゃまず、君のリクエストから始めようか」イーライが両手のひらを並べて前に出す。つづいてその上に青緑色の光の球体が現れた。

「これは、私のハートから取り出した光でね、任意の大きさをもたせられるんだ。さあ、持ってごらん」

僕はその光のボールを受け取った。両手のひらに温かさが伝わってくる。

「次は君の番。君の心のパワー、イマジネーションを用いて、みぞおちから光を取り出し、それで、私のハート・センターからの光を覆ってごらん。薄い膜で包み込む感じにね」

イーライの光のボールが黄色の薄い膜で覆われている様子を、僕はイメージした。

するとその通りになった。黄色の光の薄い層が、青緑色の光の球体をきれいに包み込んでいた。

「今、私のハートからの光は、君のみぞおちからの光でできている膜を、内側から支えるものとして機能している。それじゃ、これから、私のハート・センターからの光を引っ込めるよ。はい……で、今、君の手に残っているものは？……」

「あっ、中が空っぽのボール！」

「まさしく」

「ありがとう。作り方、忘れないようにしなきゃ」

僕は黄色の光でできた空洞のボールを一度空中に漂わせ、手でそっと押しやった。

壁に向かってスーッと飛んでいくそのボールを目で追いながら、僕は訊ねた。

「ブライソン先生、なんで思春期のことを訊きたいのかな？　イーライ」

「昔から、こんな信念があるんだ。成人期の到来とともに、自然な知識チャンネルの多くが遮断され、人間は内なる〝源〟から切り離されてしまう」

「それ、ほんとのことなの？」

「答えは、〝はい〟と〝いいえ〟の両方。はい、なぜならば、この概念は何千年以上も前から、くり返し教えられ、語られてきたものだから。充分に長い間くり返された誤解は、真実として多くの人々の心に定着してしまうのだよ。次は、いいえ、どころか、正反対。なぜならば、思春期とは、人間のパワーを信じがたいほどに上昇させうるものだから。ブライソン医師が能力の妨げになるのではないかと推理している理由は、性別明瞭化のために、膨大な量のエネルギーが費やされことになるからだと思うよ。でも、それと君の能力とは無関係。思春期中によく現れる感情や感覚の中には、君が赤毛の女性を見たときに手にしたものも含まれている。君が手にしたものは、まだまだ軽度だけどね」

「それってつまり、もう少ししたら僕、学校や道路で女の子を見るたびに、頭のてっぺんからエネルギーを噴射することになるってこと？」

「いや、そういうことにはならない。別の形の体験になると思う。誰もが通る道だし、自然に楽しむといいよ」

「飛んだり、あなたから学んだことを行ったりすること、今と変わりなくできるの？」

「もちろんだよ、ヤング・マスター」彼は保証した。「大事なことは、自分が誰であるかを忘れないこと。無邪気さから理性へと移動する行程は、目覚めたまま過ごすことができさえすれば、無限の可能性が存在している場所なんだ。君の成長が本当に楽しみだよ」

「ずっと僕を助けてくれるんだよね？　約束だよ」

「ああ、約束するとも。ただ、その特別な入口を通り抜ける旅の最中には、私の援助が限られていると感じることが、たびたびあると思うよ……」ひと呼吸おいて、彼は付け足した。「もう一つ約束できることがある。私は永遠に君といっしょにいる。我々は〝一つ〟だからね」

「今聞いた思春期関連の話、もう一つよく飲み込めなかったけど、僕ね、ブライソン先生が、これから僕にいろんなことを教えてくれる、重要な人になるような気がしてるんだ」

「とても頭の切れる人だね」

「彼に会ったことって、選択の余地がなかったこと？」

「まさしく。彼は、君が君自身の体験を整理するのを手助けするという約束を携《たずさ》えて、今回、生まれてきたのだよ。もしも君が、この光の領域を意識的に体験する機会を無視していたとしたら、君たちが出会う環境はかなり違うものになっていただろうね」

「どういうこと？」

「すでに君も学んで知っているように、どの意識の流れにも、数多くの起こりうることが与えられている。少し間違えば、ブライソン医師は、君の殺人行為の量刑判断に必要な精神鑑定を、当局から依頼されることになっていたかもしれないのだよ」

稲妻が僕の体を貫いた。「殺人！」僕は叫んだ。

「僕、誰を……」訊ね終わる前に、継父の顔が僕の前に浮かび上がった。「ほんとだ。もしも飛んでなかったら……飛びはじめた日、僕、どうやってそうするかを計画してた。頭がすごく痛くて。あのとき僕、殺しはしないけど、こっぴどく痛めつけてやる、って言ってた。でもほんとのところは、殺したかったんだ！　あなたに初めて会ったとき、僕が体から出るのを二体の天使が手伝ってる夢、見せられたよね、僕。彼らが、すべてを変えてくれたの？」

「あの日、君は新しい道を、自分で意識的に選択したのだよ。天使たちは単に、君の努力を支援したにすぎない」

「ブライソン先生、ほかの道でも僕を助けてくれることになったのかな？」

「ああ、そうだとも。それで、君の事件は社会的な関心を引き起こし、児童虐待という長い間放置されてきた問題に一気に光を当てることになっただろう」

「うわー……」母とキャロル、そしてグレッグの事故の絵が、僕の注意を奪い合う。「何もかもが、まったく違ってたんだ」僕の声は、ほとんどささやきだった。「もしそうなってたら、僕、刑務所に入れられてた?」

「世論は圧倒的に君を支持することになっただろうね」

「それだけじゃ、よくわからない」

「調和平衡だよ」彼が説明する。抑揚を抑えた静かな語り口だった。「君は自分が蒔《ま》いたものを刈り取ることになる。大多数の人たちにとって、君は英雄だっただろう。その他の人たちにとっては、親を殺した恩知らずの子ども。そして、君が本当の父親と暮らすことは不可能になっていただろう。君の母親は、グレッグの死後、重度の鬱《うつ》病に倒れ、何もできない状態に陥っていただろう。そのために、君の処分がまだ係争中に、キャロルは君の祖母のところに預けられることになっただろう」

もうもうとした黒い光の雲が部屋に立ち込めていた。それまでにかいだことのある、物が腐った臭いのすべてが混じり合っているかのような臭いがしていた。

「飛ぶことを選択したことで、僕の人生はまるっきり変わったってことだね」

「意識的な選択が自己認識につながった。そして自己認識は〝完全性〟へとつづいている」

「アーーイルーヤーーショーにも教わったけど、選択の問題って、なんかややこしいよね」

「そんなことはない。一度〝選択を知らない存在〟の流れの中に入ったならば、以後は常に、選択肢は〝一つ〟しかなくなる。いくつもの選択肢が存在するという幻想の中では、いかなる出来事の結末も、外側にある願望のエネルギーに操られて常に変化している個人の意図によって決定される。個人が、〝神〟こそが唯一の選択肢であると気づくときが訪れるまでは、エゴ、イド、そしてリビドーの連合軍が、パーソナリティーを通じて覇権をかけた戦闘をくり広げ、その結果として、分離、虚空、病気、および真正自己内の不調和を創造し、ひいては誤解や不正直がはびこるのを許すことになる」いつの間にか、部屋の臭いはアーｰイルｰヤーｰショーの花の香りに変わっていた。

「〝一つ〟の真理が存在する。物質を通じて表現されている〝神〟がそれ。〝神〟は創造原理であり、〝存在する〟衝動。〝唯一〟の選択肢は、物質世界に住む人間意識として、〝神〟の、そして〝神〟のための観察者であること。神はそれ自身を個別化された意識として現している。そして妥当な行動は、善悪の固定観念に縛られない意識的な選択を通じて姿を現す。これ以外にはありえない」

「ありがとう、イーライ。飛ぶことを選択しなかったらどうなっていたかも説明してくれて、それにもありがとう」僕の心には内なる平穏の深いフィーリングが充満していた。

「少し付け加えたいことがあるんだけど、いいかな？」

「もちろん」

「もし君が別の道を選び、自分の行動に全責任を負うのではなく、不本意な結果の数々を人生環境のせいにしつづけていたとしたら、君の我々との交流は〝啓示の声〟として体験されるものにすぎなかったと思う。アーｰイルｰヤーｰショーと私は、それでも君に影響を及ぼしつづけただろうが、その援助は、君からの反応が戻ってこない、遠くからのものでしかなかったはずなんだ」

「うん、わかる……と思う」別の道を選ばなくてよかったという思いが、また込み上げてきた。「常に選択肢が一つしかない状態で生きるって、具体的にどういうことなのかな？」

「旅立ちの前に君とこんな時間を持てるなんて、本当にうれしいよ、私は。今日はここに来てくれて、ありがとう」

「どういたしまして」そう答えた瞬間、胸の中にずっと居座っていた痛みが、すっと消え去った。

「物質的形態を維持しながら、常に選択肢が一つしかない状態で生きることは、地上で天国を体験することにほかならない」僕の胃が喜びで羽ばたきはじめた。**「すべての選択が完璧だということを知りながら生きることは、〝排除されることへの怖れ〟に根ざした社会意識の境界を超えて生きることだからね。〝一つ〟の法則を抱きしめたときから、君は決して孤独ではなくなる。常に先のことを予知しながら生きられるようにもなる。その予知能力を備えた意識は、君が自分のエネルギーをより能率的かつ有効に活用することを可能にし、完璧な静寂、とてつもない平穏が、君の知性体に行き渡ることになる」**

彼の説明がつづく。

「より深いレベルの意識が姿を現し、それとともに君の共感能力は飛躍的に高まり、そのときから君は、あらゆる生命体との一体感を感じながら生きられるようになるだろう。その一体化を果たしたときから、君はすべてを体験できるようになる。人々の苦悩も、喜びも、彼らを通じて表現されている自身の内側の一側面として体験することになるだろう。人々は、君が彼らの最大の喜びと最大の悲しみの中に存在することを、大いに歓迎するだろう。**〝選択を知らない道〟を歩みつづけながら万物との一体感を体験している人間には、すべてがもたらされることになる」**

僕は大きく微笑んで言った。「そうだと思ってた」イーライの笑い声が部屋に響き渡る。「あなたがもうすぐいなくなるときにブライソン先生と出会ったのは、偶然じゃなかったんだよね?」

「すべてが起こるべきときに起こるのだよ、わが友」いつものお辞儀をして、彼はつづけた。「双方が多くを得ることになると思うよ」

「アーｌイルーｌヤーｌショーもそう言ってた」重苦しいフィーリングが、僕の喉を塞《ふさ》いだ。別れのときが近いのを僕は感じていた。「新しい体を見せてくれて、ありがとう。沼かどっかから引き上げられたようなものを身に着けなくちゃいけないなんて、ちょっと気の毒だけど。でも、マイクーｌアイーｌエルーｌアーもいるし、何とかやっていけるよね？」

「ああ……でも、そんなにひどかったかい？」そう言って彼は微笑んだ。

「え？　ジョークだって。ただのジョーク」ニコッとして僕は付け足した。「〝いいね、いいね〟って叫ぶことはできないけどね」

「あれは、ただの衣服なのだよ。君が着ているものとはだいぶ形がちがうけどね」僕を抱きしめて彼はつづけた。「あえて言うなら、人の好みは様々」

彼を力の限り抱きしめながら僕は言った。「友だちでいてくれて、それから、僕のこと、心から愛してくれていて、ありがとう」

「いいかい、会いにくるんだよ。どんな出会いになるか楽しみだ」彼のハートからの光が僕のハートに流れ込む。「君が意欲的にハートを開いてくれたおかげで、私は君と素晴らしい時間をともにすることができた。この光の領域に、君を招待することもできた。ありがとう」

「僕こそ、ありがとう！」二つの世界を隔てる霧越しに僕は叫んだ。

僕は以前、親友といっしょに飛ばせてくれるよう神に祈った。そして神は、その祈りにしっかりと応えてくれていた。

次の週の月曜日、僕は終業のベルを待ってウェインライト先生に歩み寄り、火曜日の放課後にブライソン医師の診療所まで乗せていってくれるようお願いした。前夜になって母が、どうしても仕事を休めなくて、行けなくなった、と言ってきたからだ。ウェインライト先生は快諾してくれた。

そのあと僕は家に帰り、キャロルとグレッグを相手に、彼女が夕食の支度をしに家の中に入るまでキャッチボールをして楽しんだ。

グレッグの体は医師たちの予想をはるかに超えた速度で快復していて、もう車椅子がなくても歩けるようになっていた。彼らはグレッグを診て、「この子の奇跡は、いつまでつづくのだろう?」と言って首を傾げていたらしい。

グレッグはまだ、あまり話すことはできなかった。そしてそれは、医師たちによると、車に撥ねられて地面に落ちたときに頭を強く打ち、その衝撃で耳の内側の小さな骨が何本か、折れたことが原因だという。耳がよく聞こえないと、話すことにも大きな影響が及ぶのだそうだ。でも母は、グレッグの快復状況にとても満足していた。

母が帰宅したのは、夕食の準備がちょうど整ったときだった。彼女は僕らのそれぞれに、「はい、デザート」と言って〝シュガー・ダディー〟を手渡してくれた〔訳注＝シュガー・ダディー＝棒付き飴（ペロペロキャンディ）の商品名〕。僕らが代わる代わる〝今日の出来事〟を披露し、僕が自分の皿をカウンターに載せた瞬間、ミッキーが狂ったように吠えはじめた。「玄関の外にリンダーマンさんがいるわ」キャロルが言った。

母が立ち上がり、〝いったい、どうしたのかしら〟という表情で玄関に向かう。

僕は通路を走って部屋に行き、しっかりとボタンのついたシャツに着替えてからブラシで髪を撫で上げた。

「こんばんは、リンダーマンさん」母が驚いたような声で言う。「何かあったんですか?」

「どうも、こんばんは。家内がよろしくと言っていました」

僕が走って玄関口に行くと、リンダーマン氏は、いつものスーツを着て立っていた。ビュイック・ドライバーはそれを、まるで喪服だと言っていたが、母は、彼らの出身国では子どもでさえ同じようなスーツを着ていると説明してくれたものだった。

「こんばんは、リンダーマンさん」キャロルとグレッグの背後から僕は挨拶した。彼は僕を見て〝やあ〟と頷いた。

「こんなところにいないで、中に入ってください。さあ、どうぞ」母が全身で家の中を指し示した。

「いや、ここでけっこうです」僕の頭越しにリビングに目をやりながら、リンダーマン氏は答えた。

「彼、今晩はいないんです。ゲインズビルに行っていて」

「それじゃ、お言葉に甘えて」

彼は帽子を脱ぎ、家の中に入った。母が冷蔵庫に走ってコップに水を注ぎ、ソファーに腰をかけていた彼のところに持ってくる。

膝の上に置いた帽子を見下ろしながら、彼は口を開いた。

「実は私たち、ニューヨークに引っ越すことに決めたんです。向こうに親類がいるものだから」

「え?……な、なんて言ったらいいか、私……」母は口ごもった。「あまりにも急な話で……」家の中に深い悲しみが漂いはじめる。僕は彼の正面の壁際に移動し、丸椅子に腰を掛けた。キャロルはキッチンの入口付近に立っていて、グレッグは母の膝に乗っていた。

「店の買い手が見つかりまして……」彼が言う。「最近話題の新しいチェインストアの一つなんですが……」

母は手を口に当てたまま、何も言わない。

「家内も私も、あなたと、あなたの子どもたちには、強い親近感を抱いていました。特にその子が怪我をしてから……」彼が言葉を詰まらせる。彼の手がコートのポケットに伸び、封筒を一枚、取り出す。

「家内と私から、ほんの気持ちです。受け取ってください。神のご加護《かご》のもと、どうかお体を大切に。あなたには、この子どもたちを育てるという大変な仕事がありますJ

母は中身を見ようともせず、ただ反射的に封筒を受け取った。

「突然のことで、本当に私、何を言ったらいいかわかりません」母の声は震えていた。その目に涙が光る。無理に微笑もうとするも、微笑みにならない。リンダーマン氏の目も涙でいっぱいだった。

僕は立ち上がり、彼の前まで歩いていって手を差し出した。彼はそれを両手で力を込めて握ってきた。

「長い間、君にはずいぶん世話になったね。本当によく働いてくれた。ありがとう」彼は微笑んだ。

「君のように働いてくれる人間を、向こうでも見つけられたらいいんだけど……なかなかそういう幸運はないかもしれないな」

泣かずにはいられなかった。涙が止めどなく僕の頬を伝い落ちていった。「僕のほうこそ、すごくよくして……」次の言葉はどんなに頑張っても声にならなかった。

「うん、うん。さあ、さあ……これでもう永遠に会えないってわけじゃないんだから。それに、もし君がニューヨークに来ることがあったら……」彼も言葉を詰まらせ、一度大きく息をして、どうにかまた話しはじめた。

「あの店の新しいマネージャー、ジャクソンビルから来た若者なんだけど、その彼に訊いてみたんだ。君にこれからも、配達と掃除のアルバイトをつづけさせてくれないかってね。そしたら彼、うちの家内に向かって、そういうことはジャクソンビルにいる連中が決めることだって、そう言うのさ。信じられるかい？　質問した私にではなく、家内に向かって答えるなんて。ただ、君がどんなによく働いてくれたかは話しておいたからね。あとは、決めるべき誰かが決めるのを、待つしかないな」

「どうしてここを離れるんです？」母が訊ねた。

「ここに来る前は、ニューヨークにいたんです。知りませんでした？」答えながらリンダーマン氏は立ち上がった。

「知りませんでした」母の答えは素早かった。「家族のみなさんは、納得してらっしゃるんですか？」

「たぶん、前に住んでいた場所に帰るべきときが来たんでしょう。家内が、家族の近くに住みたがっているんです。私は、できればここにずっといたかったんですけどね。冬も暖かいし。ニューヨークは寒いんです。雪がたくさん降って。それで私なんか、子どものころ、近所の仲間といっしょに、雪で何を作って遊んでいたと思います？　雪だるまじゃないですよ。高層テナントビルを作ってたんです！」

そう言って彼は笑った。ママも笑った。そして僕ら子どもも、何がおかしいのかはわからなかったが、とにかく笑った。

「こちらにまた来るようなことは、ないんですか？」

彼は母をしばらくの間じっと見つめてから、低い声でゆっくりと話しはじめた。

「実はね、この先の川のそばにある、重層型の分譲アパート、目をつけているんですよ。私が何を考えているのかを知ったら、家内、死ぬって言い出しますよ、きっと」

「私は何も聞きませんでした」母はニコッとしていった。

「リンダーマンさん」玄関口で彼とつないでいた手をほどきながら、僕は言った。「グレッグの事故のあとで僕らを面倒みてくれたこと、一生忘れません。いくらお礼を言っても言い足りません」

「その歳にして、よくそんな優しいことが言えるね、君は。この子の面倒、よくみてやるんだよ」グレッグの頭を撫でながら、彼はつづけた。「君みたいに大きくて強い子になれるようにね」

「元気でいてください」僕は言った。「みなさんによろしく。ありがとうございました」

「一九三六年にこの国に来て以来、神はずっと私たちに微笑みつづけてくれました。でもどうして今、それをやめてしまっているのか、私にはその理由がわかりません。いや、一つだけ考えられますね。彼きっと、雪が嫌いなんです」誰一人笑わないジョークを言って、彼は僕らに背を向けた。

「向こうには、いつ？」母が彼の背に呼びかけた。

「日が昇ったら」車のドアがバタンと閉まる。オールズモビルはバックしてアーウィン通りに出ると、そのままその道を南に向かって走り出した。

「彼、わかってるのかしら」母が言った。「私たちがあの家族のこと、どんなに頼りにしていたか」

「彼らの新しい住所に、手紙を書いたらいいんじゃない？」僕は提案した。

母はハッとした様子で僕を見てから、遠ざかっていくリンダーマン氏の車に目をやった。

「ドラッグストアに行って教えてもらうわ。彼らなら知ってるはずだから」

僕らは玄関外の階段に静かに立ち、ジョンソン家の生け垣の向こうに消えていく彼の車を見送った。

「私が知ってる、いちばんいい人たちだった」キャロルが悲しそうな声で言う。

「そうだったね」僕もまったく同意見だった。

「あの人たちのことは、一生忘れないわ」母がつづけた。

グレッグは何も言わなかった。リンダーマン家について彼が話せることは、あまりなかった。僕は心に決めていた。彼が病院にいたとき、リンダーマン家の人たちが僕らにどんなに親切にしてくれたかを、いつか彼に話してやろう……。

第12章

超常的な存在たちの声――

それは青い星に住む

〝双子自己《ツインセルフ》〟より来ていた

すべてが〝今〟、未来さえも〝今〟起こっている

「こんにちは、ヤング・マン」扉を開けて中を覗き込んだ僕を見て、受付の女性が言ってきた。「何か事情があって、来られなくなったのかと思っていたわ。どうしたの？　十五分も遅刻して」

「すみません。ママ、いや担任の先生に乗せてきたもらったんですけど、彼女の仕事が片づくまで、待ってなくちゃいけなくて」

「そうだったの」彼女は微笑んだ。「先生、診察室にいるわ。どうぞ。入っていいわよ」

診察室の扉を開けたとたん、タバコの煙が待合室に溢れ出てきた。ブライソン医師は窓のほうを向いて座り、書類を見ながらテープレコーダーのマイクに向かって話していた。

「来ました」僕がそう言うと、彼はクルッと振り返り、椅子に座るよう身振りした。

吸いかけのタバコが灰皿からこぼれて机の上に落ちていた。ぼくはそれをつまみ上げ、灰皿に戻した。彼は〝ありがとう〟と微笑んでから、木目の一部を醜くしている黒い焼け焦《こ》げを見て、眉間《みけん》に皺を寄せた。

大きな革張りの椅子がうめき声を上げ、彼にまた窓のほうを向かせた。彼がマイクに向かってまた話しはじめる。その声はこわばっていた。

僕は自分の視覚を調整し、彼の光体の様子を見はじめた。赤い埃のような雲が、彼の頭と肩を覆いつくしていて、そのいちばん下は背中の中程まで伸びていた。彼の下腹の緊張がタマネギを切っていると

きのような臭いを発していた。

僕の感情体が徐々に広がり、彼に近づいていく。と突然、僕の頭とお尻に鋭い痛みが走り、僕は慌てて感情体を引き戻した。

つづいて、悲しみと喪失のフィーリングが、落胆と動揺を伴い、僕の胸を直撃する。感覚の麻痺、疲れ、めまい、体の重さ、そのすべてが一気にやってきた。もう、だめ！　僕は自分のあらゆる〝探知機〟をオフにして目を閉じた。

「今日のセッションはだめなのかと思っていたよ。君のおばあさんは、私にずいぶん不満を持っていたみたいだし、お母さんも、君の問題をできれば他人には知られたくなさそうだったからね」彼はここでひどく咳き込んだ。ビュイック・ドライバーが毎朝している咳に、うり二つだった。

「家族の皆さん、元気にしてるかい？」彼の声はひどくかすれていた。マイクを脇にどけて、彼がつづける。「テープレコーダーの真ん中にある大きなボタン、スイッチなんだけど、オフにしてもらっていいかな？」

「もちろんです！」僕はそれを左に回した。二つの〝車輪〟が回るのをやめる。

「えーと、質問、何でしたっけ……」僕は思い出した。「みんな元気です。ところで先生、頭が痛いんですか？」自分が感じたことの真偽《しんぎ》を確かめたくて、僕は訊ねた。

彼はゆっくりと肘をテーブルに乗せ、訊ね返してきた。「どうしてわかったんだい？」

「まず最初、先生の頭から首、それから背中の一部を覆ってる、赤い光が見えたんです。それでそのあとで、感情体を押し出してあなたに挨拶しようとしたら、その光を鋭い痛みとして感じたからです。それから、左のお尻も痛くなりました」

「そういうこと、いつからできるようになったんだい？　飛ぶようになってから？」

「感情体を広げることは、アーーイルーヤーーショーに会ってからです。でも、体の周囲の色や光は、以前から……たぶん飛びはじめてすぐに見えるようになって、特に雷に打たれたあとからは、すごくハッキリと見えるようになりました」

「アーーイルーヤーーショーは、今日もここにいるのかい？」

「彼女は、いつも僕といっしょにいます。僕らはまるで一つの存在のように、完璧に交わってるって、彼女この前、言いましたよね？」

「あっ、そう、そう。君に言われて思いだしたよ。この前のセッションの記録、持ってくるね」彼は顔をしかめて立ち上がり、窓ぎわの金属棚に向かった。

彼が戻ってくる。その様子を見ていて、僕は彼のお尻の高さが左右異なっていることに気がついた。

「ねえ先生、もしかして、これまでの人生のほとんどを、痛みを感じながら過ごしてきました？　そんなふうに感じるんですけど」僕は駆け寄って、彼の歩行を手助けしてやりたくなった。お尻の痛みを取り除いてあげたいとも思った。

「子どものころの私は、君とよく似た環境にいたんだ。私にも継父がいてね、これがアルコール依存症で児童虐待者ときている」

「彼に脚の長さを変えられちゃったんですか？」

彼は笑い、椅子に深く座った。「なるほど、そういうことか。〝心〟の痛みのことかと思ったよ。三歳のときに、軽度のポリオにかかってね。私に継父ができたのは、七歳のときなんだ」

「そのポリオが、あなたのお尻を痛くしてるんですか」

「そう、いつも痛い」悲しみのフィーリングが彼から溢れ出る。

「僕の知ってる子どもたちは、ブレース（装具）を着けてますけど。そうしなくちゃいけないんだって言って。大人は着けなくてもいいんですか？」

「そこに私の継父が絡んでくるんだよ」彼は大きく背をそらせ、タバコを深く吸い込んだ。

「彼があるとき、お前はみんなの注意を引きたくて病気の〝ふり〟をしているだけだと言って、私がそれまで着けていたブレースを投げ捨ててしまったんだ。そして時間がたつうちに、私はブレースを着ける習慣から抜け出すことができた。そうさせられた、と言ったほうが正しいかもしれないけどね。いずれにしても、十代のころの私は、足が悪いことを、ほかの子どもたちには絶対に知られたくないと思いながら、毎日を過ごしていた。そして大人になってからは、人々は障害を持つ人を見ると、自分も同じようになるんじゃないかという不安をかき立てられる、ということを学んでね。それで、可能な限り何でもないふうを装いつづけてきたってわけさ」

「そうだったんですか。でも、装うの、すごくうまいですよね。この前のセッションのときは、僕も全然気づきませんでした」彼がメモ帳をペラペラとめくりはじめる。僕はつづけた。「先生のお母さん、彼を止めようとして何かしました？　どうして彼女、あなたにかまうなって、彼に言わなかったんですか？」

「母はとても怖がりな人でね。彼女にとっては、自分が正しいと思うことをするよりも、こうしなさいと言われたことをするほうが、ずっと簡単だったんだ」

「なるほどね」僕らの間の空間が心地よい静寂で満たされた。僕の心には自分の母親の絵が浮かんでいた。

「あなたのビュイック・ドライバー、あなたの脚を物笑いの種にしたことあります?」

「しょっちゅうだったよ」そう言って彼は、またもやタバコを大きく吸い込んだ。彼がつづける。「それから、私にありとあらゆるスポーツをやらせてね。それで私がレギュラーになれないと、お前はベストを尽くしてないって言って、殴るわけさ」

「うわっ……」反射的にビュイック・ドライバーを思い起こし、僕は顔をしかめた。「僕、大人になってもし子どもができたら、自分が扱われたのとは全然違うふうに扱おうと思ってるんです」

「私は、子どもはいらないな。一度もほしいと思ったことがないよ」感慨深げに彼が言う。

「自分が父親になることが、どうにも想像できないんだ。私にとっては、仕事が生き甲斐《がい》でね。たぶん、これからもそうなんじゃないかな」彼の顔を幸せのフィーリングが横切った。軽く咳き込んでから彼はつづけた。「でも、こんなこと誰にもわからないよね。気がついたら結婚して子どもができてた、なんてことになるかもしれないし」

「悪い父親になるんじゃないかって、不安なんですか?」

「必ずしも、そうじゃない。私は人々を助けることが本当に好きなんだ。そして、そうやって生きることに満足している」タバコの灰が机に落ちた。それを手で払い、彼はつづけた。「でも、いつかもし、正しい人に出会ったとしたら……」深い沈黙が部屋を満たす。

「いや、わからない。こんなこと誰にもわからない」頭を振り、肩をすぼめて、彼は話し終えた。

「この次、アカシャに行ったときに、あなたの未来、見てみましょうか？　結婚して子どもがいるかどうか」

「これまた興味深い話だね。未来がすでに存在していて、それを見ることができる、つまり未来を予知できる。そう君は信じているのかい？」

「僕はまだ、あまり見たことないんですけど、イーライとアーｰイルｰヤーｰショーは、いつも見てます」

「ということは、未来がすでに決められているということを、少なくとも彼らは、信じているわけだよね？」

「はい。すべてが〝今〟起こっているんだって、彼らは言ってます。それから、もし人間が時間と空間に関する真実を思い出したら、あらゆる混乱、たとえば、集団から〝排除されることへの怖れ〟とかからも解放されるって、そうも言ってます」

「排除されることへの怖れね……それから解放される？」彼はまるで、僕にというよりも自分に問いかけているかのようだった。「共時性を信じることが、どうして排除されることへの怖れの排除に、つながるんだろうね？」

「えーと……僕自身の言葉で言いますね」僕は自分の思考に指令を発し、イーライとの会話に戻らせた。ほんの数秒だったが、まるでイーライといっしょに立っていて、彼の話を聞いているかのようだった。そのあと数分間、僕はイーライから聞いたことを説明し、それへの入口は、善悪の固定観念をなくすこと、そして感謝と反応だと言って、説明を締めくくった。

「その善悪の固定観念だけど、それって論争的なもの？　それとも完璧さの必要性なのかな？」

「あなたの質問の意味、もう一つよくわかりませんけど、善悪の固定観念について僕が教わってきたことは、こういうことです。これを持っていると、人々がお互いに裁き合うために、分離が発生するって言うんです。ブライソン先生、僕が今話してるのは、世界についてじゃなくて、個々の人間同士が互いにどうしたらうまくやっていけるかについてなんです。世界は、それ自身で自分の面倒をみる、ってイーライは言ってます。もし僕らが、善悪の固定観念をなくして、充分に今の中にいることができたら、すべてがうまくいくようになるって」

「それじゃ、仲のいい二人の人間について考えてみようか。その関係の中にも善悪の固定観念は存在しうるのかな？　もしそうだとしたら、どうしてなんだい」

「はい。僕らは、正しいことをすることと、愛されることを混同してるんです。その主な理由は、正しいことをすると抱きしめられるからです。親たちは、僕らが正しいことをすると、僕らを誇りに思い、愛します。そして悪いことをすると、罰を与えます」僕はイーライがしてくれた特別な説明法を思い出そうとした。でも思い出せなかった。「正しいことは頭の中で作られます。愛はハートの中で感じられます。それで、大人は自分が悪いことをしてるときでも、子どもには正しいことをしろって言いますよね。だから子どもはこんがらがっちゃって」

「〝正しい〟指摘だね……って言っちゃいけないのかな？」彼は楽しそうだった。

「僕の継父、僕にいつもこう言うんです。俺が〝やってる〟ことはするな。俺の〝言うこと〟をしろってね。子どもにそんなこと言うって、最悪ですよね。聞いた子どもは、頭とハートのつながりが混乱しちゃいます」

「興味深い観点だね。ということは、すべてがうまくいくようにしたいなら、自分自身、つまり、君の言う〝ハート〟の声だけを聞くべきだということなのかな？」

「はい」僕はあまり考えずに返事をした。「もしも僕らがいつも正しくあろうとしているとしたら、そのとき僕ら、愛されたいって思ってることになります。そして、愛されたいって思うのは、愛されてると感じてないからなんですね。そして、愛されてると感じていないとしたら、そのとき僕ら、愛に満ちた場所にはいないはずなんです。**自分が差し出したものを、僕らは受け取るわけですからね**」

「極めて複雑な問題に対する、極めて単純な見方だね」彼は挑戦してきた。「君は、正しくあろうとするよりも、愛されてると感じようとするほうを選んでるわけだ」

その質問に僕は笑った。「それって、おかしいですよ。僕は、自分のハートに自分の思考を導かせたいんです。思考が体を通じて妥当な行動を取るようにね」

「まるでイーライの思考のように聞こえるけどね。ゲリーのフィーリングではなくて……」手で目をこすり、つぎに鼻を撫でながら、彼はつづけた。「どちらかというと、君のハートからではなく、頭から出てきているもののように聞こえたんだ。それで訊きたいんだけど……」じっくりと間を取って彼は訊ねてきた。「君はもしかして、心の中に、イーライとアーｰイルｰヤーｰショーに起因する善悪の固定観念を、しっかりと根付かせてしまっているんじゃないだろうか。どう思う？」

混乱が僕の体を硬くした。「どういう意味ですか？」

「イーライとアーｰイルｰヤーｰショーが素晴らしい教師たちであることは、よくわかる。彼らの生徒としての君を見ていてね。そこで、君に考えてみてほしかったのは、彼らの聡明さと無条件の愛ゆえに、君は、彼ら以外の源からの教え、あるいは情報を、受け入れたがらない、あるいは拒絶する傾向にあるのではないか、ということ」

「そんなこと、ないと思いますけど」自分の足を見ながら僕は答えた。

「そうかい。それはよかった」彼の目が僕への気遣いでいっぱいになる。「さあ、本題に入ろうか」彼がマイクを手にテーブルにやって来る。

テーブルの真ん中に陣取ったテープレコーダーにスイッチが入った。

「今日は火曜日。午後の三時過ぎ。これは、新しい友人、ゲリーとのセッション。ゲリー、君が霊的ガイドたちから学んだ、もっとも重要なことは、何かな?」

一つのことをほかのことよりも重要なことにしようとしはじめたとたん、僕の頭は一気に混乱状態に陥った。

「無理です、ブライソン先生。イーライが教えてくれたこと、みんな重要なんです。理解できないこともあるんだけど、だからって重要じゃないわけじゃありませんし」

「それじゃ、これはどうかな。理解するのがいちばん難しかったテーマ。これなら言えるよね?」

「彼の話を聞いてると、ときどき、心がまったく別の場所に行ってることがあるんです。教会にいて、牧師さんが僕の知らない言葉をたくさん使って話してるのを、聞いてるときみたいに」

「そんなときに、彼がどんなことを教えようとしていたのか、覚えてるかい?」

「光がどのように機能するかとか、心のいろんな部分のこととか、そんなことです。原子とか光の波とか粒子とかの話を聞いてると、ときどき眠くなってしまって」

「物理学か……」頭をかきながら彼が言う。「私もまったく弱くてね。でも君は、その情報を記憶してはいる。そうじゃないかい？」

「はい。イーライが言ったことも、アーｰイルｰヤーｰショーが言ったことも、一語残らず覚えてます。それから僕、体から出てるときに体験したそれ以外のことも、まるで昨日のことのように、全部覚えてるんです」

「そうだと思ってたよ」大きく微笑んで彼は言った。「私がこれまでに話を聞いた人たちは、こう言ってる。幽体離脱中は、超感覚的なデータを肉体の脳細胞に刻み込む能力が、無限大になるってね」

「僕の場合、覚えてるからって、理解してるとは限りませんけど」

「たぶん、その点は私が手助けできると思うんだ。いっしょに意味を突き止めようよ。警告するけど、私はロケット科学者じゃない。だけど、いつでも利用できる素晴らしい情報源をいくつも持っていてね、どんな分野のことでも詳しく調べられるんだ」

イーライの顔が僕の目の前にパッと浮かんだ。彼が言っていた通りだ。これが僕の次のステップなんだ。イーライとアーｰイルｰヤーｰショーから教わったことを、よりよく理解するのを手助けしてくれる人と、僕は今、いっしょにいる……。

僕は思わず微笑んだ。

「どうしたんだい？」ブライソン医師がニコッとして訊ねる。

「イーライが前から言ってたんです。僕が充分に理解するのを、僕らの世界の誰かが手助けしてくれるだろうって。というのも、彼がこれまでに教えてくれたことは、僕らの世界に関することだから。それで僕、今、ハートでわかってるんです。彼、戻ってきたら、今度は、ほかの世界のことを教えてくれるってこと」

「イーライ、どこに行ってるんだい？」

僕は自分の心を、行き先を教えてくれたときのイーライの思考に集中した。

「デブーデヤ。ドラコニスという名の星座の中にある、エタミンという太陽の、第四惑星」

「彼らが話したこと、本当によく覚えてるんだね」

「全部覚えてます」

彼が椅子に座り直し、訊ねてきた。「それで彼、どのくらい向こうにいるの？」

ひと呼吸おいて、イーライがいない寂しさを追い払ってから、僕は話しはじめた。

「向こうで肉体を持って、一年暮らして、戻ってきます。それで、彼が向こうにいる間に、僕、訪ねていくことになってるんです。半年は待たなくちゃいけないんですけどね。自分が誰であるかを思い出すまでは、僕に会っても、僕だと気づかないそうなんです」

「すごいね、それは！……」彼はメモも取っていた。僕はテーブル越しに、それを覗き込んだ。彼が下を向いたまま訊ねてくる。「イーライとアーーイルーヤーーショーは、君の理解を助けるために、君に対して何かをしたりはしなかったのかな？」

「最初、イーライが話してること、全然覚えてられないんじゃないかって、心配したんです。そしたら彼、僕の光体の頭に何かをして、たぶんそのために、あらゆることを覚えてられるんだと思います。それから彼、こんなこと言ってました。この種のことは、本当は誰もが知ってるんだそうです。それで、迷信とか誤解とかを忘れることのほうが、新しいことをたくさん学ぶよりも大切なことだ、とも言ってました。つまり、僕がよけいなことを忘れれば忘れるほど、もともとある真実が、頭に戻ってきやすくなるってことです」

何かが僕の頭に光を送り込んできた。

「あっ、そうだ。それから僕、思い出したいのに思い出せないようなときには、日記を見るんです。彼らが言ったこと、全部それに書いてあるものだから。僕が一人でやったことも全部書いてあります」

「忘れること、知識を放棄することが大切だってこと、私も賛成だね。それで、君のその日記だけど、そのうち見せてもらえるとうれしいんだけど」

「いいですよ。僕がいっしょにいるときなら」ニコッとして僕は言った。「飛ぶこととは関係のないことも、いっぱい書いてありますけど」

「ありがとう」彼の声は素直にうれしさを表現していた。「個人的な箇所は読み飛ばすよ」

次の質問を待ちながら、僕は彼の手元を見つめていた。ひどい字だった。本当にひどかった。ビュイック・ドライバーの字よりもひどかった。

体外離脱《ジャンパー》の能力証明

「一つお願いがあるんだけど。君の能力の一つを、見せてくれないかな」

「どういう意味ですか？」

「いやね、君が言っていることを疑ってるわけじゃないんだよ」申し訳なさそうな顔をして彼は言った。

「でも、どうしてもこの目でその証拠を見たくてね。実は、ロビーの向こう側にある大きな部屋の床に、いろんなものを置いてきてあるんだ。もしよかったら、体から抜け出してその部屋に行って、それらを見てきてほしいんだよね」

「はい、いいですよ」

彼が僕をじっと見つめはじめる。僕は深い息をしてから椅子に深く座り直し、目を閉じた。静けさが快適だった。

「すぐに戻ってきます」

僕は肉体からすっと離れた。つづいて天井経由で別の部屋に急行し、床の上にあったものを頭に刻み込むなり、すぐに肉体へと舞い戻った。

「急がなくていいよ。時間は気にしないで……」

「いろんなものが輪になって置かれてありました」僕は目を閉じたままの状態で話しはじめた。「まず一冊の本がありました。それから、輪の中心から見て、その右側には、大文字の〝N〟が書かれてる紙があって、その隣にはガラス製の灰皿。その隣には、前のよりも小さな本があって、それは表紙が破けてました。それから、紙がもう一枚あって、それには〝E〟が書かれてました……」

「君は今、離脱中なのかい？」

「いや、違います。だって僕、話してるじゃないですか」

「あっ、そうか。君は今、ここで話してるんだものね」その声は明らかに驚いていた。「私はてっきり、向こうに行って見てきてから、体に戻る前に報告してくれるのかと……いや、そんなわけはないんだよね。自分が何を考えてるのか、わからなくなってきたよ」

「見てきたものの報告、つづけますね」

「いや、もういい。もう充分だ。大いに満足したよ」彼の中心から周囲に広がっている混乱を、僕は感じることができた。

「ほかにもできることありますけど、見せましょうか？」

「ああ、お願いするよ」何のためらいもなく彼は答えた。

「どこに住んでるか、教えてくれます？」

「オーガリーのセントクレア通り。セントクレア151。土手道のすぐそば」

まばゆい陽の光の中、僕はブライソン家の上空にポンと現れた。予想していたのよりもずっと小さな家だ、と僕は思う。家の周囲から川までの一帯が、伸びた芝生で覆われている。それから、川に突き出た短い桟橋。桟橋というよりも、まるで幅広の飛び込み板みたいだ。その上には、鎖でつながれたローンチェアと小さなテーブル。そこにはボートもつながれていて、その上にはカバーが掛かっている。ボートの色は、青と白のツートンカラー……。

「見たところ、先生は船よりも桟橋で釣りをすることが多いみたいですね」体にポンと戻るなり、僕は言った。

「もう、戻ってきたんだ」その声は、誰かに訊かれるとまずいときに出すような声だった。彼から出ている興奮と怖れの双方を、僕は感じていた。

彼が一転、大声を上げる。

「時計を見てたんだけど、十五秒もたってない。こんなに短時間で、私の家を見て戻ってきたのか、君は！」

彼の表情を見ようとして僕は目を開けた。空中を漂っていた煙で目がヒリヒリする。彼は半分笑顔で、半分しかめっ面だった。彼の体から出ていた色は鮮やかな青で、おなかから顎のあたりまでは渦を巻いているみたいだった。

「屋根に修理跡がありましたけど、あれ、この前の大嵐でやられたんですか？」

彼が身を乗り出し、僕の顔をじっと見つめる。

「ああ、その……君、飛びはじめてからどのくらいになるんだっけ？」

「もうすぐ二年です」僕は自慢げに言った。

「体から抜け出す方法、教われないものかな？」

「ビュイック・ドライバーに、頭を殴ってもらいますか？」

「なんだって？」彼が眉間に皺を寄せる。

「すみません、冗談です」僕はニコッとして答えた。「教えたいとは思うんですけど、できるかどうか、自信はありません。僕は今、そうしたいと思うと、できちゃうものだから」

「しかし、本当にすごいね、君は」そう言って彼は立ち上がり、机の周りをゆっくりと歩きはじめた。

ふいに立ち止まって彼が言う。

「行きたいところに自由に行けるんだね、君は」

「はい。来てほしくないって思われてるところは除いてですけど」

「いちばん遠くは、どのあたりまで行ったことがあるの」

「先生の家の少し先、ロケット基地のあたりまでです」感慨深げに僕は言った。「そのうち、すごく長い旅に出るつもりですけど。本当の父親を探しにいくんです。あっ、もっと長い旅がありました。イーライのところにも行かなくちゃ」

「君のお父さん、どこに住んでるんだい？」

「カリフォルニアです。ちょうど今、アーｰイルｰヤーｰショーに手伝ってもらいながら、その旅の準備をしている最中なんです。それで僕、そのときに手紙を届けようと思っていて。僕らを迎えにきてほしいっていう内容の手紙なんですけど」

「なるほどね」顔に気遣いの色を浮かべながら彼は頷いた。

「うちのママに、簡単な手紙を書いてもらえませんか？　本当のパパの写真を僕に貸してやってくれって、先生から言ってもらえると、すごく助かるんですけど。彼を見つけるには、それがどうしても必要なものだから」

「喜んでそうするよ」そう言うなり彼は机に座り、頭に彼の名前が記された紙を一枚引き寄せ、文字を綴りはじめた。「私の家を見つけたのと同じ方法では、彼を見つけられないのかい？」

「カリフォルニアにいることしか、わかってないんです。彼が住んでる町も、通りもわかってなくて」

「カリフォルニアにいるってこと、前にも聞いたことあったかな？　なぜかそのこと、私にはわかってたんだけど……」

「すみません。もっときれいに書いてもらえませんか？」便箋を覗き込みながら僕は願い出た。「気分を悪くさせてしまったとしたら、ごめんなさい。でも先生の字、これまでに見た最悪の字よりも読みにくそうなものだから。それって継父の字なんですけど、それを見てママ、彼がたくさん綴りを間違えてること、これなら誰にもわからないって、そう言ってました。先生も綴りは苦手なんですか？」

「まあ、私の長所リストには、間違いなく入っていないね。さて、それじゃ、ダニエルさんに仕上げてもらおう。彼女はとても賢くて、きれいな字を書くんだ」

彼はそう言うと、待合室を覗くことのできる小さな窓のところに歩いていき、呼び鈴といっしょに置かれていた籠に、便箋を入れた。すると彼が何も言わなくても、ダニエルさんが小窓を開けてニコニコ顔で便箋を持ち去った。

僕のところに戻ってくるときの彼の顔は、光に満ちていた。

「私は今でも、信じがたい思いだよ。さっき見たこと……いや正確には聞いたことかな……まあ、とにかく、君が見せてくれたことは、かなり普通じゃない。考えてごらんよ……いや、君にとっては当たり前のことか」そう言って彼は、両手で髪を撫で上げた。

つづいて彼は、僕の目をじっと見つめて言ってきた。

「君と医者として会うことは、もう私にはできない」

「どういう意味ですか?」

「長年にわたって研究してきた形而上学《けいじじょうがく》的な概念の妥当性を、君とのセッションを通じてチェックできると考えただけで、私は今、興奮を抑えられなくなってるんだ。それで君は、明らかに、治療よりも、前向きな理解者と助言者を必要としている。私は、その両方になりたいんだ。その代わり君は、私が長年にわたって学んできた概念を理解したり解釈するのを手助けしてくれる。私が言ってること、わかるかい?」

「もちろん、わかります。僕ら、友だちになったんですよね」僕は微笑んで答えた。

「心を割って話すことのできる人間を見つけるのが、難しくてね、このメルボルンでは」柔らかい声で彼は言った。

「僕の担任の先生、ウェインライト先生っていうんですけど、彼女も同じこと言ってました。彼女もいろんなこと知ってるんだけど、それを誰にも話せないでいるみたい。やっぱり彼女と話してみたら、いいかも」

「うん、そうしたいね」彼の答えは速かった。「君は私に、姉さんと、もう一人の人と会わせてくれるって言ったよね。えー……」彼がメモ帳をめくる。「うん、これだ。モーガンさん。覚えてるかい?」

「ジョーダンさんです。ジョーモン教のモーガンさんではなくて、モルモン教のジョーダンさん」僕は笑った。「先生の手書き文字、自分でも読みにくいみたいですね。テープレコーダーが必要なわけ、よくわかりました」

「何事も裁くべきではないんじゃなかったのかい?」目を丸くして微笑みながら彼は言った。

「裁くことと、事実をありのままに言うこととの間には、大きな違いがあると思いますけど」僕も負けないくらい大きな目をしてやり返した。

〝道を示す存在〟と〝道を作る存在〟

自分のあらゆるフィーリングを胸に集めて、僕はつづけた。

「ブライソン先生、僕が学んだこと、もう一つ話したいんですけど」彼が頷く。「アカシャの大広間に、すべての人間が選んだ道を描写した織物があるんですね。それで、ある人たちは〝道を示す存在〟で、そのほかは〝道を作る存在〟なんです」

「その二つの違いはなんなんだい? それから、織物って、どんな?」

「織物は、大きな絨毯みたいなもので、それを織り上げてる糸のそれぞれが、一人の人間が歩んだ道を意味してるんです。それで、あちこちで糸が交差してるんだけど、ある糸が別の糸を横切ると、その別の糸の色が、そこのところだけ変わるわけ。そんなふうにして、ありとあらゆる色が混ざった大きな絵ができあがっていて。一本の繊維でできている糸もあれば、何本もの繊維でできている糸もあって、とにかくあらゆる太さの糸があるって感じかな。アーーイルーヤーーショーといっしょに見た織物は、大昔の別の社会実験、つまり太古の文明を描いたものでした。一つの織物ができあがると、次の織物が作られはじめるんだそうです。僕が見たところじゃ、四つの織物がすでに完成していて、一つがもうすぐ完成しそうで、一つが新しく作られはじめようとしてました。それから、〝大広間〟の天井近くまで飛んでいったときに見たんですけど、織物を掛けるための場所があと二つありました」僕はいったん話すのをやめ、頭を整理した。

「〝道を示す存在〟と〝道を作る存在〟の違いは、僕が知るかぎりでは一つしかないと思います。〝道を示す存在〟は、いくつもの違う糸に触れながら、絨毯の中のいたるところを旅していて、〝道を作る存在〟は、いくつもの糸と絡み合いながら、比較的まっすぐな道を旅してるんです」

「君はどっちなんだい？　〝示す〟存在？　それとも〝作る〟存在？」

「〝示す〟存在になりたいです」僕はすぐに答えた。「〝作る〟存在たちは、いくつもの決まった糸たちの中に埋もれてしまっている感じなんですね。僕は、〝示す〟存在たちのように、次々といろんな糸と触れ合いながら自由に飛び回りたいんです」

「なるほどね」そう言うと彼は頭をかき、メモ帳をテーブルに置いた。

「君は大人になったら、何になりたいんだい？」彼が訊いてきた。

「教師になるって、イーライは言ってますけど。それからヒーラーにもなるって」

「なるほど、イーライは君にそうなってほしいわけね。でも〝君〟は何になりたいんだい？」

「教師になるっていうアイディアは、すごく気に入ってます。子どもたちのほとんどは、先生たちのことを嫌ってるけど、僕はなぜか、前から先生になりたいって思ってたんです。ヒーラーについては、あまりよくわかりません。でも僕、イーライみたいに、人の役に立つ人間になりたいな」

「この世界のものではない誰かを手本にするのは、少し危険なことだとは思わないかい？」

「イーライは何度も肉体を持ったことがあるんです。だから僕、彼のこと、いつも人間みたいに感じてるんです。それに、僕が大人になってから、彼、また人間として生まれてくることになってて……それで僕、そのとき、彼の教師、兼、友だちになるんです。そのおかげで彼、自分が誰であるかと、何をしにここに来たかを、思い出せることになるみたい」

「今はイーライが君に教えていて、次は君が彼に教えることになるわけか。信じがたいことだね、私には」ペンを走らせながら、彼は頭を振った。

「イーライと君が、前世でいっしょだったことは？」

「彼と最初、どうやって知り合ったのかは、まだわからないんだけど、僕らが同じ魂の家族に属していることは、確かみたいです。イーライを手本にすることが危険なことかどうかなんてこと、これまで僕、一度も考えたことありませんでした」両手を弄《もてあそ》びながら少し憮然《ぶぜん》として僕は言った。「彼に会うまでに僕が手本にしてきたのは、他人をコントロールしたがる人たちや、ただ生存することしか目指していない人たちだったんです」

もしもビュイック・ドライバーを殺していたら起こったであろうことが頭に浮かび、僕の胃を硬くした。

「イーライが言ってたんですけど、先生と僕は、どちらにしても会うことになってたみたいです。この会い方か、ビュイック・ドライバーを殺したあとかのどちらかで」

ブライソン医師が、鳩が豆鉄砲をくらったかのような顔をして僕を見る。

「それから、飛べるようになったことと、弟のグレッグの快復に手を貸したことで、僕の注意がビュイック・ドライバーとの問題から離れたために、僕は彼のような人生を送らなくてすむようになったって、そうも言ってました。だから、さっきの先生の質問に対する答えは、ノーかな。僕が知ってるどんな人たちよりも、イーライやアーｰイルｰヤーｰショーみたいになりたいんです、僕」

「君の論点はわかった」硬い表情で彼が言う。重いフィーリングが僕らを取り囲んだ。「でもまあ、義理のお父さんとの対決を避けられて、よかったじゃないか」

部屋の中が突然、雨が降り出す直前のように静かになる。

「必ずしも避けられたってわけじゃないんですけど」僕は告白した。「少し前に、建築現場で彼の仕事を手伝ったんですね。そのときに彼、何の理由もなく僕を殴ろうとしたんです。それで僕、そんなことはさせないって彼に言って……それではじまっちゃって」

「何がはじまったんだい？」

「殴り合いです。でも彼のこと、あまりひどく痛めつけなくて、よかったと思う。彼、僕に殴り倒されたあと、緊急治療室に運ばれて、そのあと何日も家に戻ってこなかったんです。怪我がひどかったからじゃなくて、きまりが悪かったからなんだけど。これで二人の間のカルマが清算されるって、イーライは言ってます。僕が彼に対して、これから優しくできればのことですけどね。そうすれば僕、何からも逃げようとしないで、本当の父親のところに行けるんです」

ブライソン医師の顔には、驚きと疑いの表情が張り付いていた。

「君が大人を殴り倒したって？　いったいどうやったら、そんなことができるんだい？」

「彼、酔っぱらってて、すごく腹を立ててたんです。酔っぱらってると体がうまく動かないし、腹が立ってるときって判断力が落ちるでしょ？　それから、僕は彼の水平器を持って、彼は板を持って戦ったんですけど、そのとき〝声〟と光が僕を助けてくれたんです」

彼は僕のこの話を信じていない。僕はハッキリとそう感じた。

「先生、僕が嘘をついてるって思ってるでしょ」

「嘘というよりは空想かな」不愉快そうな声で彼は言った。「理不尽な暴力にさらされつづけた人間が、このタイプの空想を通じて慰めを得ようとすることは、決して珍しいことじゃない。それから、もう一つ納得がいかない点があるんだ。もし光が善で闇が悪だとしたら、君が別の人間に危害を加えるのを、光がどうして助けたりしたんだろうね。彼に危害を加えることは、闇の行為じゃないのかい？」

「光が善だというアイディアは、必ずしも真実じゃないと思いますけど。つまり、もしも人間が、光がどう機能するのかを知ったなら、その人間は光をどんなことにも使うことができるって、イーライは言ってました。光は、それ自身のことしか知らないんだって……」僕は少しの間、話すのをやめ、頭を整理した。

「それから、喧嘩を仕掛けたのは僕のほうじゃなくて、僕は主に防御をしてただけなんです。それで、怖れを心の中に入れないでいる間、光はずっと僕といっしょにいて、僕を助けてくれて。それから〝声〟は、こう言って助けてくれたんです。〝彼の戦士に敬意を払いなさい。あなたの対戦相手の霊的な目を見るのです。そうすればあなたは、自分の視点ばかりでなく、彼の視点も持つことができる。あなたがそうやって、すべてを見ているかぎり、彼はあなたにどんな危害も加えられない〟」

「その声だけど、しょっちゅう聞こえてくるのかい？」

「僕が大事なことを忘れてるときとか、何かに関する追加の導きを必要としてるときなどに、助けてくれるんです」

「それは、たとえば、どんなことを言って君を助けるの？」

「えー……と、〝自分がほしいものを、ほかの何かをほしくないために求めることは、そのほしくないものを増幅するだけ〟とか……〝あなたは、善悪の固定観念に縛られているぶんだけ、過去を生きている。それをすべて手放し、自分が今、本当にほしがっているものを求めることです〟とか……」

〝声〟に関するもう一つの思考が僕の心に浮上した。

「あっ、そうだ。弟が車に撥《は》ねられたときと、モルモン牧場で友だちが足を怪我したときにも、聞こえてきました」

「そのときには、なんて言ってきたんだい？」

「癒し方、つまり、治るのを手助けする方法を教えてくれました」

「その声、戦い方と癒し方の〝両方〟を教えてくれるわけだ。怪我をさせることと癒すことは正反対のことだよね。霊的な導きを与えてくれる存在が、善悪の区別をすることができないなんて、すごく奇妙なことだとは思わないかい？」

「この種の声は、人間に奉仕するために存在してるんだって、イーライは言ってます。それでそれは、人間が何をしていようと、それには無関心なんだそうです。社会意識が持っている小さな善や悪の概念なんか、気にしないっていうか」

「その声、どこから来てるんだい？」

「実際には僕の一部なんです。一度だけですけど、僕はそれを見たこともあります。〝大広間〟に行っていたときに、新鮮な空気を吸いたくなって外に出たら、それが姿を現してきて。これって、僕の〝双子自己〟たちの声なんです。片方は男で、片方は女。それでどちらも、僕の中心の深いところにある青い星の中に住んでるんです」

当惑の表情が彼の顔を覆った。

「こんな話を聞くことになるとは思わなかったよ。お互いに、心から正直に話ができると思っていたんだがね。君はある意味、私よりもずっと優位な立場にいるんだ。わかるよね？　君は〝声〟から聞いたことを創り上げられる。イーライとアーｰイルｰヤーｰショーから聞いたこともね。私はただ、それを聞いているしかない。ねえ、ゲリー、君が現実と非現実の選《よ》り分けをするのを、私は喜んで手助けしたいと思ってるよ」

僕は立ち上がり、彼の視線を感じながら、窓際に向かって歩いていった。

歩きながら、ふと僕は考えた。あれ？　どうしたんだろう、僕。何を感じているんだろう？　どうして何も感じないいんだろう？　本当のことを言っているときに作り話だって言われたら、いつもの僕なら、相手を打ちのめしてやりたくなるのに。どうしたんだろう、僕……。

窓際に立ったまま、僕は外を眺めつづけていた。ふわふわした白い雲の一団が、木々の上を足早に通り過ぎていく。きれいだ、と僕は考える。でもあれはただの雲。僕のフィーリングとは関係ない。僕は自分の内側の深いところに目を向け、怒りを探そうとした……ない。そこでは何も起こっていなかった。もしかしたら僕、自分のフィーリング、全部使い果たしていたりして。そんなことを考えながら、僕は視覚を調整し、〝木の中の木〟を見はじめた。それは、いくつもの性格を持つ節くれだった〝木の魂〟だった。ずいぶん長い間、そこに立ちつづけてきたに違いない。

僕はブライソン医師が何かを言ってくるのを待っていた。でも彼は黙ったままだった。そこで僕は、自分から話しはじめることにした。

「僕が話すことに、先生が疑問を抱いたとしても、僕は別にかまいません。ときどき、僕自身でも信じられないことがあるくらいだから、仕方ないと思う。でも、僕は深いところで、自分を信じてるんです。これからも自分が体験したこと、ありのままに話すって約束できます。僕が体験したこと、あなたに全部話したいんです。でも、こうやって会うの、やめるべきだって、もし先生が考えるようなら、それは理解しますけど」

僕は椅子にお尻を半分だけ乗せ、彼の反応を待った。でも彼は何も言わない。彼の顔は、まったくの無表情だった。その体から出ている光は活気のない青。僕は感情体を彼に向けて押し出し、彼の内側で起こっていることを感じようとした。しかし何も感じない。前からあった痛み以外には、何もなかった。僕は一度床に目を落としてから、再び彼を見た。やはり無感情。二人の空っぽのフィーリングが部屋を満たしていた。

眉間に何本もの皺を寄せ、ようやく彼が話し出す。

「自分のフィーリングをずっと分析してたんだけど、こんなことがわかったよ。古代宗教などの研究を通じて入手してきた情報を、君に確証してもらうことは、私にとってこの上なくうれしいことでね、本当に心が躍《おど》る。そして、君の年齢と環境を考えると、君の口から出た概念の少なくともほとんどは、神秘学、形而上学、それから超心理学に造詣《ぞうけい》の深い誰かから教わったものだとしか考えられない。このメルボルンでは、形而上学という言葉自体を知っている人さえ、ほとんどいないんだ。ましてやアカシャに関する情報など、どうやったって入手できない」ここで彼はタバコの箱を手に取ったが、すぐにテーブルに戻した。

「確かに私は」彼がまた話し出す。「君の話の中から、矛盾点あるいは欠陥を、見つけ出そうとしていた。と同時に、超常的な概念や現象に対して強い興味を抱いているために、君が言うことのすべてを、真実だと思い込みたがってもいた。これも確かなこと。今後も、君が提供する情報に、私が大きな疑問を抱いているように見えることが、あるかもしれない。でもそれは、君の話が真実であることを確信したいからなんだってことを、わかってほしい。私の立場としては、可能な限り客観的になることが、とても重要だと思うものだからね」〝すごくスッキリしたよ〟というスマイルが、彼の顔に浮かんだ。

「今の今まで」彼はつづけた。「こんなことを子どもがしてるなんて、想像することさえできなかった。考えてごらんよ。意識的に幽体離脱を体験できる〝大人〟にさえ、一度も会ったことがないんだからね」そう言って彼は大きな笑い声を上げた。

「告白するけど、君が示している、君自身の特殊な能力に関する自信に、私は本当に驚かされた。それから君は、イーライやアーｰイルｰヤーｰショーのことを話してるとき、あまりにも自然で、まるで家族について話してるみたいなんだよね。普通の人たちには見えない、またどこにいるのかもわからない、まさに超常的な存在たちのことを話してるなんて、とても思えない」彼はもう止まらなくなっていた。

「私は、自分のいちばん内側にあるフィーリングを、患者にも誰にも、明かさないタイプの人間なんだけど、よし、これも告白してしまおう。君は奇妙に感じるかもしれないけど、最初のセッションのときから、私は自分に問いつづけていたんだ。こんな素晴らしい体験を許されているのが、どうして君で、私じゃないんだってね。正直言って、私は君が羨《うらや》ましい。光存在たちによる保護。理解と無条件の愛に満ちた、素晴らしい場所。前世も来世も見ることのできる君の意識。必要なときに勇気と導きを与えてくれる声。光のパワーを用いるための知識。そして人々を癒す能力……」

大きく息をして、彼は話しつづけた。

「君のような能力を持つ人たちについては、かなり調査したんだけど、彼らはみんな、普通の社会から離れて、自身の霊性の実現に生涯を捧げているんだよね。ところが君は、アメリカ合衆国全域の中で、おそらくもっとも保守的な田舎町の一つの、ど真ん中で暮らしている。形而上学の教師はもとより、君の宇宙観を共有する人間さえ、たとえいたとしても限りなくゼロに近い場所でね」

僕は椅子に座ったまま、なんでも、どんなものでも、感じようとしていた。

と突然、ブライソン医師と初めて会った瞬間に感じていたことの一つが、蘇ってきた。僕はこの人に、自分の言っていることが真実であることを証明するよう、きっと求められる——ティブ－オン－エルとしての生涯でアト－トア－イタルに初めて会ったときに浮上したフィーリングと、同じものだった。

「ブライソン先生、僕、もう一つやってみたいことがあるんですけど、いいですか？」

「君が提供してくれるものなら、なんでも歓迎するよ、私は」彼は微笑んだ。

「僕の姉さん、僕が飛びはじめた日から、僕のことを〝ほら吹き〟って呼んでるんです。僕が飛べるってことを信じるのを、ずっと拒絶してて。僕がそれを証明したあとでさえ、そうなんです。夜眠ってるときは誰もが飛んでるんだって説明したんだけど、たぶん彼女、飛ぶことが怖いんです。バカげてるって思ってるのかもしれないけど。それから彼女、ほかの人たちとは違う特別な存在になりたいっていう願いを、僕と同じように抱いてもいて、飛ぶことは、その願いを叶えるための〝僕〟のやり方なんだって言ってました。これから僕がやることは、僕が体から抜け出せるってことを、もう一度証明するためのものです。そうすれば、たぶん先生、僕の言うこと、心から信じられるようになるんじゃないかなって思って」

「今度は何をやってくれるんだい?」

「ダニエルさんに、彼女の机の上に本を一冊載せて、好きなページを開いてくれるよう、言ってもらえます? 僕は体から出てそこに行って、開かれているページが何ページなのかを見たらすぐに戻ってきて、先生に報告します」

タバコの箱が彼の手の中でグチャグチャになった。彼が立ち上がって机に戻り、内線通話器のボタンを押して話しはじめる。

「ダニエルさん、すみませんが、いつものタバコを一つ、買ってきていただけませんか」予備のタバコを求めて、引き出しの中、コートのポケットの中、書類を入れているアタッシュケースの中を立てつづけに調べながら、彼はつづけた。「それから、出ていく前に、本を一冊、好きなページを開いて、机の上に載せていってくれませんか?」

「承知しました、ブライソン先生」スピーカーが答えてきた。「ほかに何か必要なものは？」

「いや」そう言ってすぐ、彼は人差し指を立て、何かを思い出したという顔をした。「あっ、一つだけありました。外に出るときに、ブザーを押していってもらえませんか。そうしてもらえば、いつからドアに聞き耳を立てたらいいいかが、はっきりするんでね」

「はい、わかりました」

「タバコをよく吸う家族の中で育ったものでね」椅子に戻って彼が言う。「そのうち、やめたいとは思ってるんだけど、どう思う？　やめられそうかな？」

「そうできない理由は、見つかりませんけど」ニコッとして僕は答えた。

「緊張してるかい？」

「緊張？　全然。だってこれ、ほとんど毎日やってることなんですから」

「君のおかげで私が緊張してるよ」そう言って彼はクックッと笑った。「と同時に、君が意欲的にこの試みに取り組んでくれることに興奮してもいる。でも、君は今、これを必ずしもやる必要はないんだよ。私は君の能力を、本当に信じてるんだから」

「どんな能力でも、言葉で説明されるよりも、実際にやって見せられたほうが、ずっとわかりやすいと思って」

「それは同感だね、私も」彼がそう言った瞬間、ブザーが鳴った。「私はどうすればいいのかな？　この部屋から出て行くとか？」

「そのままで、いいです。これから僕は、目を閉じて、チリチリした感覚が僕を押し出すのを待ちます。

そこまで、たぶん一秒くらいしかかかりません」

体が椅子のクッションにさっと沈み込むと同時に、僕は真上に抜け出した。ブライソン医師を、いくつもの鮮やかな光の渦が取り囲んでいた。僕はとっさに考えた——まるで彼、クリスマス飾りで覆われているみたい。

僕は少しの間、そこに浮かんだまま、僕の肉体をじっと見つめている彼を観察しつづけた。彼はじっとしたまま、まったく動かなかった。呼吸さえしていなかった。

つづいて僕はヒューッと壁を通り抜け、ダニエルさんが机の上に置いていった本に急いで目をやり、ヒューッと引き返してきた。

「二十八頁と二十九頁。左側の頁には、緊急治療室で見た血圧計のような機械の絵が描かれてました」

僕は報告した。

彼の顔は蒼白《そうはく》だった。表情は呆然《ぼうぜん》。

「わ、わかった。それじゃ行ってみよう」口ごもりながら彼が言う。

「僕はここに座ってます。肉体に戻ったばかりで、馴染むのにちょっと時間がかかるんです。だから、できれば少しの間、静かにしていたくて」

「わかった。すぐに戻る」彼は小走りに扉に向かい、それを開く直前に、こちらを振り向いた。彼の緊張のエネルギーを僕は感じることができた。それは、甘いサイダーの臭いを発していた。

彼が隣の部屋から叫んできた。

「完璧！」

すぐに彼は興奮して訊ねてきた。

「どんな感じだったんだい?」

「いつもと同じです。ちょっと眠いような感じと、チリチリする感覚が来たかと思ったら、ヒューッ!自分の頭の上に浮かんでました」

「すごい! これこそ、私がずーっと探してきたものだ。ある意味、君は私の〝燃えるシバ〟だよ」

「僕はあなたの、何?」

「モーゼに語りかけてきた〝燃えるシバ〟だよ」柔らかな声で彼は言った。「彼が受け取った、物質宇宙を超えた何かが存在することの証拠。ダニエルさんがいなくてよかったよ。もしもいたら、彼女にどう説明したらいいか、まごついてしまうところだった」

「これからどうします?」僕は少し戸惑いを感じていた。つづいて寂しさもやってきた。

「一日で話せることは、全部話したような気がしてますけど」

彼の目の周囲に落胆の表情が現れた。

「そうか。そうだよね。そろそろ終わる時間でもあるし」腕時計を見ながら彼が言う。「しかし君は、その歳にしては、驚くほど腹が据わってるね」

「ときどき、自分がもう子どもじゃないように感じて、嫌になることがあるんです。子どもでいることが好きなのに」

「話をしていて、ときどきふっと、君のほうが私よりも年上のように感じることさえあるよ。それから、君に語彙《ごい》の指導を行ってきたのが誰なのかはわからないけど、その人、あるいはその人たちは、明らかに素晴らしい成果を上げてるね」

「僕はただ、イーライの話を聞いて、それでわからない単語は説明してもらって、それを文章の中で使ってみて、ってことをやってきただけなんですけど」友人たちの顔が頭に浮かんだ。「でも、こんなふうに話すのは、一部の大人に対してだけなんです。友だち連中にこんな話し方をすると、彼ら、僕が〝間抜け〟になろうとしてるって考えるものだから」

彼の落胆のフィーリングが気遣いのそれに切り替わった。

「すごく複雑な人生を歩んでいるようだね、君は。いくつもの異なったパーソナリティーを持っていて、それらをうまく調和させながら生きていかなくちゃならない。そんな感じに、私には思えるよ」

「でもそれ、もうすぐ変わると思います。ほんとの父親と暮らすようになったら、一つのパーソナリティーだけでよくなると思うんです、たぶん」

「そうなったら、どんな気分だろうね？」

「たぶん地上の天国……かな」

「次のセッションまでに、幽体離脱関連の新しい文献を探しておくよ。アストラル領域へのアクセス法、ほかの誰かに教えることって、やっぱり難しいのかい？」

「教え方、今度アーイルーヤーショーに訊いてみようかな」

「私が意欲的に実験台になるよ」そう言って彼は微笑んだ。「次の火曜日、君のために、また予定をあけておくね。アカシャについて書かれたものにも、目を通しておくことにする。次のセッションは、ちょっとした情報交換になるかもね」

僕らは扉に向かってバラバラに歩いていき、同時にそこに着いた。そこで立ち止まり、握手を交わしたとき、彼の感じ方に明らかな違いが現れていることに僕は気づいた。今の彼、僕が話したことを完璧に信じている。僕はそう感じた。

彼の後ろについて扉口を抜けながら、僕は考えた。そうか、こうやってこの能力を徹底して証明してやればいいんだ。そうすればみんな、僕の話を信じなくてはならなくなる……。

待合室では、ウェインライト先生がダニエルさんと話をしながら待っていた。僕は彼女をブライソン医師に紹介し、一人で診療所の外に向かった。

彼らはたちまち僕に関する話で盛り上がっていた。ブライソン医師は、僕から聞いたことについてジョーダン氏と意見交換したことはあるのかと彼女に訊いていた。彼女は〝ない〟と答え、彼女とジョーダン氏とブライソン医師が一挙に集うのが最善かもしれないと提案する。ブライソン医師は同意した。

第13章

物理法則を超え

物質と一体となる——

光の領域を飛行《テレポート》して届けられた

最愛の人への手紙

この次元の常識と物理の法則を打ち破る

その日の朝に目を覚ましたとき、父に手紙を届ける日がついに訪れたことを僕は実感した。緊張の一日がはじまった。

夜が近づくにつれ、朝から感じていた緊張が、ますますその存在感を誇示するようになってきた。失敗することが怖かったわけではない。久しぶりに父を見たときに自分がどう感じるかを案じての緊張だった。

夕食のあと、僕は手紙の内容を変更することにした。下書きとして書いてあったものでは、ビュイック・ドライバーに僕らが殺されかねないような印象を与えそうだと思ったからだ。父には、僕らを哀れむ気持ちからではなく、僕らに会いたい、僕らとまた暮らしたいという思いで迎えにきてほしかった。そして僕は、ビュイック・ドライバーとの古い人生から逃げるのではなく、前向きな気持ちで父との新しい人生へと歩を進めたかった。

『親愛なるパパへ』小さな便箋に小さな字で、僕は書きはじめた。『僕はカリフォルニアで生まれた、あなたの息子のゲリーです。キャロルとグレッグと僕は、元気にしています。キャロルは、いい姉さんで、ママが仕事をしている間、僕とグレッグの面倒をよくみてくれています。義父は、ママのお金のほとんどを酒を飲むために使ってしまい、あまり僕らに優しくありません。でも、頭の上に屋根があるだけで、僕らは幸せなんだって、ママは言っています。グレッグは交通事故にあったけど、よくなってきています。彼は二度、ほとんど死にかかりました。僕はときどき問題を引き起こす子どもだったけど、いい友だちができたせいで、いろんなことが理解できるようになって、今では、だいじょうぶな子どもに変わりつつあります。僕らは、あなたに、すぐにでも会いたくています。僕らをどうか、迎えにきてください。あなたがいなくなったときから、僕は毎日、あなたのことを考えています……大好き、ゲリー。あっ、そうだ。僕らが住んでいるのは、フロリダ州のメルボルン、ニューヘブンとアーウィン通りの交差点にあるガソリンスタンドの、すぐ裏です』

　便箋の下のところに漫画の顔を描いて、僕は手紙を書き終えた。涙が目に溢れてくる。その手紙は、病院に持っていった質問リストよりもずっと大きかったため、僕はそれをリストのときよりも二回多く折りたたんでから、細い紐《ひも》でしっかりと結《ゆ》わえた。まず最初に父を見つけ、そのあとで戻ってきてから、手紙を持って再び彼のもとに向かうよう、何かが僕に言いつづけていた。

「たぶん一晩中かかるな、これは」マットレス内の秘密の隠し場所を覆うべくシーツを引き下ろしながら、僕はつぶやいた。緊張のフィーリングがさらに膨らみ、僕の内側でジャンプした。

　僕は部屋を出てバスルームに向かった。母はキッチンにいて、キャロルとグレッグはまだテレビを見ていた。

　僕は歯を磨きはじめた。母ともうすぐ離ればなれになるという思いが、僕のおなかに寂しさのフィーリングをたっぷりと送り込んでいた。彼女をビュイック・ドライバーといっしょに残していくのは、つらい決断だった。でも選択の余地はない。父は再婚して新しい家族と住んでいた。母には、世話をすべきビュイック・ドライバーがいた。僕は突然、母が、そして母の人生が、哀れに思えてきた。

ブライソン医師の手紙を見せたとき、僕がなぜ父の写真を必要としているのかを、母はどうしても理解できない様子だった。しかし医師の要請には逆らえない。彼女は写真を差し出しながら、誰にも――特にビュイック・ドライバーには――絶対に見られないようにするよう、僕に厳命《げんめい》した。写真を必要とする何かをやり終えたら、すぐに返すように、と付け加えるのも忘れなかった。

母のそばに行こうとしてリビングを横切り、テレビの前を通り過ぎた僕に、グレッグが嫌そうな顔を向けてきた。

キッチンの椅子を引きながら、僕は母に話しかけた。

「夕食のとき、今日はあまり話さなかったね、ママ。あまりいい日じゃなかったの?」

「今日はちょっと疲れてるの。それだけよ」母は答えた。

彼女の体を取り囲んでいた卵形の光は、全体がくすんだオレンジ色で、縁の近くでは、いくつもの黄色の光がキラキラしていた。

「仕事場で誰かともめてるの?」僕は訊ねた。

母が僕の目をジーッと見てから言ってきた。

「先週、棚卸《たなおろ》しがあって、ママの売り場の在庫品が、たくさんなくなってることがわかったの。それで上司から、明日中にもう一度、詳しく数え直すよう言われたんだけど、それって、かなり大変な作業なのよ。たぶん終わるのは、夜中の十二時を過ぎてしまうと思うの。それで悪いことに、ママの下で働いてた二人の女性店員に、その作業のことを話したら、彼女たち、店をやめてしまったのよね。そのために、明日いちばんに、ほかの課の責任者の人に、手を貸してくれるようお願いするしかないんだけど、ママはそれが申し訳なくて、気が重いの。みんな家族がいるわけだし」

母が椅子に座ってきた。彼女の苛立《いらだ》ちのフィーリングに僕までがすっぽりと包まれる。と突然、店をやめた二人の女性の絵が、僕の頭に飛び込んできた。つづいて、その二人が何かを、建物裏の大きなゴミ箱の中に隠している様子が見えてきた。

「そのなくなった在庫品って、このくらいの大きさの箱に入ってるもの？」手で大きさを示しながら、僕は訊ねた。

僕の両手をじっと見ながら母は答えた。

「うん、ちょうどそのくらいだと思う。でもあなた、なくなったものが箱の中に入ってるって、どうしてわかったの？」

「たいがいのものは、箱に入ってやってくると思うけど？」そう言って僕は首をすくめた。「会社をやめたその女の人たち、商品をこっそりと持ち出して、大きなゴミ箱の中に隠してたみたい。ほとんど毎日だったんじゃないかな。僕はそう思うけど」二人の女性の別の映像が目の前を通過した。「それで彼女たち、毎日、店が閉まったあとで、隠しておいた商品を取りに、そこに戻ってきてたみたい」

「どうしてあなたに、そんなことが言えるわけ？　あの人たち、あそこのW・T・グラントで、オープン以来、ずっと働いてきたのよ」母が顔をしかめて立ち上がり、空になった自分のカップをシンクに置く。「よく事情も知らないでそんなことを言うなんて、まるでお父さんみたい」

二人の女性店員が誰かに捕まる様子の映像が、母に拒絶されて発生した僕の落胆を追い払った。

「店の誰かが、彼女たちを捕まえることになりそう」僕は淡々と言った。「その人、男の人で、名前はガイター」

母が〝何ですって⁉〟という顔で僕を見る。

「ガイターさんは」椅子に戻りながら、母が言う。「ジャクソンビル地区の新しい責任者で、サバンナからここに、まだ来たばかりだっていうのに、どうしてあなた……」彼女の目の周りの表情が急に柔らかくなる。「彼、どうやって二人を捕まえるの?」

僕は目を閉じ、より多くの情報をくれるよう内側に要求した。ガイター氏ともう一人の男が車の中に座っている映像が、見えてくる。

「彼と、もう一人の男の人が車の中にいて、どこかの家を見張ってるみたい。その家、玄関の扉に、数字が書かれてる……680……うん、間違いない。家の前にピックアップ・トラックが一台停まってて、男がその荷台に、三つの大きな箱、それから小さめの箱を、たくさん積み込んでる。それでガイターさんが、ピックアップの車両番号をメモしてる。それで彼ら……」僕の頭の中を明るい光が通過した。

「あっ、もう見えなくなっちゃった」

僕の頭が突然、割れるように痛み出した。

「うわっ、頭。すっごく痛い」

そう言って僕は、目の周りの汗だか涙だかわからないものを手でぬぐった。母が大急ぎで濡れタオルを持ってきて、僕の額に押し当てる。僕は椅子に座ったまま、動けなかった。まるでその痛みが、僕をものすごい力で椅子に押しつけているかのようだった。

「アスピリン、持ってくるわね。それを飲んでぐっすりと眠るといいわ」

「だいじょうぶ。少しずつよくなってきてるから」

父に手紙を届けられなくなるから、眠くなるわけにはいかない。正直にそう言いたかったが、別のあるフィーリングが、そうしてはいけないと僕に言っていた。

「もう、だいぶよくなったよ、ママ。ベッドに入るころには、痛くなくなってるよ、きっと」

「本当にだいじょうぶなの？」僕の目をじっと見て嘘のサインを探しながら、母は訊いてきた。

「ほんと。ほんとにだいじょうぶだから」僕は言い切った。そして、母が再び、どうしてそんなことが言えるのかと問い詰めてくるのを待っていた。

でも母は、問い詰めてこなかった。彼女は何も言わずにシンクに向かい、自分のカップを手際《てぎわ》よく洗い、カウンターの上を整えはじめた。

様々な思いが僕の頭の中を駆け巡りはじめる。どうしてママ、これまでとは違うのだろう？　まるで僕の話を鵜呑《うの》みにしているみたいだ。僕からこんな話を聞かされるの、嫌だったはずなのに。学校であったこととか、そんな普通の何かについて聞かせられたときと全然変わらない。ママ、どうして怒らないのだろう？……。

「ねえ、ママ。今の僕の話、信じてるわけじゃないんでしょ？」

「信じない理由、ママにはないけど。あなたが今言ったこと、起こっても不思議じゃないと思うわよ」

「ガイターさんの名前を僕が知ってたことは、どうなの？」

「あなたがどうやって知ったかはわからないわ。でも、あなたは知ってた」そう言って母は首を振った。

「僕がそれを知ってたってこと、驚いてないみたいじゃない？」

「この一、二年の間に、本当にいろんなことがあったわ」手で額の汗を拭いながら、母は言った。「奇妙なことがこれだけたくさん起きつづけてるんだもの……」ニコッと笑って彼女はつづけた。「あなたがガイターさんの名前を知ってたことなんて、ママにとってはもう、どうってことないことなの」

「僕が言った通りのことが起こったら、教えてね」

「事実が判明して、損失の責任を負う必要がなくなるんなら、ママは最高に幸せよ。あなたが言った通りのことがもし起こったとしたら、そのときにどう感じるかは、わからないけど……」大きなため息をついて彼女はつづけた。「この問題、本当に早く解決してほしいわ」

「結果、教えてね」

「わかったわ」

「ありがとう」そう言って僕は椅子から立ち上がり、ベッドに向かった。

〝光体〟の中でついに突き止めた本当の父の居場所

僕の頭はまだズキズキしていて、飛ぶ前にいつも感じる〝チリチリ感〟をなかなか思い出せなかった。そこで僕は父の写真を取り出し、彼の顔をもう一度心に記憶させた。この髪、この目、鼻、口、顎……よし、これでいい。つづいて僕は、飛んでいる間にど忘れしたりしないように、彼の名前を何度も何度も口にした。

さあ、いよいよだ。飛んでいる間に母が部屋に入ってくる可能性を考慮《こうりょ》し、まず僕は、手紙と父の写真を枕の下に押し込んだ。そして、アーーイルーーヤーーショーから教わった〝詠唱〟を静かにくり返しはじめる。

詠唱をくり返していくうちに、心臓の鼓動《こどう》が速さを増しながら喉の中へと昇ってきた。と突然、詠唱が独りでにストップする。体の中を、お尻から頭のてっぺんへとエネルギーが流れていく。まるで冷たい空気の流れのようだった。それは渦を巻きながら上昇し、頭のてっぺんから外に出た。

カリフォルニアの空はまだ充分に明るくて、きれいなブルーだった。フワフワの雲がいくつも浮かび、延々と続くウグイス色の連山が、遠くの木々の向こうにそびえていた。フロリダでは見ることのできない景色だった。

眼下の景色も驚きだった。おびただしい数の家々と高層ビル、さらには、信じがたい数の車がひしめく何本もの巨大な道路で、地面が埋め尽くされていた。

僕は父の名を呼んだ。すると突然、僕は大きなビルのすぐ外側の空間に浮かんでいた。そのビルは全面にガラスが張られていて、建物全体がまるでガラスでできているかのようだった。

僕は目の前にあった部屋を覗いてみた。書類の束が載った大きな机がある。しかし人の姿は見当たらない。僕は父の名をもう一度呼んでみた……何も起こらない。

そこで僕はガラスを通り抜け、部屋を横切り、扉を通り抜けて通路に出た。右を見ても左を見ても、父らしい人間はどこにもいない。

「パパ、どこにいるんだ？」僕は自分にそう訊ねながら部屋の中に戻り、自分がどこにいるかを確かめるための手がかりを見つけようとして、机に近づいた。

机の上にあった書類は地図だった。そのいちばん上のところには、〝ナショナル・ジオロジカル・サーベイ〟と〝アーリー・ウォーター・ディポジッツ〟という二つの文字列が、上下にきちんと並んで印刷されていた。その下に描かれていたのはアメリカ合衆国のようだったが、学校にある地図とは違い、州名も、その他の地名も、まったく書かれていなかった。僕は一瞬、いちばん上の地図をめくってみようかと思ったが、エネルギーを節約する必要を感じて、やめることにした。

机の真向かいには低いテーブルがあり、それを挟むように二つの椅子が置かれていた。その小さな部屋には、窓際の隅に、天井近くまで伸びている大きな観葉植物が置かれてもいた。

机の後ろのカウンターは、ほかの書類と本類で完全に占領されていた。そしてその周囲の壁には、絵が何枚も掛かっていて、よく見るとどれにも小さな手書き文字が記されている。僕は絵の一つに近づいた。

「やった！　これ、パパの名前だ！」僕は叫んだ。どの絵に記されていた文字も、父の名前に相違《そうい》なかった。

「よし、僕は今、正しい場所にいる。間違いない。でもパパ、どこにいるんだ？」

僕は急いで扉を抜け、通路をどちらかに向かおうとした。でも何かが僕に、じっとしているよう言ってきた。僕はそれに従い、部屋に戻り、窓際の植物の隣で待つことにした。

陽の光の中で待ちながら、僕は考えた。こうやって光の中にいれば、誰にも絶対に見られない。でも、ここで百かぞえても彼が現れないときは、探しに行く。

僕はかぞえはじめた。**しばらくして、ある奇妙な発想が僕の頭に浮上した。僕が肉体の中にいるときには、闇が僕を隠してくれる。光体の中にいるときには、光が隠してくれる。もしかして肉体って、闇で作られていたりして……。**

温かな心地よいフィーリングが僕の内側を移動しはじめた。それはまるで、岸に向かっている波のようだった。ここが僕の岸——僕は考えた——海の中の遠い場所から出発して、僕は今、もうすぐ岸に着こうとしている。岸に着いてしぶきを上げる直前に、波たちはきっと、こんなふうに感じているんだ……あっ、そうだ。数をかぞえなきゃ。

「二十一、二十二、二十三……」

数人の男たちの話し声が聞こえてきたのは、僕が「六十三」と言ったときだった。複数の声が父の部屋に近づいてくる。僕の心臓が全速力で走り出す。

一つの声が僕の胸を震わせはじめた。その太い声は、誰でも簡単に魚が釣《つ》れるという山中《さんちゅう》の湖の話をしていた。父の声。僕らが家族だったころの微《かす》かな思い出が、僕の心に様々なフィーリングを運んでくる。

僕は通路に飛び出していきたかった。故郷に飛び戻りたかった。僕の中心から大量の光が部屋の中に流れ出す。

とそのとき、僕はハッとして窓の外を振り向いた。太陽が遠くの木々の下に隠れようとしていた。僕は隠れ家を失おうとしていた。僕は考えた。パパも、ママと同じように、もしかしたら僕の姿を見ることができるかもしれない。まずい！

僕はサッと窓の外に出てから横にスーッと動き、部屋の中からは見えない場所で様子を見ることにした。

「うわー、怖い」手で顔を覆い、僕はつぶやいた。「気絶して、気がついたらベッドの中で寝ていた、なんてことになったらどうしよう」

僕は大きく息を吸い込んだ。僕の光体に新鮮な空気が行き渡る。写真に写った父の顔が浮かんできた。「彼は僕の父親じゃないか。なんで自分の父親が怖いんだ?」そう言って僕は、もう一度、大きく息を吸い込んだ。体の周囲の光が膨らみはじめる。

「僕はもう怖くない」僕は独り言をつづけた。「興奮してるだけさ。クリスマスの前日みたいに。よし、もうだいじょうぶ」僕は自分を励ました。「さあ、行くぞ。彼を見るんだ」

僕はまず、両脇に引かれていた薄いカーテン越しに中を見た。背の高い男の姿がボンヤリと見えていた。絵の掛かった壁に顔を向けて立ち、大きな本の頁を、せわしなくめくっている。

僕はカーテンの陰から顔を出してみた。彼の身長は、ビュイック・ドライバーのそれの二倍もありそうだった。つづいて僕は、ゆっくりとガラスを通り抜けて中に入った。隠れる場所があろうが、あるまいが、そんなことはもう、どうでもよくなっていた。

観葉植物のすぐ隣を通ってテーブルのすぐ上まで行き、そこに停止する。温かな喜びのフィーリングが僕のおなかに充満する。すぐ目の前に、父がいた。僕が長年、勝手なイメージをあれこれと創作しながら、会いたいと願いつづけてきた人がいた。

つづいて僕は天井近くまで上昇した。そうやってずっと高いところから見ているかぎり、気を失ったりすることは絶対にないことを、なぜか僕は知っていた。

父が、持っていた本をカウンター上に置き、机に向き直り、椅子に腰を掛ける。僕の全身が一瞬、小刻みに震える。

父がイライラしはじめた。つづいて彼は、椅子を見下ろし、思いっきりしかめっ面をした。彼の体格を考えれば、どう見ても小さすぎる。まるで幼稚園の椅子みたいだと僕は思った。

大きなため息のあと、彼は電話に手を伸ばしてダイヤルを回し、誰かが応答してくるのを待ちはじめた。

「やあ、息子どの。ママに替わってくれるとうれしいんだけど」

父の声は滑《なめ》らかだった。その音色が僕のハートの深いところまで入り込んできて、僕の目を潤《うる》ませた。しかし次の瞬間、彼が別の息子と遊んでいる光景が浮かんできて、僕の胃を痛ませた。強い嫉妬のフィーリングが僕の内側で渦を巻いていた。

「いや、今日は退役軍人クラブに寄らなくちゃいけなくてね、パパが家に戻るのは、たぶんお前が眠ってからだと思うんだ。明日なら、だいじょうぶだと思うよ。わかった？」

そう言うと彼は、電話の向こう側にいる別の息子にスマイルを送り、コーヒーカップに手を伸ばした。

「やあ」とだけ言って、彼は聞きはじめた。しばらくして彼の話す番が来る。

「いや、無理だなそれは。ボスが木曜日にシアトルに出張するんだけど、それまでに、彼が向こうに持っていく資料を全部そろえなくちゃいけないんだ。僕もいっしょに行きたかったんだけど、今回はほかにやることがあって、それはなくなった。何か温かくしておいてくれないかな。家に帰るの、八時前後になりそうなんだ…………いや、違う。これから退役軍人クラブで、デイビッド・バローズに会うことになってるものだから。オーランド近郊の農場を一つ買収する話が出ててね。彼が言うには、かなり有利な取引みたいなんだ」

そのあとの彼の長い沈黙は、彼が話したこと以上に、僕の注意を引きつけた。彼の妻が電話の向こうで言っていることが手に取るようにわかったからだ。彼女はデイビッド・バローズのことが好きではなかった。あるいは、農場買収のアイディアを気に入っていなかった。父が電話口で徐々にイラついてきた。

「それは確かに、その通りかもしれない。でも彼は、パートナーとしては信頼できる男なんだ」彼の態度は毅然《きぜん》としていた。「この話のつづきは、僕が家に戻ってからにしないか。君としっかり話し合うまでは、何も決めないから。約束する。いい?」彼女の答えは短かった。「よし、それじゃ八時。遅くても八時半には帰るから」

父は受話器を下ろすなり椅子を後ろにずらし、ブライソン医師が持っているのとよく似たアタッシュケースに、書類を詰め込んだ。彼が急いで部屋を出る。僕は彼の後ろをついていった。

駐車場は車でいっぱいで、そのほとんどが新車だった。父が立ち止まったところにあった車は、小麦色のスチュードベイカー。それを生で見るのは初めてのことだった。僕はそのままついていって、彼の住んでいる場所を見たかったが、内側のあるフィーリングが、家に戻るよう僕に強いてきた。

僕が肉体に飛び戻ったとき、母はちょうどお風呂から上がったところだった。僕は毛布を頭の上まで引き上げ、手紙をしっかりと握りしめた。三つの音符が唇の間をすり抜けていく。それが創り出す光の筋と渦の群れが、心の中でダンスをはじめた。イーライとアーイルーヤーショーに教わったことのすべてが体の中を駆け巡り、それまではあったことにさえ気づかないでいた、体中の様々な場所を目覚めさせる。

そして僕は肉体から離れた。が、次の瞬間、下からグイと引かれる感覚を覚えて、僕は空中に停止した。何だろう？　あっ、手紙がない。僕は急いで肉体に戻った。

「もっと楽にしなさい。そんなに力を込めてはいけません。あなたが父親にメッセージを届けることは、すでに定められているのです。それができる喜びをしっかりと感じなさい。そして、物質の中に存在する知性と一つになるのです」

「思い出させてくれて、ありがとう、声。僕、物質のことを考えていなかった。考えてたのは、自分のことばっかりだった。僕、怖かったんだ」

「怖れは利己的なもの。無私無欲になりなさい。無私の場所から、願望を指揮するのです」〝声〟がまた導いてくれていた。

僕は内側の深いところにある自分の意図との接触を試みた。そして、その妥当性と実現性の確かさを、しっかりと感じることができた。疑いが、そして怖れが完全に消え去った。

と突然、僕は父の机の真上にいた。父へのメッセージを認めた便箋は、僕の手の中で揺らめいていた。僕はそれを地図の束の上にそっと置いた。それは最初、完全には落下することなく、揺らめきながら地図のほんの少し上に浮かんでいたが、間もなくすーっと落下し、そのときにはもう揺らめいてはいなかった。

僕は父の椅子に腰を掛け、独り言を言いはじめた。

「この部屋、さっき来たときよりもずいぶん小さく見えるな。たぶん見慣れたからだ。どんなものも、目新しいときには大きく見えるものなのだよ……あれ？　この言い方、まるでイーライみたい」

椅子のエネルギーは、とても心地よかった。そこに座りながら僕は、寒い季節に毛布を何枚も重ね、その下に潜り込んだときのような気分に浸っていた。暖かくて、気持ちがよくて、とても安全な気分。

パパ、この手紙を見つけたらどう思うだろう？――僕は考えた――怖くなったりしないだろうか？少しだけならいいけど、あまり怖がられると、困ったことになるかも。僕のこと、ひどく気味の悪い子どもだと思うかもしれない。彼、ほかの領域や飛行に関して、どの程度のことを知っているのだろう？もしかして、僕といっしょに過ごした前世の記憶を蘇らせていて、僕が前世で悪いことをしたので、僕とはもういっしょに暮らしたくない、なんて思っていたりして。そうだとしたら、どうしよう。この手紙、このまま持ち帰ったほうがいいのだろうか？　彼といっしょに暮らせるようになるための方法、ほかにもあるのだろうか？……いや、ない。

僕はゆっくりと天井に向かって昇っていった。

僕はまだ考えていた。イーライやアーｰイルｰヤーｰショーから学んできたことは、僕の人生を必ずしも容易なものにはしないし、僕を悪い気分から遠ざけつづけてくれるわけでもない。イーライはそう言っていた。

僕は部屋の中を見回し、そこの様子を細部までしっかりと頭に刻み込んでから、また考えつづけた。この知識は僕に自由を与えてくれる。イーライはそうも言っていた。自分の人生の様々な出来事の、喜びに満ちた観察者となる自由。なぜならば、この知識は、僕がより明晰な心で、より妥当な反応を示すことを可能にしてくれるから。出来事に対する反応こそが、僕の人生環境を決めるもの。知識を増やせば増やすほど、日々の反応が妥当なものになればなるほど、僕は未来のことに不安を感じなくなり、より幸せになることができる……。

そして僕は帰途に就《つ》いた。

超えなければならない恐れ《エゴ》

次の日の朝、僕は日記を書いていた。

『昨夜行ったもっとも難しかったことは、眠ることだった。僕を眠れなくしていた理由の一つは、姉さんの手紙を届けるのを忘れたこと。僕は別に、彼女の手紙を届けたくなかったわけではない。僕はただ……』自分に対する嫌悪感が僕の胃を収縮させた。

『僕は今、自分がしたことの言い訳を作り上げようとしている。僕は彼女の手紙も届けてやると約束し、その約束を破った。彼女に早めに話していれば、僕はそれも届けられた。でも僕は、そうしなかった』

僕は書いていることを、ほとんど声に出して言っていた。

『彼女の手紙を持っていくのが、僕は嫌だった。パパに、僕からの手紙を見て興奮してほしかったから。もしも姉さんの手紙がいっしょにあったら、彼が僕の手紙を見て興奮する度合いが低くなるかもしれない。そう僕は思った。僕の怖れが、僕を利己的にした。〝声〟が言ったように、利己的な行為は、怖れが引き起こす行為の一つなのだから』

僕の頭に新しい思考が入り込んできた。

『姉さんは、僕よりも書くのが上手。これだ！ もしもパパが、彼女の手紙のほうが僕のよりも、字もうまいし、内容もいいと考えたとしたら、どうなるだろう？ 僕よりも彼女のことを気に入ってしまうかもしれない。そして、姉さんとはいっしょに暮らすけど、僕とは暮らさないって言い出すかもしれない。僕はきっと、こんなことを考えていた』

そこまで書いて、僕は急いで日記帳を隠した。拾い集めたグレッグのおもちゃを抱えて、キャロルが通路を歩いてきていたからだ。それが、毎朝バス停に向かう前に彼女が行う、新しい日課になっていた。

「姉さん、姉さんの手紙をパパのところに届ける準備、できたんだけど」彼女を部屋に呼び込み、ひそひそ声で僕は言った。「今晩、僕がベッドに入るときまでに用意しといてよ」

キャロルは僕にグレッグの積み木を手渡し、訊ねてきた。

「リストのときと同じようにできるってこと、どうしてわかるの？」

受け取った積み木をビュイック・ドライバーが作ってくれた棚に載せながら、僕は答えを考えた。

「昨夜、自分の手紙を届けてきたんだ」僕の顔は、たぶん、怖れ色に染まっていた。

「彼、どこにいたの？」予想に反し、その声は静かで柔らかかった。「彼に会ったの？」

「うん。会ったって言うか、見てきただけだけどね。パパ、自分のオフィスを持ってて、そこにいた。ブライソン先生の診察室と似たような部屋だった。彼の顔、ママが持ってる写真の顔と、おんなじ顔だった。それで彼、ものすごく背が高いんだ。オフィスの扉と、ほとんど同じくらい。それで、すごく愛想がよくて、自分の名前を書き込んだ絵を、たくさん持ってるんだ。彼がどんな仕事をしてるかは、よくわからないけど、たぶん地図と関係した仕事じゃないかな」

僕はほかの記憶を検索《けんさく》した。

「あ、そうだ。彼、体の割には小さな椅子に座っててね、それにイライラしてた。それから、彼が今の奥さんと子どもと電話で話してるの、聞いちゃったんだ、僕。なんか複雑だった」

キャロルは少しの間、何も言わずに立っていた。

「手紙に何て書いたらいいか、私、わからない」

彼女は明らかに僕の話を信じていて、自分も本当の父親に手紙を送りたいと、心から願っていた。

「あまり長いのはだめだよ。うんと小さくして持ってくしかないんだから」僕は忠告した。「だから僕のは、すごく短かったんだ。前に姉さんが、引っ越してった友だちに書いたような手紙は、だめだからね。一枚のちっちゃな便箋が限度だと思う。とにかく、小さく折りたためるものじゃなきゃ、持っていけないんだ」

「わかったわよ」鼻を鳴らしてキャロルが言う。「しつこいんだから、もう。ところで、表だけじゃなくて、裏にも書けるけど、それって、あり?」

自分もそうすればよかったと悔やみながら、僕は答えた。

「うん、ありだと思う」答えながら僕は、胸の中でまたしても小さな怖れを感じていた。

「これまでに書いた最高の手紙にしなよ。僕、自分の手紙、小さく折ってから紐で結んだんだ。広がってしまわないようにね。おばあちゃんからもらったプレゼントについてたリボン、とってあるじゃない？　あれで結んだらいいと思うけど」

「それ、いいわね。ありがとう」彼女は心からうれしそうだった。「夕食のすぐあとで渡すわ」

歓喜のダンス——物質と一つになるための方法

僕はその日いっぱい、父が僕の手紙よりもキャロルの手紙のほうを気に入るのではないかという怖れと、戦いつづけた。彼女はきっと、本当に最高の手紙を書き上げる。僕はそう確信していた。しかもそれにはリボンがつく。その日の授業中、ウェインライト先生は僕を何度も指さして、話をちゃんと聞くようにと言いつづけなくてはならなかった。

「すみませんでした、ウェインライト先生。今日は一日中、ボーッとしてて」終業のベルが鳴ったあとで、僕は謝った。「昨夜、ほんとのパパのところに手紙を届けて、それに関連したこと、ずっと考えつづけてたものだから」

「お父さんに手紙を届けた？　今あなた、そう言ったの？」混乱の表情を浮かべて彼女は訊いてきた。

「はい。でも僕、なぜか悲しいんです、今日。幸せを感じてていいはずなのに、なんか悲しくて」

僕は持ち物を近くの机の上に置き、彼女の机に近寄っていった。

「最初は、自分が利己的で、姉さんの手紙を持っていかなかったこととか、それに関連したちょっとしたことが原因だと思ってたんだけど、それだけじゃないみたいなんです」

複雑に混ざり合ったいくつものフィーリングを一つ一つ手で探るようにしながら、僕はつづけた。

「何年もの間、ずっと目指してきた場所に、もうすぐ行き着けるんですよね、僕。本物の父親に手紙を届けたし。あとは彼が迎えにくるのを待ってればいいんです。彼にまた会えるわけだし、本当の名前も取り戻せるわけだし、幸せでなくちゃおかしいと思うんだけど、そうじゃないんですよね」

ウェインライト先生が椅子に座り直し、大きく息をする。

「お父さんへの手紙、テレポートしたわけ？」その口調は驚くほど淡々としていた。

彼女の口調に僕は戸惑いを感じた。

「はい。質問のリストを病院に持っていったときと、ほとんど同じようにして」

そう言って僕は話すのをやめ、彼女の反応を観察しはじめた。

「手紙を持ったまま、肉体から抜け出したってことよね？」

彼女が僕のほうに身を乗り出してくる。

「はい。意識が物質と協力し合って意図した結果を創造するにはどうしたらいいかを、少し前からアーーイルーーヤーーーショーに教えてもらってたんです。つまり、**あらゆるものの中に存在する知性を認識することで、物質と一つになるための方法を、このところ僕、ずっと学んできたんです**」

彼女はきっと、僕が話したばかりのことについて質問してくる。僕はそう予想しながら、彼女の反応を待っていた。しかしそれは見事に裏切られた。

「あなたが今、悲しいの、どうしてなのかしらね？」

「もしかしたら、友だちと外で遊んでるときに、ママとキャロルから〝夕食よ〟って呼ばれたときみたいな、そんな感じなのかなっていう気もします。そのとき僕は、ご飯を食べたい。でも、遊ぶのはやめたくない。ほかの子どもたちがやってることをやれなくなって寂しくなるのを、怖れてるっていうか……」

僕の胸にさらなるフィーリングが押し入ってきた。

「僕が今、感じてることは、たぶんこういうことです。パパと暮らすようになったら、これまでママとグレッグといっしょにやってきたことを、何一つやれなくなるわけですよね。そのことを思って、悲しい気分になってる。そんなところじゃないかと思うんですけど」

「でもあなた、今の人生の中で起こっていることから逃げ出したかったのよね？　お父さんと暮らしたいって思ったのは、だからだったんじゃない？」

「はい、そうでした」僕は答えた。「でも、今の僕は、ここでの暮らしから逃げ出したいというよりも、父親との暮らしに向かって前向きに移動しようとしてるんです」

少し考えてから僕は付け足した。

「僕に今、いちばん必要なことは、自分が本当は何を失うのが悲しいって思ってるのかを、自分にじっくりと訊ねてみることかも」

「それって、新しい質問をどんどん生み出しそうな質問に思えるけど」彼女の声は柔らかだった。

「僕の一部は、ビュイック・ドライバーがあの二人をもう傷つけないということがハッキリするまでは、ここに留まっていたがっている。これは間違いないと思うんです。ママは、傷つくことをあまり気にしてなさそうなんだけど、グレッグはまだ小さいから」

「なるほどね」感慨深げに彼女は頷いた。「お姉さんと離ればなれになることも、悲しいわよね？」

「姉さんは僕といっしょに行きます」

僕はキッパリと言った。ウェインライト先生が立ち上がり、近寄ってくる。

「あなた、ずいぶんキッパリと言うけど、彼女が行きたがってるってこと、なんでわかるわけ？」僕が立っていた場所にもっとも近い机の縁に腰を掛けながら、彼女は訊ねてきた。

「単純に、わかってるからです」目の焦点を緩《ゆる》めながら僕は言った。「本当のパパの家で僕ら二人が遊んでるビジョンを、見たことがあるんです」

「それが単なる希望的観測じゃないって、どうして言い切れるの？　もしかしたら、お姉さんがあなたといっしょにいるビジョンを見ることが、ホームシックにならないようにするための、あなたの方法なんじゃない？」

彼女のアイディアについて少し考えてから、僕は言った。

「僕に言えることは、僕にはそれがわかっている、ということだけです」

「弟がいっしょに行くビジョンは、どうして見ないわけ？」彼女は訊いてきた。

「彼はまだ、体が治りきっていませんから」僕の答えは速かった。「それに、彼はまだ幼すぎるって、ママが言うはずです。ママはできれば、僕らを手放したくないんです。だから、せめてグレッグだけでも、可能な限りそばに置いておきたいって、そう思ってるはずです」

「あなたのお母さん」彼女はすぐに訊いてきた。「あなたとあなたのお姉さんにも出ていってほしくはないはずよね。なのに、それは許してくれるって、どうして言えるの？」

「すでに〝記録〟の中にあるからです」僕は答えた。「ただ、僕は向こうにずっといつづけますけど、姉さんは夏の終わりに戻ってきます」

「こんなこと考えたくないんだけど、私はね、あなたがひどく落胆することになるんじゃないかという気がしてならないの」教師の目で僕を見ながら、彼女は言った。「お父さんとの暮らしに、あまりにも大きな期待を抱いている。私にはそんなふうに見えるんだけど」

「僕は単に期待してるだけじゃありません、ウェインライト先生。僕は自分が知っていることを、まったく疑ってないんです」僕はまたキッパリと言った。

「あなたは、どんな物事も自分の願ったとおりに進展することを期待している。そんなふうに、私には見えるわ。自分では絶対にうまくいくと信じていたことが、実際にはうまくいかなかったということが、これまでの私の人生の中にはたくさんあったの。私は、これまでに多くの落胆を体験してきたの。あなたのように考えて、いろんなことをやろうとしたためにね」

「僕は、期待と現実の違いを知るには充分な年齢に達していると思いますけど」

僕のその言い方はまるで大人のようだった。彼女は僕にきつい視線を送り、自分の机に戻っていった。

「期待と現実の違いを知ることに関する〝充分な年齢〟などというものが、はたしてあるのかどうか、私にはわからないわ、ヤング・マン」彼女は言ってきた。「私たちの誰もが、人生の経験を積みながら常に新しくしつづけている、いろんな夢を持っているはずよ」

馴染みのない雰囲気が二人の間の空間に充満していた。彼女がつづける。

「期待って何なのかしらね？　私たちがよりよい未来に向かって移動するのを助けてくれるもの。それが期待だって、私は思ってる。だから私もね、いろんなことを期待してるわ。でも同時に、何が現実であるかをしっかりと把握してもいるつもりよ」

彼女の心配は、今や怒りへと姿を変えていた。

「これが、期待と現実の違いの問題なのかどうかは、私にはわからない。でも、この二つがいっしょになって、私たちの人生を作り上げているんだって、私は信じてるの」

奇妙なクラクラする感覚が僕を取り囲んだ。

「僕らの人生の主要な出来事は、僕らがこの世界にやってくる前に決まってるんです」

太くてかすれた声が僕の口から飛び出ていた。と同時に、僕の頭を不思議な音が満たしてもいた。ウェインライト先生の目がどんどん大きくなっていく。

「それらの出来事を変えることは、僕らにはできません。でも僕らは、自分の内なる観察者の意識を拡大し、ひいては出来事に対する自分の反応の範囲を拡大することを通じて、出来事の結果に影響を与えることができます。出来事に対する僕らの反応が、僕らの人生環境を創造するんです」

「どうやらあなたは、お父さんと住むという決断に、固執《こしつ》したいみたいね。ブライソン先生とこの前お話ししたけど、彼、あなたがなにがしかの特殊な能力を持っていることは間違いないっておっしゃってたわ」

両手で髪を後ろに押しやりながら、彼女はつづけた。

「あなたがどのようにしてその能力を発揮しているのかは、よくわからないけど、それが本物だってことは保証するって、彼、言ってた。彼と私、明日の午後、あなたに関して知っていることを披露し合うことになってるんだけど、そのときに私、あなたのことをどう言ったらいいか、わからなくなってしまったわ」

僕はハッとした。ブライソン医師とウェインライト先生が結婚し、子どもを授かっているビジョンが、僕の心にパッと浮かんだからだ。

僕が話しはじめたとき、僕の顔は大きくほころんでいた。

「先生がふだん考えてることを、率直に話したらいいと思いますけど。ここが本当に住みたい場所ではないこととか、どんな気持ちでここで暮らしているのか、といったことをね。

このメルボルンでの生活を、彼もまったく気に入っていないんです。もしも二人で……」

「彼は、〝あなた〟に興味を持ってるの」彼女は急に早口になり、顔をトマトみたいに赤くした。「明日のミーティングは、私たちがどうやったら、あなたとあなたの状況を手助けできるかを、話し合うためのものなの。私がふだん考えてることを話すためのものなんかじゃないんです。それに……」

「彼はきっと、〝あなた〟のことを知りたがってると思いますよ、ウェインライト先生」僕は口を挟んだ。

彼女が立ち上がり、扉を指さす。僕はつづけた。

「手紙を父に届けたこと、彼には来週、会ったときに直接報告しようと思っていたんですけど、もしよかったら、明日、先生から話してくれてもいいですよ」

「彼はきっと、新しい情報はどんなものでも、あなたから直接聞きたいと思ってるはずよ」僕の持ち物を差し出しながら、彼女は言った。「だから私は、あなたの一般的な行動に対する評価、あなたがほかの子どもたちとどのように関わり合っているかといったことについて、話すことになると思うわ」

「僕の話を聞いてくれて、ありがとうございます、ウェインライト先生。まともに話を聞いてもらえることが、本当にありがたいんです。あなたに話を聞いてもらうことがなかったら、たぶん僕、ひどく混乱してグチャグチャになっていたと思います」

そう言って僕は微笑み、彼女に近寄り、抱きしめた。そしてそれは、彼女にとってまったく想定外のことだった。彼女はその瞬間、体をビクッとさせ、ぎごちなく後ずさりした。

「どういたしまして」その声は明らかにうわずっていた。「それじゃ、明日」

「明日は土曜日です」

「あっ、そうね。ごめんなさい」彼女は慌てていた。「それじゃ……とにかく月曜日……月曜日にね」

教室を出るところで軽く振り向き、僕は言った。

「ブライソン先生と、いい時間を過ごしてください」返事はなかった。

家に戻るバスの中で僕は考えつづけた。あの二人、どんな父親、どんな母親になるのだろう？　結論は、どちらも、すごくいい親になる、だった。

夕食後、キャロルが手紙を手渡してきた。きちんとたたまれていて、僕のとほとんど同じ大きさに仕上がっていた。

うん――僕は考えた――パパには、僕が必ずしも最高の書き手ではないということを理解してほしい。

姉さんのほうが僕よりも書くのが上手かもしれないけど、だからって姉さんの手紙ばかり気に入るなんてこと、しないよね、パパ……。

キャロルは僕の部屋を出ていけなかった。彼女は、どんなに控えめに言っても、ものすごく興奮していた。僕は最終的に、「姉さんがこれ以上ここにいつづけたら、手紙を届けるための時間がなくなっちゃうけど、それでもいいわけ?」と言うしかなかった。

僕が父のオフィスに着いたとき、そこの明かりはもう消えていた。しかし真っ暗ではなく、僕の手紙がなくなっていることはハッキリと確認できた。父はおそらく、出勤してきてすぐに僕の手紙を見つけ、すでに読んでいて、僕らがどこにいて、どんなに迎えにきてほしがっているかを知っている。そう思った瞬間、僕の心は歓喜のダンスを開始した。

薄明かりの中、僕はキャロルの手紙を、僕のを置いたのと同じ場所に、そっと置いた。

『キャロルの手紙は、僕の手紙に花を添えるものであるべきだ』僕は日記帳の最後の頁に書き込んでいた。『新しい日記帳が要《い》る。たぶん姉さん、予備のノートを持っていて、それを僕にくれるだろう』

眠りにつこうとして、僕はふと母のことを考えた。キッチンの明かりはまだついていた。よし、ちょっとだけ話しにいこう。

通路を歩きながら、僕は考えていた。誰もが、あらゆる瞬間に選択を行っている。選択は、僕の生活の一部でさえある。でも僕は、善悪の固定観念、正しくある必要性から、もう完全に自由になる。それによって、僕の体験の範囲は大きく拡大する。おばあちゃんを見ているとよくわかるけど、僕らが接触するあらゆる人間が、僕らの人生に少なからぬ影響を及ぼしていて、それに対してどう反応するかで、僕らがどれだけ有意義な人生を送れるかが決まってくる……。

　母におやすみを言い、部屋に戻った僕は、イーライに会いたいと思いながら眠りについた。

十四万四千個の光細胞

　僕はイーライといっしょに、〝記録の殿堂〟内のホロフォタルの部屋にいた。僕が父に手紙を届けたことを喜び合ったあとで、僕らはまず、以前にやり残していた〝箱〟のイメージ誘導に挑戦した。その箱は一時的に必要なもので、いずれ僕は、それがなくても同じことを行えるようになる、とイーライは言っていた。彼はまた、思考を用いて光体の振動を加速させ、それをまるで巨大な電球のように輝かせる方法も教えてくれた。

「ねえ、イーライ、夢の中でイエスと会ったとき以来、僕、理解力がすごく増したと思うんだけど、どうしてなのかな？」僕は訊ねた。

「あれは夢ではない。前世想起ではあるけどね。この二つの間には大きな違いがある。夢の場合、その中で君は、潜在意識が提供してくる特定のシンボルから、特定の思考イメージを形成し、その種のいわば〝思考シンボル・イメージ〟の集団が作り上げている光景の中を移動することになる。もし君が、夢が運んでくるメッセージを正確に知りたいのなら、まず最初にやるべきことは、それぞれの思考シンボル・イメージが、君にとってどんな意味を持つかを特定し、そのリスト、あるいは辞書を作ることだね。

例を挙げてみようか。もしも〝木〟が、〝命の木〟という表現があるけど、君にとっても〝生命〟という意味を持つとしたら、君が夢の中でそのシンボルを用いているとき、たとえば、夢で木に登っている自分を見たとしたら、それは君にとって、君の生命力が現在の肉体内で上昇しつつあることを象徴するものかもしれない。

一方、もし君が前世想起の中で木に登っている自分を見たとしたら、そのとき君は、木と関連した現在の自分に関する情報にアクセスできるのみならず、実際にその木に登ったときのことを、そのときの思考とフィーリングも含めて、再び体験することができるのだよ。それで前世想起は、君も知ってのとおり、目覚めているときでも体験できる。前世を体験するためには、眠っている必要は必ずしもない。これも夢と前世想起の大きな違いの一つだね」

「僕の質問には、まだ答えてないいんじゃない？　僕の理解力が増したのは、どうしてなの？」

「君は肉体を身につけたとき、膨大な知識の貯蔵庫を獲得する」僕をジーッと見つめながらイーライは言った。「ユダヤの伝統的な教えは、こんなことを言っている。〝人生体験は、七世代の息子たちによる訪問を受ける〟とね。これはつまり、君の意識は、両親の知性的および感情的情報との接触能力を持つばかりでなく、双方の親の側の七世代にわたる先祖の知性的および感情的情報との接触能力も持っている、ということ。だから、わかるだろう？　この意味では、過去からの情報というものは、必ずしも単純なものではないんだね。そもそも、前世を想起しているのか、先祖からの情報とつながっているのかを区別することが、極めて難しい」

「僕が〝ヤコブ〟だったときのことはどうなの？　あれは前世の記憶で間違いないの？」

「まさしく、間違いない。あの想起は、七世代をはるかに超えてさかのぼった時代のものだしね。私が言っていること、わかるかい？」

「まさしく」

僕らは同時に笑った。

「君がイエスに呼びかけられたとき、君の魂体は強く反応し、ヤコブとしてあの生涯で獲得したあらゆる知識が、君の潜在意識の深いところから顕在意識の周辺領域に移動した。そしてその結果、マスター・イエスからヤコブが教わったことの一部を、君は直感的に入手することができた。そのために、君は自分が誰であるかを、以前よりも少し多く思い出すことになり、自分がより賢くなったように感じることになったわけだよ」

イーライと僕はホロフォタルの部屋を出て〝大広間〟に向かった。

「誕生の直前、もう一つの要素が、君らが肉体と呼ぶエネルギー母体に加わってくる。この要素は、十四万四千個の細胞――正確には光細胞――からなっていてね。それらの細胞は胸腺内に錨《いかり》を下ろし、君が誰であるかに関するあらゆる知識、君のあらゆる生涯におけるあらゆる体験を、肉体の物質的な細胞群へと伝達する。だから、わかるよね？　君は、あらゆる前世のあらゆる体験を、これらの細胞を通じて、今の肉体に持ち込んでいるのだよ。

そして、君が今の肉体を去ることに決めると、つまり死ぬことに決めると、これらの細胞の振動頻度が光のそれに戻り、この生涯におけるあらゆる体験が、両親の先祖たちからのあらゆる情報も含めて、光の王国へと持ち帰られることになる。もし君が新たな肉体を身につけることに決めたとしたら、その

ときにも同じプロセスがくり返されることになる。

これをうまく行う秘訣は、充分に意識的に肉体に入り、充分に意識的にそこから出るようにすること。言い換えるなら、これらの細胞の振動数を意識的に下げることによって、人生の中に入ってくるプロセスを指揮し、出ていくときには、意識的にそれらの振動数を上げることによって、逆のプロセスを指揮する、ということ。

現時点において、人類の大多数は、一度肉体を身につけることを決定すると、誕生のプロセスのコントロールも、その逆の死のプロセスのコントロールも、彼らという存在の本能的側面に任せっきりにしていると言っていい。言い換えるなら、彼らは人生のスタートも終了も、知らず知らずのうちに行っている、ということ。

「ねえ、イーライ、僕ね、自分がママのおなかの中にいて、生まれてくるのを待っていたときに、彼女とパパが話してたこと、ときどき思い出すんだ」

「そんなことは珍しいことじゃない。多くの人たちが、そうしている。ただし、その自分の記憶を、彼らは信頼しないのだよ。自分にそんな能力があるなんて、ありえない。そう考えてしまうんだね」

「僕のママとパパ、言い争ってた。それでパパ、ママを小突《こづ》いたりして。二人ともすごく怒ってた。それでね、イーライ、そのときママ、〝さあ殴りなさいよ。そしてこの子も殺しなさいよ！〟なんて言ってたんだよね」

「ああ、状況はよく見えている。君の母親は、一度、死産をしたことがあって、そのときに、その責任を負うべき誰か、罪の意識と恥を感じて生きるべき誰かを必要とした。それで実は、その妊娠期間の中程のころに、君の父親が、君の母親の下腹を殴ったことがあってね。彼女はそれで出血をしたんだ。そしてそのとき、彼女は誓ったのだよ。もしもおなかの子に何らかの影響が及んだとしたら、彼のことを絶対に許さないってね。そして彼女は、君ももう気づいていると思うけど、その誓いを守り通した。彼女は、自分の罪の意識を君の父親に移転させることに成功した。そして彼は、自分の自制心のなさを事あるごとに自覚させられるのが嫌で、結局は彼女との結婚を解消した」

「それで、どうなの、イーライ。彼が殴ったことで、赤ちゃんは傷ついたわけ？　それが原因で、赤ちゃんは死んだわけ？」

「いや、違う。そんなことは、まったくない！　我々の誰もが、自分の環境を選択する。誰もがね。この意味で、それぞれがどんな場所にいようと、我々は平等なのだよ。君の父親は、君の母親を殴ったとき、確かに不用意に振る舞った。しかしおなかの子どもは、その行為によるダメージをまったく受けていない。その小さな体の中にいた存在が関心を持っていたことは、人間の子宮を体験すること、それだけだったんだ。彼は、外側の物質世界に出ていくことは、まったく望んでいなかった」

「僕の本当の父親も、ビュイック・ドライバーみたいなのかな、イーライ」

「似ているところはある。ただし、君の生物学的父親は、生まれつき暴力的なわけではない」

「そうなんだ」

残りの時間は、イーライが住んでいる惑星の話で費やされた。その惑星の複数の月のことや、住民の誰もが地球をどんなに愛しているかといったことを聞いているのは、すごく楽しいことだった。彼らは地球を〝ウラティア〟と呼んでいて、誰もが少なくとも一度は、地球で生涯を送ったことがあるらしい。

そして彼らも、僕らが持っているのと同じような、様々な物質的所有物を持っているということだった。ただしそれらは、地球のものと比べると密度が低く、やや柔らかいらしい。彼らは、三次元の形態としてよりも、どちらかというと思考として存在していて、それが唯一、地球人とは大きく違う点だとイーライは言っていた。

それから、彼らも皆、願ったことを即座に叶えられる能力を持っているが、コミュニケーションをより円滑にする手段として、特定のアイディア群に関する集合的な合意を形成しているために、その能力を発揮できないでいるという。この点では、地球にいる僕らとまったく同じだと僕は思った。

ある日の晩、僕はディッキーといっしょに飛んでみた。彼といっしょに飛ぶのは二度目だったが、もう充分だと僕は感じた。というのも、彼がいっしょに飛んだことを覚えていない確率が極めて高いからだ。そんな彼と飛んでも、あまり面白くない。いっしょに遊んでいるというよりも、誰かが遊んでいるのを、ただ見ているだけのようなものだから。

僕は家に戻り、自分のあらゆるフィーリングを書き記してから、イーライに教わったエネルギー・ワークのいくつかを実行した。

椅子に座って日記をつけていたとき、僕は自分の体がものすごく小さくなったように感じ、立ち上がって通路の鏡の前に行って直立するという作業を、一度ならず二度も行った。そのころの僕は、自分がどちらの体の中にいるのか、わからなくなることが、たびたびだった。

別のある日、僕はリビングから勝手口に向かって歩いていた。母はキッチンのテーブルに座り、テレビを見ていた。裏庭から、グレンとトミーの声が聞こえてきていた。

ふだんの僕は、家にこっそりと忍び込むときか、空飛ぶ体で出ていくとき以外には、勝手口をほとんど使わない。でもその日は、遊び仲間たちが裏庭にいた。僕は彼らと少しでも早く遊ぼうと、走り出した。

そのとき僕は、自分が空飛ぶ体の中にいると思っていたに違いない。なぜならば、次の瞬間、**バコン！** 扉に信じがたい勢いでぶつかることになったからだ。それは網戸ではなかった。硬い本物の扉だった。

「何をやってるの！」母が大声を上げた。僕にできたことは、手で鼻を押さえることだけだった。鼻血はあっという間にシャツにまで達した。

母が駆け寄ってきて、僕に天井を向かせた。そして僕はそのままの姿勢で、母に支えられながらヨロヨロとした足取りでバスルームに向かわねばならなかった。

「こんなこと、信じられない。絶対、信じられない！」母は言いつづけていた。

僕は母に、こんなことになった理由は訊かないでと頼んだ。

彼女は訊かなかった。

――完

ゲリー・ボーネル

１９４８年生まれ。心理学者。哲学博士。神秘学者。企業コンサルタント。カウンセラー。催眠療法士。作家。アカシック・レコード（アカシャと呼ばれる不可視の記録庫に収められているとされる、人類にまつわる過去と未来の全記録）に関する世界的権威で、牧師の肩書きも持つ。８歳のとき以来、意識的に体外離脱ができるようになる。アカシック・レコードにアクセスできるようになったのも、そのころ。学位取得後、「真理への道」を究めるべく独自の研究を続けながら、20代後半に高級家具の販売会社を起業、自身の特殊な能力とそれまでに学んだ知識を基盤に、実業家として大きな成功を収める。10年余りで店舗数を35に増やした後で事業を売却し、以後は真理のさらなる追究と、企業コンサルタント、「真理への道」を教える教師ならびにカウンセラーとしての活動に専念。ショービジネス界にも顧客が多く、これまでに数多くのアーティストたちを、業界特有のストレスから離れて自身の才能に意識を集中できるようになるよう援助してきた。特にカントリー音楽の大御所、故ジョン・デンバーや故ジョニー・キャッシュらとは個人的に親交があった。映画界からも、特に時代考証面（歴史上の偉人たちの人物像や当時の衣服、錬金術や魔法の用いられ方、古代文明の建築様式などに関する、より正確な描写ならびに神話の起源の検証等々）で、度重なる協力を求められてきた。10数年前から日本にも頻繁に訪れ、講演やセミナー、コンサルティング、カウンセリング等を精力的に行い続けている。２００７年には『ゲリーボーネル・ジャパン（０３－５４３７－０８８６、http://www.garybonnell.jp/）』を設立し、自身がこれまでに学んできたことを教える『ミスティカル・ノウイング・スクール』をスタートさせる。『アトランティスの叡智』『５次元世界はこうなる』『新次元の叡智』『新・光の12日間』（以上、徳間書店）他、多数の著書を持つ。

坂本貢一

１９５０年生まれ。東京理科大学理学部卒。製薬会社勤務、米国留学、薬局チェーン経営を経て、90年より某企業の国際事業部に所属し、翻訳活動を開始。精神世界の研究にも携わり、97年よりフリーの翻訳家ならびにライターとして活動。『十二番目の天使』（求龍堂）、『「原因」と「結果」の法則①②③④』『魂との対話』『魂をめぐる物語』『たった１つの法則』（以上、サンマーク出版）、『HAPPIER ―幸福も成功も手にするシークレット・メソッド』（幸福の科学出版）、『輪廻／転生をくりかえす偉人たち』『あなたの大切な人はみんな前世ソウルメイト』『新次元の叡智』（以上、徳間書店）他、多数の訳書がある。

超知ライブラリー043

アカシャ光の叡智
2012年と光の12日間のオリジナルソース

初　刷　2009年5月31日

著　者　ゲリー・ボーネル
訳　者　坂本貢一
序　文　よしもとばなな
発行人　竹内秀郎
発行所　株式会社徳間書店
東京都港区芝大門2-2-1
郵便番号105-8055
電　話　編集(03)5403-4344
販売(048)451-5960
振　替　00140-0-44392
編集担当　石井健資
印　刷　本郷印刷(株)
カバー印刷　真生印刷(株)
製　本　大口製本印刷(株)

ISBN978-4-19-862736-2

徳間書店の本

好評既刊

お近くの書店にてご注文ください。